编委会组成

袁寶華

论质量与管理

袁宝华 著

人民出版社

袁宝华

寿超期颐　文垂百世*

朱镕基

今天我们欢聚一堂，随同百岁宝华同志参加“袁宝华系列著作出版座谈会”。看到宝华同志身体健康，我们感到由衷的高兴！

宝华同志很早就投身于中国革命事业，从1935年参加“一二·九”学生运动，1941年起调到延安党中央组织部工作，1946年以后参加东北地区的解放和建设，在解放初期恢复东北工业，制定和实施第一个五年计划、赴苏联谈判156项工程、创建新中国物资管理体系、“大跃进”后的国民经济调整、“文革”期间的国民经济运行、“三线”建设、改革开放期间的国民经济管理和改革、企业整顿和改革、制定《企业法》、开拓企业思想政治工作和职工教育工作等方面都建树卓越。他的经历反映了中国革命和建设的一个重要历史方面，同时在斗争中也造就了他的卓越才干。

1951年夏，我就分配到东北工业部计划处工作，当时宝华同志担任计划处处长，是我最好的启蒙老师。他为人正直，工作勤奋，对人谦和，从不疾言厉色，总是使你感到他对你的信任、肯定和支持，

* 这是中共第十四届、第十五届中央政治局常委，国务院原总理朱镕基于2015年5月23日在“袁宝华系列著作出版座谈会”上的讲话，经本人同意，作为本书的代序言。

让你敢于大胆地去工作。我们总是称他为“宝华同志”，不称官衔。我们谈到他的时候，总叫他“宝华”，在亲切感情中更透露出充分的信赖。他的这种人格魅力来源于他的真诚。他的真诚发自于内心。表现于对人的关爱、是真心实意的关爱，是从不为自己，总是为别人着想的关爱。宝华同志博闻强记，勤奋刻苦，批阅文件从不过夜，而且看得很仔细，常常勾出报告中的错误数字、批语观点明确、言简意赅，让人知道怎么样去做。他讲话不看讲稿，论点鲜明、数据翔实、逻辑井然、语言生动。大家都爱听。他的这种非凡能力，来源于对革命事业的忠诚和革命使命感，来源于长期工作的历练。

宝华同志非常重视企业思想政治工作。他提出企业思想政治工作是办好社会主义企业的可靠保证。他多次召开企业党委书记座谈会，听取他们的意见，研究解决他们的问题。宝华同志是企业家的良师益友，对我国企业家队伍建设发挥了重要的作用。他出版的《企业家修养》一书凝聚了他对中国企业家队伍建设长期实践和研究的成果。他从一线工作岗位退下来以后，仍然关心企业家队伍的建设，召开上百次厂长经理座谈会。他多次讲要把自己的余生贡献给企业改革和企业家队伍的建设，体现出老一辈革命家为党的事业奋斗不息的高尚情操。

宝华同志在其80年革命生涯中，积累了丰富的实践经验和理论成果，他的理论著作与他重调查、重实践是分不开的。他的系列著作丰富了我国社会主义经济管理理论和教育理论，也是总结历史经验的宝贵文献。2013年年底，宝华同志出版《文集》[1]十卷本的时候，嘱我做序，恰逢他98岁华诞，当时我以极其崇敬的心情祝宝华同志双

[1] 指《袁宝华文集》，共10卷，2015年5月由中国人民大学出版社出版。

喜。今天我们在这里召开“袁宝华系列著作出版座谈会”，又恰逢宝华同志已进入百岁，利用这个难得的机会，我再次祝贺宝华同志双喜：寿超期颐，文垂百世！我衷心祝愿宝华同志永远健康长寿！

今天参加会议的很多都是在经济战线工作几十年的老同志，年龄大都超过70岁了，你们为国家经济建设和人民福祉做出了巨大贡献，功不可没。今后国家的安危、民族的振兴、人民的幸福仍然有赖于在座诸位的不懈努力！

2015年5月23日

目　录

上　卷

下　卷

上　　卷

要把质量提到第一位*

（1975 年 8 月 25 日）

最近，我们根据国务院领导同志的指示，讨论和研究了工业方面的几个问题。在研究中，大家都感到，工业产品质量问题，是个重大、尖锐的政治问题。前不久小平同志找我们计委的同志，谈话中提到如何坚持“质量第一”的问题，指出在发展数量的同时，一定要把提高质量放在第一位，要我们抓品种、规格、质量。现在我们各条战线都在学习贯彻中央领导同志的讲话精神，贯彻抓革命、促生产的方针，取得了巨大的胜利。但是，由于林彪反革命集团的干扰和破坏，工业产品质量产生了不少问题。在国防工业会议上，叶副主席、邓副主席、先念副总理在讲话中都讲到产品质量问题。他们所讲的，不只适用于国防工业，同样适用于民用工业。目前的机械产品质量就不好，基本建设的“百年大计”在有些地方已成了句空话。我们的产品质量不好，不仅影响国防备战、出口援外，也影响到生产建设、人民生活、财政收入。这件事情应引起我们的严重注意。

早在 50 年代，毛主席就明确指出，“工业管理问题。特别要强调

* 这是袁宝华同志在第一机械工业部召开的一次会议上的讲话。

质量问题”[1]。毛主席说：“数量不可不讲，把质量提到第一位，恐怕到时候了。”[2]在更早的时间，毛主席还讲过，“一切产品，不但求数量多，而且求质量好”[3]。毛主席这些指示，对当前的工业生产具有重要的现实意义。一机部的同志都记得，1972年总理关于援外汽车质量问题明确指出：“质量这样下降，如何援外，如何备战？这是路线问题”[4]。

马克思曾指出，物质财富本来就是由使用价值构成的。不讲质量，就降低了使用价值，甚至没有使用价值。不讲质量的数量，就是减少了数量，甚至没有数量，这是最大的浪费。

产品质量下降的原因很多。就机械工业来说，有原材料质量问题，也有主观方面的原因，如设计、工艺、操作、检验、技术水平的问题等等，但我认为最根本的是管理问题。所以，抓质量，必须结合整顿企业管理来进行。关于这一点，小平同志已讲了多次。根据目前的状况，尤其是设备的状况，今年要集中两三个月的时间，切实整顿企业。所谓整顿，就是整顿企业管理，搞好设备维修。整顿企业，抓产品质量，必须依靠群众和发动群众，不依靠群众是搞不好的，一时搞上去了也巩固不住。企业管理和质量问题是千百万人的事情，不能少数人关在屋子里冷冷清清地搞，那是搞不好的。就是一时质量上去了也巩固不住，因为没有在广大群众思想中生根，就巩固不住。

总理说质量是路线问题，主要指的是思想路线。所以，抓质量、抓整顿，首先要抓思想，要把产品质量提到路线高度上来认识，克服

[1] 《毛泽东文集》，第8卷，人民出版社1999年版，第80页。
[2] 转引自《建国以来重要文献选编》，第15册，中央文献出版社1997年版，第659页。
[3] 《毛泽东选集》，第3卷，人民出版社1991年版，第1020页。
[4] 《周恩来选集》，下卷，人民出版社1984年版，第463页。

重数量、轻质量，片面追求产值、吨位的倾向。解决这个问题，关键是要先把领导的思想路线端正过来，自觉地、全面地贯彻多快好省地建设社会主义的总路线。重数量、轻质量的思想可不能小看，这个思想在一部分企业还挺严重。有人认为，“产量完不成不好过，质量差一点照样过”，“产品好不多卖钱，产品差不少卖钱”，“反正我的东西有人要”，等等。群众批评我们：“抓产量是握拳头，抓质量伸开巴掌”，什么也抓不住；“抓产量千方百计，讲质量顺便提提”。这样干，生产越多，废品越多，对国家造成的损失越大。这种状况是同多快好省地建设社会主义不相容的，同社会主义企业性质根本没有共同之处。当然也还有对质量敢不敢抓的问题，愿不愿抓的问题，去不去抓的问题。关于这个问题，叶帅、小平同志、先念同志讲话做了回答，过去怕这怕那，可以原谅，今后再不抓就不行了。实践证明，抓还是不抓大不一样。解决了领导思想问题，就抓上去了。

其次，要切实整顿和加强企业管理，建立健全必要的规章制度。现代化的企业不能没有科学管理。通过整顿，所有的企业都要发动和依靠群众建立和健全七项管理制度[1]，从岗位责任制到成本核算。要加强思想教育，把遵守规章制度变成群众的自觉行动。建立和健全七项管理制度，必须抓好七项经济技术指标。现在有的企业七项经济技术指标是“两上五下”，即成本、消耗上升，劳动生产率、质量、利润、品种、产量下降。所以，必须通过整顿抓好三个环节：一是质

[1] 1971年，国务院召开全国计划会议。会前，周恩来同志在听取国家计委汇报时指出，我们现在的企业乱得很，要整顿。根据周总理指示，会后，在起草《1972年全国计划会议纪要》时，明确规定企业必须恢复和健全岗位责任、考勤、技术操作规程、质量检验、设备管理和维修、安全生产、经济核算等七项制度。

量、品种和产值、产量发生矛盾时，要确实保证质量、品种。二是产值、产量增长主要靠现有生产能力。现有生产能力的发挥，主要靠质量的提高、品种的发展、废品率的减少。而品种的发展重点要注意短线产品的生产。三是日常生产组织工作，要始终抓住质量、品种不放，特别是在原材料质量次的时候，在产值、产量任务重的时候，更要及时抓住产品的质量、品种不放。

第三，要把质量抓上去，必须注意组织好均衡生产。这对我们机械工业意义重大。我们有些企业抓生产往往是前松后紧，月初松散，月末突击，为了突击，有的厂科室干部甚至家属、学生齐上阵，什么操作规程、岗位责任制、设备保养、质量检验等等一概丢下不管，这能搞好质量吗？这种做法对产品质量影响很大，而有些企业领导人却不以为然！要搞好质量就要组织均衡生产，不仅在机械工业，在所有工业企业中都要大讲特讲均衡生产。这几年，我们搞生产的同志就怕“放卫星”，煤炭哪一天放了一个“高产卫星”，第二天非下来不可，钢铁也一样，这倒是个规律。

第四，抓质量，还必须搞好设备和工装模具的维护检修。设备状况不好，工装模具陈旧失修，量具超差不准，检验设备不全，理化、计量跟不上，这都会给产品质量带来一系列问题。这个问题各行各业都程度不同地存在，必须认真做好。

第五，把质量抓上去，要从原材料、基础元件、配套件抓起。这些东西的质量不好，将直接影响到整机、配套产品和其他产品的质量。所有生产企业对这些东西进厂的每个环节都要紧紧抓住。要坚持不符合质量要求的原材料不投料，目前由于种种原因，这还是一件不容易下决心的事情。可是这条原则必须坚持。对于不合格的零配件、配套产品不装配，不合格的产品不出厂，不计产量，不订合同。出了厂的要按质论价，要保修、保退、保换。

总之，对于工业产品要强调“质量第一”，对于产品质量要强调严格要求，要十分严格不能九分，少一分也不行。

坚决把产品质量搞上去 促进国民经济高速度发展*

（1978 年 4 月 18 日）

同志们：

在这次会议的前几天，有十几位地方、部门和企业的同志就深入揭发批判“四人帮”，开展工业学大庆问题作了很好的发言。先念副主席，登奎[1]、秋里[2]、世恩[3]副总理作了许多重要指示，使我深受启发和教育。现在，我就进一步提高产品质量，促进国民经济高速度发展，以加快实现四个现代化的问题讲几点意见，供同志们参考。

一、质量问题，是个路线问题

第五届全国人民代表大会上提出了新时期的总任务，发出了向四个现代化进军的动员令，要求我们加快社会主义经济建设速度，并且指出：现在，有些企业只求产量多，忽视产品质量，忽视降低消耗，造成很大浪费，这是不符合全面实现多快好省的要求的。我们要坚决

* 这是袁宝华同志在全国工业学大庆工作会议上的讲话。

[1] 即纪登奎，时任中共中央政治局委员、国务院副总理。

[2] 即余秋里，时任中共中央政治局委员、国务院副总理。

[3] 即康世恩，时任国务院副总理，兼任国家经济委员会主任。

反对不讲质量，不讲经济核算的败家子习气。没有高质量，就没有高速度。是努力提高产品质量，为四个现代化打好基础，还是忽视产品质量，当社会主义的败家子？这是摆在我们面前的一个必须严肃对待的大问题。

新时期的总任务要求我们，必须更多地生产高质量的产品，用以支援农业，加强战备，壮大经济实力。这是实现四个现代化的需要，是巩固无产阶级专政的需要。早在半个多世纪以前，列宁就尖锐地指出："要么是灭亡，要么是在经济方面也赶上并且超过先进国家。"[1]

在当前国际阶级斗争日趋紧张的形势下，我们如果不能生产出比资本主义国家的产品效能更高、质量更好的产品，就会被动挨打。产品质量搞不好，就不能满足人民生活和国家建设的需要，就不能增加出口、搞好援外，支援世界革命，那么，社会主义制度还有什么优越性呢？毛主席一贯重视产品质量，作过一系列重要指示。早在1945年就指出："一切产品，不但求数量多，而且求质量好，耐穿耐用。"[2]1959年指出："要注意质量，宁肯少些，但要好些、全些，各种各样都要有。"[3]"工业管理问题。特别要强调质量问题"[4]。1960年指出："品种、质量放在第一位，数量放在第二位。"[5]"数量不可不讲，把质量提到第一位，恐怕到时候了。"[6]1961年指出：我们要搞扎实一点，不要务虚名而招实祸。今年、明年、后年，我们要做巩固工作，提高

[1] 《列宁全集》，第32卷，人民出版社1985年版，第224页。
[2] 《毛泽东选集》，第3卷，人民出版社1991年版，第1020页。
[3] 《毛泽东文集》，第8卷，人民出版社1999年版，第76页。
[4] 《毛泽东文集》，第8卷，人民出版社1999年版，第80页。
[5] 转引自《建国以来重要文献选编》，第15册，中央文献出版社1997年版，第659页。
[6] 转引自《建国以来重要文献选编》，第15册，中央文献出版社1997年版，第659页。

质量，增加品种、规格，加强管理，提高管理水平，提高劳动生产率。1964年指出：基础工业，现在主要解决品种、质量问题。有一定的数量，品种更多了，质量更好了，基础就更巩固了。毛主席关于把质量摆在第一位的指示，是我国社会主义建设的一个十分重要的方针。

周总理坚决执行毛主席的指示，十分关心产品质量。1972年，总理针对林彪、“四人帮”破坏国民经济造成的严重情况，在关于援外汽车质量问题的一个文件上批示说：“质量这样下降，如何援外，如何备战？这是路线问题”[1]。同年，又在有关广交会的另一个文件上批示说：轻工业等产品的质量一定要搞好。质量不好，宁可不出口，要出口，就要保证质量。在总理的关怀下，1973年，产品质量上升。1974年，“四人帮”进行破坏，质量再一次下降。1975年，邓副主席根据毛主席、周总理的指示，提出：“质量第一是个重大政策”[2]，要求各地狠抓产品质量整顿，这一年产品质量又有上升。1976年，“四人帮”更加猖狂地进行破坏，产品质量再一次大幅度地下降。产品质量几次下降，给国民经济造成了极大的危害。“四人帮”为了篡夺党和国家的最高权力，不惜搞垮我国的社会主义经济基础，制造了大量反马克思主义、反毛泽东思想的谬论。他们鼓吹建立“没有规章制度的工厂”，把一切管理制度说成是“资产阶级的管卡压”，把图纸、工艺说成是“修正主义的条条框框”，把学习技术污蔑为“走白专道路”。他们胡说：“我们向共产主义过渡，不指靠发展生产力，不指靠物质基础，主要靠精神”，恶毒攻击抓产品质量是“给‘文化大革命’抹黑”，是“唯生产力论”，是“右倾翻案”。“四人帮”在辽宁的那个死党还叫嚷：“质量第一，基本路线第几？”这完全是颠倒黑白。社会主

[1] 《周恩来选集》，下卷，人民出版社1984年版，第463页。
[2] 《邓小平文选》第2卷，人民出版社1994年版，第30页。

义企业是一个有机整体，如果不要规章制度，不要图纸工艺，不掌握技术，怎么进行生产，怎么保证质量？如果我们生产不出比资本主义国家的产品性能更好、质量更加优良的各种工业、农业、国防、科研所需要的现代化产品，如果不具备比资本主义更强大的生产力和物质基础，怎么能巩固自己的政权，又怎么能最终战胜资本主义，向共产主义过渡呢？质量第一，是指在生产活动领域里，在数量和质量的关系上，要把质量摆在第一位。基本路线，是指我们党、我们国家的方向道路。怎么能把这两者对立起来？如果讲它们之间的关系，那么，质量第一，也正是落实基本路线的一个具体体现。对“四人帮”这些反动谬论，必须彻底揭露和批判。

二、当前产品质量低劣的状况仍然十分严重

粉碎“四人帮”为提高产品质量、高速度发展国民经济扫除了最大障碍。一年多来，在党中央领导下，各部门、各地区和各企业在狠抓恢复和发展生产的过程中，开始注意抓质量工作，广泛开展了质量大检查，产品质量存在的问题得到了进一步揭露，对质量管理的基础工作已开始整顿，产品质量严重下降的状况有所改变，一部分产品恢复到了历史最好水平，在提高质量方面取得了初步效果。例如，石油产品，去年基本稳定上升。19 个炼油厂，有 12 个厂的成品合格率达到百分之百。一机部重点考核的 100 种产品，品种合格率由去年初的 47%提高到 71%。今年 2 月，重点钢铁企业的生铁合格率达到 99.43%，比去年提高 3.14%。重点企业钢材合格率达到 98.49%，已接近历史最好水平。棉纱一等一级以上品率达到 95.4%，创历史最好水平。飞鸽牌自行车质量已超过历史最好水平。上海市 119 项产品中，质量达到和超过历史最好水平的占 61.3%。北京市重点产品质

量达到和超过历史最好水平的占61%。天津市主要产品质量达到历史最好水平的占54%。我们对于已经取得的成绩必须给以充分肯定，以鼓舞士气，增强信心，更有力地进行战斗。

但是，对“四人帮”破坏产品质量造成的恶果，决不能低估。当前产品质量低劣的状况仍然十分严重。(1）从全国来看，还有一半左右的产品质量没有恢复到历史最好水平；已经恢复的，有的还不稳定；少数产品还在继续下降。(2）主要工业产品的质量标准低，大多数只相当于国际上五六十年代水平，就是这个标准，许多产品还达不到。(3）尤其严重的是，相当一部分领导干部忽视产品质量的思想还没有扭转。下面我举一些例子：

冶金产品，去年八项质量指标，完成计划和达到历史最好水平的，只有电解铜一项。有些品种，近几年质量严重下降。如鞍钢供第一汽车厂的钢板，1966年冲废率只有1%—2%，去年冲废率高达5%—10%。大梁钢板冲废率比1966年增加10倍。有些钢轨的质量不好。去年津浦线铺轨164公里，使用四五个月后检查，平均两公里就发现有一根带轻伤或重伤的，有的纵向垂直裂纹长达10米，严重影响行车安全。滚珠钢材寿命低，汽车轴承比美国低80%，航空轴承比英国低87.5%。高速工具钢钻头，我们的三只才顶英国的一只。冶金产品质量不好，直接影响军工生产和国防建设。如“903”钢板，去年抽查2230吨，不合格的占一半还多。炮钢、飞机大梁、起落架、子弹钢夹杂物多，有裂纹。我们需要的是能顶用的钢。现在，我国钢材产量小，优质钢比重小，质量又这样差，这些问题不解决，怎么备战？怎么赶超？

机械产品，经过一年多的整顿，质量有所提高，但问题仍然很多。1977年年底，全国八大拖拉机厂，除江西、鞍山、上海丰收外，均为不合格品。15个中型拖拉机厂，有10个厂产品是不合格的。四平、开封、佳木斯三个主要联合收割机厂，产品都不合格。如果质量问题不很快解决，不但影响实现农业机械化的进程，还影响工农联盟。大型发电设备常出事故。哈尔滨电机厂为吉林前郭电厂生产的10万千瓦机组，由于转子平衡螺钉没有锁紧，运行中脱落，打坏发电机，造成停电100多天，影响40多个企业生产。后来检查该厂生产的同类型机组，发现7台都有类似的质量问题。河北省机械局去年底检查了11个柴油机厂，33台产品，没有一台合格的。在这次检查中，合格率都是零的还有：4个厂的减速机、5个厂的空压机、13个厂的离心泵、2个厂的汽车、1个厂的拖拉机、15个厂的电机、8个厂的车床等。天津第一机床厂生产的出口插齿机，由于这几年质量下降，英国商人指定要1959年生产的。一机部掌握的重点产品中，去年二季度抽查为合格品，三季度又戴上了不合格帽子的有长沙鼓风机厂的罗茨鼓风机、兰州石油化工机器厂的换热器、沈阳拖拉机厂的东风28型拖拉机、重庆机床厂的滚齿机等等。

煤炭的质量下降也很严重，影响到各方面。去年，统配煤矿的商品煤灰分和含矸率，比历史最好水平分别提高3.85%和0.48%。按去年产量计算，就多运了1400万吨石头，平均每天要有十几列火车拉运。煤的灰分增加，会导致焦炭灰分增加。焦炭灰分每增加1%，炼铁焦比要升高2%，生铁产量要下降3%。按去年焦炭灰分比历史最好水平高1.68%计算，全年就多耗焦炭35万吨，还少生产生铁80多万吨。化工产品中，普钙磷肥有效成分的含量普遍达不到标准。据化工部统计，普钙磷肥五氧化二磷含量，在创造历史最好水平的1964年，全国平均为17.7%，去年只有12.2%。现在全国六大磷矿含磷量比历史最好水平下降5%左右。磷矿石含磷品位降低1%，生产1吨磷肥，硫酸消耗量相应增加20公斤左右。去年由于磷矿品位下降，就多消耗硫酸七八十万吨。医药质量问题也很多。例如上海黄河药厂，去年7月发现药品中有异物混入，有的药片压进了小虫，药瓶装进了蟑螂、稻草、玻璃屑，出口的“利血平”也混入金属屑。阜新市制药厂生产的葡萄糖氯化钠注射液，有白块、玻璃屑、菌团，检验室检验不合格，工厂竟出合格检验报告书，出厂销售。浙江龙泉药厂去年上半年生产48个批号大输液，有10个批号发霉变质，给病人注射后，发生热原反应20余人次，其中经抢救无效，死亡3人。建材产品，平板玻璃的一级品率至今还没有达到历史最好水平。有的水泥标号没达到也出了厂。青岛砖厂生产的红砖，像食品店里的桃酥一样脆，而食品厂生产的桃酥，却像砖头一样硬。市委书记批评他们说，你们两个厂来个对口赛吧。

轻工产品，经常发生质量问题。去年4月，上海杨树浦一家商店发现一瓶中国酿酒厂生产的熊猫牌葡萄酒里，有一只死老鼠。轻工业部检查51个烟厂，17个厂的产品全部为三类品。检查255个牌号，三类品196个，占76.9%。天津的前门烟和郑州的三门峡烟，有的连点三根火柴还吸不着。群众批评说，这不是吸烟，是吸火柴。上海的前门烟只相当于1958年的飞马烟，降了一个等级。今年3月，罐头行业在福州举行鉴评会，蘑菇罐头有32个厂参加鉴评，29个厂的质量达不到一类水平。最近南京电视机厂生产的12寸电视机，发到北京600台，因质量不好，不能投放市场。发到太原200台，一个商店进货18台，卖出9台，全部退回。我们出口的电风扇，自1954年以来，已销往68个国家和地区，在国际市场上享有一定的声誉，但近几年来，质量下降，在香港的销售量已由首位退居到第三位。去年上海出口的商品，因质量差，外商索赔的就有34笔、67400美元。如销往比利时、荷兰的自行车，去年就赔了15000美元。出口联邦德国的6500架照相机，经到货检验，94架有各种毛病，只好退货。纺织品，棉布缩水、折断、褪色，针织品变色，一直没有解决。据上海出口公司反映，上海出口的衬衫因质量不好，在香港被贬为“杂牌衬衫”。“学生呢”原是上海独特产品，曾把意大利的名牌货“七重天”赶出市场，这几年质量下降，穿不了几天，就起球露底。电的质量也有问题。有些电网周波低，电压下降，线路损失增加，造成电机烧坏，影响工厂生产和人民生活。据鞍钢动力处统计，去年鞍钢由于供电原因烧坏马达 1757 台，今年一季度就烧坏 446 台。

商品包装和运输装卸不好，造成损失也很严重。据上海对 9 种产品计算，仅破损、污染和被盗，去年损失 460 多万元。襄樊运往石家庄的花瓶 210 个，因没有小包装，花瓶间也无衬垫，破损率竟达 60%。上海钻石牌闹钟，用柳条包装，有的破损率高达 21.7%。去年上半年，由上海调拨电视机 9823 台，破损 534 台；调拨收音机 30480 台，破损 2260 台。北京的雪花膏、香脂，残损率达到 30%。今年 1 月由上海发往山东《大众日报》社的进口新闻纸 360 吨，因装卸不好，纸卷压扁、破裂，已经不能用于印报的 117 吨，占发运量的 1/3。去年 10 月，天津港在起卸进口的一套价值 640 多万元的石油钻机主件时，全部摔坏。今年 2 月，起吊一台钻机，又翻到海里。去年哈尔滨铁路局承运到沈阳的电机转子摔坏两件，影响重要工程使用。去年，丰台站发生两次调车冲撞，损坏鲜蛋几十吨。去年 10 月，阳泉调往北京的白布装在运过炭黑和水泥的车里，大部分污染变色。

当然，上面讲的，并不是我们产品质量的全貌。有些问题还没有充分暴露，但也足以看出问题的普遍性和严重性了。这样一种质量状况，如果不迅速地从根本上加以扭转，既谈不上高速度，更谈不上四个现代化。我们要实现工业现代化，但生产的机器设备是不合格的；我们要实现农业机械化，但供应的农业机械是不能用的；我们要实现国防现代化，但武器装备常出事故；我们要实现科学技术现代化，但实验仪器不合要求。不解决质量问题，光喊四个现代化，岂不是空话。

问题不仅在于质量低劣的现象到处可见。更重要的，是许多人对质量问题的严重性还没有认识。去年 9 月，秋里同志在一机部质量会上讲话时，要求大家在数量与质量的关系上来个转变，但有些人对这一点迟迟不能理解，至今还没有真正转变。石家庄柴油机厂生产的柴油机，因为质量不合格，去年年底停产整顿。就在整顿期间，发现 190 缸体硬度不够，要求是洛氏 20 度，实际最高才相当于洛氏 16.5 度，检查科不同意使用，管生产的副主任和抓整顿质量的副书记仍决定使用。这个厂由于把大量不合格品出厂，农民经常找上门来，有的说："你们把老百姓坑苦了！"还有砸工厂牌子的。工厂在厂门口设了个"支农组"，用一些不合格零件应付找上门来的社员。农民气愤地说，什么"支农组"，纯粹是"治农组"。这个厂在产品质量上有那么多的教训，还这样麻木不仁，说明了问题的严重性。

解决产品质量问题已经到了刻不容缓的时候了。先念副主席去年 11 月指示：质量问题要彻底整顿。不少产品质量这样坏，简直是给党开玩笑，给国家开玩笑，给人民开玩笑。听到质量问题这样严重，心里很难过。揪出"四人帮"已经一年多了，一些企业质量还那么严重，领导还不重视，如不迅速改变，要给以纪律处分。我们要认真贯彻中央领导同志的指示，认清解决产品质量问题的迫切性。下定决心，抓紧时机，一鼓作气，从根本上扭转产品质量低劣的状况，努力把产品质量搞上去。

三、认真整顿质量，大打一场质量翻身仗

我们要努力清除"四人帮"的流毒，提高思想认识，把领导干部、工人、技术人员提高质量的积极性充分调动起来，下苦功夫，扎扎实

实地做好基础工作，大打一场质量翻身仗。今年内所有产品的质量，要一律恢复到历史最好水平，已经恢复到历史最好水平的，要努力赶超国内外先进水平。

第一，要深揭狠批“四人帮”，牢固地树立质量第一的思想。

“四人帮”的破坏，给我们造成的内伤是十分严重的。要提高产品质量，必须首先肃清“四人帮”的流毒，提高思想认识。“四人帮”把加强企业管理、整顿产品质量，统统污蔑为“复辟资本主义”。在他们眼里，破坏管理的有功，加强管理的有罪，破坏质量的有功，提高质量的有罪，把是非弄颠倒了，把人们的思想搞乱了。直到现在，有些人还心有余悸，不敢抓质量，不敢抓管理，不敢按工艺纪律严格要求。我们要通过揭批“四人帮”，彻底澄清要不要提高产品质量、要不要加强质量管理、要不要执行工艺纪律、要不要学习技术这样一些重大原则问题。

在“四人帮”流毒的影响下，现在，还有相当一部分干部，比较普遍地存在着“产量任务重，质量没空抓”，“好坏有人要，质量不用抓”，“生产条件差，质量没法抓”的错误思想。这种思想不来一个彻底转变，产品质量也不会有根本改变。

“产量任务重，质量没空抓”，这种把产量和质量对立起来的认识是不对的。这是重产量，轻质量，把产量当作硬任务，把质量当作软任务，片面追求产量的一种借口。结果丢了质量，产量也就失去了意义。所有数量，都是具有一定质量的数量，没有质量，也就没有了数量。马克思说：“不论财富的社会形式如何，使用价值总是构成财富的物质内容。”[1] 按照马克思的理论，如果你生产的产品失去了使用价

[1]《马克思恩格斯全集》第23卷，人民出版社1972年版，第48页。

值，那你为国家创造的产值和产量也就失去了物质内容，那就不能称其为产值和产量了。生产没有使用价值的产品，不是为国家创造财富，而是给国家造成浪费。

“好坏有人要，质量不用抓”，这种认识更是错误的。我们生产的产品，都是为实现四个现代化、为人民生活服务的。不能因为有人要，就忽视质量，粗制滥造。生产的产品不顶用，浪费了大量燃料、动力、原材料和人力，这种做法，一害国家，二害人民，三害自己。有的弄虚作假，以坏充好，欺骗用户。凡是这样干的，一定要抓住不放，严肃处理。“生产条件差，质量没法抓”，这是外因论的思想在作怪。提高产品质量，有没有外界因素？当然有。我们整个国民经济的生产活动是互相联系的，有哪一个企业的生产能够脱离这种联系，能够取消这种外因呢？在你这里是外因的，在他那里是内因。反过来，你这里的内因，又是另一个企业的外因。如果大家都不把精力放在解决企业内部的问题上，都强调外因，那我们的产品质量又到何年何月才能整顿好呢？强调外因，只有等靠要，如果大家都等、都靠、都要，那就什么也等不到、靠不到、要不到了。如果大家都从全局着想，着眼于内因，严于解剖自己，找自己的差距，挖自己的潜力，互相创造条件，问题也就好解决了。

质量和数量是对立的统一。产品的质量提高了，实际上等于增加了数量。如宝鸡石油机械厂，为提高钻井打捞工具——母锥和公锥的使用寿命，改进了热处理工艺，过去六个锥打捞不起的井下落物，用改进后的一个锥打捞十几次还不坏。去年 8 月，他们在昆明全国热处理会议上发起产品寿命“一顶二”的竞赛倡议。现在这个厂已经有四种产品达到了一顶二，产品出厂都有寿命指标，达不到指标的，就无偿补送。石家庄煤矿机械厂积极响应这个竞赛倡议。经过努力，现在生产的泥浆泵缸套采用渗硼工艺后，寿命由150小时提高到700小时；

轴承环模具由2000次提高到6500次，都达到了一顶二。如果全国的工厂都来参加这个竞赛，产品质量都能做到一顶二，将为国家创造出多么大财富啊！

改变重产量、轻质量的思想，不单是企业的事情，我们各级经委、工交办、工交部门的领导干部都要对数量和质量的关系，在认识上和行动上来一个转变，认真帮助企业创造条件，解决实际问题。

第二，大搞群众运动，整顿质量管理。

要搞好质量，必须深入发动工人群众和工程技术人员，充分揭露矛盾，弄清本单位的产品质量状况。在此基础上，大力整顿质量管理，加强基础工作。从组织上、制度上，保证产品质量的不断提高。

1. 要建立健全各级质量管理机构，充实质量管理人员，赋予他们质量把关的权力。质量管理机构和人员要本着精简的原则，在今年上半年内设置和配备起来，改变质量工作无人管的状况。工厂的质量检验机构要由厂长直接抓。要配备责任心强的、熟悉业务的检验人员。要支持质量检验人员把好质量关。要依靠群众自觉执行质量标准，要有一大批不脱产的质量检验员，实行专职检验和群众自检、互检相结合。

2. 要建立严格的质量责任制度。要迅速改变那种对图纸工艺谁愿意改谁就改，谁愿意怎么干就怎么干，出了废品，既不查明原因，也不分清责任，质量好坏一个样的状况。武钢、攀钢从今年1月1日起实行了在钢锭上打印、挂标签和“废品归户”制度，对防止钢锭混号和减少废品很有效果。大庆为什么能取得各项工作的高质量？就是因为大庆的广大工人群众有高度的社会主义觉悟，企业有严格的责任制度，领导又敢于高标准，严要求，上下有一个共同的对国家、对人民的高度责任感。就是在“四人帮”横行的日子里，他们也坚持高标准、高质量不动摇。在群众那里，不合格的，就是不出手，不出班组；在领导那里，不够标准的，就是不算数，不能出厂，推倒重来。高度的政治觉悟，严密的思想作风，严格的责任制，过硬的基本功，是大庆取得高质量的传家宝，也应该是我们各行各业夺取高质量的传家宝。

3. 做好提高质量的基础工作。要下功夫，扎扎实实地整顿图纸、整顿工艺、整顿设备、整顿工卡量具，充实测试手段。设备完好率，今年要达到历史最好水平。

4. 整顿产品质量标准，开展“三化”工作。现有的标准，有许多已经阻碍产品质量的提高，应该迅速加以修订。许多产品还没有标准，据天津市调查，约占22%，没有寿命指标的更多，有关部门要抓紧制定。还有些质量标准不全的，要充实完善。这项工作，要在今年内基本完成。产品“三化”工作，有关部门要认真研究，作出规划，有步骤地组织实施。

5. 加强产品质量的考核工作。考核要严格，做到：质量好，知道是谁的成绩；质量不好，能查明是谁的责任。要抓完成质量指标的好坏典型，好的要表扬，不好的要批评教育。各地区、各部门对重点产品的质量计划，要按月按季按年进行统计，检查分析，采取措施，保证完成。计划、统计指标不全的，要加以整顿充实，使它真正起到促进考核的作用。在质量管理上，都要定个章法。各部门要根据本行业的特点，制定质量管理办法。最近一机部搞了一个，已下达企业试行。

6. 把提高质量纳入社会主义劳动竞赛。要大力开展产品质量“一顶二”、“万米无疵布”、“十万米无色差”、“千炉无废品”、“质量信得过”等生产优质品的竞赛运动。洛阳轴承厂滚子终磨小组数年如一日，开展“质量信得过”活动，很有成效，应普遍推广。最近一机部提出三年创建五万个“信得过小组”的目标，这很好，大家都要这样办。各企业都要制定创建“信得过小组”的三年规划，要明确提出每年创建多少个“信得过小组”的指标，并组织实现。同行业产品质量评比和访问用户的办法，要形成制度。各部门、各地区和各企业可以根据情况，每年组织一次“质量月”的活动，揭矛盾，找差距，总结经验，表彰先进，同时举办各种类型的产品质量展览。报纸、刊物、广播都要大力宣传，造成生产优质品光荣的强大声势。

第三，要实行鼓励提高产品质量的政策。

1. 在生产计划安排上，同一种产品，要优先安排生产优质品。在原材料、燃料、电力供应上，优先保证优质品的生产。任何地方和部门，都不准给企业压空头产值，也不要增加长线产品的生产。

2. 实行“四不”“三包”的办法。原材料不合格的不投料，零部件不合格的不装配，产品不合格的不出厂，不合格品不能计算产值和产量。不合格产品出了厂的，制造厂要包修、包换、包赔。凡是把不合格品当作合格品欺骗了国家、欺骗了用户的，一经查出，工厂的主要领导人要受批评处分。

3. 在价格政策上，要坚决实行按质论价，优质优价。不能不管质量好坏，都定成一个价。各部门今年要选择一些主要产品认真进行调查研究，摸清情况，做出按质量等级修订价格的方案，报国家物价总局审批。为了提高边远地区的产品自给能力，要帮助他们搞好产品质量，并给以适当照顾。工厂的残次品，统交商业部门，不得擅自处理。

4. 对生产优质品的工厂、车间、班组和个人，要实行奖励制度，包括精神奖和物质奖两个方面。要把质量作为评奖的重要条件。对在产品质量上给国家造成损失的，要取消其奖励；严重的，要追究责任。

5. 产品质量长期不好，而又在限期内没有改进的企业，应令其停产整顿。

第四，要搞好技术培训。

当前，职工的技术水平和业务水平低，是影响产品质量的一个重要因素。要认真贯彻中央领导同志关于一定要极大地提高整个中华民族的科学文化水平的指示，领导干部要带头学政治、学技术、学业务。要大力加强对职工的技术培训，办好“七二一大学”[1]、技工学校、技术夜校和各种技术训练班。要实行考工定级制度，调动广大职工学技术、学业务的积极性。今明两年，对工人、技术人员和干部的技术业务水平要普遍进行一次考核，按实际达到的技术等级发给证书。超过技术等级的，作为晋级、增加工资的依据之一；达不到技术等级的，要帮助他们限期达到。

要广泛开展岗位练兵活动。号召青年工人为革命苦练基本功，老工人要搞好传帮带。要广泛开展技术表演赛。在学大庆运动中，要评选技术标兵或操作能手，给那些技术上过硬的人以应得的荣誉。

各单位都要制定三年的技术培训规划，认真组织实施。

第五，要制定提高产品质量的规划，有计划地进行质量升级和产品换代。

各地区、各部门，要坚决贯彻执行中央关于在1978年内使产品质量恢复到历史最好水平，并进一步赶超国内外的先进水平的要求，

[1] 1968年7月21日，毛泽东同志对《文汇报》记者和新华社记者合写的《从上海机床厂看培养工程技术人员的道路（调查报告）》批示：“大学还是要办的，我这里主要说的是理工科大学还要办，但学制要缩短，教育要革命，要无产阶级政治挂帅，走上海机床厂从工人中培养技术人员的道路。要从有实践经验的工人农民中间选拔学生，到学校学几年以后，又回到生产实践中去。”（全文见1968年7月22日《人民日报》）因批示日期是7月21日，故人们将工厂举办的职工业余大学称为“七二一大学”。

拟定今后三年产品质量升级规划。首先要对那些对国计民生有重大影响的产品，在调查研究、摸清情况的基础上，一个品种一个品种地定出具体规划，作为生产计划的重要组成部分，采取有效措施，组织力量，促其实现。倒了牌子的名牌产品，今年都要恢复起来，还要进一步创造新的名牌产品。

提高产品质量的规划要尽量采用新技术、新设计、新工艺，要和学大庆的规划结合起来，和组织专业化生产结合起来。规划要在今年9月底以前报国家经委。

质量能不能搞上去，根本在路线，关键在领导。各省要由一位书记或革委副主任，各部要由一位副部长，各级经委（工交办）也要有一位主任具体负责抓质量。各级党委要将产品质量工作列入议事日程，定期讨论研究。各级领导都要抓典型、树样板，要抓重点企业、重点产品。对质量不好的企业和产品，要“三不放过”：原因不查清不放过；责任不查明不放过；措施不落实不放过。今后，不论哪个地区、哪个部门、哪个企业，质量出了问题，首先找第一把手。

下面我再讲一讲全面完成八项经济技术指标的问题。

毛主席为我们制定了“鼓足干劲、力争上游、多快好省地建设社会主义”的总路线。我们要永远坚决执行这条社会主义建设总路线，全面地贯彻多快好省的方针，全面完成八项经济技术指标的国家计划。打倒“四人帮”一年多来，全面完成八项指标企业的比重不断增加，据10个省区市和12个大中城市的统计，去年考核7618个企业，完成八项指标的1800个，占23.6%。全国工交企业亏损面不断缩小，由1976年的37.2%下降到28.9%，今年2月又下降到26.5%。亏损额由1972年的72亿元下降到57亿元。这种全面完成国家计划的企业越来越多的发展趋势是令人鼓舞的。但是，也要看到这方面的问题仍然是很严重的。1977年，全国尚有百分之七八十的企业没有全面完成八项指标的计划，全面达到本企业历史最好水平的就更少。还有一部分大庆式企业，也没有全面完成八项指标计划。许多企业仍然是产品质量差，品种少，消耗大，成本高，劳动生产率低，浪费惊人。有些单位不执行供货合同。亏损企业，主要是非政策性亏损企业为数还不少。这种状况，与高速度发展国民经济的要求很不适应。

五届人大政府工作报告中指出："我们要求，所有企业的经济技术指标，今年内都达到本企业的历史最好水平，已经达到的要赶超国内和世界的先进水平。"我们要下大力抓好以提高质量、降低消耗和增加积累为重点的八项经济技术指标，各级领导要当成一场硬仗来打，每个时期都要有明确的奋斗目标，有针对性的措施，经常检查，务期落实。主要经济技术指标完成情况，要一季比一季好。少数没有达到历史最好水平的大庆式企业，一定要限期达到。所有企业在今年内都要达到历史最好水平，已经达到的要赶超国内和世界先进水平。

要切实贯彻生产与节约并重的原则，狠抓企业经营管理，严格财经纪律，加强扭亏增盈工作。在今年内，由于经营管理不善造成非政策性亏损的企业，一定要扭亏为盈。政策性亏损企业，要把亏损额降到最低限度。

各级经委（工交办）、工交生产部门都要有专人经常掌管八项指标的工作，要协同计划、统计部门，按年、按季度抓好八项指标计划的下达、执行和统计考核三个环节。有关部门要分工协作，密切配合，共同努力把这一工作抓好。年中要结合学大庆检查，组织力量，开展一次对上半年八项指标完成情况的大检查，摸清现状，制定措施，提出规划。

各企业单位，特别是大中型企业，结合整顿，要扎扎实实地抓好基础工作。所有企业都要坚持定期经济活动分析制度，狠抓经济核算，特别是班组经济核算。要把全面完成八项指标纳入工业学大庆、开展社会主义劳动竞赛的群众运动中去。定期评比检查，定期公布同行业、同工种的竞赛结果，广泛发动群众比、学、赶、帮、超。对先进经验，要及时总结，大张旗鼓地宣传、推广。

各级主管部门，要面向基层，积极为企业完成八项指标创造条件。要将国内外先进水平的有关资料整理下发，并经常派人深入生产第一线，了解情况，帮助解决问题。要加强生产指挥调度，安排好燃料、电力和原材料的分配，搞好供产销的衔接，组织好社会主义协作，保证必要的生产条件，使企业能够更有计划地、均衡地组织好生产，促进八项指标的全面完成。

为便于经常掌握八项指标的完成情况，各省、区、市，国务院工交各部门，每个季度要向国家经委报送有分析有措施的八项指标完成情况的专题材料，统计部门仍按国家统计局规定报送八项指标完成情况的资料。

今年三分之一的时间快要过去了，时间紧迫，任务繁重。毛主席曾经指出，世界上怕就怕“认真”二字，共产党就最讲“认真”。只要各级领导真正重视质量这个问题，下决心抓，我们就一定能够把质量工作搞上去。

在中国国家经济委员会访日代表团与石川馨*先生座谈日本开展“质量月”情况后的讲话*

（1978年11月13日）

贵国搞群众性的管理活动，我们很感兴趣。

我们考虑，代表团回去以后，第一件事就是如何提高质量。我们在批判“四人帮”破坏工业的时候，也把提高质量作为重点，所以，我们在今年9月已经开展了第一次全国性的“质量月”活动。我们抓质量与其说是启蒙性质，还不如说是恢复性质的，“质量第一”的口号是1956年开始提出来的，11年间，由于“四人帮”的干扰，原来已经达到的水平，又大大地退步了。我们是从ABC开始的，工厂比较混乱，到处乱堆乱放，灰尘很多，石川馨教授在北京座谈时，就指出我们的工人没受到教育，不知如何操作。小松制作所帮助北京内燃

* 石川馨，日本学者、教授。曾应日本小松公司总经理河合良一邀请，指导小松公司实行先进的质量管理方法，从而使该公司的产品提高了国际竞争力。1978年石川馨教授来中国就产品质量管理问题进行考察和讲学。他提出，中国的机械企业，在现有设备条件下，只要加强质量管理，其效益即可成倍提高。1978年11月1日，袁宝华同志率中国国家经济委员会代表团访问日本。11月13日，代表团与日本质量管理专家石川馨先生就日本质量月活动进行座谈。这是袁宝华同志在座谈会上的讲话。

机厂提高产品质量，效果显著，说明“质量第一”的思想真正深入人心的重要性。所以，我们要感谢石川馨先生和河合良一[1]先生。虽然我们的“质量月”活动取得了成绩，但从质量管理来说是刚刚走了第一步。这次到贵国来，到了有关单位和企业参观、座谈、学习，如到了科技联、规格协会，听了几位教授的讲课，又到了几个工厂看了以后，感到日本的企业真正把质量摆在了第一位。日本的企业，在矛盾很多的情况下，抓住了质量，把产品质量摆在重要地位，这一点我们要很好地学习，要真正使“质量第一”的思想深入人心，要从喊口号阶段进入到实际行动阶段。这是第一个感想。

第二个感想是日本的企业真正做到了预防第一。

第三个感想，日本的企业广泛开展了自主管理活动，特别在质量上，把广大工人都发动起来了，自觉地开展质量管理活动，这一点很重要。工人不是靠行政命令，而是自觉的，这个力量是无穷无尽的。

第四个感想，日本的企业管理干部、公司领导，对企业管理、质量管理，真正花了大力气，为了提高，做到了千方百计。

第五个感想，我们半个月来，看到日本整个社会抓产品质量、产品标准、检验，消费者对产品质量的监督，企业生产者为提高质量而做的努力，充分说明，全社会都在为提高产品质量做工作。在这个基础上，日本第一次“质量月”大会讨论了如何达到国际化的问题，所以我们想要向石川教授和多位先生请教。

[1] 日本小松公司总经理。小松公司是日本以生产推土机、挖掘机、翻斗车等工程机械为主的大型企业，倡导并推行先进的质量管理方法。

日本工业企业管理考察报告*

（1979 年 1 月 10 日）

国家经委代表团，应日中经济协会的邀请，于 1978 年 10 月 31 日至 12 月 5 日，对日本工业企业管理问题进行了考察。代表团分三组，重点考察了新日本钢铁公司，小松工程机械公司，丰田汽车工业公司，松下电器公司，东芝电气公司。

这次考察，是在《中日和平友好条约》生效，邓小平同志访日圆满成功，日本掀起“中国热”之际进行的。日方对这次考察很重视。在他们的协助下，考察基本上达到了预期的目的。但是，我们代表团是企业接待的，他们说好的多，说坏的少，也没有安排我们接触下层社会，这就使我们的考察有一定的局限性。

经过考察，代表团的全体同志有一个共同的感觉，我国加速实现四个现代化大有希望，但是要花大力气。

现将有关工业企业管理的几个主要问题，报告如下：

* 这是袁宝华同志率国家经委代表团考察日本后给国务院的报告。时任国务院总理华国锋，副总理李先念、余秋里、康世恩听取了袁宝华的汇报，并将报告转发给全国各省、自治区、直辖市和国务院各部委。

一、企业的组织

日本工业公司的组织多种多样，他们根据生产的特点，从有利于生产、提高效率、便于经营出发，选定不同的组织形式。我们考察过的公司，基本上有三种形式：

一种形式是，统一核算，统一管理。如电力工业公司，产品单一，发电和供电同时进行，各发电厂的生产，由公司用电子计算机高度集中控制，按照严格的计划进行，各发电厂只管机组的安全运行，一切经营管理权都集中在公司，各发电厂在经济上没有独立性。

第二种形式是，统一核算，分级管理。如新日铁公司，下属十个钢铁厂，是日本最大的钢铁联合企业，产品比较单一（最终产品都是钢材）。各钢铁厂的生产指标和物资供应，都由总公司统一安排。但各厂在组织生产、核算成本、外包作业、零星购置、任用厂内干部等方面，都有很大的权限，相对独立性较大。

第三种形式是，分级核算盈亏，分级管理，实行“事业部”制。如东芝电气公司，产品从电视机、电冰箱等家用电器，到成套发电设备，种类繁多，许多产品的生产是单独进行的，但在生产技术上又有一定的联系，他们在总公司下，按产品设 20 个“事业部”（类似分公司），分管 25 个工厂。各“事业部”实行独立核算。

此外，还有其他的形式，如丰田汽车公司，在生产方面，实行统一核算，分级管理，公司和工厂的关系，与上述新日铁公司的情况相似。但在销售方面，则由丰田财团另外的销售公司统一经营，丰田汽车公司不管销售。

所有这些公司，无论采取哪种形式，财政大权都集中掌握在公司手里。所属各工厂的专业化程度都很高，整个企业是由许多专业化工厂联合而成的。

日本的联合企业，许多是跨地区的，甚至是全国性的。所谓全国性的，是指其下属企业分布在全国许多地方，而不是把全国同类企业都网罗在一个大公司之内。全国性的、同一行业的大公司有许多个，如日本有五大钢铁公司、十大汽车公司、九大电力公司等等。它们相互竞争，竞相发展。我们在组织全国性的联合公司时，也不应把全国同一行业的企业都组织在一个公司之内，只此一家，别无分号。如果这样，就没有比较，没有竞赛，没有竞争，就容易把这种公司搞成行政领导机构，或者原有的专业局摇身一变，挂出公司的招牌，有名无实。

日本公司各级的职责、权限和分工是非常明确的。从我们考察过的公司来看，公司一级主要管：(1) 公司的经营方针和"战略性"决策；(2) 产销计划；(3) 设备投资和生产经营的财务预算；(4) 科学研究和新技术开发；(5) 进出口业务。工厂一级主要管：(1) 品种、质量、数量；(2) 交货期；(3) 成本；(4) 安全；(5) 作业场地的清洁卫生。

公司设董事会，在董事长的主持下，定期举行各种决策性会议，作出决定，由总经理组织执行，总经理对董事会负责。厂长都是精通技术和管理的、能干的专家，他们的责任是在自己管辖的范围内，贯彻执行公司的方针和各项决定，完成前述各项任务。厂长直接对公司的总经理负责。在董事会闭会期间，公司的工作由总经理负责。公司的各部门、各工厂，以及工厂的车间、工段、班组都严格实行首脑负责制，有职、有权、有责。

我们在日本看到，公司和工厂的各级领导干部，可以在自己职权范围内放手工作，该自己决定的事情，就拿出主意，用不着到处请示，没有人干涉他们履行职责，没有人代替他们决断，更没有人代替他们承担责任。他们的工作，井井有条，效率很高，不是事事都找厂长、找总经理，使厂长和总经理忙得不可开交。我们访问工厂时，厂长连续几天陪我们活动，也没有人找他，工厂的各项工作还是有条不紊地进行。

许多熟悉中国情况的日本朋友曾坦率地对我们说，中国工业领导部门和企业领导人的职责和权限暧昧，党委书记、厂长、支部书记、车间主任，各有什么权力，有什么责任，很不明确。他们指出，在这种情况下是无法管好工业的。

我们应当明确规定各级负责人的职责，彻底改变那种大家都负责、实际上无人负责的现象。我们企业党委对经济工作的领导，也应当摆脱具体事务，紧紧抓住企业经营的大事。我们企业的各级干部，都应当职责分明，各负其责。这样做可能更为有利。

二、企业的计划

日本各公司的生产，像一切资本主义企业一样，都是严格按照计划进行的。他们的计划是很严密的、符合实际的、科学的。他们把企业计划叫做“生产销售计划”，主要特点是以销定产。公司在具体制定计划时，要确切地掌握两个方面的依据，一个是订货单，一个是市场预测资料。大型产品、专用设备、有特殊要求的产品，以及固定协作的产品，通常是按订货单编制计划；没有订货单、直接在市场推销的产品，则采用市场预测的方法安排计划。因此，各公司既有庞大的推销机构，又有现代化的商业情报中心。各公司都同商社（主要是商品产销的中介，有的也承包工程、经营工厂）保持密切联系，各大商社都有非常现代化的世界性的情报网，如三井物产商社，在5分钟内，就可以把世界各地的商情收集起来。各公司不断按最新商情，争取扩大订货单，按月调整生产计划，力图使计划符合用户和市场的需要，使产销紧密结合起来，既不短产和拖期交货，也不盲目超产，造成积压。

为了使产销衔接好，他们在编制生产计划时，详细调查用户对产品质量、规格的要求，研究如何改善自己的生产条件，改进设计和工艺。根据销售计划制定生产计划，根据生产计划来确定零部件、原材料、燃料、动力的供应计划，劳动力增减计划，新产品试制计划等等，使各项计划以生产计划为枢纽相互衔接起来。经过反复的综合平衡，制定具体的作业计划，按作业计划组织生产。

由于各公司都是以销定产，按生产的需要安排物资供应，相互间又有密切的协作关系和经济合同的保证，所以各公司就都能够准时地相互提供各自需要的产品，组织均衡生产，一般不会发生停工待料和产销脱节的现象。

资本主义公司内部的计划制度和计划方法，是在长期的竞争、危机、曲折的过程中，逐渐形成和完备起来的。我国是社会主义国家，实行生产资料公有制，不仅各企业有计划，而且全社会也有计划，这是根本优越于资本主义的地方。我们的经济制度，更应当按需要生产，以需定产。但是，由于缺乏经验，受苏联过去那一套的影响，往往使我们的计划上下脱节，产销脱节，不是有缺口，就是造成积压。要改变这种状况，很需要把资本主义公司制定产销计划的方法中对我们有用的东西学过来，改进我们的计划工作。

三、专业化和协作

战前，日本工业的专业化和协作比欧美发达的资本主义国家要落后，存在许多“大而全”、“小而全”的企业。战后，随着经济的发展，专业化协作也迅速发展起来，使劳动生产率大幅度提高，产品成本大幅度降低。

为适应发展专业化协作的趋势，防止大批“小而全”企业的倒闭，日本政府于60年代初，采取了工业结构的“双重化”政策，要求大企业不要简单地吞并中小企业，而要同中小企业建立多方面的协作关系。并于1963年制定了《中小企业促进法》，对中小企业贷款扶持，帮助解决技术和管理问题，使中小企业生产专业化，提高效率，为专业化协作的进一步发展开辟了道路。

日本的专业化协作，通常都以大公司为中心，联系大批的专业化协作厂，如丰田汽车工业公司有1240家协作厂，新日铁公司有400多家协作厂。大公司和协作厂之间的关系，有以下特点：(1) 充分利用历史上形成的老关系，绝大多数协作厂都与大公司有几十年的协作、供销等经济关系。(2) 各协作厂实行独立的经济核算，但在经济上和技术上，对大公司有很大的依附性。有的，大公司直接投资；有的，大公司派干部参与经营管理；有的，大公司派专家进行技术指导和工艺监督；有的，由大公司帮助解决一部分资金设备；有的，使用大公司的技术专利。(3) 协作厂主要为一个大公司服务，但同时又与其他厂家建立协作关系。如东海理化电机制作所生产的汽车配件，一半以上供应丰田汽车公司，其余的供应其他汽车公司。(4) 绝大多数协作厂是中小企业，但也有少数比较大的企业。这些大企业对某一大公司是协作厂，但它们又与许多中小企业进行协作。还有些协作单位，如运输公司、清扫公司，都是较大的公司，它们同时为许多公司服务。日本的大中小企业，通过复杂的协作，建立起密切的经济关系。

由于专业化协作的发展，日本各大企业都能集中精力抓好关键性产品的生产，不断改进关键性技术和工艺。如新日铁公司君津钢铁厂，不但把厂内的清洁、绿化、食堂这一类生活服务工作完全外包出去，就连从高炉车间到转炉车间的铁水罐运输，也外包给运输公司。[1]而中小企业由于产品单一，也便于大批量生产，有利于革新技术、降低成本和提高劳动生产率。

企业间的协作关系，用合同的形式固定下来。通常先签订“作业承包基本合同书”，对双方应承担的权利和义务作出原则性的规定。然后还要签订“作业承包合同书”，把合同的条件进一步具体化。至于产品的规格、质量和数量，还要每月定一次，以适应市场的变化。为了衔接大公司和协作厂的生产，大公司还将年度生产推销计划送交协作厂参考。由于双方都很重视信用，违反合同的情况是很少的。

我国在实现四个现代化的过程中，专业化协作将迅速发展。我们在组织专业化协作的时候，应当参考日本的经验，注意保持历史上形成的经济关系，并根据经济合理的原则积极发展新的协作关系，既不要轻率地肢解那些多年来形成的协作关系，也不要硬把统一的工厂简单地分割成许多个“专业化”的厂子，然后再去组织它们协作。

[1] 新日铁公司的君津钢铁厂，在原料作业方面，自己只管配料，而把原料运输、矿石处理、焦炭制造都外包出去；在高炉作业方面，自己只管高炉冶炼，而把高炉修理、铸铁机都外包出去；在转炉作业方面，自己只管转炉冶炼和连续铸造，而把添加剂的加工处理、铁料的集中压块、脱硫处理、铸型修理都外包出去；在轧钢作业方面，自己只管冷轧、热轧，而把煤气、切头、产品捆运都外包出去；在制管作业方面，自己只管成型、焊接，而把二次加工、非破坏性检查、管壁涂料都外包出去。同时原料和成品的厂内外运输，也都外包出去。机械、电气、仪表、水道的维修，自己只管一小部分，大部分也外包出去。全厂职工7000多人，40个协作厂的职工8000多人。

四、质量管理

经过这次考察，我们对日本质量管理有了新的认识。日本人把质量管理叫做“品质管理”。工业企业的一切经营管理活动和生产活动，都以提高产品质量为中心，各级管理人员和每个工人对此都有明确的认识，企业的各项规章制度，都是环绕着这个中心并为它服务的。他们强调，质量标准应以用户是否满意为唯一标准。各公司规定的质量标准，往往高于政府颁布的标准，而各工厂制定的标准，又高于公司的标准。随着经济的发展，用户的需要是不断发展变化的，要使用户满意，不仅要提高现有产品本身的质量，而且要不断发展新品种。日本质量管理的基本指导思想和制度，不仅大大提高了工业生产的效率，而且给国民经济带来极大的好处，整个社会的服务质量和社会风气，也随之发生了重大的变化。在国际激烈竞争的条件下，他们提出要“生产世界上点名的产品”。日本各公司都把不断提高产品质量当作生死攸关的问题，从上到下都有强烈的提高质量、发展新品种、加强竞争能力、争取企业生存和发展的紧迫感。对照我国一些企业严重存在的片面追求数量，不顾质量，许多产品几十年“一贯制”，对用户提出的要求置若罔闻等情况，感触颇深。

“好产品是生产出来的，不是检查出来的”，这是日本工业界一个流行的说法。他们注重从设计、工艺、设备、原材料和生产过程的各个环节上全面贯彻“质量第一”的思想，预先消除可能导致产生不合格品的各种因素。他们还通过先进的测试手段来检验各道工序的产品是否符合设计的要求。凡是不合格的零部件都不能进入下一工序，同时，对协作厂的设备、工艺、技术，也都有严格的要求和检查，所以最后装配的产品是高质量的。产品出厂后，还有一套完善的技术服务工作，发现问题，总结经验，及时加以改进。我们往往不注意预防性的质量管理，而用大量的检查人员进行成品检查，发现不合格品已无可挽回，造成人力、能源和原材料的很大浪费。这种做法，是应当改进的。日本人说，在国际竞争中，要靠高质量，要靠新品种。他们把提高质量和增加品种结合起来。日本市场上钢材、机器设备等生产资料，几乎达到要什么品种就有什么品种的程度，各种生活资料也品种齐全，花样翻新，汽车、自行车都有上百种，电视机几十种，手表就有机械表、自动上弦表、薄型表、装饰表、电池表、晶体表、超小型表、液晶显示器电子表等20多个品种，每种又有许多不同样式。他们根据用户的需要，经过深入细致的调查研究，不断设计和生产新品种，如东芝电气公司半导体工厂出售的产品，每年有一半是新品种。而大量新产品的上市，又刺激和创造了一系列新的需要。我们参观的东京三越百货商店，经营50万种商品，而我国在香港的百货商店，不到3万种，北京王府井百货大楼只有两万几千种，差距实在太大了。

日本企业生产新产品时，都要考虑质量和性能更能满足用户的需要，价格基本保持原来的水平，甚至更低。每个大企业都集中许多优秀科学技术人员，拥有设备完善的研究设计机构，用于发展新产品的科研、试制费用一般占销售额的1%，这样巨大的开支，都分摊到正在生产的旧产品中去。我们的新产品试制费很少，不足的部分都打入新产品的成本，使新产品价格很高，工厂亏本，用户还买不起。我们这种办法如不彻底改变，新产品是很难发展起来的。他们生产新产品时，先定出有竞争能力、用户能接受的价格，然后制定成本目标，千方百计为降低成本而努力。这种新产品的定价办法，也值得我们借鉴。

“全员品质管理”，这个口号在日本工业界叫得很响。资本家很清楚，要提高质量，没有生产第一线有实践经验的广大职工经常提出改进工艺、技术的意见，没有一套科学的质量管理方法，是根本不可能的。他们在提出“全员品质管理”这个口号的同时，还制定了一整套具体的质量管理办法和奖励办法，使职工的个人物质利益同改进质量、提高企业经营管理水平直接联系起来，并且给积极参加质量管理的职工以各种荣誉，刺激全体职工参加质量管理的积极性。各工厂都普遍组织工人质量管理小组，经常讨论研究质量管理问题，对提高质量起了很大的作用。日本一年一度的“质量月”活动，是全年坚持不懈的质量管理活动成果的总检阅，我们参加了他们“质量月”的一些活动，对我们很有启发。

五、职工培训

日本各工业企业对培训人才十分重视，把它叫做“能力开发”。日本人根据他们国家的具体情况，经常说，在国际竞争中，要求得国家和民族的生存，除了发展技术以外，别无他途。工业界普遍认为，“一个好的企业，首先是优秀的工人、优秀的技术人员、优秀的管理人员组成的优秀的技术集体”，都把努力培养人才作为自己的“战略”任务。他们说，没有先进设备，可以购买，没有资金，可以借贷，但是，没有人才就什么事情也干不成了。培养出好人才，是企业领导人的光荣；培养不出好部下，就不是好领导。这已形成一种社会风气。各大公司的董事长，都以自己的公司培养和拥有大批的优秀技术人才和管理人才为骄傲。他们在培训人才方面是肯花大钱、下大力气的。

日本企业培训职工的办法，基本上有三种，即现场学习、业余学习和脱产学习，而以现场学习为主。在提高职工自觉性的基础上，把在现场实践中学同课堂书本中学结合起来。对各级和各类人员都有不同的学习要求、学习内容和培训方法，还有成套的教材。

对工人的培训，要求严格，新工人（一般是高中毕业）入厂后，至少要经过半年训练，专业性强的要经过9个月到1年的训练。除了安全、基础知识和专门技能的教育以外，还重视礼貌教育、纪律教育和企业的“传统”教育。如调换新工种，还要重新培训。为了使工人获得必要的知识和技能，他们还把工人分成五“层”，入厂1年至2年的叫“新入层”，3年至5年的叫“一般层”，6年至9年的叫“中坚层”，10年至14年的叫“棒心层”，15年以上的叫“监督层”，相当于工长的水平。对每一“层”的工人，都有不同的训练内容和要求，定期考核，同升级、涨工资联系起来。干什么就学什么，学不会，就不让他干。因此，他们从工人中选拔的工长，就没有不称职的。对干部的培训，如对股长到部长（相当于处长）的领导人员，则强调全面管理技能的提高，实行定期调换岗位的制度，如管生产的，调去管销售；管劳动工资的，调去管生产，使干部取得管理工作的全面经验。只有搞科技的技术人员，才保持专业的稳定性。对董事长、总经理一级的领导干部的训练方法：一是请专家、教授讲课；二是参加各企业间的经验交流；三是在本企业的培训中心进行专题总结，并给课长以上干部讲课，要讲课，就得自己多学习；四是短期脱离工作，到休养地“务虚”，总结经验；五是出国考察。日本的大公司都有设备先进、师资齐全、教材成套的培训中心。例如新日铁公司八幡钢铁厂，19000名职工，设有建筑面积12000平方米的培训中心，可同时培训2000人；还有一所培训中层干部的研修中心，建筑面积2800平方米，可同时培训300人。培训中心有带录像机的电视教室、自动化的教学电影教室、外国语教室以及幻灯教室，职工下班后，可随时去上课。打开录像机，就可以从自己座位上的电视机中看、听老师讲课；戴上耳机，可以选学外语。此外，他们还按照13个专业编有13门通用教材和52种专用教材。

我们为了加快社会主义现代化的步伐，从中央部门到各企业，都应当把培训技术人才和管理人才当作一项战略任务来抓，彻底改变多年来形成的那种鄙薄、歧视，以至打击技术人员和管理人员的错误做法。资本家很懂得培养“有文化的奴隶”的必要性。我们工人阶级更应当懂得培养本阶级的人才对我们事业的极端重要性，在培训职工方面要有气魄、下本钱。

我国正在大量引进外国的先进技术装备，同时也准备引进科学的管理方法。我们如果不立即切实地把培训工作抓紧抓好，就不能很好地发挥引进技术的作用，也不能很好消化，更不能结合我们的革命传统创造出自己的一套来，势必大大延缓四个现代化的进程。

六、日本企业刺激职工积极性的办法

日本的企业十分重视刺激职工的积极性，许多大企业都把重视人的因素、发挥职工主动性作为办好企业的“指导思想”。日本企业管理制度的一个显著特点，就是通过一整套办法把职工的利益和企业的利益拴在一起，使企业劳资全体人员结成日本人所说的“命运共同体”。这套办法主要是：(1)“终身雇佣制”，只要企业不倒闭，一般就不解雇职工，使职工产生一种与企业“共存亡”的感情。(2)“年功序列工资制”，工资的一半取决于工龄，另一半取决于能力和贡献；逐年工资增长的多少，取决于企业经营的成果。新入厂的工人（高中毕业生）月工资8万日元，两年后，涨到10万日元；大学毕业生月工资10万日元，十年后，可涨到30万日元。初入厂的女职工比男职工工资少1万日元。(3)一年两次奖金制，奖金数额取决于企业盈利的多少，一般相当于三至六个月的工资，除倒闭企业外，所有企业，所有职工，都能得到奖金。还有“特别奖赏”，对贡献大的，一次可以得一辆汽车。此外，还有“提案奖”，即合理化建议奖。(4) 职工福利[1]，其水平取决于企业经营的好坏，新日铁公司的福利费占整个劳务费[2]的20%左右。再加上按企业组织工会，而不像欧美那样按产业组织工会，以及在企业内部提倡“家庭主义”，企业领导人千方百计讨好职工，做人的工作，搞什么“家访”、“祝贺生日”，举办“恳亲会”、“野餐会”等等，联络感情，笼络人心。

这些办法，在一定程度上缓和了阶级矛盾，并使不少职工以“爱厂如家”的精神为企业卖力，同时，也基本上杜绝了职工“跳厂”的现象，稳定了技术人员和技术工人，这对改善企业经营是很有利的。

日本公司把职工利益同企业利益直接联系起来的许多办法，是值得我们深入研究的。在社会主义制度下，把职工的积极性和创造精神充分调动起来，还必须有一套经济上的制度和办法。我们现行的工资制度，不能使职工的工资同职工所在企业的经营结果直接联系，奖金制度也不完善，评奖频繁，引起许多矛盾，不能使职工把个人利益和

[1] 日本企业职工的医疗保险费一半根据家庭人口由职工出，另一半由公司补助，职工看病不另花钱，家属交半费。日本的医药费较高，在一般医院看一次感冒，拿些普通药品，要花两三千日元。职工上下班不乘个人汽车的，企业有免费交通车，买月票的全都报销。职工个人买地盖房子时，企业发3%的低息贷款，而一般贷款利息为5%—7%。企业职工住宅的房租也较便宜，三间一套的公寓住宅（实用面积68平方米），月租金7000日元，而同样房屋如租市营的，就要25000—30000日元，私营的，要五六万日元。还有俱乐部和体育场。但是，日本大公司（资本10亿日元以上）和中小企业不仅在工资水平、奖金数额上有很大差别，而且在职工福利上也有很大差别。

[2] 劳务费包括工资、奖金和福利费，其中工资占56%，奖金占23%，福利费占21%。

企业利益、国家利益很好地结合起来。看来，必须建立工资、奖金与企业经营结果发生直接联系的制度和办法，允许办得好的企业的职工有较高的工资和较多的福利。一年发两次奖金的办法，似可考虑采用。

通过这次考察，我们深深感到，要加快社会主义现代化建设，在指导经济工作的理论上，必须打掉一些框框，突破一些禁区；在管理体制上，必须作一些重大的改革。

1. 企业管理中的生产力合理组织和生产关系调整问题。长期以来，我们不敢接触资本主义国家的企业管理问题，因为这个问题被片面地认为只是资本主义生产关系问题，不能借鉴，不能学习，只能批判。这种认识，妨碍我们去学习资本主义国家的企业管理中合乎科学的东西。因此，我们虽然引进了不少先进的技术装备，但是不能进行科学的管理，使许多先进设备不能充分发挥作用。不打破这个框框，不懂得“不向托拉斯的组织者学习就不能建立或实施社会主义”[1]的道理，不老老实实地向资本主义国家学习企业管理的科学方法，实现社会主义现代化是很困难的。

多年来，在我们的文件和报刊上，片面强调企业管理问题是生产关系问题，企业管理的任务是调整人与人之间的关系，而忽视合理组织生产力这个极其重要的方面。马克思在《资本论》中说过，企业管理是社会化大生产“引起”的，它的基本任务之一，就是把劳动者、劳动手段、劳动对象科学地组织起来，使它们充分发挥作用，提高效率。在这方面资本主义国家的企业有很多先进的方法，完全有必要认真地去学习。

资本主义国家在企业管理中，用了前边所说的许多办法来刺激

[1] 《列宁选集》，第3卷，人民出版社1995年版，第536页。

职工的积极性，目的是为了获得更多的利润，这当然是生产关系问题。我们社会主义企业搞好管理发展生产的目的，是为了满足劳动者物质和文化生活的需要，这和资本主义企业是根本不同的。但是，资本主义企业中调整人们之间的关系的一些办法，例如把职工利益同企业利益直接联系起来的办法，我们也可以借鉴。我们的企业是社会主义企业，职工是企业的主人，没有剥削和压迫，企业中领导和被领导，管理人员、技术人员和工人之间的关系应当是同志式的互助合作关系，在这样优越的条件下，我们的企业管理可以比资本主义搞得更好。新中国成立以来，我们把党的优良传统同管理社会化大生产相结合，创造了不少好的做法，积累了不少好的经验。有群众路线，生产民主，技术民主，管理民主；劳动竞赛，合理化建议，技术革新和技术革命；岗位责任制，经济核算制；实行两参一改三结合，等等。同时，我们也有不少失败的教训，其中之一，便是脱离职工的物质利益，空谈调整人与人的生产关系。在这方面，用了很多心思，花了很大力气，并未取得令人满意的结果。由于林彪、“四人帮”的干扰破坏，不好的东西被恶性地发展了，好的东西被抹黑、批判了，有些被打入了冷宫，有些未能坚持下来，弄得我们许多企业的管理工作混乱不堪，组织涣散，制度废弛，纪律松懈，从原来已经达到的水平大大倒退了。我们在日本看到，他们在企业管理中，有一些和我们相似的提法和口号，在他们的某些企业管理著作中，也很重视我们过去的一些经验。我们应当善于总结自己的经验，同时认真学习外国企业管理方面的科学成果，把两者很好地结合起来，就一定能够创造出适合我国情况的科学的企业管理制度和方法，把我们的企业管得更好。

2. 高消费与高速度。像日本这样的资本主义社会，他们自己叫做“消费社会”，其实，它首先是个生产社会。他们是在生产发展的同时，实现了高工资、高消费、高积累、高速度。战后日本经济破坏严重，生产萧条，人民生活很苦。60年代初期，池田内阁采纳著名经济学家下村治的建议，提出“国民所得倍增计划”。这个计划的提出，接受了英国工党政府实行“勒紧裤带，恢复经济”的政策遭到群众反对而失败的教训。它对群众有很大的吸引力，使群众从切身的物质利益上对实现计划产生兴趣，取得了很大的成功。实行这个计划，日本经济就从50年代低工资、低消费的基础上，进入了高工资、高消费，经济“高度成长”的时期。随着生产的发展，高工资导致高消费，高消费导致高生产，高生产导致高积累[1]，高积累导致高速度，如此循环往复，使国民经济螺旋式上升。在国民生产总值、国民收入、职工实际收入都大幅度增长的同时，积累率（积累与国民生产总值之比）也大幅度提高，1955年到1975年平均为35%，其中1955年至1960年平均为29.8%，1970年上升到40%，经过石油危机，到1978年还达到32%，大大高于美国（18.2%）、法国（25.4%）、联邦德国（25%）同期的积累水平。设备投资占国民收入的比例，1960年是12%，1970年上升到33%。日本的经验表明，高工资、高消费、高积累、高速度是相互促进的，在生产发展的基础上，是可以同时实现的。

过去我们通常强调消费与积累之间的对立，而忽视它们之间的统一。认为要增加国家的积累，就要限制群众消费，担心职工收入增加，生活资料的供应跟不上，造成市场紧张，引起通货膨胀。这种想法，表面上似乎有一点道理，但是从根本上说来是错误的。诚然，生产是决定消费的，我们应该强调在发展生产的基础上改善人民生活，但是，把人民消费看成是消极的东西，把消费的增加看成势必妨碍积

[1] 在工资增长超过物价上涨的条件下，高工资还导致职工的高储蓄。日本职工的平均储蓄率达到20%，比欧美一些国家要高，这部分储蓄通过银行也转化为投资。

累的增加，认为要增加积累就得长期压低人民消费，20多年的经验证明，这种看法和做法是很不对的。在安排积累与消费的比例时，在保证扩大再生产的前提下，要考虑不断增加人民收入，提高消费水平，给人民以看得见的物质利益。这样做，当年的积累也许会少一点，但由于人民积极性的提高，消费对生产的促进，最终积累绝不会是少了，而一定会越来越多。

资产阶级为了增加利润，他们还懂得生产与消费互相促进的关系。我们搞革命，搞四个现代化，最终目的都是为了发展生产，满足人民的需要，更应当自觉地运用生产决定消费，消费反过来也对生产起促进作用的原理，处理好积累与消费的关系。随着生产的发展，人民生活应逐年有所改善。这一条，应当是我们制定国民经济发展计划的一个根本出发点。否则，怎么能使广大群众从物质利益上关心四个现代化的伟大事业呢？

3. 计划经济与市场。日本的经济是资本主义的市场经济，经常受社会生产的无政府状态和危机的困扰，日本政府作为资产阶级利益的代表者，力图通过对国民经济的“计划指导”，来缓和企业生产有计划同社会生产无政府状态之间的矛盾，求得经济的发展。他们从1955年至1976年，先后提出过八次计划立法，其中除两次计划因石油危机没有完成外，其余的各次计划都提前实现了。日本政府的“计划指导”，充分利用经济手段，运用价值规律调节市场，虽然不能解决资本主义固有的矛盾，但还是收到了效果。

我们受斯大林关于社会主义制度下，生产资料不是商品，价值规律对国民经济不起调节作用的理论的影响，把计划经济按比例发展规律同价值规律截然对立起来，把计划经济同市场经济截然对立起来，生怕一沾市场经济的边，就会使社会主义公有制变质，总是想方设法划清二者的界限。其实，在社会主义现阶段，既然存在着商品生产和商品交换，价值规律就起作用，不仅在流通领域起调节作用，而且在生产领域也起调节作用。我们同斯大林的做法不同，一部分生产资料是商品，大部分不是。我们认为今后全部生产资料都应当作为商品来生产和交换。这样做，对发展我们的社会主义经济，可能更为有利；对解决产销脱节，解决生产资料调拨中经常出现的一方面大量积压，一方面严重不足的问题，可能是一条出路。依据价值规律来制定计划、指导经济活动，对加强我们的经济核算制，克服浪费，提高经济效果，是很有好处的。我们的社会主义市场，没有资本家参加，并且在国家管理之下，没有什么可怕的。

4. 公有制与竞争。日本资本主义财团、公司之间的竞争，是非常激烈的，同时也有不同形式的协调。这种协调虽然没有消灭竞争，但是对于经济的发展确实起了不可忽视的作用。资本主义竞争，一方面，在竞争中出现大鱼吃小鱼、中小企业倒闭的现象，日本每年都有一万多个中小企业倒闭，占全部中小企业的3%以上[1]；另一方面，竞争也使企业不断革新技术，提高质量，降低成本，改善服务，是它们发展的强大动力。考虑到社会主义经济发展的历史经验，我们的公有制经济是不是也可以允许竞争，以避免一潭死水、缺少活力。当然，我们的竞争同资本主义的竞争，是有本质区别的。他们在竞争中，尔虞我诈，你死我活，力图打倒对方；我们在竞争中，双方的根本利益是一致的，可以互相促进，共同发展。我们通过竞争，使先进更先进，后进赶先进，同时淘汰极少数长期吃社会主义、拖四个现代化后腿的企业，这有什么不好呢？

在社会主义全民所有制企业之间展开竞争，看谁生产上得快，产

[1] 1977年日本工交企业有51万个，其中资本10亿日元以上的大企业1281个，全年倒闭的中小企业共18000多个。

品质量高，生产成本低，利润增加多，看谁对现代化贡献大，使办得好的企业职工得到较高的物质利益，办得差的，少得一些，这不是完全应该的吗？至于个别被淘汰企业的职工，也不会失业，国家会把他们安排到社会需要的岗位上去，这是同资本主义根本不同的。

要很好地实行竞争，就必须解决企业有无主动权，主动权是大是小，企业和职工的物质利益是多还是少的问题。要竞争，就必须赋予企业较大的权限，不能什么事都管得死死的。否则，要竞争也竞争不起来。反过来说，我们要扩大企业权限，同时就要考虑如何正确对待企业之间的竞争问题。

日本只用20年左右的时间就实现了国民经济的现代化，成为世界一流的经济大国，他们有许多重要的经验是值得我们借鉴的。但是，想来想去，如果我们在管理体制上不作重大的改革，是很难汲取他们的经验的。中央已经决定，全党工作的着重点要转移到社会主义现代化建设上来，将采取一系列的重大措施，对经济管理体制着手进行认真的改革。但是，究竟从哪里改起呢？

看来，应当首先彻底改革我国全民所有制工业的组织管理形式，即把从苏联搬来的那一套行政的组织管理形式，改变为经济的组织管理形式。这种经济的组织管理形式，应当是供产销统一的、人财物统一的、权力比较大的、领导关系单一的各种公司。各公司的经营活动要对国家负责，各公司的领导人要对使用国家的生产资料和资金负经济责任和法律责任。

只有建立这样的组织形式，才能吸收资本主义多年积累起来的、高效率的、协调的组织经济活动的那些对我们有益的经验。只有建立这样的组织形式，才能真正用经济的方法，把我国几十万个工业企业的经济活动高度地组织起来，向社会主义现代化进军。

实行这种组织管理形式的改革，就会使计划体制、财政体制、物资体制等经济管理体制的改革和国家经济行政机构的精简，有共同的语言和共同的路子，否则就会各说各的，互相扯皮，互踢皮球，或者你等我，我等你，坐而论道，不见行动，贻误时机。

过去，有人把组织这类公司，看作是搞资本主义。毛主席早就明确说过，要学资本家用人少、效率高、会做生意的长处。欧美发达的资本主义国家采用这种组织管理形式，实现了现代化；后起的日本也采用这种组织管理形式，大大加快了现代化的进程；罗马尼亚和南斯拉夫也在采取类似的组织管理形式，已经取得了明显的成效；我们为什么不能毅然决然地采取这种组织管理形式呢?

日本政府对经济的指导和管理，一方面实行经济立法，另一方面又通过国家银行和政府掌握的资本，运用投资、利率、税率、价格等各种经济手段，来干预和调节国民经济的许多具体做法，是值得我们借鉴的，也正是我们所缺乏的。

我们有全国统一的国民经济计划，国家经济发展的目标，可以直接落实到各个企业中去，如果能有相应的经济立法，使各个经济环节的活动和它们之间的衔接都有章可循，有条不紊，再加上充分发挥各种经济组织和经济手段的作用，把各方面的积极因素都调动起来，我们的经济发展速度就一定能够大大加快，社会主义制度的优越性就更能够充分地显示出来。

我们在日本了解到，日本的资本家向银行借款时，都是精打细算，充分考虑投资效果和还本付息问题。同时，银行对借款人所经营的企业的状况、新投资的用项、偿还能力，也进行详细的调查。因此，投资的使用是相当经济合理的。

我们的建设资金基本上都掌握在国家手里，本来可以比日本更合理地分配和使用，但是由于我们的建设拨款是无偿的，既不收利息，更不考虑偿还问题，于是一些部门和企业竞相争投资、争设备，而在资金使用上则很少考虑经济效果，造成巨大的浪费。这种情况如不彻底改变，尤其不能适应我们在建设中大量利用外资的新形势。如果我们在分配和使用国家投资时，也规定付息和偿还的期限，并规定使用资金的负责人应承担的经济责任和法律责任，同时赋予他们相应的权限，那么，就能更好地调动他们的主动性和积极性，就可以大大提高我们的资金利用效果，加快实现社会主义现代化。

结合我们的考察，对我国企业管理、质量管理当前要抓的几件工作，提出以下建议：

（1）认真抓好试点。拟先在京津沪三市选少数基础较好的工厂，进行改革企业管理的试点。试点厂拟分别与日本对口厂挂钩，定期互访，交流管理技术和经验。1979 年要总结试点经验。

（2）下决心训练厂长，培训骨干。今年开始轮训，办训练班，以提高企业经理、厂长的管理能力。企业还要有计划地培训工人。编印日本和其他国家有关企业管理、质量管理的教材与手册，作为对干部、工人进行培训的参考资料。

(3) 改进“质量月”活动，颁发质量奖。参考日本的经验，把“质量月”的活动建立在加强日常质量管理工作的基础上，使“质量月”成为全年质量管理活动的高潮，进行总检查、总检阅。拟从今年起，设立国家质量奖，表彰在改进质量上有优异成绩的单位、个人和优秀著作，并在报上公布。

（4）打开眼界，加强企业管理经验国际交流。此次访日期间，已与日方达成关于中日企业管理、质量管理经验交流的协议。日中双方互派以厂长为主的考察团，并互相派人参加对方“质量月”活动。为了更好地吸取各国企业管理方面的有益经验，对不同类型管理方法进行比较、鉴别，拟以国家经委为主，以这次考察团为基础，继续组织考察团到美国、西欧、罗马尼亚、南斯拉夫进行企业管理考察，吸收各家长处，结合我国具体情况，加以研究，以便逐步形成一套适合我国情况的科学管理方法。

(5)建立企业管理协会。拟在国家经委领导下，由有关工业部门、厂矿企业、研究单位、高等院校组织企业管理协会。研究国内外企业管理制度、方法和经验；协助有关部门交流、推广企业管理经验；组织有学者、教授参加的专家团，举办各种管理讲座，帮助企业运用科学方法改进管理和质量，培训企业的管理干部；出席有关的国际会议，进行国际交流；收集有关情报资料，出版有关杂志、书籍等。

通过以上工作，我们想在1980年，使我国企业管理、质量管理有一个较大的提高，逐步走上现代化的轨道。

最后，由于我们在日本考察的时间较短，接触的方面有限，对一些问题看得不够透，钻研不够深，同时，日本是一个“贸易加工型”(以进养出）的资本主义国家，他们的经验也有一定的局限性，再加上我们的水平有限，因此我们用的资料和提出的看法难免有不确切、不妥当的地方。

附件一、日本企业的组织、计划、专业化协作

附件二、日本的质量管理

附件三、日本企业的职工培训工作

附件四、日本企业刺激职工积极性的制度、办法和职工生活水平

附件五、日本政府在经济发展中的作用

附件六、赴日考察的简要过程、感受和今后工作的建议

附件一：

日本企业的组织、计划、专业化协作

一、企业的组织

日本联合企业的组织形式多种多样，这次考察的几个大公司，大体上可以分为三种类型：一种是按产品划分事业部，以事业部为单位独立核算，经营管理的主要权力分别集中在各个事业部；一种是全公司统一核算，经营管理的主要权力集中在公司，实行统一领导分级管理的体制；第三种是实行全公司统一核算、统一经营、统一管理的高度集中的体制。

采用哪种组织形式，主要取决于生产特点。这次考察的电器工业企业，由于产品种类复杂，各种产品之间差别大，从家用电器到大型成套电站设备，都在一个公司里生产，所以采用事业部制；钢铁和汽车工业企业，最终产品是钢材和汽车，比较单纯，而且工艺过程有连贯性，所以不分事业部，实行统一核算、分级管理的体制；电力工业企业，产品单一，通过电网统一供电，采用统一核算、经营管理高度集中的体制。

下面分别对上述三种不同企业作些介绍：

1. 东京芝浦电气公司（简称东芝公司）实行的是事业部制。

东芝公司有职工 64000 多人，资本金 1020 亿日元，资产 13000 亿日元，销售额 10700 亿日元，是生产成套电站设备、人造卫星电气装置、现代化电传装置、一般电子元件，以及家用电器的大型联合企业。

事业部制，就是在公司下分别按产品组织事业部，如电子计算机事业部、电视机事业部、电机事业部等等。一个事业部相当于一个分公司，自己组织生产和销售，实行独立核算，自负盈亏。事业部长一般由公司董事兼任，委以全权，相当于分公司的经理。东芝公司共有 20 个事业部，下边分管 25 个工厂（有的事业部管一个工厂，有的事业部管几个工厂，也有的几个事业部分管一个工厂的几个车间），工厂下边又分若干制造部、课。公司为了便于对事业部进行领导，把 20 个事业部按产品的性质又划为三大部门（或称三条战线）：重电部门、轻电部门、产业用电子设备部门。这三条战线，由副经理或专务董事分管。

日本的事业部制是从美国引进的。过去，日本企业的规模比较小，产品种类也比较单纯，经理可以照管整个企业。战后，随着经济的恢复和发展，日本企业日渐庞大，一个公司生产多种产品，有些甚至是互不相干的产品，经理无法照料，于是开始引进事业部制，把经理的职权分别委让给各个事业部长，经理抓全公司的大政方针，抓战略决策，把各事业部从生产到销售的全部经营责任放给事业部长。

实行事业部制有很多好处：第一，统一领导和分级管理相结合，能够更加机动灵活地经营企业，更好地适应生产高速发展的需要；第二，联合化和专业化相结合，一个公司可以经营种类很多的产品，形成大型联合企业，而每个事业部及其所属工厂，又可以集中力量生产某几种或某一种产品，甚至只生产某些零件，实现高度的专业化；第三，独立核算，自负盈亏，能够看出哪种事业有利，哪种事业不利，便于调整生产方向，更好地适应社会生产和需求结构的变化；第四，责任分明，便于考核，能够更好地调动职工群众的积极性。当然，这种组织体制并不是在任何条件下都能适用，从日本推行事业部制的过程就可以看出，它适用于生产多种产品的大型联合企业。如果品种不多，而且产品生产具有连贯性，这样的企业，就不适宜也没有必要实行事业部制。东芝公司从它的产品构成复杂、品种多样化的特点出发，认为实行事业部制更为有利，早在1949年就采用了这种体制。

东芝公司的经营管理分为三级：

(1)公司。最高领导机构是董事会，在董事长主持下，有由经理、副经理、专务董事参加的经营战略会议，是公司的最高经营决策机构。在它之下，有由经理主持、副经理和常务董事参加的常务会，这是公司的最高经营执行部。

在总公司一级，设有一套职能机构，包括总务、人事、经营情报、财务会计、营业、国际协作、生产、技术等部门。

(2) 事业部。公司的经营方针和战略决策，要由各个事业部独立地贯彻执行。事业部经营得好坏，事业部长要负总责。在事业部长主持下，有产销会议，研究从生产到销售过程中的重要问题，是事业部一级研究决定经营管理中重大问题的关键性会议，事业部的生产和销售计划，要在这个会上讨论决定。产销会议有事业部的各职能部长和工厂长参加。

在事业部一级，同样设有一套职能机构，包括总务、财会、业务、营业、技术、制造等部门。

(3) 工厂。直接组织和进行生产的关键环节，设有制造部，制造部下设各个制造课从事产品的生产。

工厂一级，也有一套职能机构，包括总务、财会、生产管理、物资供应、品质保证、制造和基建等部门。这三级有明确的职责和分工。日本企业的领导人认为，职责问题的中心，是经济责任，最终表现为利润的实现。事业部是经营的主体，是实现利润的关键，它的经营成果表现为三个主要指标：销售量、销售损益、制造损益。一个事业部，每种产品的销售量越多、实际售价越高，销售利润也就越多，这方面的成果，即销售损益，由事业部的营业部长对事业部长负责；生产量越多，实际成本越低，制造收益也就越多，这方面的成果，即制造损益，由工厂长和负责这种产品生产的制造部长对事业部长负责。也就是说，在一个统一核算的事业部内，并不是吃“大锅饭”，每种产品的销售损益和制造损益是分别考核的，如果某种产品的销售量没有完成计划或者没有卖出好价钱，但由于制造成本降低很多，这种产品总的利润额可能完成了计划，作为营业部长，并不算是完成了任务，仅仅是由于制造部、工厂出色地完成了任务，才使事业部的这种产品免于亏损。这种功过，在东芝公司是分别考核的。

要承担责任，就必须有相应的权力。东芝公司各级的职责和权限有明确的规定。财权集中在公司，如设备投资每年要定一次计划，由事业部提方案，最后决定权在公司；全公司的财务制度、计算标准等等，也由公司制定和掌握。但由于事业部是独立经营、独立核算的单位，所以它的经营管理权力比较大。在人事方面，事业部长有最终人事权，工厂长只有第一次人事权，例如增加工资，工厂长可以提出建议，但决定权在事业部长，公司则掌握统一标准，进行综合平衡；又如增加职工，计划要由事业部提出，公司在事业部提出计划的基础上，进行统一平衡、统一招募、统一分配。因此公司也设有人事部门经管这方面的工作。在销售方面，事业部有权独立进行销售业务，有些跨几个事业部的大买卖，要由公司统一管理，所以公司也设有营业部门。

这次考察的松下电器公司，生产特点和东芝类似，组织形式和职权划分也相近，都是事业部体制。但两者有一个重要区别，就是松下公司的事业部只管生产，不管销售。产品销售按产品种类、使用方式、销售方式的不同，设立三个独立核算的营业本部，建立全国和国际销售网点，统一组织。

2. 新日本钢铁公司（简称新日铁公司）实行的是统一核算、分级管理的体制。

这个公司有职工 76000 多人，资本金 3227 亿日元，年销售额 23261 亿日元，年产生铁 3300 多万吨，粗钢 3160 多万吨，钢材 2800 万吨，总出厂量 2900 万吨。全公司共有 10 个制铁所（即钢铁厂），每个制铁所又有若干个制造部，制造部下再分工厂（相当于车间）。公司、制铁所、制造部、工厂四级，主要权力集中在公司，制铁所也有一定的经营管理权，而制造部和工厂则主要是组织生产。

（1）公司。实行统一核算，全公司经营的好坏，经理要向董事会负全责，所以主要经营管理权力集中在公司。生产和经营管理的大政方针由公司统一制定，供、产、销和人、财、物也由公司统管。例如：

中期计划（三至五年计划）、年度计划和季度计划由公司制定；

订货由公司统一承接，根据各种产品的不同要求，由公司通盘考虑各制铁所的条件，选择最经济合理的方案，把不同品种的生产任务分配给各所；

生产所需的原材料、燃料，由公司统一采购和供应；

产品销售由公司统一组织经营；

全公司课（相当于科）以上组织机构的设置、调整和变更，由公司决定，课以上人员的任免和工资待遇，由公司统一掌握，新入厂职工的工资水平，由公司统一规定；

企业预算由公司决定，各制铁所每年提出设备投资和经营费用预算，由公司有关部门审定，分别经设备预算委员会和经营预算委员会讨论决定后执行。

上述经营管理的各项权力，由经理行使。经理行使这些权力，又是以集体讨论为基础的。公司最高领导层由48名董事组成，通过三种定期的会议（一月一次的董事会，全体董事参加，讨论根据法律决定的事项和其他有关业务执行方面的重要事项；一月两次的经营方针会议，董事长、经理、副经理和经理临时指定的人参加，讨论综合经营计划和有关经营的基本方针，如制铁所事业、新兴事业以及其他经营的基本方针；一周一次的常务会，董事长、经理、副经理、专务和常务董事参加，讨论重要业务执行方针和其他有关经营的重要事项），对职责范围内的大事进行决策，并通过公司的职能部门（共分计划管理、物资供应、产品销售、技术部门四大系统，设几十个部）协助经理贯彻执行。

（2）制铁所。是在生产上相对独立的一级组织，它的基本职责是完成各种产品的交货期、质量和成本指标。所长要对完成这三项指标负责，而且要搞好安全和卫生。所一级也有一定的经营管理权力。例如：

参与公司计划的制定，并根据公司下达的年度、季度计划制定月度计划；对课以上的组织机构、人员和待遇有建议权，对课以下组织机构的设置、调整，对课以下人员的任免和工资待遇，以及对这些人员的培训，有决定权；有一定的机动财权，如所长掌握相当于设备投资预算5%的预备金，在此额度内，所长有权批准购置单价在一亿日元以下的设备。

上述职权由所长行使。在制铁所一级也设有一套比较完整的职能机构，协助所长行使职权和推进工作。

新日铁公司各制铁所的所长，全部由副经理或董事担任，他们都是公司决策的参加者，这种组织体制，就使制铁所的领导和公司的决策机构紧密地结合在一起，从而保证了强有力的、高效率的领导。

(3) 制造部。是直接组织和指挥生产的机构，它不设经营管理方面的职能部门，只设技术课，协助部长和副部长处理生产和技术方面的问题。如君津制铁所有炼铁、炼钢、条钢、热轧、冷轧、钢管、设备制造等七个制造部，其中的炼钢部设有制钢技术科，共有 16 人，分管计划、质量、技术开发、设备等方面的工作。

(4) 工厂。是生产第一线，只设工厂长，通过作业长、工长组织生产，不设任何管理机构。

上述职权的划分，说明新日铁公司的经营管理权既是非常集中的，又是分级管理、上下结合的。经营管理的大权集中在公司，经营管理工作主要由公司和制铁所两级去做，制造部和工厂集中全力搞生产。在生产上，从经理、所长、制造部长、工厂长、作业长、工长到操作人员，成为一个一贯到底的生产系统，实行一元化的领导；在管理上，公司和制铁所的职能机构都从各自的专业出发，向生产系统提出建议，组织辅助部门，为第一线服务，保证生产顺利进行。

新日铁公司上下结合的领导体制，是有组织保证的。首先，所长参加公司最高领导决策；第二，每三个月轮流在一个制铁所开一次所长会议，经理和副经理也出席，讨论经营管理工作；第三，公司每月召集技术副所长开一次会，讨论技术工作和质量、成本方面的问题；第四，公司的各职能部门也经常召集各制铁所的对口业务部门开会研究工作、沟通情况、进行业务指导。

这次考察的丰田汽车工业公司，组织体制和新日铁公司类似，它的不同点是产销分立，汽车工业公司和销售公司并列。丰田汽车工业公司有职工 45000 人，资本金 733 亿日元，销售额 26174 亿日元，年产汽车 280 万辆，设十个工厂，分别承担各种客货车、小轿车的组装和主要零部件的生产任务。产品的销售业务，由丰田集团的汽车销售公司（共5000人）经营，独立核算，自负盈亏。在50年代，由于公司经营困难，为了更有效地推销产品和便于单独向银行借钱解决资金问题，决定把产销分开。从长期产销分开的实践中，他们认为，生产和销售各自独立经营是有利的，因为这样做可以发挥各自的特点，使生产的领导者精力集中于生产，销售的领导者精力集中于掌握市场动态，更好地推销产品，并为设计、制造更符合顾客需要的汽车及时提供第一手资料。

为了使产销衔接，丰田汽车工业公司和销售公司配合紧密，经常沟通情况。销售公司掌握的市场情况，及时向工业公司提供，工业公司在制定生产计划时请销售公司共同讨论。在公司的组织上产销是分开的，而在实际工作中产销又是结合很紧、有统一计划的。

3. 中部电力公司实行的是统一核算、统一经营、管理高度集中的体制。

由于电力通过电网输送，发电和供电必须同时进行，在经营管理上也就必须高度集中。我们考察的中部电力公司，不但计划和预算由总公司控制，每天各电厂发多少电也是总公司统一指挥的，各厂生产情况随时通过计算机传到总公司，这是在这次考察的企业中，最为集中统一的一种管理体制。

通过这次考察，我们感到，日本企业的组织和经营管理体制有一些特色，很值得研究和参考。

第一，日本企业根据生产特点和生产发展的实际需要，从有利生产、提高效率和便于管理出发，考虑组织形式和管理体制。日本的大公司，一般是大型联合企业，生产特点各不相同，有些企业的各种产品生产之间是连续进行的，如钢铁工业等等；有的企业各种产品生产是单独进行的，但在生产技术上有一定的联系，如电器工业等等；也有的企业是许多工厂生产各种零件，最后装出统一的成品，如汽车工业等等。生产特点不同，组织形式也就不同，不强调统一格式，不一刀齐。例如，日本钢管公司，由于主要产品既有钢铁，又有机械、船舶，甚至还有化肥，产品差别很大，所以不像一般钢铁企业那样实行全公司统一核算，而采用事业部制。但无论采用哪种组织形式，公司内部各生产单位的专业化程度都很高，整个企业都是由许多专业化的车间、工厂联合组成的。这些联合企业不是形式主义地大轰隆搞出来的，每个联合企业都有自己形成和发展的过程，是在反复摸索、不断总结经验的基础上形成的。

我们在改组工业的时候，也应当从实际出发，既要加强专业化，也要注意联合化，不应一哄而起，硬把统一的工厂分割为许多“专业化”的厂子，然后再去组织它们协作。所谓专业化协作，不能仅仅理解为一个个专业公司之间的协作，而应当把公司内部各专业化工厂之间的协作同公司外部的协作结合起来。

日本的联合企业，许多是跨地区的，甚至是全国性的。说它具有全国性，只是说它下属的工厂分布在全国各地，销售网遍布全国，而不是说把全国同类工厂都网罗在一个大公司之内。全国性的同一行业的大公司可以有很多个，它们之间相互竞争，竞相发展。我们在组织全国性联合公司时，也不应把全国同一行业全部包罗在一个公司之内，“只此一家，别无分号”。如果这样，就没有比较，没有竞争，就容易把这种公司搞成一个全国性的行政领导机构。我们应当根据实际需要，既有联合公司，又有专业公司；既有全国性的联合公司，也有地区性的联合公司。怎样对经营管理有利，对提高生产效率有利，就怎样干。

第二，日本企业各级的职责、权限和分工明确，实行各级首脑负责制。前边对几个大公司的介绍，比较具体地谈到了各级职权的划分。概括地说：战略性的决策、全公司的经营方针、产销计划和总的预算，决定权都掌握在公司最高经营领导层。这个领导层，由领导能力很强的专家组成，一般具有丰富的技术、经济工作经验和行政领导能力。各企业的最高经营层，通过定期召开董事会、常务董事会、经营方针决策会实行集体讨论，作出决定，由经理组织执行，执行结果由经理对董事会负责。这种高度集中的决策方式，表明公司的最高领导层不是事无巨细地乱抓工作，而是紧紧抓住生产经营中带全局性的大事。这一点很值得借鉴。

日本企业，公司以下各级机构的部、课长以及工厂长，也是一批精通技术和经济业务的专家，富有领导工作经验。他们的责任，是在自己管辖的范围内，贯彻执行公司的总方针。各级组织也都强调首脑负责制，上级的职能部门对下级对口的职能部门可以实行横向的业务指导，有时也发布一些指示，但是决定权在经理、事业部长、制作所长、工厂长、制造部长等各级的首脑，他们对上级职能部门不符合实际的指示有权否定。

在考察中，日本朋友们直率地指出我国企业的职责和权限暧昧，弄不清谁是企业的经营者，党委书记、厂长、支部书记、车间主任到底听谁的，各自负什么责任，很不明确。认为这对加强经营管理非常有害。日本企业由于各级职责和权限明确，各级领导都可以在自己职权范围内放手地工作，该自己决定的事情自己必须拿出主意来，用不着到处请示，没有谁能代替他决断，也没有谁能代替他承担责任。这种体制很值得我们效法，这样才能有效地促使每个人努力掌握并力图胜任自己的工作，不断提高效率，否则在领导岗位上就坐不住了。

第三，日本企业从上到下全力搞好生产。

首先，政府为企业创造很多条件，使企业能够把精力集中于生产经济工作。政府通过制定经济政策和法令引导经济的发展，同时利用税收、利率等经济手段促进经济的发展。在法律和政策法令允许的范围内，企业可以自行发展。政府在各种产业的具体建设和经营上不直接干预，而在公用事业的建设上比较下功夫。这种做法非常有效地支援了企业的生产经济工作。例如鹿岛工业基地的建设，县（相当我们的省）政府出面搞规划、征购土地、组织搬迁，在建设过程中，负责统一组织道路、上下水道、公园、住宅、商店和各种生活福利设施的建设，既保证了各企业集中力量进行生产建设，又使生产和生活设施配套。

其次，企业各级管理机构为生产第一线服务，替基层生产单位做了大量的工作。日本企业的工厂一级非常单纯，只是按规定的任务进行生产，工厂集中力量抓好产品质量、成本、交货期、安全和卫生五件事，确保本企业产品有竞争力，所需人、财、物方面的一切条件，都由上级职能部门提供。日本企业在经营管理工作中，把制造、销售系统看作实战部队，把各级职能机构视为参谋部，参谋部必须为实战服务，这个思想是十分明确的。

再次，日本各企业在组织协作时，非常注意把主要产品和决定主要产品技术水平的关键部分抓住不放，其他部分如辅助生产、生活福利设施、环境整理等方面的工作尽量外包，从而保证企业的精力集中于生产，而且集中在生产的主要环节上，同时也促进了辅助生产和服务工作专业化。

二、企业的计划

日本各公司的生产，像一切资本主义企业一样，都是严格按照计划进行的。他们的计划是科学的、严密的、符合实际的。

日本企业计划，是贯彻“经理方针”的重要手段。每年经理要根据经营情况，对重大问题作出决策，制定“经理方针”，规定全公司的奋斗目标。例如，1978年新日铁公司面对不景气的形势，提出的“经理方针”是：在开工率降到70%的条件下，做到企业经营有利，预定新建的工程还要照常进行。为了贯彻执行这个方针，制铁所长、制造部长、工厂长、作业长要逐级拟定自己的具体方针，同时还要制定全公司的计划，确保“经理方针”和公司目标的实现。

根据“经理方针”和公司的目标，要制定两种计划：中期计划，一般为三至五年；短期计划，包括年度、季度和月度计划。计划内容各企业不尽相同，以新日铁公司为例，包括财务成本计划、设备计划、生产计划、销售计划、原材料和燃料计划、人员计划、研究开发计划、新办事业计划、协作单位计划等等。

企业计划的中心指标，是利润。按照日本企业领导人的说法，企业经营的基本方针是“取得合理的利润和满足顾客的需要”。具体到基层生产单位，就表现为交货期（包括数量、品种）、质量、成本。这三项指标，是考核每个基层生产单位计划完成情况的主要指标，完成这些指标，企业才有竞争力，才能取得更多的利润。

日本企业的计划管理，给我们的突出印象是：

第一，以销定产。

公司在制定计划时，首先掌握两个方面的资料：一是订货单，一是市场预测资料。根据这两方面的资料，确定各种产品的销售量，在此基础上，确定各种产品的生产量。

大型产品、专用设备、有特定要求的产品，以及固定协作的产品，通常采用按订货单组织生产的计划方法；没有订货单、直接在市场推销的产品，则采用市场预测的方法安排计划。因此，各公司既有庞大的推销机构，千方百计广开销路，又有现代化的商业情报中心，及时掌握市场情况。例如，新日铁公司除设有综合调查部、订货管理部、情报系统部之外，还设有十个负责销售业务的部（如销售管理部、薄板部、条钢部等），每个部的职责中都有开辟销路、调查市场情况的任务。在国内有七个营业所，主要任务也是推销产品和市场调查。在国外有九个事务所，负责了解世界市场情况和推销产品。除此之外，各企业还同商社保持密切联系。商社主要是商品产销中介，有的也承包工程和经营生产事业。各大商社都有世界性的、非常现代化的情报网，如三井物产商社，可以通过它的情报网，在五分钟之内把世界各地的商情集中起来。各公司和商社保持联系，对于正确制定产销计划十分重要。

计划期长短不同，计划方法和依据的资料也不同。一般地说，中期计划更多地依靠预测，短期计划则更多地依靠订货单。计划期越短，内容越具体。中期计划体现公司在一个时期总的经营方针和发展目标；年度计划要规定当年生产和销售的具体目标，包括存在的问题和拟采取的对策；季度计划要把年度计划具体化，根据市场情况和变化，对年度计划提出的任务做重新估价，进行必要的调整；月度计划则是基层生产单位的实施计划，即按最新商情和扩大了的订货单组织生产，确保既不短产拖期交货，也不盲目超产，造成积压。

由于各企业都是以销定产，相互间又有密切的协作关系和合同关系，这就使各企业的供、产、销能够较好地结合起来，准时地相互提供各自需要的产品，组织均衡生产，而不致停工待料、产销脱节。

第二，综合平衡。

日本企业把产销计划和其他计划作为一个整体综合考虑。计划程序，是根据销售计划制定生产计划，根据生产计划确定零部件、原材料、燃料、动力的供应计划，资金计划，设备计划，劳动力增减计划，以及能力开发和新产品试制等计划，使各项计划相互衔接，不留缺口。这样，就用计划把整个企业各方面的工作严密地组织起来，而且把有关协作单位的配合关系，纳入统一计划。

计划管理是一项全面的、综合性的工作。日本企业的领导人认为，制定、执行和检查计划，是企业生产管理的根本问题。日本企业的计划，一般都是上下结合，反复商议，各个部门相互配合共同制定的。这在编制季度计划时表现得非常明显。以新日铁公司为例，他们的季度计划由公司制定，制铁所参加。公司的生产管理部门、销售管理部门、承接订货部门、原材料供应部门和财务部门要和制铁所一起搞好综合平衡，共同制定计划。大略的程序是：

公司的生产管理部门，根据年度计划的要求，为制铁所规定季度计划指标的基本要求，制铁所据此提出计划指标的具体方案，并和公司生产管理部门共同研究确定计划指标；与此同时，制铁所还要提出相应的设备计划，并和公司生产管理部门共同进行生产能力平衡。

公司的销售管理部门和承接订货部门，根据最新的市场预测资料和订货单，结合考虑生产的可能性，制定销售方针和销售计划草案。然后，生产管理部门根据销售计划草案和生产能力情况，进行产销平衡，提出生产计划草案。

公司的原材料供应部门，根据原料、材料、燃料供应情况和生产计划草案，提出供应计划草案；财务部门，根据生产和供应计划草案，提出资金和利润计划草案。

然后，公司召开有关部长参加的产销基本方针会议，对上述各有关部门提出的供、产、销和财务计划草案进行综合平衡，共同确定各项计划的基本方针，再分别由有关部门提出供、产、销和财务计划，交公司产销会议讨论，最后由公司常务会批准下达制铁所执行。上述各项计划是同时交错进行的，而且是上下结合，反复平衡的。实现上述计划，必须有各方面的配合与保证。因此，还制定质量保证、能力开发、技术开发等一系列计划。这些计划，以生产计划为中心，进行综合平衡。

三、专业化协作

随着资本主义大生产的发展，日本企业之间的专业化协作关系越来越密切。我们考察的一些大企业，如新日铁公司、丰田汽车公司，都以公司生产为中心，与一大批中小企业紧密联系起来，互相协作，互相依存，共同发展，组成一个错综复杂而又有条不紊的分工协作的生产体系。

新日铁公司是专业化协作的一种类型，其特点是生产过程中最主要的工序，由公司自己按专业化原则组织生产，清洁、卫生、设备维修工作以至一些辅助性生产，都外包出去，由协作厂承担。比如，新日铁公司的君津制铁所，在原料作业方面，自己只管配料，而把原料运输、矿石处理、焦炭制造都外包出去；在高炉作业方面，自己只管高炉冶炼，而把高炉修理、铸铁机都外包出去；在转炉作业方面，自己只管转炉冶炼和连续铸造，而把添加剂的加工处理、铁料的集中压块、脱硫处理、铸型修理都外包出去；在轧钢作业方面，自己只管冷轧、热轧，而把煤气、切头、产品捆运都外包出去；在制管作业方面，自己只管成型、焊接，而把二次加工、非破坏性检查、管壁涂料都外包出去。同时原料和成品的厂内外运输，也都外包出去。机械、电气、仪表、水道的维修，自己只管一小部分，大部分也外包出去。这样，就保证了制铁所集中力量抓好生产中最主要的环节。而协作厂专门从事某一方面的工作，也可以提高效率、提高质量和降低成本。新日铁公司共有协作厂 400 多家，协作厂职工 4 万多人，约占公司职工的 60%。

丰田汽车工业公司，是专业化协作的另一种类型，其特点是零部件由协作厂分别生产后，到丰田公司的下属工厂进行总装，专业化分工更细，协作关系也更为复杂。据介绍，每辆小汽车约2万个零配件，1个月需15万种、20亿个零件。除引擎、车体等主要设备由丰田工厂自己生产外，有70%的零部件由协作厂生产（外协零部件产值约占公司产值的30%），按规定时间和要求送到丰田公司有关工厂装配。丰田公司共有协作厂1240家，其中有240家工厂主要生产汽车的各种零部件（除供应丰田公司外，也供应其他汽车公司）；有1000家工厂为丰田公司制作机械设备、卡夹具，负责厂内设施建设等。

丰田公司为了实现均衡生产，保证汽车按时装配出来，对协作厂零配件生产的品种、数量、质量、交货期，都有精确的计算、严格的要求。他们和协作厂之间订立基本契约，一年修改一次；订货时有订货合同（又称个别契约），部品以一个月为期订货。生产计划在上一月下旬就到达协作厂。订立契约后，丰田公司对协作厂要检查设计图，进行设计认定；要讨论费用，在一定成本内生产最理想的产品；要讨论用什么工序加工协作产品；还要进行协作厂工作能力和效率检查，看是否能达到要求。由于丰田主要协作厂大都在丰田市，所以普遍推行卡片生产制，按丰田提出的生产计划和卡片，每天分几次把零部件送丰田工厂，卡片随零部件一起走，上面明确规定零部件名称、规格、数量、送货时间、送货地点，这样就保证了生产能按照作业计划，高效率地、均衡地进行。

新日铁公司和丰田公司生产特点不同，但主力厂和协作厂之间的关系，有几个共同特点：

第一，他们认为，主力厂和协作厂的关系，不是单纯的买卖关系，不是竞争关系，而是相互帮助、相互依存的关系。协作厂同主力厂虽然订有严格的合同，但他们更强调信用和名誉，认为违反合同或供应不合格品，是工厂的耻辱，会败坏信誉，因此很少发生合同纠纷或中断合同的事。协作厂关系确定后，一般都长期固定下来，丰田公司有些协作厂已有40年历史，新日铁公司有的协作厂已有50多年历史。

第二，主力厂对协作厂的产品质量的管理，主要不是靠进厂时的严格检验，而是把重点放在检查协作厂的工艺和制度，看能否在生产中保证质量。为了做到这一点，主力厂通过各种形式，在技术交流、经营管理上给协作厂以帮助。如新日铁公司有3000多人到有关协作厂工作，他们既是新日铁的职员，又担任协作厂的职务，起到帮助推广技术、加强管理、提高质量的作用；协作厂在新日铁公司的工厂里，有自己的厂房，挂自己的牌子，参加新日铁公司的生产管理活动。丰田汽车公司对协作厂，经常派去指导员，在管理方面具体指导。如丰田的协作厂之一东海理化电机制作所，主要制品是汽车用电器开关、安全皮带和其他自动车部件，产品53%供应丰田公司。1975年丰田公司派人到该厂帮助推行丰田生产方式，共同研究解决生产效率不高、在库品多等问题，实行了卡片生产制，只用三个月时间，安全皮带生产率提高一倍以上，库存由6天减到0.25天，1978年这个工厂还获得全国中小企业戴明奖。

第三，有严密、详细的合同，把主力厂和协作厂之间的义务和责任规定下来，互相严格遵守。以新日铁君津制铁所与协作厂签订的合同为例，在基本合同中规定了调整、改变合同的程序，防止公害问题，防止灾害问题，在作业上发生疑义的处理办法，保守专利秘密的义务问题，不合格作业的处理问题，双方在企业经营上重大事项的相互通知问题，产品的检查和验收，以及对造成损失的经济赔偿办法，等等。在作业承包合同中则具体规定：(1) 作业名称；(2) 作业目的；(3) 作业内容（附作业方法的详细的规格标准书）；(4) 作业界限；(5) 作业场所；(6) 产品质量、规格、成品率；(7) 交货期和工作量；(8) 检验方法；(9) 承包费用；(10) 承包费的支付方法；(11) 合同有效时间；(12) 交货地点；(13) 对不合格品的处理办法；(14) 其他合同条件等。

第四，主力厂采用各种办法，把协作厂组织起来，参加公司的各种活动。如丰田公司设有质量管理奖，每年评选时，协作厂一起参加，经公司领导与协作厂负责人共同商谈，评出质量管理奖和降低成本奖，由公司统一颁发。丰田公司还把不同类型的协作厂组织起来，分别参加“精丰会”、“荣丰会”、“协丰会”，定期开会，协调行动，交流经验。这些活动，更使协作厂把自己的利益和主力厂紧紧连在一起，在某种程度上成了大公司的附属者。大公司用各种办法控制着中小企业，中小企业又不同程度地依附于大公司，依靠对方发展自己，成为组织社会大生产的一个重要纽带。

附件二：

日本的质量管理

质量管理是这次考察的重点之一。这里扼要地把日本质量管理发展过程的情况和各企业质量管理的主要特点综合作个汇报。

第二次世界大战后，日本为了提高竞争能力，解决产品质量差的问题，于1949年由日本科学技术联盟开始进行质量管理基础课程教育，训练了一批骨干，并确定了日本工业标准（JIS）的标志。1950年请美国学者戴明博士来日本进行有关质量管理统计学方法的讲学，1951年设立了戴明奖（是日本质量管理的最高奖），举行一年一度的质量管理大会，到现在已进行过28次。1960年确定每年11月开展“质量月”活动，到现在已进行到第19次。1962年出版了以车间班组长为对象的刊物《现场与质量管理》，工人们在学习的基础上，自发地组织起质量管理小组，即Q C小组（有的叫产品无缺点运动，有的叫小集体活动，名称不同，内容都是工人组织起来讨论和改进质量）。到现在为止，在日本科学技术联盟正式注册的工人质量管理小组已有12万个，约120万职工参加，加上未注册和用其他名称开展质量管理活动的有1000万人以上。这在日本是一个大规模的群众性活动，对推进质量管理起了重大作用，也是日本引为自豪的质量管理的一大特色。这些活动他们坚持了20多年，使日本质量管理水平不断提高，活动也越来越广泛深入。在日本企业，从领导干部、技术人员、管理人员到工人，质量管理已经普遍运用，以质量为中心，带动了企业各项管理工作。日本产品质量在世界上能有较高的声誉，达到今天这样的水平，正是他们坚持不懈地进行长期努力的结果。

据我们了解，日本一些有代表性的企业，质量管理有以下几个特点：

1. 十分强调质量第一，从上到下重视质量，真正把质量问题作为企业命运攸关、生死存亡的大事来对待。日本的企业，到处都挂着“质量第一”、“质量是创造未来的关键”、“不断提高产品质量企业才有光明的未来”、“好质量、好思考”等标语，许多公司的“社训”，第一条就是生产用户满意的高质量产品。他们不是停留在口头上、标语上，而是踏踏实实去干。在50年代就致力于提高质量，增加出口。特别是1961年日本实行贸易自由化以后，国际国内竞争更加激烈，产品质量不好，东西卖不出去，企业就要垮台。因此，企业领导更是挖空心思、全力以赴地抓质量，靠质量来发展企业，靠质量来取得竞争胜利，获得更多的利润。这方面小松公司介绍的事例，给我们留下很深的印象。小松公司是以生产推土机、挖掘机、翻斗车等工程机械为主的大企业，50年代小松推土机的产量占日本总产量的60%。1961年美国凯特皮勒公司（推土机产量占世界一半）决定与日本三菱搞合作公司，生产推土机。美国公司的技术和产品质量都比小松强，美国柴油机大修期为5000小时，小松为3000小时。因此人们预料，小松在竞争中或者垮台，或者降为三流企业。在这种情况下，为了赶超美国王牌公司，小松公司总经理河合决心从国外引进先进的质量管理方法，请石川馨教授作指导，动员全公司从总经理，部、课长到工人一起干，靠提高质量打败对方。他们先后制定了两个作战计划，A作战计划以提高推土机质量为中心，这项工作优先于全公司所有其他工作。为了设计出最新型的先进产品，他们舍得花本钱，用各种不同零部件、不同工艺，制造了三种类型推土机96台，在零上70摄氏度和零下50摄氏度条件下进行各种试验，找出最优的数据，然后再重新设计。经过三年努力，终于使柴油机大修期超过5000小时(现在已超过1万小时)，并采取措施，降低成本。接着又进行B作战计划，以扩大国际市场为目标，把出口量由10%—20%提高到50%，其中30%向美国出口，取得国际竞争的胜利。据河合讲，如果当时不引进先进的质量管理方法，下决心改进质量，小松公司今天可能已不存在了。改进质量的结果，还使公司增加收入上千亿日元。小松的事例告诉我们，要赶超世界先进水平，必须瞄准对手，采取科学的管理方法，在质量上下苦功夫攻关。小松奋斗三年，推土机质量超过美国王牌公司，我们一些机械制造厂设备并不比小松差多少，多用几年时间，还不能赶上世界先进水平吗?

2. 十分强调预防第一，把不合格产品消除在生产过程中。日本企业界有句名言："好产品是生产出来的，不是靠最后检查出来的。"他们强调在生产过程的一切环节加强质量管理，消除产生不合格品的各种隐患。在管理上着重采取"防患于未然"的质量管理制度，规定在产品研究设计过程中，就要考虑如何保证质量，质量管理人员要参与设计质量的审查工作；对外购原材料和零配件的质量管理，重点不是进厂时的严格检验，而是检查供货单位质量管理系统和工作情况；生产过程中的质量管理，重点不是挑出不合格品，而是要保证形成一个能够稳定生产合格品的生产系统。

当然最后进行严格的产品检验把关也是必要的，但他们认为只依靠这个是消极的。为了在生产过程中保证质量，他们采取了一系列措施：他们有一套严密的质量保证体系。公司设有质量保证部，负责有关质量管理的规划、贯彻和检查，是全公司质量活动的中心。工厂有质量管理课，负责生产中质量和出售产品的质量，指导工人质量管理小组开展活动。质量部、课一般由常务董事分工管理，直接对总经理、厂长负责。

他们有一套科学的管理办法。一种是运用统计学方法进行质量管理，对产品出现缺陷的处理，不是凭大概的经验和印象，而是用数据说话。通过统计，找出产品不良的最主要问题，然后从设备、材料、工艺和工人操作几个方面，发动每个工人找原因，讨论和制定对策，在实施中再对产品质量进行抽查统计，用质量数据图表示，出现问题随时解决。日本许多企业还采取“PDCA”工作方法，叫做“戴明环”。就是把管理工作分作四个阶段，第一阶段（P）是计划，根据对市场和消费者需要的调查，从总经理、厂长到部、课长层层提出工作方针和要达到的目标，使全体职工都明确；第二阶段（D）是实施，按照方针、目标实地去干；第三阶段（C）是检查，哪些对了，哪些错了，把握效果，找出问题；第四阶段（A）是总结，成功的使之标准化，坚持下去，不足的和失败的制定措施加以解决，防止再度发生。根据存在的问题，再提出下一段的方针、计划，如此不断循环，工作质量一步比一步提高。日本企业把这种工作方法系统化、图表化，使干部和工人能普遍掌握，每个循环都有时间要求，实施中有严密组织和检查，实施结果有认真总结。小松公司在北京内燃机总厂帮助试点，使曲轴废品率在短期内大大降低，证明这种方法在我国也是可行的。

他们有严格的产品检验制度和先进的测试手段。例如，生产控制设备的日立公司大瓮工厂，为了使产品准确可靠，除强调工人精心操作外，在质量上要经过七道检查，即协作厂质量水平的检查、购入零配件的检查、部品制作的中间检查、装配检查、完成检查、包装前发送检查、用户使用情况检查。在检查中有整套的测试手段，如自动冷热冲击试验设备、半导体元件高温试验设备、全天候模拟试验设备等。松下电器公司茨木工厂生产的彩色电视机，在新产品试制中，要逐台进行环境试验，5000小时的使用寿命试验，升高电压10%试验，90%湿度试验，高温150摄氏度、低温零下50摄氏度试验，高低频率振动试验等。正式生产后，在每500台到1000台中，还要再抽样进行类似检验。对不合格品要解体检查，找出原因，提出对策。电视机的包装设计，要模拟各种恶劣运输条件，进行喷水、滚动颠簸及各种撞击、跌落试验，以检查包装质量，并规定包装的设计不过关，新产品不能投产。这些严格的制度和完善的设施，对保证产品质量起了重大作用。我国产品生产过程的检查和最后检验都不严格，测试手段也不完备，包装粗糙、马虎，在健全管理制度的同时，也要舍得花点钱逐步完善检验和包装手段。

他们对生产过程中出现的质量问题，不是掩盖矛盾，而是让它暴露出来，加以解决。最典型的是丰田生产方式，强调按计划均衡生产，零配件要全部合格，供应“恰好及时”，下一道工序按计划进度到上一道工序取零件，没有多余的零件储备，没有库存，如果生产中出现质量问题，每个工人有权按自己面前的电钮，使整个生产自动线停下来，使矛盾表面化，以便迅速解决。另一方面，他们又教育管理人员千方百计防止由于质量不好出现停止自动线的情况，这就逼着人们不断改进质量管理。

此外，他们还有公司、工厂最高领导人亲自对产品质量进行诊断（检查）的制度。总经理每年要深入到所属工厂、营业所诊断一次，厂长每年到车间诊断两次，系统检查质量管理情况，发现问题，一起研究对策。

3. 十分重视新产品的研究开发。高质量还意味着不断创制新品种。日本企业把不断更新产品、增加新的品种、满足用户多方面的需要，作为提高质量的一个重要方面，下大力气抓新产品开发研究。我们所到的大企业，都设有强有力的研究开发部门，人才集中，设备齐全。他们广泛收集技术情报，研究市场和消费者的要求，进行各种科学试验，设计、试制新产品。所以产品品种多，变化也快。丰田公司仅小汽车就有11种型号，而每种型号又有不同车体、内燃机、变速器、内部装备、轮胎、颜色，他们讲可以生产的品种达4万种之多(经常生产的只有几百种)。据介绍，丰田小汽车每两年要改一次型，两年中还有一次局部改型，每个新车种要提前两年做出设计。有些品种还在畅销的时候，就又开始研究更新的产品，目前丰田已在研究公元2000年的"幻想牌"汽车，并做出了模型。第二精工舍手表厂是生产中高级手表的工厂，60年代以来，从带日历自动上弦表、薄型手表、装饰手表、摆轮电池表、日历电池表，一直发展到今天的晶体表、超小型表、液晶显示全电子表，共计20多个新品种，每种又有许多不同样式，品种和质量都达到世界先进水平。至于电视机、电冰箱等品种，更是日新月异，现在已研究成微型电视、投影电视、遥控电视、多像电视、储存节目电视等新产品。我们参观日本最大的三越百货商店，商品品种达50万种，而我国在香港的百货商店不到3万种，北京王府井百货商店只有2.3万种，说明我们在产品品种上，差距是很大的。

为了保证新产品的质量，日本企业对开发新产品的工作制度是十分严格的，要经过反复试验，多次评价。例如小松公司开发一项新的机械产品，从设计到大量生产就要经过四次评价。征求用户意见，收集国际国内市场同类产品情报，做出新产品设计，由公司召集有关部门审查，作第一次评价；试制完成后，进行产品性能试验，考核是否符合质量指标，作第二次评价；由试验部门进行长时间耐久试验，试验后全部解体检查，作第三次评价；组织小量生产，交用户使用，听取用户意见，作第四次评价。以上四次评价都通过，才能投入大量生产。有一道通不过，都要重新做试验。

保证新产品质量的另一特点，是他们十分重视设计与制造相结合。拿丰田公司来说，他们有主任设计员一贯负责制，每一种新车型的主任设计员，从估计市场动向、规划新型车辆、研究试制到投产、销售、售后服务，对技术方面问题负责到底。同时还规定了“驻厂员”制度，在新车种设计研究阶段，公司质量保证部和检查部派常驻员到设计部驻一年，反映市场和生产上的问题，提供过去不良品的有关资料，并带回生产新产品的有关技术；当新产品试制时，设计人员又驻到厂里，进一步贯彻设计意图，及时解决设计中预想不到的问题。他们坚持不懈，严格执行，对防止设计与制造脱节，提高新产品质量，效果很显著。

日本企业开发新产品的科研、试制费用，一般约占销售额的1%。这笔庞大的费用，都分摊到正在生产的产品中，在试销时企业尽量少收利润，国家也免税或减税，所以有些新产品能做到价格不变或更低。有些高档的新产品（如电视投影机）价格较高，就先在美国销售，大量生产、降低成本后再在本国出售。而我们把所有试制费甚至其他费用，都加在新产品成本里面，税收、利润照旧，所以价格高，工厂亏本，用户也买不起。日本新产品的试制和定价办法，很值得参考。

4. 实行综合的质量管理，也就是全体人员参加的包括生产、销售全过程的质量管理。日本企业的质量管理，已不限于生产中的产品质量，而发展到包括研究设计质量、制造质量、销售质量和售后服务质量，从原材料、零配件质量到成本、安全、环境保护的质量，从主力厂产品质量到协作厂产品的质量。他们认为哪一个方面疏忽，不讲质量，都会影响全局，影响整个产品质量和公司信誉。

日本的企业也强调人的因素，强调发挥工人的自主性、积极性。

他们认为，只靠少数经营者、管理者，管不好企业，搞不好质量，只有促使工人关心质量，参加管理，产品质量才有保证。为此，他们采取各种办法，把工人利益和企业利益结合起来，把工人命运和企业命运拴在一起，使工人拼命干。我们所到的企业，都有工人组织的质量管理小组（QC 小组），或其他各种名称的小集体活动。这些小组不是靠命令组成，不是流于形式，而是强调自己组织，互相启发，讨论问题，研究攻关，发表成果。小组不仅管质量，也管成本、管安全、管原材料消耗，经常开展活动，有的颇有成效。这次考察中，小松大阪工厂的竹笋小组（全组 12 人，平均工龄 12 年）工人组长伊藤，向我们介绍了如何使全组工人提高水平、轮流当带头人的经验，丰田精机公司刈谷工厂田中小组（全组 26 人，一半是女工）介绍了如何把组内女工动员起来，研究改进刹车性能的经验。他们讲的内容很生动，有图表，有事实，有效果，听了很受启发。由于组织 QC 小组，发挥集体智慧，工人合理化建议越来越多。据丰田统计，全公司 45000 人，有 4000 个 QC 小组，1977 年提了 4 万件合理化建议，共发建议奖金 42 亿日元（未采用提案的也给少量奖励）。新日铁公司实行全员质量管理，在所属 9 个制铁所共 63000 人中，参加“自主管理”的工人占 94%，1977 年实现合理化建议 8400 多件。新日铁八幡制铁所，每年要召开四次全所性合理化建议发表大会，工厂、车间每月召开一次，并分别给予奖励。小松公司还给每个工人印发 QC 手册，包括质量管理基本知识、简单的质量统计方法、各种质量图表运用方法和安全要求等，携带方便，简明易记。

5. 坚持不懈地开展“质量月”活动，进行全国性的质量评选和交流。我们这次在日本正赶上 11 月的全国第 19 次“质量月”大会，我们参加了全国 QC 小组经验交流会、企业领导人经验交流会和戴明奖授奖仪式。在全国各地一些企业，也到处看到“质量月”的旗帜、标语、宣传画，开展各种质量活动，深感他们“质量月”活动广泛而深入，其中有几点印象较深：

一个是日本的“质量月”活动，不是一个月的活动，也不是全年来一次孤立的、突击的质量评选活动，而是从年初开始，就扎扎实实抓质量管理工作，在这个基础上，通过自下而上地逐级发表成果，交流经验，进行选拔，到“质量月”形成全国质量活动的总检阅，达到质量活动的高潮。在日本，“质量月”活动是在政府的支持下，由民间团体日本科技联盟和规格协会共同组织，吸收消费者、经济界、学术界、政府有关部门组成筹备委员会，从每年1月份开始，就研究确定当年“质量月”活动的重点内容、标语，发行材料，进行宣传；针对公司董事，厂长，部、课长，班、组长，QC小组组长等不同人员，设立不同的课程，进行短期的质量管理训练教育；负责在分区选拔的基础上，确定在全国大会上发表讲演的单位，审定、颁发一年一度的戴明奖。这项工作从1月一直搞到11月。从工厂来看，也是全年活动，到11月达到高潮。比如第二精工舍手表厂，是每年12月提出下一年质量管理方针和计划，从1月开始就具体组织实施，5月到6月进行质量管理中间检查，9月到10月进行总检查，征求“质量月”的标语、论文，予以发表，在质量大会上表彰优秀小组和作者，11月（“质量月”）以各部、工厂为单位进行总结，召开全公司质量管理大会，汇报检查结果，并提出第二年的质量管理方针，使工厂每年都有提高质量的新目标。

再一个是，日本的“质量月”活动，不是靠行政命令，不是少数人的活动，而是有十多万个质量管理小组、几百万名工人广泛参加的群众性活动。他们不是为选拔而选拔，而是使每个小组的成果都有发表的机会，相互学习，交流经验。据日本科技联盟介绍，为了进行全国选拔，在日本按地区分为8个分会，下面再分30个地区（县），每年二、三月份参加选拔的 QC 小组，由工厂向分会统一报名，每个小组限定发表一项成果，经本厂、地区和分会逐级发表、讨论、选拔。到分会选拔时，一般是一万个小组中选拔一个。选拔标准不只是看经济效果大小，而着重看小组如何发动每个人动脑筋、想办法，其经验是否有普遍意义。今年“质量月”日本共选拔了 14 个小组参加全国发表会，一个小组发言半小时，把活动过程、经验绘成漫画、图表，用幻灯机边放边讲，图文并茂，内容生动，讲完后听众可以当场提问，由小组成员当场答复。与此同时，还有企业最高干部质量管理大会，部、课长质量管理大会，工长、班长质量管理大会，以及质量管理著作要点发表会等。每年“质量月”发表和讨论的议题各有侧重，比如 1962 年的题目是“购买高质量的商品，生产高质量的产品”，1967 年的题目是“要在世界市场上获得发展需从质量入手”，1970 年讨论的题目是“消费者的笑脸来源于质量管理”，1973 年发生石油危机，1974 年“质量月”讨论的题目是“在节省资源、节省能源时代质量管理的任务”，随着国际竞争加剧，1978 年讨论的题目是“国际协作与日本的质量管理”。这样，紧密联系每个时期的实际，从全国、地区到工厂都同时举行各种演讲会、讨论会，形成一个全国性的质量经验交流和总结活动高潮。

第三是对质量优秀者给予奖励。全日本由 10 名学者组成审查委员会，对优秀质量管理著作给予戴明奖，对质量管理最好的企业给予戴明实施奖。参加全国发表的 QC 小组，有三个金奖，其余为银奖。除奖状外，还有金牌、银牌，得奖小组每个成员都有。得金奖小组要向全国企业作报告。同时，地区、公司和工厂，也各自颁发金奖、银奖和铜奖，最优秀小组可以派到国外旅行。到 1977 年，日本得戴明奖的累计共有 41 人，66 个公司（中小公司 16 个），3 个事业部和 7 个事业所。对受奖 5 年还继续积极提高质量的，另发质量管理奖。负责组织以上活动的民间团体日本科技联盟和规格协会，都是独立核算，自负盈亏，政府不给拨款。他们组织如此庞大的活动，其开支主要靠出版质量管理的刊物、组织演讲会和教育训练收费，企业(会员)赞助费只占总收入的3%。日本科技联盟重点负责厂长，部、课长教育训练，指导企业和小组的质量活动，组织全国质量大会，对象主要是大企业。规格协会负责制定、修改全国工业标准，也进行质量方面的教育训练，但更多的是面向中小企业。它们在全国企业中都享有较高的信誉。

6. 实行用户第一的方针，有完善的技术服务工作。日本许多企业提出的口号是“用户是帝王”，“下一道工序是用户”，并把“制造消费者满意的产品”作为“社训”，对职工进行教育。有的公司还规定，管理人员入厂先到销售部门工作一年，熟悉、了解销售服务和用户需要，然后到其他业务部门工作。他们说，战后一个时期，因为产品供不应求，工厂生产什么就卖什么，反正能卖出去，那时是生产成本加利润就等于销售价格；现在质量普遍提高，竞争十分激烈，必须是用户需要什么生产什么，要先定出有竞争能力、用户能接受的价格，扣除利润，来确定成本，为千方百计达到成本目标而努力。对照我国目前某些企业质次价高、不按需要进行生产的情况，这一点是很有启发性的。

为了生产用户满意的高质量产品，许多企业不是满足于国家规定的质量标准，而是制定比国家质量标准高得多的工厂标准。在日本是工厂标准比公司高，公司标准比国家高，从而使产品质量精益求精。我们参观的日本钢管厂，除贯彻全国统一标准外，公司内部对生产工艺，产品的化学成分、物理性能都提出更高更严的要求。丰田公司对汽车性能的要求，包括安全、经济、舒适、可靠、耐久，还要便于驾驶、省燃料、低公害、低噪音。日本第二精工舍手表厂，根据长期对用户需要的调查，提出了手表质量的 14 项要求，包括走时准、不停摆、适合冷热环境、指示鲜明、附带机件（如日历）性能好、坚实防震、耐久使用、操作方便、防水、防尘、外形美观、携带方便、不伤皮肤和衣服、容易修理等。按这样全面要求生产出来的手表，当然受到国内外用户的欢迎。

为了使用户帮助改进产品质量，他们提出，看到产品质量不好而不提出意见是罪恶，鼓励消费者对产品提出意见，进行监督，参加质量管理。使我们特别感兴趣的，是日本从 1962 年起开始召开的消费者大会。

因为消费者绝大部分是家庭主妇，为了把她们动员来，动了很多脑筋。

开始许多妇女不愿提意见，或者讲起来感情用事。他们请石川馨教授和一些学者帮助家庭主妇学习质量管理内容，使她们了解质量管理的意义，学会如何冷静地提出意见，如何用数据说话，帮助工厂改进质量。并在各地分别召开有生产者、消费者、学者参加的小型座谈会，每月一次，互相交换意见，加强了解。在每月座谈基础上，选择一些题目，由消费者代表在 11 月 1 日全国消费者大会上发表成果。

日本企业还设有大量的销售点和服务网，负责产品销售后的技术服务。他们把销售作为生产部门和消费者联系的重要纽带，十分重视这一工作。比如丰田汽车公司在全国就设有 2000 个推销店，负责日常修理、零配件供应和技术服务，定期召开有用户参加的演讲会、宣传会，教育用户如何正确使用汽车。丰田车出厂后负责供应配件 10—15 年，淘汰产品的零配件，另外组织流水线专门生产或由协作厂组织生产，以保证用户需要。小松公司的服务网，包括全国 10 个“支社”、47 个支店、5 个维修厂，还有 250 个指定的服务工厂和 14 个营业所，共5500多人，平均每30公里半径范围内就有一个服务点。

他们用计算机把全国服务点联成网络，及时了解用户需要和意见，作为改进产品的依据。用户要求供应备件，一般一天内都能得到满意解决；用户需要工厂制造的零件，一个月左右即可交货。

以上是日本质量管理上的几个特点。此外我们还看到日本的各行各业都重视质量管理。如服务行业质量（饭店和旅游地的周到服务）、交通运输质量（速度快、车次多、准时，东京小汽车由100万辆增加到400万辆，交通秩序井然，事故大大减少）、环境保护质量（规定工厂绿化面积占总面积的20%，严格控制污染，多处进行监测）以及建筑施工质量等等，都给我们留下深刻的印象。质量问题在资本主义国家是关系企业生死存亡的问题，对我们来说，是关系到能否实现四个现代化的大问题。我们不仅在工业企业中要重视和保证质量，在社会生活的一切方面，各行各业，各个环节，都要严格讲究质量，这样才有真正的高速度。我们在这些方面，应该比资本主义国家做得更好，才能体现社会主义制度的优越性，才能谈得到最终战胜资本主义。

附件三：

日本企业的职工培训工作

日本企业拥有一批实力雄厚、经验丰富的技术管理人才，他们精通技术业务，熟悉科学管理，办事效率高，给我们留下了深刻的印象。日本就是培养和依靠了这批人才，恢复了战后的经济，用20年左右时间，发展成为世界经济大国之一。日本人把这种培训人才的工作叫做能力开发，这个提法是很有见解的。

一、培养人才是日本经济高速发展的重要因素之一，普遍受到国家、社会和企业的重视。

我们接触到政府官员、经济学家、企业的经营者、中层管理干部，他们用不同的说法讲了培养人才的极端重要性。

日本把培养人才作为在资本主义经济自由竞争中生存发展的重要手段。他们认为自由经济的竞争，本质上是技术能力和管理水平的竞争，优者胜，劣者败，要么就生存发展，要么就垮台灭亡。日野汽车公司荒川社长说："第二次世界大战后，日本是战败国，国土狭窄，缺少资源，在国际竞争中要维持国家的生存，除了发展技术之外，是无路可走的。这一认识一直贯彻到全体国民，使国民有'危机感'，因此日本非常重视教育，以培养人才。日本战前只有48所大学，11万学生，现在发展到430多所大学，180万学生。日本企业不仅遇到国际上的竞争，而且国内也有强力的对手，为了发展自己，掌握一批优秀的技术人才，使企业不断现代化，是保持竞争力量的重要基础。”东京大学石井教授说：“日本一些好的企业是由优秀的工人、优秀的技术人员、优秀的管理人员所组成的优秀的技术集团。因此他们能完成优秀的工作，制造出优秀的产品，使这些企业在产业界有竞争能力。”

日本人认为，现在是新技术、新工艺和新产品日新月异、频繁更新的时代，技术上的竞争更加激烈，必须不断开发新的技术，不使自己的技术“老化”（陈旧过时）。开发“头脑资源”是企业的“战略任务”，用于能力开发的投资是“最合算的投资”，没有能力开发的投资，新技术、新设备的投资就不能发挥应有的作用。

第二次世界大战后，日本出于本国经济恢复和发展的需要，大力发掘人才，十分重视技术人员的作用。战前造雷达的改为搞电子工业，造飞机的改为造汽车，造军舰的搞造船。日本依靠了这批专门人才，积极消化吸收西方的科学技术，经过20多年的努力，逐步形成日本自己的技术经验和管理方法，并且通过大规模的培训工作，把这些经验转移到下一代。这对促进日本科学技术现代化、经济管理现代化起了重大作用。拿培养企业管理人才来说，日本从50年代初就开始学习美国的企业管理方法，分批培训各级管理骨干，其中有培训经理、厂长等企业领导层的“经营者讲座”，培训企业部、课长(类似处、科长）的“管理者训练计划”，培训基层管理人员的“监督者训练讲座”。当时是采取美国教材，并由美国人当讲师，学习运用美国的先进管理方式整顿企业。1955年以来，还先后派出了两万多名企业领导人员到美国去考察学习，大企业专务董事以上的领导人几乎都去过美国。我们这次接触到的一些重要的管理技术和方法，大部分都来自美国。

在日本，能力开发普遍受到国家重视、企业重视以及社会团体的提倡支持。国家首先在普及教育上花了大量投资，提高了人民的知识文化水平。日本初中实行义务教育，高中入学率达到 93%，大学的入学率为 40%，日本人称为“高学历化”。产业结构往什么方向变化，每年的毕业生就向那里流动，支持了新兴企业对高质量劳动力的需要。近年来入厂的新工人绝大部分都是高中毕业生，也包括一些大学生。这些工人由于文化水平高，入厂后，经短期培训，不仅能熟练操作，而且会计算、画图，并有一定的自学和理解能力。中层管理干部文化水平也较高，新日铁公司君津制铁所课长以上干部，大学毕业的占 81%。各个企业都努力培养自己的人才，把拥有优良的人才引为骄傲。一些企业规定，领导有培养下级的责任。他们认为，培养不出好的部下，就不是好的领导。领导是否有能力培养下级，是考核领导的一条重要内容。有的企业还规定，各级管理干部晋级条件之一，就是要培养出自己的后继人选，促使各级领导重视培养人才的工作。

在日本，我们接触到的几个主要经济团体（日本科技联盟、日本生产性本部、日本能率协会、日本规格协会）都设有教育训练部，从事培养人才的工作。他们有详细的教育训练计划，列出企业各级干部、工人培养训练的课程内容以及收费标准，聘请一些有名学者、教授讲课。日本规格协会出版的 1978 年《管理技术进修培训内容介绍》，其中分 9 个类型、25 项专题（如质量管理讲座、统计手法讲座、日本工业标准知识、计量技术、产品性能检验技术、实验计划法入门、管理方式研究等），培训对象包括厂长，部、课长，作业长及其他管理人员。各企业可以根据需要选送人员去学习有关课程。这些协会还接受企业的聘请，派人到工厂去讲课或进行指导，并出版有关技术和经营管理方面的著作、刊物、基础教材和手册。这类社会团体在介绍和推广国内外先进管理经验方面起了较好的作用。

二、日本企业对各级各类人员都有十分明确的培训要求，有一套具体的培训制度和培训方法。

日本企业的经营管理者，考虑到现代化的生产必须做到高效率、优质、安全、低成本，对在生产第一线的工人和各级干部，都规定必须进行严格的训练，熟练掌握必要的技能，并经考试合格后才能上岗位。工人改变工种要先送到培训中心进行专门训练，技能达到要求后才能担任新的工作。

日本企业实行全员培训的方针，采用现场培训、业余教育、脱产轮训以及个别深造（送大学进修或到国外学习）等培训方法，并强调以现场培训为主。各企业都根据自己的特点制定出能力开发的规划，规定了各级各类人员的学习要求、学习内容和培训方法，一级一级提高，循序渐进，使职工逐步成为精通业务技术的工作人员。

（1）对工人的培训。首先，新工人入厂要经过严格的挑选。一般是工厂和学校建立联系，在每年 4 月入厂以前对学生进行挑选，并个别面试，合格的才予录取。日本企业实行“终身雇佣”制度，所以录取条件是很严格的。

新工人入厂后，一般都要经过半年训练，专业性强的要经过九个月到一年的教育培训。训练内容从安全教育、礼貌教育、纪律教育、基础知识教育到专门技能教育。不同工种都有不同的规定内容。如新日铁公司搞电气维修的新工人，教学计划安排 643 节课，需 9 个月，有“通用知识”、“专业知识”、“基础实习”、“应用实习”。不仅学理论知识，而且进行实际操作的技能训练。我们在一些工厂的培训中心看到参加培训的工人在分别进行钳工、焊工、电工的基本功训练，还用模拟装置进行操作训练。新工人经过训练合格，到工作现场还要固定一名老工人继续培训一年，他们叫指导员，进一步帮助新工人熟练掌握操作技能。新日铁公司把入厂 2 年以内的工人叫“新入层”，把 3—5 年的工人叫“一般层”(技能一般的),6—9 年的叫“中坚层”(生产骨干的意思)，10—14 年的叫“棒心层”(核心的意思，相当于预备工长)，15 年以上的叫“监督层”(相当于工长)，对他们分别规定了自修和轮训的内容。对自修的要发教材，进行业余辅导，并按期考试。在日本企业中，职工除了工作职务外还有个资格制度，资格是一个人学历、工龄、经验、能力的综合反映，一定的资格相应于一定的职称（例如，新日铁公司新工人的资格叫担当补（类似我国学徒工)；一般层工人的资格叫担当（正式工人）；中坚层工人的资格叫主担当(有一定经验了）等)。一些企业都有“取得资格的促进制度”，其中，完成各项培训要求是评定资格重要条件之一，直接影响到个人的经济利益和前途。所以工人都比较努力学习。

在新建企业或大规模进行设备更新和技术改造的企业中，还要进行设备更新的教育培训，使工人适应新的技术条件和工艺过程。这种教育采取脱产训练和现场培训交叉进行的方式，时间一般在三个月以上，规模大，参加人数多，有时是全厂性的，内容多种多样。例如新日铁公司规定，新厂建设，作业长要提前九个月到任，工长提前七个月到任，其他提前三个月到任，进行投产前的系统培训，因此新厂开工后都能做到稳产高产，优质安全。

随着日本企业产品结构的不断变化，工人的工种也要相应有所变化，因此鼓励工人一专多能，有的企业对多学会一门技术的工人还有工资补贴。

(2) 对基层干部的培训。日本企业对基层干部的挑选、培养十分严格，因为生产第一线的工作掌握在这部分人手中。这里着重介绍作业长的培训情况。50 年代后期，日本产业逐步现代化，企业中实行了作业长制度（领导几个工长和二三十个工人）。新日铁对作业长的作用有如下一些要求："作业长是第一线的管理者，工人能力的开发者，集体的领导者，上级的助手。""作业长是工人们的前辈，具有高超的技能和强有力的管理能力。""作业长不仅将上级领导的命令向部下传达，而且在自己判断的基础上，决定自己负责范围的目标；并以自己的创造精神，来计划、组织活动，实现这一目标。"担任这个职务，要求有一定年限的实际工作经验，新日铁规定大学毕业的要有 8—9 年的工龄，高中毕业的要有 18—20 年的工龄，并且要有担任过工长的经历，基本上是一级一级锻炼，从优秀的工长中选拔、培养上来的。在准备提作业长之前，还有一个预备作业长进修制度，脱产训练六个月，其中一个月学管理方法，四个月学作业长基础知识，一个月在现场跟着老的作业长实习。经过半年培训考核合格，才能担任作业长。这些作业长都具有丰富的实践经验，掌握本工段的技能，有一定的管理能力，能独立解决本工段通常发生的问题。工厂长（在新日铁公司类似车间主任）不在场的时候，作业长可以代替处理问题。我们到日本工厂看到生产组织得井井有条，现场环境安全、卫生，设备、材料、成品布局整齐合理，除了厂长，部、课长强有力的领导外，一批从工人提升起的、有丰富实践经验、精通技术、善于管理的作业长也起了重要作用。这些做法对于我国企业如何培训工段长和车间主任这一级基层干部是可以借鉴的。

(3) 对技术工作人员的培训。日本大学的工科学生在校主要学基础理论知识，专门技术的训练要在企业中进行。一般情况下，日本大学生毕业经企业录用后，首先要到生产第一线去当工人，有的还要到销售店去服务，取得生产和销售的实际知识。在此基础上，由有经验的技术人员或基层干部指导，从始至终去完成一项技术工作，取得从事技术工作的实际经验。同时指定学习本专业的基础技术知识和专门技术知识，并给以指导和讲解。然后根据实际工作能力和理论知识给以定期考核。如新日铁公司规定大学生入厂3年内要学完《钢铁制造基础》(共4册)，结合实际能力进行考试，合格者取得“主事”资格(相当于科员)。3年到8年内要学完《应用工程学》，掌握更深的专业知识，具有独立解决技术问题的能力，经过考试合格者取得“副参事”资格(相当于“挂长”级——股长)。8年到15年内，要求精通本专业的技术，扩大边缘科学技术知识的学习，培养组织管理能力，进行较深的专题研究，有条件的还派至海外参加科学技术交流，经过考核合格者取得“参事”资格（相当于“课长”级）。

技术部门、生产部门、科研设计部门中行政领导和技术领导是统一的。行政领导本身就是精通技术的技术人员。他们都有职、有权、有责，更重要的是他们有领导技术的能力，经理、厂长放心让他们工作，下级也听他们的指挥。

（4）对经营管理人员的培训。在日本，凡是从事这方面工作的，不强调向专门方向发展，而是强调全面管理的技能。一般情况下，股长以下职员岗位较固定，使其积累经验和增长能力，对股长以上管理干部实行定期调动的制度。比如当课长的，今年在这个课，一两年后就换到另一个课，经过各类岗位锻炼，成绩优良的，才有可能提升当副部长或部长。日本人说，这种办法有三条好处：一是可以调动干部的积极性，不断调动工作，不断接触新的领域，使干部对工作有新鲜感，不至于满足现状，必须不断学习；二是开阔干部的视野，培养干部的全面综合能力；三是可以从中考察挑选干部。此外，在培训中心或研修中心，对各级管理人员进行定期轮训或开办专题讲座。松下电器公司枚方培训中心，企业管理技术一门就设有 25 个专题讲座。

(5) 对社长、董事一级领导人员的提高有如下一些办法：一是出国考察，每年都要派一些人到国外去，开阔眼界或做专题考察；二是请学者、专家、教授讲课或当顾问；三是参加社会经济团体组织的企业之间的经验交流；四是在本企业的研修中心进行专题研究总结。一些企业的经理、董事还要给课长以上干部上课，这本身也要求他们必须努力学习。

日本企业的经理、厂长对经营管理业务都很熟悉，工作干练。他们对这类人才素质的要求，概括有如下几点：第一，必须身体强健，精力充沛，能应付不断扩大的业务负担和变化莫测的经济形势；第二，富于理想，有独创精神，能在竞争时代不掉队；第三，擅长处理人与人的关系，具有全面调动职工的个性和能力的素质；第四，通晓企业全部实际业务，是善于综合管理的多面手，既不要做“事务佬”，也不要做单纯的“手艺人”；第五，要有广阔的眼界和高度的才智，深刻体察世界市场的形势，具有开发高、精、尖技术的知识，能走在时代的前头，不做“乡下佬”、“土包子”。这些要求，对于我们今后培养经理、厂长是有参考价值的。

日本许多企业对干部、工人实行一年一次定期考核。新日铁公司人事调查表中对干部业务能力评价有 7 项（职务知识；见解、计划能力；理解判断力；联络、处理问题能力，折中调和能力；领导组织能力；工作态度——纪律性、严格准确性；最后综合评价），性格气质调查有 12 项（社交性、涵养性、协调性、利己性、自主性、感情的稳定性、理智性、积极性、责任感、忍耐性、信赖感、明朗性），每年的考核结果，通过电子计算机储存起来；教育培训部门还有职工学习成绩考核档案，这些都作为使用和提升职工的依据。

三、日本的大企业普遍设有设备先进、师资整齐、教材成套的培训中心。

这类培训中心负责职工的轮训、业余自修的辅导和函授教育。新日铁公司八幡制铁所，18900名职工，就设有培训中心一所，建筑面积12000平方米，可同时接收学员2000人。此外还有一所培训中层领导干部的研修中心，建筑面积2835平方米，可以同时培训300多人。松下电器公司的枚方培训中心，建筑面积19268平方米，每年培训职工135000人次。

八幡制铁所培训中心有带录像机的电视教室，自动化的电影、幻灯教室，带电子装备的外国语教室。三班倒的职工，下班后都可以随时去接受各种内容的知识。打开教室的录像机，可以从自己座位上的电视机中看、听老师讲课；打开戴有耳机的录音机，可以自学外语。还有三个实习工厂，供新工人或调换工种的工人操作实习。培训中心除培养基础知识和专门技能外，还有一些培训技术人员和企业管理人员的较深较广的内容，如各种科学管理手法以及电子计算机技术。

八幡制铁所培训中心教材比较齐全。按照13个专业内容有13门通用教材和52门专用教材。丰田汽车公司、东芝电气公司也都有类似的培训中心，条件都很好，对提高职工技术水平起了重要作用。

附件四：

日本企业刺激职工积极性的制度、办法和职工生活水平

日本企业职工的积极性、主动性较高，这是世界上公认的。我们在考察中，对此也有深刻的印象。

日方在介绍情况时，多次谈到日本企业中普遍推行的“自主管理运动”、各种“小集体”活动以及职工的合理化建议等，并强调职工的“自发性”和“主动性”，强调尊重人和重视人的因素。许多企业甚至把重视人的因素作为办企业的基本指导思想。

实际上，日本企业有一整套刺激职工积极性的制度和办法。主要有：

一、“终身雇佣”制度

这种制度在资本主义世界中，是日本特有的。日本企业雇用的职员和工人，一般要在该企业中工作到退休。实行这种制度，一方面使职工解除对失业的担心，产生一种职业的“安定感”，从而使职工从就业那一天起，就把自己的命运同企业的命运联系起来；另一方面，也约束资方一般不能随意解雇职工，即使在不景气的时候，企业开工不足，也尽量不解雇或少解雇职工。如新日铁公司1978年的开工率

为 70%，他们除了保持少量的超员，还把某些停产、减产车间的部分职工调到子公司或推荐给协作企业。同时，又大力提倡群策群力，通过降低成本，增加利润，来“保证大家的收入”，只有企业倒闭或职工严重违法时，才解雇职工。实行“终身雇佣”制度，使职工产生个人与企业长期“相互依存”、“利害一致”的感觉，日本人把这叫做企业劳资全体人员结成“命运共同体”。

“终身雇佣”制度是同“家族主义”相联系的。他们说，当职工受雇于某一企业时，就像加入一个家庭一样，企业领导人就是“家长”，干部就是“兄长”，一般工人都是“家庭”成员。在企业活动中，就像家庭辈分一样，晚辈要听从长辈的指导，长辈要关心和爱护晚辈，宣传在“家庭成员”之间，要“互相爱护”、“互相帮助”，每个“家庭成员”对“家庭”活动都要关心，要“爱厂如家”，对企业的经营管理，可随时提出建议和批评。强调企业领导人要多听下面的意见，依靠集体的智慧，不要一意孤行，尽量防止劳资冲突，以“避免一场悲剧的出现”。

实行“终身雇佣”制度和提倡“家族主义”，把日本民族的传统和习惯同现代化企业管理相结合，形成日本企业管理的一些特点。资产阶级采取这种办法，在相当程度上刺激了职工的积极性和主动性，保证了企业人员的稳定，职工“跳厂”的现象是极其罕见的。社会舆论对“跳厂”职工是鄙视的，像对待一个“背叛家庭”的人那样，对他的“道德品质”持怀疑态度。再加上工资待遇和退休金都同在本企业连续工作年限有直接联系，连续工龄越长，越受优待。在一个企业中连续工作 30 年，就可以在退休时拿相当于 30 个月工资的退休金。所以一般情况下职工都不愿离开本企业。这些，都促使职工在一个公司中长期工作下去，并尽力取得公司领导的好感。各公司干部、技术人员和技术工人的长期稳定，对企业经营管理水平的提高是很有利的。

二、“年功序列”工资制度

日本各公司的工资是千差万别的，但从制度上看，基本上都实行“年功序列”工资制度，只有极少数企业如松下电器公司从 1966 年开始，对新职工实行欧美式的所谓“能力工资”制度。“年功序列”工资制度并不是职工全部工资都取决于工龄，也同时考核能力和贡献。新日铁公司工人工资构成情况，如下表所示。

新日铁公司工人工资构成表

<table>
<tr><th colspan="3">工资项目</th><th>支付根据</th><th>占标准工资的比例（%）</th></tr>
<tr><td rowspan="6">标准工资</td><td rowspan="4">基本工资</td><td>基本部分</td><td>年龄、学历、在企业连续工作年限</td><td>49.0</td></tr>
<tr><td>职务部分</td><td>担任职务</td><td>29.5</td></tr>
<tr><td>职务附加</td><td>完成职务的能力</td><td>7.2</td></tr>
<tr><td>成绩部分</td><td>产量、工时、效率</td><td>10.6</td></tr>
<tr><td>其他</td><td>倒班费
特殊作业费</td><td>三班倒人员
特定作业人员（如高温、高空作业）</td><td>3.4
0.3</td></tr>
<tr><td colspan="3">合计</td><td>100.0</td></tr>
</table>

<table>
<tr><td rowspan="4">标准外工资</td><td rowspan="2">加班费</td><td rowspan="2">早上班、晚下班、假日出勤，按实际工时计算，支付正常工资的 130%</td><td>占全部工资的比例（%）</td></tr>
<tr><td>4.6</td></tr>
<tr><td>夜班津贴费</td><td>晚 10 时至翌晨 5 时夜班，按工时计算，支付正常工资的 30%</td><td>6.1</td></tr>
<tr><td>其他</td><td>临时住厂、外出、参加会议等补助</td><td>1.2</td></tr>
</table>

由上表可见，如果把标准工资作为 100，按资历给予的部分只占 49%。因此，在“年功序列”工资制度下，工人工资收入的一半以上

是活的，它取决于“能力”、“效率”和“成绩”。日本职工每年涨一次工资，既照顾资历，又照顾能力和实际贡献，对职工的积极性是一种经常性的刺激。

三、以企业为单位组织工会

在日本，一个企业的职工，不论什么工种，都参加本企业的工会。他们说，这种办法便于劳资双方沟通情况，易于达成协议。日本罢工事件较少，解决劳资争执，一般不采取停止工作的办法。有些工人认为罢工对企业不利，企业倒闭，大家失业，对自己也不利。有些企业以历来未发生过工人罢工来夸耀。日本人说，欧美工人是按工种参加各产业工会，一个公司的职工分别参加许多产业工会，使企业中劳资关系复杂化，资方要同许多产业工会达成协议，才能解决问题，对企业的经营和发展不利。

“终身雇佣”制度、“年功序列”工资制度和按企业组织工会，被称为日本企业经营的三个“支柱”。这三者相结合，实际上掩饰了阶级矛盾，缓和了劳资关系，使职工的物质利益同企业的命运联系起来，有利于企业获得最大的利润。

四、几种奖赏制度

日本企业每年 6 月和 12 月对全体职工发两次奖金，奖金额取决于经营情况。以丰田汽车公司为例，1978 年的标准月平均工资为 156710 日元，1977 年冬季奖金平均每人 447000 日元，1978 年夏季奖金平均每人 470000 日元，全年奖金大体上相当于六个月的标准工资。公司领导人（总经理、董事、部长等）得的奖金更多。如松下电器公司部长的奖金相当于一般工人的三倍。经营较差的企业，奖金要少得多，有的只相当于一两个月的工资。这种奖金制，把职工的个人物质利益同企业经营成果直接联系起来。

此外，各企业根据职工一定时期的工作表现，还由领导人亲自发一种特殊奖赏（公司的总经理对部长和厂长，部长对课长和职员，厂长对车间主任和工人），一般一年一次。奖赏金额较多，有突出贡献的可以得一辆汽车（100 万日元）。发奖是个别地进行，得奖人彼此不能询问，要相互保密，这是为了避免因有无奖赏和奖赏差别，使一部分人情绪波动，同时给得奖人普遍造成一种上级很重视自己的感觉，使他们更为企业卖力。据说，个别发奖时，领导人以非常亲切和关心的态度，讲一番话，并针对不同人的具体情况，奖赏封袋也有不同的安排。例如，有的职工在封袋里装上新汽车的领取凭证；有的代他入了股，封袋里装上股票；有的则发现金支票；等等。

日本企业还普遍设有合理化建议奖，以鼓励职工关心企业、提各种改进工作的建议。他们在工艺、技术、质量、安全等方面不断改进，精益求精，与采纳有实践经验的职工提出的各种合理化建议大有关系。我们所访问的企业，都有一套接纳、审查、实施和奖励合理化建议的制度。如第二精工舍手表厂，按合理化建议的效果分等打分，共分 8 个等级，最高的 100 分，奖金由 500 日元到 5 万日元。还按照每个职工历年提出的合理化建议的累计数给予奖赏，分四等：一等是“钻石奖”，奖金 5 万日元，奖品价值 15 万日元，发奖状，推荐到海外旅行研修；二等是“金奖”，有奖金、奖品、奖状，到国内其他公司的工厂参观；三等是“银奖”，有奖金和奖品，到协作厂参观，但没有奖状；四等是“铜奖”，只有奖金和奖品。这种办法不仅刺激职工钻研技术和业务，经常提出合理化建议，而且使企业经营和生产的各个环节都能不断改善。

五、企业举办各种福利事业

日本的大公司都支付较大数额的福利费用，如新日铁公司的福利费，占整个劳务费（包括工资、奖金和福利费）的20%左右。我们所访问的各大公司，都有设备完善的医院，医疗保险费的一半由职工出，另一半由公司出，职工看病不另花钱，家属交半费（日本医药费较高，在一般医院看一次感冒，拿些普通药品，就要花两三千日元）。上下班不乘个人汽车的，企业有免费交通车，买月票的，全部报销。有的企业，如新日铁公司八幡制铁所，还采取给商业提供营业用房的办法，使零售商品价格低于城市商店，有些商品低20%；职工个人买地盖房时，企业发低息贷款（一般贷款利息为5%—7%，企业给职工贷款利息为3%）；还为职工提供房租较低的住宅，三间一套、设备很好的公寓住宅（实用面积为68平方米），月租金7000日元，而同样房屋如租市营的，就要花25000—30000日元。此外，各大公司都有很好的俱乐部和体育设备，供职工使用。但是，日本大公司（资本10亿日元以上）和中小企业不仅在工资水平、奖金数额上有很大差别，而且在职工福利上也有很大差别。

六、企业的主要领导人花费大量精力做人的工作，千方百计调整职工内部关系。他们强调有了“人和”，企业才能很好发展

我们所到的很多车间，都挂着“团结一致”、“以和为贵”的标语。厂长经常宣传“劳资利益一致”，模糊职工的阶级意识。各公司还用自己的“社训”和发展的历史，“教育”职工。他们提倡职工自由结社，

除“自主管理”方面的各种小组外，还组织同年会、同学会、同乡会和各种体育俱乐部，并且通过忘年会、迎新会、恳亲会等形式，使职工之间、劳资之间有更多的“对话”机会，以消除“隔阂”和“误会”，促进“人和”。

企业的领导人亲自对职工进行家访，祝贺生日，联络感情，凝聚人心。还在工厂组织花展和美术作品展览，既美化工厂，又给热爱这方面活动的职工以展出的机会。工厂号召职工人人提标语口号，采用者给予张贴。

各企业的领导人，对容易引起职工内部矛盾的事非常敏感，总是采取各种办法加以杜绝。例如，他们一年定期发两次奖金，但不搞职工相互间的评奖活动，他们认为，评奖势必引起职工间的不和。凡涉及职工利益的事，领导人总是及时地、耐心地、反复地加以解释。例如，因不景气要缩减生产，就要把情况告诉职工，并让大家出主意，怎样“渡过难关”。

从上述情况可以看出，日本企业通过一整套制度和复杂的渠道，把职工个人物质利益同企业经营情况交错而又紧密地联系起来，使职工进厂就无法摆脱这种联系的纽带。由于资本主义各公司之间的竞争非常激烈（我们访日期间，11 月 18 日就发生一起因企业倒闭，资本家一家九口人举家自杀的事件（见《朝日新闻》）），各企业的职工都为争取本企业的存在和发展，同时也是为争取自己物质生活水平的提高而拼命干，并且严格保守本企业经营和技术方面的秘密。

日本企业通过上述制度和办法刺激职工的积极性和主动性，是企业经营管理不断改善、国民经济获得迅速发展的重要因素之一。在经济发展的同时，职工的生活水平也有很大提高。

多年来，日本职工每年普遍涨一次工资，发两次奖金，物价也随着上涨。由于日元的单位价值小，买一包香烟要花 150 日元，折合人民币一元多，这就给人们造成一种印象，仿佛日本是高工资高物价，我们是低工资低物价，实际生活水平差距不大。但这是不符合实际的。事实上，职工生活水平及其提高的速度，日本都比我国高得多。

第一，从实际收入的增长来看。日本职工月平均收入（包括工资和奖金），1960 年为 24000 日元，1965 年为 39000 日元，1975 年上升到 170000 日元，1977 年增至 205000 日元；1975 年比 1965 年增长 3 倍多。

而消费者物价指数的变化为：1975 年比 1965 年增长 56%，1977 年比 1975 年增长 18%。十几年来，在收入和物价的轮番上涨中，只有1975年和1977年两年的工资增长率略低于消费者物价指数增长率，其余各年的工资增长率都超过物价上涨率。职工实际收入一般每年可增长 5%—6%。

第二，从食品构成及其开支占职工收入的比重看。1960 年职工家庭的食品开支占收入的比重为 38.8%，1976 年下降到 30.4%。与此同时，高蛋白质食品在食品中的比重又有上升。[1] 日本人的平均寿命也在延长，1977 年男人是 72~69 岁，女人是 77~69 岁，成为世界上平均寿命最长的国家。

第三，从耐用消费品的普及率上看。日本家庭耐用消费品的普及率（持有户与总户数之比）随着实际收入的增长，在逐年提高。汽车：1970 年为 22.1%，1977 年为 48.7% ；彩色电视机：1970 年为 26.3%，1977 年为95.4%；洗衣机：1970 年为91.4%，1977 年为97.8%；电冰箱：1970 年为 89.1%，1977 年为 98.4%。

第四，从居住面积看。1963 年日本全国平均每人居住面积为 10

[1] 按人口平均，每人每天蛋白质摄取量，1965 年为 71.3 克，1975 年上升到 80 克；同期肉（包括鱼）的消费量由 198.3 克上升到 303 克；而同期粮食的消费量则由 418.5 克降至 340 克。

平方米，1973 年增至 13 平方米。

第五，从职工储蓄率看。日本职工的储蓄率，近年来一直保持在收入的 20%左右。虽然日本职工的个人消费不像欧美那样浪费，为购置房产，准备子女升大学，必须储蓄，但在收入中有这样高的比例用于储蓄，毕竟表示收入水平较高。

第六，从缩短劳动天数看。日本的大公司已普遍实行五日工作周制，每周休息两天。有些中小企业每周休息一天或一天半。每年工资照付的假日共 148 天（包括 52 个星期日，52 个星期六，17 个法定假日，20 天休假，7 天暑假），工作日只有 217 天，平均每月工作 18 天。一般还是 8 小时的工作制。

日本职工的平均货币收入比中国高 25 倍。大米、猪肉、房租比中国贵十倍左右，衣着比中国贵五六倍，豆油和鸡蛋比中国稍贵一点，化纤、电器、照明电费等都比中国要低。[1] 日本职工买一辆汽车（100 万日元），按平均收入 20%积蓄，每月 40000 日元，需两年零一个月。我国职工买一辆自行车，平均工资 60 元，按 10%积蓄，每月 6 元，也需两年多。从这个意义上比较，我国职工买一辆自行车和日本职工买一辆汽车差不多。但日本大学学费[2]、医药费、房租都比较

[1] 日本市场一等精米的零售价格，折合人民币（按 1978 年 11 月汇价，下同）每市斤两元一角，精粉每市斤七角，一等猪肉每市斤七元八角，一等牛肉每市斤三十元四角，白菜每市斤六角五分，精制砂糖每市斤一元一角二分，一等鸡蛋每市斤一元二角，精制豆油每市斤一元，照明用电每度一角五分。10 斤精米加 20 斤精粉的价格，只占日本职工月平均收入的 4.3%；而在我国则占职工月平均工资的 10%以上。

[2] 日本大学生一年的学费约 180 万日元，医科大学生高达 280 万日元，一般职工供不起子女上大学。因此，许多大学生半工半读，利用业余时间和假日做工挣钱交学费。

高，个人收入还要交所得税[1]。同时，失业职工生活困难，失业头半年企业发80%的工资，半年后每月只能领到政府救济费45000日元，一人最低伙食费一个月就要15000日元。

1965年日本失业者39万人，占有就业要求人口的0.8%；1970年上升到59万人，占1.2%；1975年增至100万人，占1.9%；1978年达到125万人，占2.2%。这种趋势是资本主义制度决定的，尽管有“终身雇佣”制度，也还不能解决，因为有倒闭的企业，有大量缩减生产规模的企业。1973年以来，随着不景气的发展，这种趋势也在加剧。

但从总的职工生活水平看，由于实际收入的增长，衣食住行都已达到相当现代化、相当富裕的程度。实际收入的增长，不仅缓和了阶级矛盾，而且不断提高国内市场的购买力，成为日本经济发展的一个经常的、稳定的刺激力量。

[1] 日本1970年的工资税率是：年收入在100万日元以下者免征，100万日元者为3.1%，200万日元者为5.4%，300万日元者为9.9%，500万日元者为17.2%，1000万日元者为30.9%。

附件五：

日本政府在经济发展中的作用

我们这次在日本考察中发现，日本政府对经济的“高度成长”和渡过 1973 年石油危机的难关，都起了十分重要的作用。政府除了实行经济立法外，还通过国家银行和政府掌握的资本，运用投资、利率、税率、价格等经济手段来干预和调节国民经济。

政府通过经济立法，引导经济有重点地发展。日本政府为了缓和企业生产有计划和社会生产无政府状态之间的矛盾，也在一定程度上实行有计划的指导。他们的计划是以立法的形式出现的，包括主要发展目标、达成目标的基本政策和方针、经济增长速度、国民所得的增长速度等。多数为期五年，个别为期十年。从 1955 年到 1976 年，他们一共提出过八次计划立法，其中除与 1973 年石油危机时期相联系的两次计划没有完成外，其余的各次计划，都提前实现了，因而又多次提出新的计划。在这些计划中，最引人注目的是 1960 年 12 月池田内阁采纳著名经济学家下村治的建议，提出的“国民所得倍增计划”。计划期限是 1961 年到 1970 年，主要目标是“国民所得”提高一倍，国民生活水平显著提高，充分就业，实现经济的高度增长。具体要求是：增加社会资本；改进产业部门结构，使基础工业和关键性工业得到优先发展；发展贸易和国际经济合作；提高人的“能力”和发展科学技术；大型企业要同中小型企业建立协作关系，共同发展，确保社会安定。这些目标，在不同程度上都实现了。经济增长率计划为7.2%，实际达到10.9%，其中基础工业计划为10.5%，实际达到13.8%，“国民所得”四年就增长了一倍，职工实际生活水平有显著提高。池田内阁的这个计划，是接受了战后英国工党政府实行“勒紧裤带，恢复经济”的办法遭到失败的教训而提出来的，对群众很有吸引力，使大家从切身的物质利益上对实现计划产生兴趣，所以取得了很大的成功。至今日本经济界人士和职工对这个计划还津津乐道。日本经济的高速度发展和职工生活的大幅度提高，主要是在这个时期实现的。

日本的这种经验，是很值得我们认真思考的。

日本的经验证明，高速度、高工资、高消费、高积累是相互促进的。例如，1976年比1958年国民生产总值和国民收入都增长14倍多。1971年到1975年的平均积累率（积累与国民生产总值之比）达36%，大大高于美国（18.2%）、法国（25.4%）、联邦德国（25%）同期的积累水平。日本的投资占国民生产总值的比例，相当于美国同期的两倍。个人收入的增长速度，1977年比1960年增长了7倍多，实际收入大致每年增长5%—6%。经济的高速度发展，可以带来高积累、高收入，而高工资、高消费又可以导致高积累，因为，一方面，高工资、高消费使国内市场扩大，刺激生产力发展；另一方面，在工资增长高于物价上升的情况下，高工资也大大提高了个人储蓄率。日本职工平均储蓄率占收入的20%，通过银行转为投资，这种高积累又导致高速度。反过来说，高消费也正是高生产的结果。像日本这样国土狭小、资源贫乏的国家，将近70%的产品还是依靠国内市场的，如果没有国内高度的消费水平，这样大规模的生产和这样高的发展速度是根本不可能的。

由于日本实行资本主义制度，资本主义企业是建立在自由竞争的基础上的，计划对于私人企业不具有指令性、强制性，但由于政府在制定计划时，要邀请大企业的代表参加协商，计划在相当程度上反映了资本家的利益，所以政府计划能够在一定程度上起指导发展方向的作用。政府为了保证计划目标的实现，还制定相应的经济法令和经济政策。

就经济法令来说，比较重要的有：1956 年的《工业振兴临时措施法》，1960 年的《贸易汇兑自由化计划大纲》，1963 年的《特定工业临时措施法》和《中小型企业现代化促进法》，1967 年的《公害对策基本法》，1971 年的《特定电子工业和特定机械工业临时措施法》，等等。这些经济立法，促进了基础工业的改造和石油化工、电机、电子、汽车等新兴工业的发展，对于建立一个以重工业和石油化学工业为基础的现代工业体系起了重要的推动作用。

就经济政策来说，主要是根据不同时期经济发展的目标和需要解决的课题，制定相应的产业投资政策、利率政策、税收政策、进出口政策、劳动工资政策、消费政策和价格政策等等。

日本政府通过国家投资，诱导民间投资，来保证计划目标的实现。政府通过财政支出，每年进行固定资产的投资。政府投资约占财政总支出的 30%。政府资本支出除了一部分投入国家金融机关，为私人和国有企业提供贷款以外，另一部分直接投入国有和半国有企业。政府的大部分投资用于修建公路、铁路、港湾、码头、供电和供水等公用事业，来促进工业的合理布局。最突出的是填海造地，开辟新的工业基地。随着工业的迅速发展，工厂用地不断增加，要求从填海造地上找出路。如鹿岛工业区的建设，日本中央政府和地方政府直接投资 4000 亿日元，引导民间投资 15000 亿日元，从 1968 年开始建设，短短十年时间，就建设成为一个包括钢铁、炼油、石油化工、发电的综合现代化工业基地。政府不但向私人企业提供廉价的工厂用地，更重要的是通过填海造地有计划地全面规划工业区，符合国家计划的项目就允许购地建设，否则就得不到建设用地。

日本政府还通过银行贷款控制投资方向。日本私人企业的投资依靠自有资金的比重是逐年减少的，而依靠借入资金的比重越来越大。近几年来日本私人企业的自有资金只占总资金的15%左右。日本政府通过国家银行对各个财团所属的商业银行规定贷款总额，并实行所谓"窗口指导"[1]，以鼓励或者限制对某种行业的投资。国家要求发展的行业，就可以得到大量贷款，而不符合国家需要的行业就得不到贷款。这样，既可以限制某些行业的盲目发展，又利于集中使用投资。石油危机以来，经济不景气，工业投资不振，银行又把贷款的对象，由企业转向群众。如对个人购买家用电器、钢琴、住宅等，实行分期付款，还有资助上大学的教育贷款等等，以促进个人消费来扩大生产。

日本银行贷款的利率，是由国家统一规定的。对产业投资，一般实行低利率政策。对要求迅速发展的产业部门，采取特别利率，如对电力工业、电子工业、石油化学工业、特定机械工业，贷款利率多年来一直压低为6.5%，而一般的放款利率，则为8.2%—8.7%。为了推动工业的专业化和协作，给中小型企业大量低利率贷款，帮助这些企业更新设备，改革技术，提高管理水平，加速实现现代化。在发展时期，他们把利率降低，大量放款，鼓励投资；在石油危机时期，则把利率提高，收缩信贷，进行调节。日本政府为了促进工业的发展，多年来采取比一般资本主义国家税率低的政策。根据1972年的资料，

[1] 指银行在向企业发放贷款时，根据政府的意图对企业的投资方向进行指导。

日本企业所缴的税款，只占国民生产总值的21.2%，而美国、英国、法国、联邦德国等国家则占28%—36%。这一方面是由于日本宪法限制了军事开支，另一方面则是为了刺激企业发展生产而采取了许多减免税收的措施。如准许把企业借入资本的利息，在计算企业的税收时作特别的扣除，从而企业就少缴一大笔所得税；还规定重要工业部门购买特定的机器设备时，所用资金，可从利润中扣除，无须纳税，以促进企业的设备更新和技术改造；出口收入在计税时也作特别的扣除，出口贸易中所受损失的准备金也不计税，等等，以鼓励出口。据日本大藏省的统计，1974年日本大企业的纳税减轻率为42.9%，小企业的纳税减轻率为4.5%。这些情况表明，日本政府在税收政策上是尽一切努力为大企业服务的，而得益最大的是日本政府要求迅速发展的“关键”工业部门。

在税收的分配上，日本政府注意兼顾国家和地方的利益，发挥地方的积极性，使地方政府关心企业的发展。如丰田汽车公司每年拿出利润的45%交税，其中60%归中央政府，20%归丰田公司所在的爱知县，20%归爱知县所属的丰田市。因而丰田市对丰田公司的发展十分关心，在社会服务方面做了大量工作。

日本政府还通过对物价的控制保证经济增长。日本的物价1972年以前是比较平稳的，但从1973年开始，通货膨胀加剧了，物价不断上涨。为此，日本政府曾通过《稳定人民生活的紧急措施法》，企图控制物价，实际上这个紧急措施法并没有也不可能严格实施。在这种情况下，为了使企业保持一定利润，人民生活又有所提高，日本政府采取有控制地提高物价的措施，使物价上涨不超过工资的增长，以利于经济的发展。

日本政府为了推动工业的现代化，还采用一种所谓“行政指导”（或称“行政指引”）的方法，作为补充手段。这个方法，被资产阶级经济学家称作是“温情主义的”。因为这种指导是采取从旁劝告、说服的方法，而不是从上而下地发号施令。“行政指导”所起的最重要的作用，是调整重要工业部门的投资比例，当发现某个工业部门投资过多，就“劝说”这个部门的企业减少和停止投资，降低开工率，防止生产过剩。还通过“劝说”调节过分激烈的竞争。例如，1966 年到 1970 年日本六大钢铁公司竞相扩大投资，竞争激烈，通产省就出面建议八幡、富士两家最大的公司合并，终于成立了新日铁公司。当发现有些工业部门可以扩大投资时，则及时给以各种便利。例如，为了发展电子计算机，同美国竞争，从 1971 年到 1976 年间，政府给三个最大的电子工业集团两亿多美元的“补助金”，使日本生产的电子计算机的某些产品很快地赶上了美国。

日本和我国在社会经济制度上是根本不同的，但是，日本政府通过经济立法，采取各种经济手段，来保证经济计划的实现的许多具体做法，则是值得我们借鉴的。

附件六：

赴日考察的简要过程、感受和今后工作的建议

一、考察的简要过程和情况

我们这次考察，是正当邓小平同志成功地访问日本后，处于日中友好的热潮中。日本方面对我们这样一个大型经济代表团访问很重视，接待的规格较高。日本政府有关部门和经济界头面人物出面接待。日中经济协会、经团联负责人，通产省、企划厅、外务省、国土厅的大臣都热情友好地欢迎，表示要全力协助代表团访问成功。他们认为，这次访问是继邓副总理访日后，中日经济界的一件大事。日本报刊、电视台多次报道代表团活动，说“由于中国经委代表团访日，日中经济关系从质的方面进一步扩大了交流”。

日本的经济界、政府有关部门、学术研究机关，特别是日中经济协会，为我们这次访问做了大量的准备工作，进行了周密的安排，给予热心的帮助。我们所到之处，都是领导人亲自出面，为我们详细介绍情况，有的给我们准备了专门的中文资料和幻灯片，耐心地进行讲解。提出的问题基本上做到了有问必答，一时答不清楚的马上弄清再

回答，并赠送了我们不少资料。我们深深感到，日本朋友把我们的考察，不单纯看作业务技术的考察，更看作日中友好的交往，是两国人民深厚友谊的体现。

这次到日本考察，为了搞得深入一些，出发前集中了一段时间，阅读日本有关工业企业管理的资料，拟定了考察提纲，并将我们要重点了解的问题，提前告诉接待单位。做法上大体分三个阶段：

第一阶段，是请日本通产省、国土厅等政府有关部门，日本科学技术联盟、日本规格协会、日本生产性本部、日本能率协会等有关团体，以及日本经济方面的著名教授石川馨、水野滋、金森久雄等学者，给我们全面介绍日本经济高速成长的背景、原因和现状，使我们对日本经济发展、工业企业管理有一个概貌的了解，有一个总的印象。

第二阶段，是重点考察，分三个小组深入到新日铁公司、小松机械制造公司、丰田汽车公司、松下电器公司和东芝电气公司及其所属工厂，着重了解日本钢铁、机械、电子电器行业的质量管理、技术培训、管理体制和工资奖励制度等问题。还参观了原子能发电站和一些中小企业，这一段花了近 20 天时间。同时，也抽时间看了一点农户、商店、学校、港口、商社、研究机关，访问了几个工业城市（大阪、九州、神户、丰田、鹿岛等），访问了几处居民住宅区。

第三阶段，回到东京，同日本有关团体、教授和考察过的重点企业的领导人，进行总结、交流，对一些未弄清的问题进行座谈讨论。

我们觉得，这样先了解一些总的情况，然后深入到工厂考察，再座谈总结，方法比较好。自始至终以企业管理为重点，收获是大的。开阔了眼界，了解到不少新的情况，学到了不少东西。考察过程中，日本经济界各方面人员那种认真求实的精神、兢兢业业的工作态度，以及讲究工作效率、严格的时间观念、周到的服务工作，都给我们留下了深刻的印象。

在考察过程中，我们注意到日本政府有关部门和经济界领导人一再表示，热诚希望和中国扩大经济合作、技术交流，希望多做点生意，希望对中国四个现代化作出贡献。这一方面是由于当前日本正处于经济不景气时期，特别是钢铁、纺织、造船等工业都开工不足，想找市场，找出路；另一方面，绝大多数友好人士也希望中国强大，加快实现四个现代化，使亚洲和世界局势稳定。正如有的日本朋友说，如果世界不安定，资源断绝，日本就很难生存下去。出于这两方面原因，他们对我基本态度是热心的。同时，日本经济界也有担心。日中经济协会领导人多次向我代表团领导表示，他们分析中美很快将要建交，中美贸易将有大的发展，日本在技术方面有些还竞争不过美国，这对日本今后经济发展是个威胁，希望中国优先照顾老朋友，多给一点做生意的机会。再一个担心是中国能否保持安定团结，日本朋友多次探询，会不会出问题，怕又搞什么运动，出现动荡，影响中日经济合作的前景。这些问题，我们都明确作了答复，请他们放心。从这些反映中，我们更加认识到长期保持安定团结的极端重要性，这不仅是国内人心所向，也是外国朋友十分关心的问题。

我们这次重点是考察工业企业管理，在座谈讨论中，日本朋友对管理技术的重要性及其在日本经济高速度发展中的作用，反复作了说明，我们听了很受启发。日本战后生活困难，生产技术上远远落后于美国，管理上也是旧式、落后的。他们讲，当时日本的企业管理，也是靠公司自上而下的行政命令和号召，层层照转照传，他们称之为“精神管理”、“鞭策管理”、“隧道命令”。从总经理到职工，没有搞质量管理教育，不懂得怎样进行质量管理，缺乏一套科学的管理办法。

这种状况与我国今天的情况有些类似。

50 年代，日本开始注意改进管理，导入美国的管理技术，请美国人讲学，培训骨干，制定日本工业标准，先后建立和恢复日本科技联盟、规格协会、能率协会、生产性本部和各种出口产品检验机构。这个时期，开始采用科学的管理方法，但还不普及，处于打基础阶段。60 年代开始，日本总结了经验，在大量引进国外先进技术和采用电子计算机的同时，各企业普遍导入了美国现代化的管理方法（包括质量管理的统计学方法、工程能力管理等），并结合日本具体情况加以活用，强调人的能力开发和经营管理的重要作用，强调发挥人的积极性，把过去靠少数专家、技术人员自上而下进行的质量管理，改造为企业领导人、管理人员和工人都掌握的质量管理，并以提高质量为中心，带动开发设计、制造、销售、技术服务等一系列管理工作，带动新产品试制、原材料节约和成本的降低。进入 70 年代，随着计算机的大量采用，日本管理水平有了新的发展。许多大公司，从产品设计、制定计划、生产指挥、计算成本到产品销售、售后服务，普遍用计算机进行管理，大大提高了工作效率和工作质量。1973 年石油危机后，日本在解决能源困难、外汇短缺、通货膨胀等问题中，仍能保持较快的发展速度，管理水平的提高起了重要作用。经过 20 多年努力，昔日低质量的东洋货已变为具有世界水平的高质量产品。汽车、电视机、电器用具、电子设备在世界上有很强的竞争力。特别是 60 年代以来，经济增长率平均每年为 11.1%，大体每五年国民生产总值增长一倍。据介绍，1978 年日本国民生产总值可达 1 万亿美元（加上日元升值因素），按人口平均约为 1 万美元，已接近美国。企业人员平均月收入（包括工资和奖金）为 206500 日元，大多数企业实行每周五天工作制；人民生活逐年提高，储蓄率约为 20%；文化程度大大提高，初中入学率为 100%，高中为93%，大学为40%；环境污染减少，城市、工厂绿化很好；人的平均寿命由40多岁提高到70多岁，整个日本经济面貌起了很大变化。因此，日本人把引进先进技术装备和先进管理方法，称为经济高度成长的两个车轮，缺一不可。认为管理是一门科学，也是一种技术，没有先进的管理技术，就没有经济的高速度发展。他们把管理技术叫做“软件”，把管理、科学、技术称为现代文明的三鼎足，把人的能力的开发、管理技能的发展，看作是当代最迫切的问题。现在，日本的管理水平已引起国际上的注意，美国、英国、墨西哥、巴西、瑞典、丹麦、荷兰等国家，都派人到日本了解企业管理方面的经验。

考察了日本的企业管理后，我们深深感到，与工业先进国家相比，我国在管理上的落后，比之技术上的落后更加突出，引进先进管理技术比引进先进装备更为迫切。在林彪、“四人帮”的干扰破坏下，我们长期以来对外国的先进技术不能学，对外国的管理经验更不敢碰，造成对国外管理状况的闭塞、无知。在他们的影响下，人们往往只强调管理的阶级性，而看不到科学管理方法对组织现代化大生产所具有的普遍意义。现在，这种片面观念到了彻底打破的时候了。我们有些企业，厂房、设备并不比日本差，问题是管理上差距太大。而先进管理方法的引进，既不必买专利，又花不了多少钱，所起的作用却是很大的。如果我们实行引进先进设备和引进先进管理方法同时并举的方针，肯定可以大大加快现代化的步伐。

一些多次到过中国的日本老朋友（如石川馨教授、河合良一社长），在座谈中，对我国的企业管理坦率地提出了看法和意见。他们认为：第一，中国的精神管理多，科学管理少，口号喊得多，实际做得少。第二，日本公司经理、厂长有明确的权限，可以放手做工作，而中国工业管理部门和工厂权限不清，关系暧昧，在中国的工厂不知谁是“经营者”。第三，中国对厂长、车间主任等生产现场指挥人员不重视科学管理的教育。第四，中国在引进大量先进设备的同时，如果不引进先进的管理技术，会影响效率的发挥，出不了好产品。中国现有设备如果很好地管理，就可以提高生产50%。第五，希望中国尽快建立推动质量管理的机构，建立全国统一的质量标准和标识，有统一的质量管理语言。第六，日本引进美国管理技术，照抄的就失败，结合日本实际、取其精华的就成功，希望中国参考日本经验，制定出适合中国情况的科学管理办法。这些意见，我们认为是中肯的，需要认真研究。

二、几点感受和今后工作的建议

这次到日本重点看了工业，也看了其他一些行业，听了日本战后经济恢复和60年代经济高速度发展的介绍，联系我国情况，有以下几点感受：

第一，看了日本后，对我国加快实现四个现代化，更加增强了信心。日本陆地面积只有37万平方公里，一亿多人口，主要资源都靠进口，战争中破坏严重，是在废墟上进行建设的。从战后恢复，50年代打基础，到60年代开始经济高速度发展，只用了20年左右时间，就建设成为一个仅次于美苏的经济大国。我们国家960万平方公里，地大物博，资源丰富，有九亿勤劳智慧的人民，有优越的社会主义制度，日本能办到的，我们同样能办到。我们是大有希望的。但是也要看到，我国的经济基础还很薄弱，管理水平与技术水平同工业发达的国家相比，还有很大的差距，实现四个现代化的宏伟目标，确实要花费很大的力气。

就企业管理来说，日本企业发展的动力是利润，为达到这个目的，资本家采取各种方法，使工人的利益和企业的利益紧紧拴在一起，刺激了工人的积极性。他们群众性的生产活动搞得比较活跃，比较扎实。他们的厂长、管理者，对技术业务很熟悉，经常穿着工作服深入现场，随时掌握生产情况，工作上兢兢业业。他们不仅抓当前生产，还有长远规划，下功夫创制新产品；鼓励工人为工厂提合理化建议，改进产品质量；重视技术教育和训练，不断提高工人技术水平。我们社会主义生产的目的，是为了满足人民日益增长的物质和文化的需要。我们有群众路线、群众运动的老传统，国家、工厂和劳动者的根本利益是完全一致的。但是我们还必须下苦功夫学习和掌握一套科学的管理办法，把生产上的群众运动搞得扎扎实实，经过艰苦的努力，在管理上是应该而且完全能够赶上去的。

第二，学习外国必须联系自己的实际。日本人善于学习，不保守，一切国家的先进东西他们都学。但是，他们强调联系日本的国情，认真消化，有所创造，这一点是很突出的。质量管理的统计学方法，产品无缺点运动等，都是从美国引进的，但是日本使它适合于自己民族的特点，组织了工人质量管理小组、各种小集体活动、全国质量大会、消费者大会等，给美国学来的经验赋予新的内容。他们引进先进技术装备和购买专利同样如此，从外国买来，研究发展，然后再作为日本专利卖出去，从而积累了技术经验和大量资金。日本人在学习中有钻研、苦干精神，反对说空话，反对浪费时间。他们取得成绩不自满，至今公司经理、领导干部和学者，一年还几次出国，学外国的先进东西，找自己的不足。我们这次出去，深感管理方面的闭塞十分严重，人家搞了一二十年的管理办法，我们听了还是新鲜事情。今后确实需要多看多学，开阔眼界，不使思想僵化，利用他们的先进经验，缩短我们从头摸索的时间。学习中一定要联系我们的实际，不能丢了自己的特点和长处，过去照抄照搬苏联吃过苦头，教训是深刻的。

第三，日本政府对经济的“计划指导”起了一定的作用，企业的计划很严密、很科学。资本主义国家就整个社会生产来说是无政府的，靠价值规律调节生产。但是，日本政府从60年代开始，连续制定了几个长期计划，如1960年12月的国民所得倍增计划，1965年1月的中期经济计划，1967年3月的经济社会发展计划，1970年3月的新经济社会发展计划等。这些计划虽然没有强制性，但他们通过税收、贷款、利率等经济手段，对引导日本经济在每个时期有重点地发展，起了相当大的作用。就一个公司、工厂来说，计划性就更强了，企业不仅有长期的发展规划，年度、月度生产销售计划，而且有按小时、分秒计算的日作业计划（丰田平均不到一分钟生产一辆汽车，累计产量在荧光屏上按秒显示出来）。高度的计划性，是日本企业生产效率高、库存少、资金周转快的重要原因。至于生产的秩序，各类人员的责任制，职工的组织性、纪律性，都是比较突出的。我们是社会主义计划经济，职工是企业的主人，本来在这些方面，具有资本主义不可比拟的优越性，可是在“四人帮”干扰下，计划经济遭到严重破坏，企业不能讲加强管理，不能讲文明生产，职工组织纪律性涣散，某些方面反倒不如资本主义。在消除“四人帮”影响过程中，应该借鉴资本主义企业科学的计划和管理方法，更充分发挥社会主义制度的优越性。

第四，要正确处理消费和积累的关系。像日本这样的资本主义国家，他们自称为“消费社会”。其实，它首先是个生产社会，不生产哪来的消费。我们看到的日本，是高速度、高积累、高工资、高消费。战后日本人生活很苦，50年代生活提高不快。60年代初期，池田内阁提出了从1961年到1970年的“国民所得倍增计划”，这个计划调动了国民的积极性，实施结果是到1967年就实现了所得倍增的目标，国民生活水平大大提高。高速度、高积累带来高收入、高消费，高收入、高消费又反过来刺激了日本经济的高度成长，成为螺旋式的循环上升。相反，英国人战后发展经济的口号是“勒紧裤带，恢复经济”，结果造成国内市场购买力不足，群众反对，计划遭到失败。这个对比对我们很有启发。生产是消费的基础，我们应该强调在提高生产的基础上改善生活；但另一方面，不能只看到要增加积累，而忽视人民消费，这两者应该是对立的统一。在安排积累和消费的比例时，在保证扩大再生产的条件下，要考虑不断增加人民收入，提高消费水平，给人民以看得见的物质利益。这样当年的积累也许少了一点，但由于人们积极性的提高，消费增长对生产的促进，最终的积累不但不会减少，反而会大大增加。

第五，要重视发展服务行业。随着工业化程度的提高，农业、工业、服务行业的比例要发生很大的变化。以日本的社会结构（指就业者在各产业的分布）为例，1960年第一次产业（农业、林业、水产）占30.2%，第二次产业（工业）占28%，第三次产业（服务行业，包括文教、科学、银行、运输、商业服务等）占41.8%。到1975年，第一次产业下降到12.7%，第二次产业增加到35.2%，第三次产业猛增到52.1%。现在日本服务行业比重更大了，工作人员的绝大部分是高中毕业生或大学生，工资待遇和其他行业基本一样。哪里有工业，哪里有城镇，哪里有游览区，哪里就有繁荣、周到的服务行业。这既是社会分工发展的必然趋势，又解决了大量人口的就业问题，国家从服务行业取得的收入也是相当可观的。我们在实现四个现代化过程中，社会结构也会发生类似的变化，但是现在的服务行业与社会生产的发展很不适应，这同服务行业的待遇过低有关。在这方面采取正确的政策，大力发展服务行业，将有助于解决就业问题，有利于工厂集中精力搞好生产，有利于加快资金积累和现代化的步伐。

在考察中，我们同时也了解到，资本主义制度的固有矛盾给日本经济带来了不稳定性。日本经济的发展是畸形的、脆弱的，资源绝大部分靠外国，经受不起冲击。1973 年的石油危机，给日本很大打击，1974 年国民经济没有增长，到现在还处于不景气时期。造船、纤维等行业开工率只有 40%—50%，钢铁工业开工率只有 70%左右。日本五大钢铁公司 1978 年减产 30%，九大商社中，有七大商社销售额下降。随之而来的是失业率上升。1965 年日本失业人口为 39 万人，占有就业要求人口的 0.8% ；1970 年为 59 万人，占 1.2% ；1975 年上升到 100 万人，占 1.9% ；1978 年又上升到 125 万人，占 2.2%。这种趋势还在发展。1978 年日本大学毕业生就业考试录取的只占 51%，有近一半人不能按大学毕业生待遇找到工作。在激烈竞争中，不少中小企业倒闭，1976 年、1977 年两年，日本全国发生企业倒闭共 34000 起，负债金额达 50000 亿日元，仅纺织业就有 72 家公司关门。我们在日本期间，《朝日新闻》于 1978 年 11 月 19 日登载了枥木县佐野市一个出售粮谷、燃料的资本家，因负债七亿日元破产，走投无路，全家九口（其中七个妇女和小孩，有两个妇女怀孕）集体自杀。这样的惨剧在日本是常有发生的。男女同工不同酬也是普遍的现象，企业中重要技术工作一般都不让妇女干，同样大学或高中毕业，妇女比男职工的月工资要低一万日元。至于社会生活的浪费和腐化堕落，更是非常突出。这些情况，使我们从另一个侧面看到资本主义制度的腐朽性，这也是生产的社会性和生产资料私人占有之间矛盾的表现。

当前我国正处在新的大转变时期。党中央提出，从 1979 年 1 月开始，全党工作的着重点要转到社会主义现代化建设上来。

新的形势要求大大提高管理水平。参照日本的管理经验，为了在我国企业中推行科学的管理方法，改进我国企业管理工作，我们感到，需要在体制上（包括计划、财政、物资、劳动工资体制和企业领导体制）来个大的改革，使企业真正有职有权，放开手脚，真正用经济的办法管理经济，从各方面为企业全力抓好生产创造必要条件。同时，又不能等待，能办的事马上办，能改的就先改，要积极行动起来。我们考虑，在两年内要打好基础，着重抓以下几项工作：

1. 认真抓好试点。拟先选少数有基础的工厂，先走一步，进行改革企业管理的试点。包括推行质量管理的统计学方法，建立工人质量管理小组，严格生产中产品检验，使产品质量达到国内或国际先进水平，并以质量管理为中心，带动新产品试制、成本、安全、原材料、环境保护等各项管理工作。试点厂拟分别与日本有关工厂挂钩对口，组织定期互访，进行管理技术的合作和交流。为取得试点经验，对试点厂要创造正常生产的必要条件。从工厂讲，领导班子要配强，基础工作、劳动纪律、厂容卫生要经过整顿。从外部讲要帮助，包括国内外专家帮助，对口厂交流，协作厂配套，原材料、燃料、动力保证供应。上面要大力支持，有专人负责，有问题及时解决，并保证工厂领导干部5／6以上时间抓生产。1979年要总结出试点厂如何全力抓生产和改革企业管理、质量管理的经验。

2. 抓好面上工作。普遍进行宣传教育，培训骨干。着手编印日本有关企业管理、质量管理的讲义、教材、手册和书籍，作为对干部、工人进行教育的参考材料。尽快整顿和建立全国产品质量标准，把部颁标准、地区标准与全国标准统一起来。同时，从现有情况出发，狠抓企业的基础工作，包括建立健全作业标准、原始记录和必要的测试手段，加强工人的基本功训练，为1980年普遍推广科学管理方法打好基础。

3. 下决心训练企业厂长。1979年开始进行轮训，包括国内办训练班、有计划地分批到国外短期学习，以提高企业主要领导人的管理能力。要认真进行工人和干部的技术培训。结合日本经验，在人力开发上要舍得花钱、花工夫、花力气。要特别注意新工人入厂教育和工段长、班组长训练。企业要逐步建立必要的技术培训中心和轮训制度，并和现场培训结合起来。

4. 改进“质量月”活动。去年9月我国开展的“质量月”活动，在引起人们重视、改进质量上取得了效果。参考日本“质量月”的经验，这一活动一定要持之以恒，并把日常的质量管理工作和“质量月”衔接起来，使“质量月”成为全年质量管理活动的高潮，进行总检查。为此，我们考虑从1979年1月起，要抓好几件事：一是国家经委要提出全年质量的要求和方针，各地和企业要制定改进产品质量的具体规划，包括什么时候达到国内外先进水平、恢复那些名牌产品等，并组织实施。二是五六月份以工厂为主进行质量年中检查，检查计划达成情况，采取进一步措施。要注重实效，防止形式主义，不再搞那种大轰大嗡的千人、万人大检查。三是在“质量月”中着重进行质量管理成果交流，开会人不宜多，时间不宜长，由厂长或工人组长介绍改进质量管理的经验、效果。四是设立全国质量奖、地区和企业质量奖，表彰在改进质量上有优异成绩的单位、个人和优秀著作，并在报上公布。

5. 加强企业管理经验的国际交流，把眼界再打开一些。1979年日中双方拟互派以厂长为主的考察团访问，并互相派人参加对方“质量月”活动。打算有计划地从国外请顾问和企业管理专家来我国讲学，必要时到一些企业进行指导、帮助。

6.成立中国企业管理协会[1]。主要任务是出版有关企业管理的书刊；收集有关情报资料，研究国内外企业管理的制度、技术方法和经验；协助有关部门交流、推广企业管理经验；组织有学者、教授参加的专家团，帮助企业运用统计学方法改进质量管理，举办各种管理讲座，培训企业的管理干部；出席国际会议，进行国际交流；等等。经费来源，实行企业会员交费，刊物、讲座收费，逐步做到企业化。

通过以上工作，我们想在1980年，使我国企业管理、质量管理有一个较大的提高，逐步走上轨道。

[1] 中国企业管理协会成立于1979年3月，是以企业为主体，有专家、学者、新闻工作者参加的，为推进企业改革和发展，提高企业经营管理水平，沟通企业与政府联系的全国性群众团体。它的宗旨是坚持面向企业，为企业服务，为企业提供专业培训、管理咨询、企业信息、科研成果转化等项智力服务，出版管理书籍、报刊，组织企业开展国际交流，以推进企业管理现代化和生产技术现代化，探索和建立有中国特色的社会主义企业管理体系为主要任务。中国企业管理协会和中国企业家协会在各地的分支，已遍布所有省、自治区、直辖市和数百个工业城市；其成员包括国内各种行业和各种经济成分的企业。中国企业管理协会和中国企业家协会还是我国参加国际劳工组织活动的三方代表之一，与我国政府代表、工会代表一起参与有关活动。

与石川馨、河合良一先生的谈话*

（1979年3月28日）

非常高兴再次会见石川馨教授和河合良一先生。三个月前，我同邓力群、马洪等许多中国经济学家参加的国家经济委员会访日代表团访问了贵国，受到了日本各界的热情接待。我们同日本政府有关官员，同日本的一些著名的民间经济团体，如日中经济协会、日本生产性本部、日本科技联盟等社团组织负责人进行了广泛的交流，受益匪浅。对日本的一些民间团体在促进企业改善管理方面的作用，留下了深刻印象。我和代表团的同事们认为，日本战后经济之所以得到高速发展，原因固然是多方面的，但其中最重要的、正像一些日本朋友所讲的，是得益于科学技术和经营管理。而在推动科技进步和科学管理方面，民间团体发挥了积极的作用。各种协会的活动对帮助日本企业改善经营管理、推动经济发展很有成效。最近，我们结合中国的实际，联合此次访日代表团中的企业家、经济管理专家和有关方面人士，成立了一个旨在推动企业改革、完善企业管理的民间性质的组织——中国企业管理协会。大家推选我为会长，邓力群同志为协会的

* 1979年3月，日本质量专家石川馨和日本小松公司总经理河合良一一行访问中国。这是袁宝华同志会见时的讲话。

顾问，马洪同志等为协会副会长，张彦宁[1]同志为协会秘书长。中国企协联合了一批热心于企业改革工作的积极分子。

去年石川馨先生像讲故事一样，给我们讲日本在抓质量管理方面有一批积极分子经常大喊大叫，到处宣传质量管理。现在中国也有了这样一批抓企业管理的积极分子，我们中国企业管理协会的成立就是以这一批人为骨干。我们的这个队伍还在不断扩大。现在每天都有一批信件寄到中国企协秘书处，要求参加中国企协。许多省、自治区、直辖市，一些工业城市和一些行业及企业也都要求参加中国企协或成立组织。大家热情很高，预计很快会有一批地方的、行业的或企业的企协组织成立起来。我们已经酝酿多时，准备还要成立一个质量管理协会，由正在北京内燃机总厂帮助抓质量管理工作的刘源张[2]教授负责筹备工作。他是这方面的积极分子。物资管理方面也打算成立一个协会。把各方面的力量集中起来，把大家的积极性调动起来，集思广益，共同来推动管理现代化的工作，只要齐心协力，事情就好办多了。

为改善企业经营管理工作，最近由中国企协和国家经委联合举办的企业管理研究班开始授课。也就是说，中国企协成立之日，即是这个研究班举行开学典礼之时。第一期研究班有 111 名学员参加，学员主要是部分大中型企业的厂长（经理），省、自治区、直辖市和工业城市的经委主任，以及来自国务院所属部门主管工业生产的负责人。我们打算，第二期由中国企协与中国工会组织——中华全国总工会一起来办。把训练企业工会主席的工作也纳入企业管理研究班，这是中

[1] 曾任国家经委副主任，国家经贸委副主任，中国企业联合会常务副会长兼理事长。

[2] 我国著名质量管理专家，中国科学院数学与系统科学研究院研究员。

国企业的需要。我们设想，在训练这些领导干部的同时，摸索一些经验，通过几期研究班之后，逐步形成一套适合中国国情的教材，在全国推开。第二期研究班学习和研究的内容侧重四个方面。第一，学习基本经济理论，包括工业经济理论和商品经济理论等。第二，学习研究企业管理概论，介绍国外一些先进的企业管理知识，目前重点是介绍日本的管理经验。第三，总结中国自己的经验，包括地方的、部门的和企业自己的经验。新中国成立以来，我们在企业管理方面也有许多新的创造，如鞍钢的“两参一改三结合”，大庆油田的“三老四严、四个一样”和“铁人精神”等等，都是非常成功的，需要我们去进一步总结。第四，学员回去以后如何做。我们要求研究班结业时，每人都要交出一篇答卷，主要是学习心得和回去后的打算。这不是一篇学术论文，而是每个学员结合自己所在岗位实际的实施计划书。现在，这种研究班，不仅我们在办，一些省市和行业也在办。中国企协准备还要办一些专业性质的研究班，如质量管理、设备管理等等，我们打算在中国企业管理协会内设企业管理训练中心，把管理研究班长期办下去。

认真搞好全国第二次“质量月”活动*

（1979年8月11日）

去年10月，国务院在批转国家经委关于产品质量问题的报告中指出：“质量不好是最大的浪费，既害国家、又害人民。提高产品质量，既是最好的增产，又是最好的节约，是调整国民经济的一个重要内容，是实现四个现代化的一项基本要求。”实践证明：抓了质量可以带动各方面的工作，可以促进企业管理水平的提高，可以节约大量燃料、电力、材料，可以促进技术进步，可以增加出口，可以避免积压浪费，可以实实在在地增加产量，增加积累。因此，要把提高产品质量作为增产节约运动的重要内容来抓，要在保证质量的条件下，完成和超额完成今年的工业生产计划。

今年9月份是全国第二次“质量月”，通过这次“质量月”活动，要对一年多来整顿和提高产品质量的成果进行大检查、大评比、大检阅。现在，距“质量月”只有20天的时间了。在这段时间里，我们要抓紧办好两件事：第一，要召开全国质量管理小组代表会议，总结交流我国质量管理工作的经验，讨论《工业产品质量管理条例》（简称《条例》），成立中国质量管理协会，把我国的质量管理工作逐步提

* 这是袁宝华同志在国家经委召开的电话会议上的讲话摘要。

高到一个新水平；第二，要从全国的优质产品中评选出拔尖过硬的产品，在全国第二次"质量月"广播电视大会上授予金质奖章和银质奖章。

为搞好全国第二次"质量月"活动，必须做好以下几项工作：

第一，各地区、各部门、各企业都要认真制定一个"质量月"活动计划。要动员各方面的力量积极参加"质量月"活动，大张旗鼓地表彰先进，造成一种"生产优质品光荣，粗制滥造可耻"的社会风尚，使"质量第一"的方针真正深入人心。

第二，要认真做好优质产品的评选工作。今年申请金质奖和银质奖的优质产品项目很多，这是十分可喜的现象，说明我们的优质产品在增多，质量管理工作有成绩。但是，这是最高质量奖，一定要坚持高标准、严要求，一定要坚持《条例》中规定的四条标准，宁缺毋滥。凡是授奖优质产品，一定要经得住国内外广大用户的考验，因为这是关系我们国家信誉的大问题。送审的优质品，不能是展品、样品或特制品，要附有用户和检验部门的评价、验证以及和国外对比的确切材料。有些产品如果意见不一致，把握还不大，就宁可放一放，工作做充分一点，明年再参加评选。

第三，通过"质量月"活动，企业要真正树立为用户服务的思想，以用户是否满意作为考核产品质量的主要标准。去年第一次"质量月"活动期间，生产部门的各级领导同志亲自站柜台、访问用户，带头背回废品、次品，认真贯彻"包修、包换、包退"原则，受到群众的好评，对提高产品质量起了很大的推动作用。今年要继续开展这些活动。在质量问题上，一定要认真听取用户意见，对用户负责到底。要坚决改掉那种"萝卜快了不洗泥"的粗制滥造的恶习，坚决杜绝那种"货物出门，概不负责"的旧商人的作风。产品不合格，用户不满意，生产企业就是要包修、包换、包退，必要时，还要赔偿经济损失。

第四，要健全和充实质量管理机构。据了解，有些部门和地区的领导同志至今还没有把质量工作放到应有的位置上来，“质量月”来了，抓一阵，“质量月”一过，人走机构散。各部门、各地区要健全和充实质量管理机构，真正把“质量月”活动和常年的质量管理工作紧密结合起来，把产品质量真正搞上去。

第五，认真抓好全面质量管理的试点。推广全面质量管理，是加强企业管理的中心环节，是形势发展的需要，势在必行。各级领导同志都要钻进去，首先要懂得全面质量管理的基本概念和内容。要大力培训骨干，认真搞好试点，不能大轰大嗡。

第六，加强各项技术基础工作。

1. 要对图纸、工艺、工卡量具、计量测试仪器等的整顿工作做一次抽查，没有搞或者走过场的单位，要补课，整顿过了的要提高加强。

2. 必须组织力量制定和修订技术标准。各部门、各地区要有一个切实可行的计划，限期完成。在制定或修订标准时，要广泛听取用户意见，尊重用户要求，保证技术标准的先进性。

3. 各部门、各地区必须加强质量检测机构，充实必要的检测手段。

4. 要普遍加强对职工的技术培训工作。对职工进行技术培训，实际上是能力资源的开发。搞好了，不增加设备、厂房和人员，就可以大幅度提高劳动生产率。在“质量月”活动期间，各地要表扬一批学科学、学技术的先进典型，对少数学习成绩优异、技术进步显著、在生产中有突出贡献的职工，结合各地实际情况，可以提前定级或升级。要掀起一个人人学科学、学技术的热潮。

5. 下大功夫搞好文明生产。在“质量月”活动期间，要求所有企业，结合爱国卫生运动，搞好生产现场和环境卫生，要做到机台、工具、成品排列有序，操作方便，保证产品不碰、不撞，杜绝跑、冒、滴、漏，以保证产品质量、杜绝浪费和保证职工身体健康。

第七，在“质量月”活动期间，各地要表扬、奖励一批坚持原则、严格执行质量检验标准的质量检验员；同时要严肃处理一些在质量上弄虚作假、无理取闹、阻碍质量检验人员正常工作的肇事者。质量检验是把好产品质量关的重要手段，各级生产主管部门和领导同志都要支持质量检验人员的工作，对广大职工要加强社会主义法制教育。对在产品质量上违法乱纪的，要按照党纪国法严肃处理。

在全国第三次“质量月”广播电视大会上的讲话

（1980年9月1日）

同志们：

全国第三次“质量月”活动今天开始了。

根据国务院决定，从1978年开始，我们工业交通战线每年9月开展一次“质量月”活动。在“质量月”活动中，对工业产品质量和交通运输质量进行一次群众性的检查、总结，以进一步推动质量管理工作的深入开展。

两年多来，在各省、自治区、直辖市党委的领导下，经过广大职工的努力，我们迅速扭转了由于林彪、“四人帮”的长期破坏所造成的质量严重下降的局面，工业生产和交通运输的质量都是稳定提高的。去年9月，国家经委对全国优质产品进行了国家质量奖的评选工作，给63种产品颁发了金质奖章，给147种产品颁发了银质奖章，有力地鼓舞了工交战线广大职工，掀起了一个提高产品质量，增加花色品种，创优质、创名牌的竞赛。今年以来，各地区、各部门在对国民经济进行调整、改革、整顿、提高的工作中，认真贯彻党中央提出的“发挥优势，保护竞争，促进联合”的方针，在推行全面质量管理、采用新技术、发展新产品等方面作出了比较显著的成绩。由于管理加强，产品质量提高，能源的使用更加节约、更加有效。越来越多的企业在实践中认识到：高质量的产品是工业现代化的重要标志；质量是企业的生命，是提高产品竞争能力，用尽可能少的物质消耗取得更好的经济效果、实现增产增收的可靠保证。今年上半年，据工业交通12个部门所属重点企业的统计，68项主要产品和铁道运输质量指标，有53项比去年同期有提高，6项持平，占86.8%；27个省、自治区、直辖市的8167个重点产品中，比去年同期稳定提高的有6955项，占85.2%。优质产品大幅度增加，各地区推荐申请国家质量奖的产品，从去年的1200多项增加到今年的2100多项。根据《中华人民共和国优质产品奖励条例》，国家质量奖审定委员会经过严格审查、认真评比，确定对云南昆明机床厂的双柱镗床、江苏常州柴油机厂的S195柴油机、兰州炼油厂的飞天牌一号喷气燃料、上海第十二棉纺织厂的水杉牌纯棉精梳卡其、山东青岛啤酒厂的青岛牌啤酒、石家庄华北制药厂的青霉素等300多个单位的293种产品颁发金质奖章和银质奖章。同时还要给全国第二次质量管理小组代表会议评选出来的70个优秀质量管理小组颁发奖牌。现在，我受国务院委托，向荣获国家质量奖的先进单位的全体职工，向评选出的优秀质量管理小组的同志们表示热烈的祝贺！

同志们！我们开展“质量月”活动的根本目的，不仅仅限于颁发国家质量奖和表彰在提高质量方面作出突出成绩的单位和个人，更重要的是认真总结一年来质量管理工作的经验教训，向广大职工深入进行“质量第一”方针的教育，牢固树立“质量第一”、全心全意为用户服务的思想，采取有效措施，扎扎实实地推进我们的质量管理工作。应当看到，我们许多企业的技术水平、管理水平同四化建设的要求还很不适应，许多产品的结构和性能落后。有些企业质量事故还时有发生，给我国的社会主义建设、人民生活以至国家声誉带来不好的影响。我们各级工业交通部门要从“渤海二号”翻沉事故[1]中吸取教训，尊重科学，遵守法制，严格执行质量管理和质量检验制度。对已经发生的质量问题，要认真对待，责成企业按照“三包”原则，进行严肃处理，不能姑息迁就。对于那些只求数量、粗制滥造，给国家和人民造成严重损失的单位和个人，必须追究经济和法律责任。

为了把质量管理工作搞得更好，取得更大成效，着重提出以下三点意见：

1. 继续做好质量管理的基础工作，广泛开展全面质量管理。

稳定提高产品质量，关键在于提高企业管理水平。要认真贯彻国家经委颁发的《工业企业全面质量管理暂行办法》，切实加强质量管理的各项基础工作。全面质量管理是现代化工业生产的一种科学的质量管理办法，是企业管理的中心环节，是企业全体职工参加的，包括产品设计、试制、生产到销售后服务全过程的质量管理。只有搞好全面质量管理，才能生产出更多的适销对路、物美价廉、用户满意的产品，并在国内外市场上具有竞争能力。

所有企业都要普遍开展群众性的质量管理小组活动，特别要注意培养一批懂得全面质量管理基本原理、主要内容和工作方法，并能结合实际灵活运用的技术骨干，作为推动全面质量管理的中坚力量。同时，各企业都要进一步健全质量管理机构和监督检验机构，形成全面质量管理体系，明确各部门、各工序和所有职工在质量管理上的责任制。还要充分发挥用户的监督作用，开展各种形式的为用户服务的工作。所有扩大自主权试点企业，更要抓紧抓好全面质量管理，生产更多的优质产品和名牌产品。

[1] 1979 年 11 月 25 日，石油部海洋石油勘探局渤海 2 号钻井船在渤海湾迁移井位时拖船作业途中翻船，死亡 72 人。

2. 坚持高标准、严要求，创造更多的优质产品。

各地区、各部门在今年“质量月”活动中，要从实际出发，发挥各自的优势，制定一个三年到五年的创造优质产品的规划。项目不要太多，要重点抓一批对国计民生有重要影响的、能代表我国工业技术水平的产品，并要一个一个地落实技术组织措施。同时要把结构陈旧、技术经济指标落后的产品，有计划地予以淘汰。所有企业都要注重市场情况的调查研究，根据社会需要加强科研设计工作，不断改进老产品，积极研制新产品。

要增加用于提高产品质量的技术措施费和新产品试制费。挖潜、革新、改造和新技术的推广，都要充分注意安排为提高产品质量服务的项目，帮助现有企业大力发展新产品，采用新技术，进行技术改造，切实保证品种、质量的发展提高。

优质产品的评选工作，要坚持高标准、严要求。要在总结两年来实践的基础上，研究改进评选方法。所有参加评比的产品，都要从大量生产的，已经出售给用户或商业、外贸、物资部门的产品中抽取，不能是试制品和特制品。

3. 从原材料、元器件、配套件抓起，保证产品质量。

原材料、元器件、配套件的生产，要服从整机发展的需要，要以用户满意为目标。所有企业在进行生产时，都要坚持不合格的原材料不投产，不合格的元器件、配套件不组装，不合格的产品不计算产值产量的原则。今后，凡是使用不合格的原材料、元器件、配套件组装整机的，除了追究生产者的责任以外，还要追究装配者的责任。使用单位对于不符合质量要求的产品，有权拒绝接受。质量管理部门、质量监督检验部门、工商行政管理部门和经济司法部门，都要按此要求对企业进行管理和监督。

各地区、各部门要注意表扬那些具有全局观念，为生产优质产品提供优质原材料、元器件和配套件的先进企业。每个企业、车间直至班组，都要使自己生产出来的产品、零部件、配套件，件件是优质，个个信得过，让人民放心，让用户放心。

同志们！加强质量管理，提高工业产品和交通运输的质量，关系到四化建设的大局。要做到各种工业产品个个优质，任务还是十分艰巨的。我们要坚持不懈地抓下去，扎扎实实地做工作，要在主要工业产品质量已经恢复历史最好水平的基础上，争取创造出更多的名牌产品、优质产品，赶上和超过国际先进水平，为四化建设作出更大贡献！

在“为用户服务座谈会”上的讲话

（1981 年 8 月 31 日）

同志们：

国家经委和中国质量管理协会[1]联合召开的“为用户服务座谈会”现在开始了。明天是 9 月 1 日，每年 9 月，要在全国开展“质量月”活动。今年召开这样一个会，作为全国第四次“质量月”活动的重要内容，对动员工交企业发展产品品种，提高产品质量，按照用户需要组织生产，全心全意为用户服务，努力办好社会主义企业，是有积极意义的。它对我国的社会主义经济建设事业必将产生深刻的影响。现在，我就“为用户服务”和全国第四次“质量月”活动问题谈几点意见。

[1] 中国质量管理协会成立于 1979 年 8 月，是由热心于质量管理事业者自愿参加的群众性科学技术团体。它的主要任务是：宣传党和国家有关提高产品质量的方针、政策、法律、法规；开展有关学术讨论、研究；传播先进管理理论，推行科学管理方法，普及科学知识，开展培训服务；反映消费者要求，保护用户权益；等等。

一、“为用户服务”的理论和实践问题

社会主义企业生产的目的就是为了满足社会主义建设及人民不断增长的物质和文化生活需要。“生产”是为了“使用”。因此，按照用户的需要，发展产品品种，提高产品质量，全心全意为用户服务，是我们组织生产、指挥生产的根据，是社会主义企业发展生产的目的。但是，实际上，无论在理论上或实践上，我们对这个问题都还没有弄得十分清楚。

在我们经济建设中，长期存在一种不考虑用户需要，盲目追求产量、产值的现象。社会主义建设和人民生活急需的、质量好的产品供不应求，而社会并不急需的、供过于求的产品，甚至粗制滥造、不堪使用的产品却不断地生产出来。这种产需严重脱节、盲目生产的结果，使我们物资库存不断增加。据调查，1980 年年底，全国库存机电产品达到 611 亿元，其中需要报废的就达 60 亿元左右；今年 6 月末，全国钢材库存 2107 万吨中，有相当一部分是品种规格不对路或质量低劣的产品。把国家紧张的原料、燃料和资金，变成了“死物”、废物，存放在国家的仓库里，造成极大的浪费。这种不经用、不堪用的产品给用户造成的损失则更是屡见不鲜。我们有一些建设项目，就是因为某些产品质量不好，不能正常运转，不能如期投产，严重影响了基本建设的经济效果。人民群众节衣缩食，购买了某些消费品，就是因为产品质量不好，成为“生气机”、“吵架机”。我们去年收到过一封人民来信。有一个人高高兴兴地买了一台天津产的长城牌 12 寸黑白电视机，拿回家看了不到两小时，就坏了，修了五六次也未修好。孩子们埋怨，老婆不吃不喝闹别扭，邻居们也冷言冷语，闹得家庭一时严重不和。当然，天津市的同志们后来采取了紧急措施，派人

去修，修不好就换，换后还不好，最后退了货，没有酿成严重的后果。盲目生产的结果，也使一些企业的产品在国内外市场上缺乏竞争能力，企业的路子越走越窄。历史经验教训我们，这条高消耗、低效益的路子是不能再走了。

十一届三中全会以后，随着国民经济调整方针的深入贯彻，在我国经济战线上，有不少企业开始自觉地“想用户所想，急用户所急，对用户负责，为人民谋利”，树立起“为用户服务”的经营方针。它们深入进行社会调查，广泛征求用户意见，用最经济的手段，为用户提供最满意的产品和最佳的技术服务，赢得了广大用户的信任。企业的路子越走越宽，欣欣向荣、生机勃勃，初步走上了一条优质、高产、低耗、高效益地办好社会主义企业的正确道路。参加这次“为用户服务座谈会”的单位和企业，就是其中的一些代表。

我们所提倡的“为用户服务”有极其广泛的含义。我们所说的用户，是全民所有和集体所有的社会主义建设单位，是全体劳动人民本身。在社会主义经济活动中，我们的企业、事业单位，我国的全体劳动人民，他们既是产品的生产者，也是产品的消费者。工厂、企业要从事生产活动，首先就得需要用一定的原材料，就得有动力和必要的劳动工具等等，否则，生产活动就无法进行，因此它们首先就是“用户”。而人们的衣、食、住、行、用，则更是不可缺少的，他们更是“用户”。“为用户服务”，实质上就是为社会主义建设事业服务，就是为全体劳动人民服务。

我们所提倡的“为用户服务”，正是每个社会主义企业本身利益之所在、全体劳动人民切身利益之所在，正是社会主义企业的生产目的。所以，我们的“为用户服务”是自觉的，因而也应该是有成效的。

二、“为用户服务”的几点基本要求

“为用户服务”不是一句单纯的口号，是需要做扎扎实实的工作的。我们认为，有如下几点基本要求：

（一）要千方百计发展产品品种，努力提高产品质量，满足用户的需要。

我们生产的目的既然是为了使用，生产的产品就要适销对路，要具备一定的使用特性，即要有一定的质量。产品不讲究品种、质量，质次价高，不符合使用要求，就不受欢迎，就卖不出去，“为用户服务”就是一句空话。社会主义建设事业需要物美价廉、适用可靠的产品；人民群众需要物美价廉、适用可靠的产品；“为用户服务”的基础就是品种、质量。上海市的各种产品为什么会受到全国人民的欢迎？就是因为质量好，结构新颖合理，价格适宜。

在工业生产中，某些“短线”不“短”、“长线”不“长”的状况就很能说明问题。电视机、自行车、手表、缝纫机等是紧俏商品，但只有像飞跃、凯歌、熊猫牌电视机，飞鸽、永久、凤凰牌自行车，蝴蝶、飞人牌缝纫机，上海手表等优质、名牌产品才能畅销，供不应求；而那些质量不好的杂牌货就无人问津。机电产品是“长线”，有不少企业产品没有人要，企业“吃不饱”。但是，在产品品种和质量上大做文章的福建省闽东电机厂，自 1979 年电机荣获国家金质奖的三年来，产量、产值每年递增 50%，国内外不少用户指名要用闽东电机厂的电机。他们的产品在港澳和东南亚市场上已占有一定的地位。S 195 柴油机荣获国家银质奖、金质奖的常州柴油机厂，去年的订货量超过 55000 台，今年预计可达 60000 台，已超过了该厂的设计能力。他们的产品不仅畅销全国，而且在国外也有点名气，利润年年增加，企业年年有发展。还有四川宁江机器厂的自动车床，由于品种适销对路，质量好，价格适宜，订货超过了年生产能力的一倍，计划排满、能力开足，还是“吃不了”，生产能力得到了充分的发挥。“短线”不“短”，“长线”不“长”，关键是品种、质量。

我们有一些企业，特别是机械制造企业，所谓“吃不饱”，一个根本的原因是品种、质量不过硬，不能满足国内外用户的需要，缺乏竞争能力。吃亏就吃在不重视品种、质量上。只要在产品的品种、质量上大做文章，提高竞争能力，加上我国的劳动力优势，进入国际市场的潜力是很大的。有些同志说：“质量是最好的宣传广告，是国际市场上的通行证和护照。”我看是很有道理的。

要把品种、质量搞上去，就要在思想上、工作上有个大转变，把提高产品质量、发展产品品种真正摆到工业生产的首位。抓生产首先要抓质量；布置工作，检查工作，总结工作，首先要研究质量问题。我们的产品有了可靠的质量，才能畅销国内外，才能有高产量、低消耗、高效益。要彻底改变只注意产值、产量，而忽视品种、质量的倾向。要狠抓措施落实，当前，一要继续抓紧、抓好企业整顿，结合企业的实际，积极推广全面质量管理，提高企业的经营管理水平，用优秀的工作质量来保证产品质量。二要加强技术基础工作，不断地整顿图纸，改进工艺，整修设备，修订标准，加强计量检测工作，建立严格的质量责任制和技术责任制，并定期进行检查、评比、考核，使提高产品质量建立在一整套科学技术基础之上。三要抓紧职工的技术培训，全面提高技术素质。四要努力扩大名牌、优质产品的生产，大力开展科研试制工作，积极发展新产品，创造出更多的名牌、优质产品，满足国内外用户的需要。

在这里，对于发展新产品，我要多说几句话。所谓新产品，是和老产品比较而言的，新就新在结构更加新颖合理，功能更加完善先进，也就是质量更加适用可靠。新产品要依赖于技术上的创新、工艺上的改革，甚至理论上的突破。发展新产品并不是一朝一夕就能轻而易举地获得成功的，需要经过较长时间的苦心经营，才能收到效果。我们在发展新产品的过程中，一定要遵循科学规律办事。首先要认真地进行用户需要和市场预测调查，有一个明确的质量目标；围绕预定目标，集中优势兵力，进行设计、试制、反复验证，然后才能标准化、定型、批量生产；最终正式投入市场，接受用户实践考验，并在技术服务过程中获取信息，进一步对产品进行改型设计，提高使用效能，进入下一个循环。调查、设计、试制、标准化、批量生产、销售、技术服务、调查，如此往复循环，使产品质量呈螺旋形地上升，日臻完美，达到新的水平。切不可急于求成，图快，赶时髦，质量未过关，就一哄而上，在市场上站不住脚，“先天不足，后患无穷”。我们的新产品发展不快，诚然有多方面的原因，但在产品质量上下功夫不够，一出来，问题很多，用户不信任，一下就倒了牌子，也是重要原因之一。在发展电风扇、电冰箱、电视机、录音机、洗衣机等消费品时，要引以为戒。

（二）要努力提高基础原材料、元器件、配套件的质量，满足整机的需要。

当前，我国一些产品质量不好，生产上不去，一个重要原因，就是基础原材料、元器件、配套件的技术不过关，质量不好，不能满足整机的需要。我们的大型发电机组毛病较多，我们的大型精密电子仪器、仪表、计算机还要进口。原因之一，就是诸如高温结构材料、高强结构材料、高压密封材料、大规模集成电路、各种控制元器件、低压电器以及其他配套件不过关，不可靠，不能满足整机需要。这就要求我们所有的基础原材料、元器件、配套件的生产企业，纠正那种满足于产品有人要、能卖得出去而不求改进的倾向。要严格按照整机的需要，集中必要的力量，进行技术攻关，不断提高产品质量，保证整机的质量。

化工部领导同志在这方面带了一个头。今年4月，化工部副部长陶涛同志带领部机关的领导同志，主动访问纺织、商业、轻工等部门，征求发展日用消费品生产对化工原料的要求的相关意见，并对提出的问题分别轻重缓急做了安排。有不少企业也做了许多艰苦细致的工作，自觉按整机的需要，提供原材料、元器件、配套件，为提高整机质量做出了贡献。例如：上海市电子元件工业公司为了进一步满足提高整机可靠性的要求，着重抓了元件厂与整机厂之间的产品质量反馈工作，对影响整机可靠性的元器件进行分析，组织技术攻关，元器件的质量有了普遍的提高，使电视机的平均无故障工作时间从1000小时、3000小时提高到5000小时以上，达到了广播电视工业总局规定的要求。北京氧气厂为了适应国内外中、大规模集成电路和其他项目发展的需要，先后试制生产了高纯氧气、氮气、氩气、氦气以及多种混合气体，并发展了高纯液氮、液氧、液氩，填补了国内的空白。他们改变了过去的“气衙门”的做法，主动走访用户，传授高纯气体的使用技术，为用户提供配件、图纸资料，安装气体管道，并在京内、京外设立高纯气体供应点20多处，对固定的用户还组织送货上门，极大地方便了用户，为大规模集成电路会战及其他科研生产项目的成功做出了贡献。重庆钢铁公司根据南京化工机械厂、吉林化学工业公司、兰州化学工业公司等单位的要求，克服困难，对高压容器钢材作了－40℃的低温冲击试验，满足了整机的需要，为国家节省了大量外汇。四平市仪表厂承担第一汽车厂解放牌汽车仪表的配套任务，该厂严格按照总装厂的需要，认真搞好质量管理工作，并派人长驻总装厂，工作到现场，服务到现场，发现问题，及时向厂里反馈，采取措施，加以改进，满足第一汽车厂的需要，成为整机厂信得过的协作企业。无锡 742 厂的 3 D G 79 晶体管是 1980 年的银质奖产品，他们从 1980 年开始，筹建了质量反馈联络网，对失效的元件及时进行解剖，研究失效的分布规律，开展技术攻关。今年，产品质量又有新的提高。该厂的目标是完全按照用户的使用条件进行工业筛选，争取用户对产品免检免筛，放心满意地上整机。这样的企业还有不少，我不一一列举了。他们那种自觉地按照整机的需要，踏踏实实地工作的精神，是值得大家学习的。

当然，整机厂也要为原材料、元器件、配套件企业提供适用、可靠的装备，为原材料、元器件、配套件改进结构，提高产品质量创造条件。

有能力的还应主动帮助协作厂解决产品质量上的一些问题。最近，一机部饶斌部长亲自带领一批科研设计人员、企业领导干部，走访北京市轻工、纺织、食品、商业、副食品加工等许多行业，了解它们的要求，主动提出了机械工业要为这些行业的技术革新、技术改造服务，走出了可喜的一步。

在社会化的大生产中，原材料、元器件、配套件和整机之间，实际上存在着一种互相促进的循环关系。原材料、元器件、配套件满足了整机需要，为整机创优提供了条件。而优质的整机又是原材料、元器件、配套件进一步改进结构，提高质量的物质基础。在一个企业中，下一道工序就是上一道工序的“用户”。工序与工序之间，都自觉地把满足用户的需要作为自己的职责，从我做起，从本工序做起，从本企业做起，从本部门做起，严肃认真地把质量抓上去，这样一环扣一环，互相促进，就会使我国整个工业技术水平有一个大的提高。

（三）积极开展各种形式的技术服务工作。

技术服务工作联系着千百万用户的切身利益，是“为用户服务”的重要内容之一。即使产品质量再好，在使用的过程中，也是会出故障的，其中既有自身损坏，也有使用不当损坏。即使最严格的检验把关，也会有不合格品流入市场。何况我们许多产品的质量还不是那么过得硬呢？就拿电视机来说，像飞跃、凯歌等名牌货，早期返修率仍在3%左右；而有些杂牌货高达15%，甚至更高。1980年全国生产电视249万台，按3%计算，就有7.5万台要早期返修，按6%计算，就有15万台。如果技术服务工作跟不上，将给用户造成多大的麻烦呢？

所以，用户不仅要求产品质量要好，而且还要求有合适的备品、配件，要求有及时的维护、保养，还要求学会正确的使用技术等等，这些都是技术服务的重要内容。随着社会主义建设事业的发展和经济管理体制的改革，用户择优选购的余地越来越大。在产品质量相同的条件下，技术服务工作做得好，企业就能受到用户的信任，在争取用户的竞争中取胜。在这方面，已经有了不少有益的尝试，许多电视机、自行车、缝纫机的生产企业，在厂内成立了技术服务部，配备了技术过得硬的干部和工人，对当地的用户服务上门，在全国各地有重点地设立技术服务站，为各地用户提供方便。上海无线电四厂对已过了保修期的凯歌电视机试行保险维修服务，增加了用户的安全感。许多机械制造企业，特别像北京内燃机总厂、常州手扶拖拉机厂等农机制造企业，按照农业季节从南往北组织服务队，深入农村社队，服务到现场，同时举办多种形式的技术学习班，为用户培训使用、维修人员，受到了用户的普遍欢迎，取得了较好的效果。

技术服务工作的重要性，还在于它是企业提高产品质量、发展新产品的途径，是用户需要、市场调查的重要组成部分。产品质量的好坏，产品品种适应性如何，最终总是要通过使用实践来验证的。生产企业通过对用户认真的技术服务，对发生的故障进行科学的失效机理分析，就可以获得极其丰富、可靠的消息，为改进产品设计、为发展新产品、为提高产品质量提供重要依据，推动技术上的进步。事实上，只要认真对待用户的意见，有些技术问题并不难解决。物资、外贸、商业等部门，在技术服务工作中，具有不可忽视的作用。它们是用户的代表，对来自生产企业的产品，进行检验、鉴定，防止不符合质量要求的产品流入下道工序或流入社会；并能比较集中地把信息反馈给生产企业，促其改进生产工艺，提高产品质量。它们又是生产部门的代表，把来自四面八方的产品转交给千家万户，它们及时代表生产企业处理产品质量问题，维护生产企业的信誉，又要反映群众的合理要求，使其不受损失。上海化轻公司在物资的流通中，加强产品质量检验监督，帮助生产企业及时采取技术措施，提高产品质量，保证了用户的需要，取得了显著的成绩。北京、上海、天津、武汉、哈尔滨等地的百货商店，在监督商品质量方面，也做了一些工作。产品生产企业应该支持它们的工作，工贸密切配合，发挥它们密切联系用户的有利条件，做好技术服务工作。

我们还要学习外国企业为用户服务的经验。一些生产出口产品的重点企业，还应该把技术服务工作逐步做到国外去，借此，进一步了解国际市场的动向，不断地改进和提高产品的内外质量，以吸引更多的用户，为国家多创外汇，多做贡献。

（四）要面向农村，满足八亿农民的需要。

随着党的农业经济政策的深入贯彻，农村经济发展较快，经济收入增加较多，农民除了需要得心应手的农具，效用高的化肥、农药外，对吃、穿、住、行、用有了更高的要求。不少社员提出："住的要宽敞，穿的要漂亮，用的要高档。"农民要求有建筑材料盖房子，盖了房子要求有座钟、挂钟、台式收音机等装饰。面向农村，了解并满足八亿农民的需要，是密切城乡关系、巩固工农联盟的大事。

首都钢铁公司领导同志在新的形势下，深入进行调查研究，把一部分小型钢材加工成不同型号和样式的适应农村需要的房梁、房架、门窗等建筑构件，既方便了农民建房的需要，又促进了企业增产增收，给国家多做贡献。他们的做法是应该大力提倡的。

（五）健全社会主义法制，保护用户利益。

在产品质量上，我们曾经提出过“不合格的原材料不投产；不合格的元器件、配套件不组装；不合格的产品不出厂；不合格的产品不计算产值、产量”和实行“包修、包换、包退”等“四不三包”的原则。希望我们的经济主管部门，包括质量管理部门、质量监督部门、工商行政管理部门、经济法庭等，把这些原则纳入到各自的具体规定或细则中去，健全社会主义经济法制，加强产品质量监督，保护用户利益。在这个问题上，我们一定要跳出部门、地区和企业本身经济利益的小圈子，站到国家和全体劳动人民利益的立场上来。产品质量有问题，用户不满意，要秉公处理，该修的一定要修，该换的必须换，该退的坚决退，决不迁就，决不姑息。对于那些粗制滥造、弄虚作假、采取不正当手段推销不合格产品的单位和个人，要坚决给予打击，给以必要的经济制裁或刑事处分，绝不能让他们在社会上占有合法地位，在经济上占到便宜。例如，江苏省江都县邵伯公社张桥塑料五金厂和安徽省蚌埠市第二百货商店串通一气，冒用上海华生牌电扇的商标、装潢，招摇撞骗，推销粗制滥造产品。四川省涪陵中药材站的领导人，把已经化验报废的柴胡针剂一万余盒共十万余支，采用提成奖励等办法，推销给医院、诊所，还说什么要“见人一针”，视劳动人民的生命似草芥，为谋取私利，不顾人民生命安全。对这种违法乱纪行为必须严肃法纪，加以制裁。这不仅是一个严肃的经济问题，也是一个严肃的政治问题，它直接影响到巩固工农联盟、改善城乡关系的问题，关系到党和政府在人民群众中的威望和信誉。我们对此必须要有清醒的头脑，绝不能掉以轻心。

工商行政管理部门通过商标管理和在百货商场聘请质量监督员对商品质量实行监督，并加强市场管理，打击违法乱纪者，已有了一个良好的开端。建议在这次座谈会上议一议，行政管理部门和质量管理协会、总工会等群众团体一齐动手，进一步把生产、流通、消费等环节有机地组织起来，形成一个产品质量监督网或者产品质量信息网，以便促进生产，更好地为用户服务。

三、当前值得注意的一些问题

我们在为用户服务方面已做了一些工作，积累了一些经验，但还仅仅是开始，还有许多事情需要我们去做。

1. 还有不少企业在为用户服务方面很不自觉，它们或者粗制滥造，“萝卜快了不洗泥”，或者说什么“只要有人要就是好产品”。它们的产品，国家不放心，用户不满意，人民有意见。这样的工厂还有相当的数量。例如：北京自行车厂，生产管理比较薄弱，计划性差，为了完成产量计划，常常月底总动员。家属、后勤齐上阵，突击装配，突击装箱发运，根本就无所谓质量检验。用户意见较多，退货增加，声誉不好。

2. 还有一些企业沾染了严重的资本主义旧商人恶习，“货物出门，概不负责”，任凭用户来信来访，就是听之任之，不答复，不处理，影响极坏。

3. 特别值得提出的是今年 1—6 月份，有 30%左右的产品质量，特别是消费品的质量，较去年同期有明显下降。这个问题必须引起各级领导的严重注意。产品质量下降的原因固然很复杂，但最主要的还是为用户服务思想没有解决，责任心不强，领导抓得不紧，劳动纪律涣散，工艺纪律松懈等等。

诸如此类的问题，需要大家做艰苦细致的工作，认真加以解决。

四、关于“质量月”活动的问题

从1978年开始，我国开展了“质量月”活动。通过“质量月”活动，对一年来的质量管理工作进行一次全面的总结、检查、评比，进一步明确质量管理工作的方向、任务，集中时间进行一次“质量第一”的思想教育。所以说“质量月”并不是用搞运动的方式突击一个月质量，而是检查总结布置一年的质量工作。四年来，质量管理工作是有成绩的。

1978年，在全国第一次“质量月”活动中，我们进行了一次产品质量大检查、大整顿，发动各级领导同志站柜台、背废品等，经过一年多的紧张工作，基本上扭转了产品质量严重下降的局面。1979年，提出了大打产品质量进攻仗，提出了在恢复本企业的历史最好水平的基础上，开展创名牌、创优质的活动，颁布了《中华人民共和国优质产品奖励条例》，开展了优质产品评比工作。在第二次“质量月”活动期间，通过评选优质产品和开展质量管理小组活动等，调动了工业企业多生产优质产品的积极性。1980年，在继续推动创优活动的同时，重点抓了积极推行全面质量管理工作，公布了《工业企业全面质量管理暂行办法》，在质量管理科学化的道路上前进了一步。我们已给427个民用优质产品颁发了金质奖章、银质奖章。今年，又有264个产品被列入国家质量奖预评名单，已在8月15日的《工人日报》上公布，正在征集广大用户的意见，以便进一步审定。当然，正如我们上面已说过的，在质量管理上还存在很多问题，需要5年、10年、20年坚持不懈地努力工作，才能真正有根本的改观，企图在两三年就根本解决产品质量问题，那是不可能做到的。

在全国第四次“质量月”活动期间，我们要求各工业交通部门、各地区、各工矿企业做到：

1. 领导干部亲自动手，对质量管理工作进行一次全面的检查，特别是着重检查一下“为用户服务”的思想如何，“四不三包”原则执行得如何。要发动一次“为用户服务，对人民负责”的大讨论，表彰先进，推动后进。

2. 要深入研究一下本单位的产品质量有无下降的趋势，若有，造成的原因是什么，要采取什么有力的措施迅速加以扭转。

3. 从本部门、本地区、本单位的实际情况出发，提出下一年度的质量工作的奋斗目标，并逐月检查落实。

同志们！在党的十一届三中全会和六中全会精神鼓舞下，让我们深入开展全国第四次“质量月”活动，加强“为用户服务”的思想，努力实践“为用户服务”的经营管理方针，把质量管理工作推进一步，把产品质量提高一步，为社会主义建设事业，为振兴中华做出更大贡献！

在朱兰博士讲学班上的讲话*

（1982年3月31日）

你们这是个三结合的会议，听岳志坚[1]和宋力刚[2]同志讲了一下，会开得很好。刚才开了一个座谈会，听了14位同志的发言，大家讲得都很好。全面质量管理这项工作应该说是一项非常重要的事业。这项工作从1978年开始，搞了一个“质量月”活动，到现在已经是第五个年头了。

进行质量管理这项工作，我们多次派人出国考察，特别是到日本去。

1978年第一个“质量月”活动后，11月份国家经委组织了一个代表团，我做团长，邓力群同志做顾问，还有叶林、张淮三[3]、宋季文[4]、马洪等几位同志，参加日本“质量月”活动，这对我们影响是很大的，感触很深，感到必须要花大力气抓好这个工作，特别是对于

* 这是袁宝华同志在中国质量协会举办的朱兰博士讲学班上的讲话。

[1] 时任国家经委副主任兼国家标准局局长。

[2] 时任国家经委科技局局长。

[3] 时任中共天津市委书记。

[4] 时任国家经委顾问。

搞经济工作的领导干部。

我在日本考察期间，日本经济界和企业负责人在向我介绍成绩时，就重复地说：他能把他的产品，也就是过去的“东洋货”，彻底改变面貌，打入国际市场，挤入美国市场，挤入西欧市场，能站住脚，而且不断地扩大阵地，他的诀窍，取得成绩的奥妙之处，无非是两条，第一条是高质量，第二条是新品种。我国要实现四个现代化这个宏伟目标，不下大决心认真地解决这个问题是不行的，是没有其他出路的。

过去的四年多，在我们国家的各个经济部门里面，特别是在工业部门里面，质量管理工作有很大进展，这一点我们应该有足够估计，这个进展不只是因为领导的重视，主要还是企业里面广大干部、技术人员和广大工人辛勤努力的结果，也是把过去30年来搞工业，进行工业管理，包括质量在内的经验进行总结，在这个基础上吸取了外国的经验所得的结果。就领导上来说，主要是中央和国务院领导同志非常重视，反复强调，作了号召，要把质量摆在第一位，提出了“质量第一”的口号，这是非常重要的。要把它作为企业进行生产活动的一个指导思想。这一次全国工业交通工作会议提出把提高经济效益作为我们经济活动的指导思想，“质量第一”的思想就是这个指导思想的重要组成部分。

中国质量管理协会工作，主要是搞质量工作的同志和主管质量工作的部门，包括学校的教学单位、教学人员，企业里的质量部门和质量工作人员在内，把这些力量组织起来大家同心协力进行的。这个力量是不可估量的。质量管理是一件大事情，是一件带根本性的事情，是牛鼻子，是提高企业经济效益的牛鼻子。在座谈会上简单地说了几句，首先是中央和国务院把这个事情提到议事日程，中央和国务院提出来要提高经济效益。去年人大会议报告总结了十条方针，核心是提高经济效益，把它提到这么高的高度。在我们进行以经济效益为核心的工作中，质量工作应放在首位，这对我们抓这方面工作是十分有利的条件。座谈会上同志们发言也提到了，提高经济效益，适销对路，物美价廉，就是要讲一个社会的效益。经济效益不能单纯地理解为企业的利润，那是片面的，是局部的效益，应该理解为全社会的经济效益。那就必须适销对路，就不能积压在仓库里面，像群众所说的："工业报喜，商业报忧，仓库积压，财政虚收，银行还得搭上贷款。"质量不好的就失去了或减少了使用价值。宋季文专门从《资本论》里边找到一句话给我，没有使用价值的，连你这个劳动都是没有价值的，劳动就是无效劳动。领导上非常重视，也表现在我今天能到这里来。我为什么能来呢？本来我们是一天到晚在那里搞机构改革，我是在两面作战，一边生产，一边精简，我们是80%时间在那里搞机构改革。26位同志给小平同志、万里同志、一波[1]同志各写了一封信，小平同志的信还没有到我这里来，那三封信，27号、28号、29号都到我这里来了，我一看他们都是27号批的，时任中央领导同志讲了，要我代表他来听一听26位同志的意见，一波同志也讲了，说这26位同志写的这个建议很有道理，建议登在《工交动态》上面，同时，嘱咐我，叫我来给大家开一次座谈会，就是刚才在楼上开的。

其次，也是刚才我在楼上讲的，过去我们做这项工作，难度要大些，有很多协调工作不是我们这个经委所能负担得了的，我们这个经委，大家都知道是个工交办，说得准确点，是半个工交办，很多问题不像过去我们和计委没分开以前那个老计委时办事那么方便了，办一件事，不是开一个会就能解决的，有时办一件事情要开三五次会才能

[1] 即薄一波，曾任国务院副总理兼国家经济委员会主任、中共中央政治局候补委员、中共中央顾问委员会副主任。

解决。特别在目前经济体制、产品结构、价格体系都不尽合理的情况下，要想提高经济效益，要推行全面质量管理，会遇到很多问题，不是一下子所能解决得了的。这次机构改革，有可能从根本上解决问题。这次中央和国务院带头进行机构改革，首先解决经济工作的领导体制问题。除计委和科委的一部分外，其他，包括科委的另外一部分都和经委合并起来，8 个委合并在一起对经委工作加强了。过去的经委名不副实，现在的是个名副其实的经委了，综合性加强了，这样有利于各方面协调工作的进行。经委现在是个大的综合部门，是组织、协调、检查、督促国民经济计划的执行的，所以经委协调工作多了。综合性大了，就使协调工作难度小多了。这是个好条件，可以使我们的工作，特别是在推行全面质量管理过程中所遇到的政策性工作或者具体工作，尤其是一些政策性协调工作比过去难度小一些，但有些问题不是一下子就能解决的，如价格体系问题。优质优价叫了好久，但一直不能兑现，关键在于这个价格体系不是一朝一夕之功，看起来远不是一个五年计划所能解决得了的，涉及面太广，这个问题比较敏感，要慎重从事。再一个有利条件，就是这么多年来，形成了一支质量管理的队伍，有这么一批积极分子，起带头、骨干、桥梁的作用。像毛主席在延安劳动模范、先进工作者大会上所讲的，这是十分宝贵的，这是我们宝贵的财富。这是我们进行全面质量管理的重要力量，这是我们把质量管理工作搞好的一个非常重要的条件。

今天，这 120 位同志，在这里进一步探讨如何加强全面质量管理工作，怎样进一步提高工作水平，这非常重要。今天和大家见面，我感到非常高兴，也不容易有这么一个机会，特别是总理和两位副总理要我来开这个座谈会，有机会和大家见面就更为高兴。谢谢大家。

在国家经委召开的部署第五次“质量月”活动会议上的讲话

（1982 年 7 月 8 日）

国家经委《关于全国第五次“质量月”活动安排意见的报告》，国务院已于 6 月 22 日批准转发，主要内容已经见报。今天请大家来，讲一下关于开展“质量月”活动中的一些问题，这个会也是今年“质量月”前后七个重大活动的第一项。今天准备讲以下三个方面的问题：

1. 目前工业产品质量的基本情况；

2. 今年“质量月”活动的特点和要求；

3. 发展品种、提高质量是一项战略任务。

一、目前工业产品质量的基本情况

党的十一届三中全会以来，在“调整、改革、整顿、提高”方针的指引下，经过几年的艰苦努力，工业产品质量已基本恢复原有水平。随着国民经济的进一步调整，某些行业在品种上又有所发展，很多产品在质量上有所提高，从 1979 年开始，经过连续三年评选优质工业产品，全国已有 700 多种产品获得国家质量奖，加上部门和地方的优质产品，全国的获奖产品共有 7000 多项。所有这些，对于改善人民的物质文化生活和国民经济一些部门的技术装备状况，对于活跃国内市场和扩大产品出口，对于提高经济效益和增加财政收入，都在一定程度上起了重要作用。但总的看来，目前工业产品的质量状况，同人民的要求和经济建设的需要相比，还是很不适应的。品种发展缓慢，质量不够稳定，产品不能适销对路，仍然是当前经济工作的一个突出问题，严重影响着经济效益的提高。根本的问题是产品技术水平低，据机械部的粗略统计，在现在生产的 2.7 万多种产品中，相当于国际 70 年代水平的只占 5%—10%，相当于 60 年代水平的也只占 35%左右，半数以上产品仍是50年代甚至40年代的水平。这种状况，不能适应人民群众不断增长的物质文化生活的需要和国民经济技术改造的需要，出口出不去，不适当的进口也挡不住。产品技术水平低的根子还在于标准水平低。据国家标准局统计，我国现有的国家标准仅 3500 个，只相当于需要量的 1／3；而且现行的国标、部标，初步估计有 70%—80%低于国际水平。这种状况如不下决心加以改变，工业振兴也是不可能的，四个现代化的建设也就不会有多少希望。

特别值得注意的是，去冬今春以来，在生产迅速好转和上升的情况下，重数量、轻质量的思想正在抬头，许多产品的质量波动下降。去年轻工业上得快，有些产品质量下降，“萝卜快了不洗泥”。重工业因为任务不足，各企业“找米下锅”，质量有所提高。今年上半年，轻工业还是略高于重工业，可是五六月份重工业的产值已超过轻工业，但重工业质量有下降的苗头，产品适销对路情况和技术服务工作都不如去年。

从地区的情况看，今年一季度，对全国 28 个省市 1892 种产品质量的考核统计，与去年同期相比，质量稳定提高率为 77%，有 23%的产品质量指标比去年同期下降。其中产品质量稳定提高率在 80%以上的有京、津、沪、广东、福建等 9 个省市，在 60%—80%之间的有 17 个省区，个别地区低于 60%。4 月份，据 26 个省市对 1736

种产品质量的考核统计，稳定提高率为74.2%，有2.58%的产品质量指标下降。同一季度相比，产品质量的稳定提高率下降了2.8%。5月份的情况，从9个地区的统计材料看，北京、吉林、湖南、四川的产品质量的稳定提高率开始上升，其中，湖南、四川两省分别比一季度提高5.6%和9%，但湖北、山东、浙江三省产品质量仍在下降，其中湖北、山东的产品质量的稳定提高率比一季度分别下降10.8%和6%。

从行业的情况看，按全国12个工交部门75项质量指标的考核统计，今年一季度与去年同期相比，产品质量的稳定提高率为74.7%，下降的占25.3%，4月份继续有所下降。冶金工业在考核的18项质量指标中，生铁合格率、平炉钢锭合格率等10项指标都有所下降。纺织工业重点企业考核的16项质量指标中，合成纤维正品率、棉布入库一等品率、毛线一等品率等7项比去年同期下降。5月份纺织行业质量情况比4月份有所好转，除腈纶纤维外，其余都有所提高，但在16项考核指标中，仍有6项低于去年同期水平。轻工产品，4月份质量情况比一季度稍有好转，据24个重点城市轻工局统计，在716个与去年同期可比产品中，有541个产品质量稳定提高，占75.6%，较一季度提高1.3%，三大市4月份可比质量稳定提高率为82%，比一季度提高3.85%。

必须高度重视的是，产品质量下降的情况在一些生产名牌产品的老厂和一些大型骨干企业中也同样存在。例如华生牌电扇，是1980年荣获国家银质奖的名牌产品，去年以来因产量猛增，盲目扩点，管理措施跟不上，检验制度不严格，以致产品质量严重下降，1981年开箱完好率由历史上最好水平的90%下降到60%，引起国内外用户的不满。上海市运动鞋总厂生产的火炬牌运动鞋，从1980年以来，因质量问题发生的外商索赔事件就有12起，损失100多万元，但未引起工厂领导的重视，也没有采取有效措施，直到最近澳大利亚再次要求退货和撤销合同，耀邦同志对此作了重要批示以后，才在上海市委的领导督促下开始认真整顿。国内首次试制生产的50万伏超高压变电设备，是由沈阳、西安、湘潭、平顶山等地的骨干企业分别生产的。产品在初步的降压过渡试运行中，就出现了一连串质量问题，新产品在试制过程中，出现一些问题当然难免，需要总结经验继续前进，但现在暴露的问题大多数是由于质量管理不严而出现的加工质量问题，这就很不应该了。类似这样的例子各部门恐怕都有。

最近，还陆续发现了一些在产品质量上弄虚作假、骗取荣誉的现象。如上海长城卷笔刀厂在轻工部组织的全国卷笔刀质量评比中，用“炒小锅菜”的方法，特制了一批产品参加评比，骗取了全国第一名的荣誉。上海市手工业局党委根据群众揭发，调查核实后作了严肃处理。湖南省新化县电子器件厂，将大连磁带厂生产的录音磁带，冒充为本厂产品，在省电子局主持的生产定型会上蒙混过关，又在国家经委、科委检查组检查该厂生产的耐火纤维时，以特制样品企图骗取全国优质品荣誉。还有像福建省枫亭糖厂向上报告白砂糖合格率为96.88%，而经检查核实合格率只有5.5%。像这类问题，领导机关应抓住不放，严肃处理并追究企业领导人的责任。

还应该指出，最近在一些企业中不断发生妨碍质量检验人员行使职责，甚至辱骂殴打质量工作人员的事件。如天津磨床厂主任工程师强迫工厂检查科长给不合格的产品签发合格证，遭到检查科长的抵制。对此，工厂领导不但不支持，反而擅自免了检查科长的职，此事机械工业部已派人作了调查，正在请天津市协助严肃处理。上海人民电机厂、华生电扇总厂，最近也一再发生辱骂、殴打质量工作人员的事件，虽经上级主管机关再三催促要严加处理，但工厂仍迟迟不作处理。上海柴油机厂接连三次发生殴打质量工作人员的事件，上海机床厂也有类似情况，但都没有向上级机关报告。我的讲话里上海的例子举得多了一些，这说明他们做了工作，揭露了矛盾。其他部门和地方也都有类似情况。

关于基建工程质量，这几年也有了明显改进，特别是大中型建设项目，优质工程的比重日益增加，全民所有制施工企业有 60%左右的工程项目以优质交付使用。但是，由于十年动乱的严重影响，施工企业管理混乱局面尚未根本扭转，施工事故不断发生。去年仅房屋倒塌事故就有 42 起。今年虽有所好转，但重大事故仍未杜绝。5 月 3 日下午，广东海康县一座七层楼房的旅馆在即将竣工时全部倒塌，6 月 15 日，湖南省衡南县泉溪公社造毛厂一座三层楼造猪毛车间突然倒塌死伤二十多人。

造成某些产品质量下降以及工程质量事故的原因是多方面的，可以分析归纳为四个方面：首先是思想不端正，这是多年来经济工作中极左路线造成的恶果。党的十一届三中全会以来，经过几年整顿，特别是从 1978 年起开展“质量月”活动及推行全面质量管理以来，经过广泛的宣传教育，不少同志已对质量工作引起重视，全国涌现了一大批质量工作积极分子，仅注册登记的质量小组就有八九万个，他们的活动取得了可喜的成果。但是应该看到，“质量第一”的观点还没有在大多数同志，特别是多数企业领导同志的头脑里牢固树立起来，有些同志口头上也承认“质量第一”，但在实际工作中却又把数量看作硬指标，把质量看作软指标，忽视质量，盲目追求数量、产值的现象仍很普遍。

造成质量下降的第二方面的原因是管理方面的，全面质量管理的推行还没有得到应有的重视；有些企业规章制度不健全，贯彻又不力；工艺纪律松弛，产品检验不认真，质量把关不严；企业的奖励办法没有体现质量第一的方针；等等，进一步助长了重数量、轻质量的倾向。

第三方面的原因是技术方面的，产品技术标准落后而且不完善；企业的技术基础薄弱；新产品的研制和产品质量攻关，无论在人力、物力或财力上都没有可靠的保证。另外，质量监督系统也不完善，检测手段落后，不能实现有效的产品质量监督。

第四是组织方面的原因，有些地区和部门没有设立专门的质量管理机构，有的只有一两个人兼管质量工作，这就很难把本地区、本部门的质量管理工作做好；从企业来讲，近年来职工队伍的成分发生了较大的变化，新工人猛增，政治素质和技术素质都有所下降，而我们的职工培训工作还远远不能适应这种新形势的需要。当然，影响产品质量的因素是很复杂的，还可以列举出一些，但主要的恐怕还是以上几个方面还不够落实。

二、今年“质量月”活动的特点和要求

今年的“质量月”，必须紧紧围绕提高经济效益这个中心课题，广泛开展“求实际效益，让用户满意”的活动。也就是说，要物质文明和精神文明一起抓。现在大家都在谈提高经济效益，但是有些同志脱离了质量谈效益，甚至把效益和质量对立起来，盲目追求利润，结果生产出来的产品粗制滥造、大量积压，这对国家有什么贡献呢？能给人民带来什么实惠呢？提高产品质量是提高经济效益的基础，万里同志曾指出：“不把质量问题放在第一位，经济效益不可能提高”，深刻地阐明了经济效益与质量的辩证统一关系。

今年“质量月”活动的安排在1982年6月23日国务院批转国家经委《关于全国第五次“质量月”活动安排意见的报告》中已经说得很清楚了。这次活动的安排有以下几个特点：

1. 不单单是9月份一个月的活动，而且是从现在开始直到年底的整个安排。“质量月”不是一个月的孤立的、突击的活动，而是对全年工作的检阅，这一点虽早已提出，但有些部门和地区落实得还不够好。今年，国务院的通知下达后，各地区、各部门必须按照规定把各项工作都抓起来，特别要组织好质量大检查的活动。10月上、中旬，国家经委要对各部门、各地区的“质量月”活动进行检查总结，并提出下一年度质量管理要点。各地区、各部门必须在此之前作好本地区、本部门“质量月”活动的总结。

2. 不单单是质量管理部门少数人的活动，而且是从领导到全体职工都要参加的广泛的群众性活动。首先是各级领导要认真抓。特别是企业的领导，一定要做好具体的组织工作，认真检查本企业产品质量和质量管理的状况，特别是“四不”和产品适销对路的情况。要切实开展访问用户的活动，并根据用户意见提出明确、具体的整改规划和措施，于9月份提交职工代表大会审议。各部门应组织一些工作组、检查组，帮助督促企业做好质量大检查工作。

3. 不单单是生产部门的活动，而且是全社会的活动。特别是要注意把用户发动起来、组织起来，形成强大的社会监督和舆论监督。发动用户监督产品质量，除了通过企业访问用户，请他们对产品质量提出意见之外，也可以考虑由新闻单位、报社组织一些“用户座谈会”，对产品质量进行评论。此外，还要组织标准、计量、商检、工商、卫生等部门，加强对产品质量的经常性的检查监督工作。

4. 不单单是鼓励和表彰先进的活动，而且要批评后进和限制落后产品。这次“质量月”要召开三个会议，集中表彰先进：一是全国第五次“质量月”授奖大会；二是全国第四次质量管理小组代表会议；三是全国“为用户服务”经验交流会。同时，也准备批评一些在产品质量方面确实不好的单位和产品，对某些性能实在落后，或者耗能太多、污染严重而已有更先进的产品可以取代的老产品，应该逐步加以淘汰或限产，请各部门作些调查研究，争取在今年“质量月”期间开个头，公布一个首批限产或限期禁止生产的少数产品的名单，而后逐年这样抓下去。

三、发展品种、提高质量是一项战略任务

国务院的批语中指出：“开展‘质量月’活动只是一种措施，为了把品种、质量抓上去，还必须采取一系列措施，作长期的艰苦的努力。”把品种、质量摆在第一位是我们党和国家的长远方针，要贯彻这条方针，从根本上改变我国目前工业产品品种不齐、质量不高的落后状态，当然不可能在一两年内靠几次活动就轻易实现，而必须有愚公移山的精神，扎扎实实地做好一系列工作。

现在我国农业的发展一靠政策、二靠科学，这几年取得了明显的效果。我们搞工业、搞质量工作，也是一靠政策、二靠科学，还要加一条，三靠管理。当然，管理也是科学，这里只不过是强调一下管理。目前这三个方面都还缺乏有力的措施。品种质量在国家计划中和我们的工作中都还没有摆到足够重要的位置上来，质量管理至今仍很薄弱，质量监督也不够完善健全，技术发展和质量改进所必需的物质技术条件很难得到保证，在政策、法令和规章制度上严重缺乏有利于促进品种发展、质量提高的强有力的措施，这就使得许多企业处于“一无动力，二无压力，三无实力”的状态，改变质量面貌的工作进展十分缓慢。

因此，必须把发展品种、提高质量作为一项战略任务来抓，真正把它摆在工作的首要地位，提到各部门经济工作的重要议事日程上来。各部门、各地区都应当认真地全面地分析现状，弄清社会需要和

本部门、本地区的差距，并在此基础上研究制定长远目标，力争用三五年或者更多一点时间，使品种、质量的面貌有一个较大的改变；要扎扎实实地一项一项地做工作，下苦功夫把科学技术工作搞上去，加快新产品的研制和产品更新换代的步伐；要制定一些有利于发展品种、提高质量的政策措施和规章制度，提高管理工作水平，在企业整顿中，要加强企业的“三基”工作，即基础工作、基本功和基本建设；对基层企业要加强督促帮助，定期检查它们的工作。要使所有同志都认识到，只有作长期的艰苦努力，把品种、质量搞上去，才能为使我国的经济工作真正转移到以提高经济效益为核心的轨道上来，打下稳固的基础。

今天要说的就是这些。希望各部门的同志回去以后好好研究一下，如何把今年的“质量月”活动搞好。特别是质量大检查的工作，要立即部署立即行动。除此之外，希望各部门要把更多的精力放在质量工作长远规划的制定以及规划实施步骤的安排上。没有这样的战略眼光和战略部署，要真正把质量搞上去是不可能的。

认真抓好标准化工作*

（1982年8月7日）

标准化工作很重要，对于提高产品质量、组织专业化生产、节约原材料、节约能源、保障安全和卫生等方面都有重要作用。国外工业发达国家，把标准化作为组织现代化生产的重要手段，科学管理的重要组成部分。可以说，标准化水平是衡量一个国家生产技术水平和管理水平的重要尺度，是现代化的一个重要标志。

近几年来，我国标准化工作虽然取得很大成绩，但是从现在的状况和建设四化的要求对比起来看，我们落后了。

现行的国家标准只有3500个，太少了。国外一些工业发达国家一般都在1万个以上，按照我国目前的情况，至少也需要国家标准1万个左右。

标准水平低，大部分的国家标准仅相当于国际上五六十年代的水平。即使按照现行的国家标准生产的产品，大部分也是低水平的。这是一个致命伤，不改变这种状况，是无论如何也不行的。

标准统一性差，由于我们好多工作是各个部门各管各的，在这样

* 这是袁宝华同志在全国制定、修订国家标准经验交流和表彰先进大会上的讲话摘要。

的体制下，生产部门之间、生产和使用之间的矛盾很多，制定一个统一的、高水平的国家标准，协调工作难度很大。结果各部定各部的标准，同一种产品有好几个部标准，这种状况很不利于技术水平和产品质量的提高。

标准的贯彻执行也不好，目前还有20%多的标准没有得到认真贯彻执行。有些企业不严格按标准进行生产和检验，粗制滥造、以次充好，欺骗国家和用户。

这种落后状况是很不适应国民经济发展需要的。有些同志，包括一些做经济工作和企业管理工作的领导同志在内，还没有认识标准化的重要性和作用，把它看成是可有可无的软任务。所以，我们要大声疾呼，现在到了非抓不可的时候了，如果再不抓，就会贻误时机，拖四化建设的后腿。

我们必须下大决心，花大力气，认真抓好标准化工作。

一、要加快标准的制定和修订

标准化工作涉及面广，政策性强，协调难度大，任务十分繁重。各部门要加强协作，密切配合，争取多出标准，出好标准。

1. 要打破部门界限，积极组织部颁标准向国家标准或专业标准过渡。因为标准不统一，在很大程度上不利于按专业化原则改组工业、促进联合的要求，也妨碍提高产品质量和技术进步。为了适应经济管理体制改革的需要，部颁标准必须进行改革。争取用四五年时间把现有的18万个部颁标准，按照国际标准和国外先进标准的要求，逐步过渡。一部分提升为国家标准，一部分过渡为专业标准（即一个专业在全国范围内统一的标准）。所以，从明年起不要再制定新的部颁标准了。

2. 要先抓好基础标准（指名词、术语、形式尺寸、通用试验方法等），这是搞好产品标准的基础，不抓好基础标准，产品标准也很难上去。在抓产品标准时，要特别注意抓好原材料标准和机电产品标准，因为这是提高产品质量的基础。

3. 要把科研部门、大专院校和企业的技术力量充分组织起来，加快标准的制定。今天在座的大多数都是参与标准制定工作的专家、工程师和技术人员，又大都是中年知识分子，你们是标准化战线的中坚力量和骨干力量。同志们工作很勤奋，作出了成绩，今天奖励了 100 项优秀国家标准，这是对从事标准化工作的科技人员的鼓励，希望同志们今后为标准化工作作出更大的成绩。

在国家经委党组讨论的时候，大家提出了一个目标，从 1983 年开始，经过 5 年的工作，使我国的国家标准达到 1 万个左右，基本上满足国民经济发展的需要。这件事情要靠大家去办，共同努力实现这个目标。经过我们的努力，这个目标是可以实现的。实现了这个目标，我们就打下了一个基础。

二、全面整顿和修订技术标准，提高标准水平

1. 要积极采用国际标准和国外先进标准。

随着科学技术和经济的发展以及国际贸易的扩大，为了消除贸易壁垒和技术壁垒，采用国际标准已成为世界的发展趋势。采用国际标准和国外先进标准实质上也是一种技术引进。由于我们长期受“左”的错误思想影响，使得我们采用国际标准和国外先进标准晚了许多年，最近几年才算是起步了。现在我们的外贸出口产品由于没有采用国际标准，产品质量低，在国际市场上缺乏竞争能力，有的产品根本出不了口，出去的又多次发生索赔、退货。但有的产品由于采用了国

际标准和国外先进标准，就可以顺利进入国际市场。如船用结构钢采用了国际标准，造的船就出口了。所以要扩大出口，进入国际市场，不采用国际标准和国外先进标准是不行的，是没有别的出路的。

我们产品质量低，分析其原因，首先是标准的水平低。技术标准是衡量产品质量的技术依据，有高水平的标准，才能有高质量的产品。要真正做到质量第一，把质量搞上去，首先要提高标准水平，采用国际标准。采用国际标准和国外先进标准是我国当前的一项重要技术经济政策。

在这个问题上，我们要态度坚决、认真研究、积极采用。我们几次到国外进行访问，在日本访问时，问日本的规格协会和日本的企业家，他们都介绍，国家标准是低水平的标准，每个企业都有自己高于国家标准的企业标准，拿这个来互相竞争。日本的产品进入国际市场，一个是高质量，一个是新品种。所以我们要采用国际标准，来作为我们的国家标准。这对生产部门来说是最低限度要达到的标准。

首先对现行产品的标准，各部门要对照国际标准和国外先进标准进行全面的整顿与修订。特别要注意抓好主要原材料、造船、机电产品以及基础件、元器件等技术标准。要首先把这方面的标准和基础标准搞好。从 1983 年开始各行业要从满足外贸出口需要入手，先选择一批急需产品，按国家标准或国外先进标准组织生产。用三五年或者更多一点时间，使品种、质量面貌有一个较大的改变，基本适应国内外市场的需要。

2. 技术标准要不断修订，水平要不断提高。

标准不能迁就落后，不能迁就现有的技术装备水平。企业如果没有发展品种、提高产品质量、采用新技术和新标准的积极性，就不会进步，就会被淘汰。所以我们搞标准化工作的同志不要迁就落后，你们制定了标准，就会逼着生产部门想办法、上措施，搞技术改造和设备更新。所以说标准是促进企业技术进步的。

制定标准要充分考虑使用要求，要为用户服务。生产和使用有了矛盾，要尽可能满足使用上的要求，不能够生产部门一家说了算。所以国家标准局和各个部门的标准化工作者都不要回避矛盾，都要“敢”字当头。特别是国家标准局，是代表国家的，要勇于协调各部门的矛盾，你们有困难，国家经委进行协调；你们实在推不动，我们帮助你们推动。经委和各个经济部门今后都要大力支持标准化工作。

3. 标准化要促进企业的技术改造。

标准水平提高了，要求企业的生产设备、工艺装备、测试检验手段要做相应的改变，因此标准化能给企业技术改造和设备更新提出方向与目标。企业的技术装备水平提高了，就能生产出物美价廉、具有竞争能力的产品，提高企业的经济效益。

采用和贯彻国际标准与新标准，企业一般都要采取技术措施，有的要进行技术改造。需要的经费应当列入技术措施和技术改造计划。国家经委、国家计委以及各个经济部门要进一步来研究和解决这个问题。今后的技术改造首先要考虑的一个问题，就是要根据国际标准和国外先进标准来进行改造。

采用国际标准和国外先进标准还要有正确的经济政策。如，实行优质优价，在可能的条件下逐步进行，以鼓励企业采用新技术、新标准和提高产品质量的积极性。这个问题国家标准局要和国家物价局共同研究，提出解决的方案。

三、标准化要为企业整顿服务

不久前，国家经委召开了全国企业整顿工作座谈会，根据党中央、国务院今年 2 号文件《关于国营工业企业进行全面整顿的决定》

要求，这次企业的全面整顿，是要进行综合治理，是建设性的整顿。企业标准化是企业的一项基础工作。各地方标准局要积极配合企业的全面整顿，进一步整顿和完善各种设计图纸、工艺工装、测试检验方法等技术资料和技术标准，加强新产品的标准化审查，积极制定企业内控标准，以提高企业的生产水平、技术水平和管理水平。

目前我国标准化工作基础很薄弱，但它是一项关键性的工作，十分重要。希望大家更加努力工作，尽快改变标准化工作的落后面貌，为四化建设做出新的贡献。

在全国第五次“质量月”授奖大会上的讲话

（1982年9月27日）

同志们：

在全党、全国人民热烈庆祝党的十二大胜利闭幕的日子里，今天，我们以振奋和喜悦的心情，召开全国第五次“质量月”授奖大会。

一年来，我国经济战线的广大职工，在中央“调整、改革、整顿、提高”方针的指引下，努力工作，广泛开展创优活动，作出了显著的成绩。全国又涌现出了一批优质产品、优质工程和优秀质量管理小组，为四化建设做出了新贡献。实践证明，开展创优活动，可以有效地提高产品质量、工程质量、交通运输质量和服务质量，促进企业各方面的工作，显著改善经济效益，为国家创造更多的财富。它是调动广大职工社会主义积极性的一种很好的形式。这次“质量月”活动中，经过逐级评选，最后经国家质量奖审定委员会批准，有305项优质产品、9项优质食品、28项优质工程和3个工程企业荣获了国家质量奖；21项工艺美术品荣获了中国工艺美术品百花奖；还评选出了226个优秀质量管理小组。这是获奖单位广大工人、技术人员和干部在生产第一线认真贯彻质量第一的方针，努力采用先进技术，认真学习科学的管理方法，敢于在产品质量上和世界先进水平拼搏，长期付出艰辛劳动的丰硕成果。今天的大会上，党和国家领导人将对获奖单位进行表彰，并颁发奖品和奖状。我代表国家经委向所有获奖单位的全体同志，表示最热烈的祝贺。希望你们把已经取得的成绩当作新的起点，继续努力，取得更大的进步。

1978年以来，每年把9月份定为“质量月”，对全年发展品种、提高质量工作进行一次检阅，表彰先进，鞭策后进，这对加强全体职工的质量观念，提高质量管理水平和产品质量水平，起了重要作用。今年的“质量月”活动，是在党中央、国务院的亲切关怀下进行的。今年以来，耀邦同志针对几个产品的严重质量问题作了重要批示；万里同志等时任中央领导同志对发展品种、提高质量问题也多次作过重要指示。6月，国务院在批转国家经委关于“质量月”活动的安排意见报告时指出：“发展品种和提高质量，是四化建设、人民生活、国家信誉的根本利益所在，也是社会主义的物质文明和精神文明的重要体现。质量不好，品种不能适销对路，就是对人民群众利益的损害，提高经济效益的要求就会落空，就不能实现没有水分的扎扎实实的速度，社会主义的现代化建设也就没有多少希望。”这些批示和指示，为今年的“质量月”活动明确了指导思想，同时必将成为一个巨大的动力。“质量月”期间，广大职工以喜悦的心情，迎来了具有伟大历史意义的党的十二大的胜利召开，更加激发了社会主义现代化建设的积极性，使“质量月”活动的开展，显得更加丰富多彩和扎实有效。

在“质量月”活动中，国家经委、全国总工会、全国科协、中国质量管理协会组织召开了全国第五次“质量月”活动电话会议、全国第二次为用户服务座谈会、全国第四次质量管理小组代表会议。各新闻单位积极配合“质量月”活动，进行了大量的宣传报道工作。

国务院各有关部门按照“求实际效益、让用户满意”的要求，做了大量工作。纺织工业部召开了全国纺织新产品会议。交通部召开了全国交通系统安全质量电话会议，水电部和水电工会联合召开了全国供电部门提高服务质量会议。机械工业部的领导同志亲自抓机械产品为用户服务活动，不仅走访用户，虚心求教，而且分别与水电部、冶金部、煤炭部联合召开了产品质量协调会。中国人民银行召开了为用户服务会议。其他各部也都组织了各种形式的活动。

各个地区也都结合各自的特点，根据“质量月”活动的要求，作了具体部署，开展了各种形式的活动。辽宁省在创优活动中，领导亲自动手，分工负责，下厂蹲点，狠抓措施落实，取得了明显的效果；省政府还作了关于发展品种、提高质量的有关决定。上海市借中央领导同志关于火炬牌运动鞋质量问题的重要批示的东风，举一反三，反骄破满，组织了全市产品质量大检查；举办了上海市工业产品质量、品种对比赶超展览会；进行全市范围的全面质量管理教育；加强技术服务工作，发动两万名共青团员、青年职工，走街串巷为用户服务。天津市先后建立了创优产品、新产品和产品质量三个调度会的制度。北京市普遍制定了质量赶超规划，开展了质量大检查，抽检了市场销售的白酒近千种。安徽省把评选优质产品和展销结合起来，开展用户评议活动。福建省政府作了关于发展品种、提高质量的有关决定。武汉市、西安市组织了讨论品种、质量与经济效益关系的座谈会。等等。

全国 38 万个工业企业、16 万个质量管理小组的千百万职工，也都动员起来，积极参加了“质量月”活动。吉林化学公司染料厂、常州柴油机厂、兰州炼油厂等一批企业，把推行全面质量管理和企业整顿、企业技术改造紧密结合起来，质量管理已达到较高水平，并取得了较好的经济效益。总之，今年的“质量月”活动，开展得很好，达到了预期效果。希望各部门、各地区认真进行总结，再接再厉，切实把发展品种、提高质量的工作提到一个新的高度。

同志们，党的十二大提出了全面开创社会主义现代化建设的新局面的伟大任务，并制定了把社会主义现代化经济建设继续推向前进的战略目标、战略步骤和一系列正确的方针。我们经济战线上的各级领导干部和广大职工，一定要深刻认识到我们肩负的伟大历史使命，认真贯彻十二大的各项决议，调动一切积极因素，以饱满的战斗精神，为实现十二大提出的宏伟目标，作坚持不懈的奋斗。

党的十二大指出，从1981年到本世纪末的20年，我国经济建设总的奋斗目标是，在不断提高经济效益的前提下，力争使全国工农业的年总产值翻两番。还指出，在战略部署上要分两步走：前10年主要是打好基础，积蓄力量，创造条件，后10年要进入一个新的经济振兴时期。为了完成翻两番的伟大任务，我们经济战线的同志们必须清醒地看到，靠现有的旧设备、旧技术、旧工艺、旧产品是不行的，必须主要靠技术进步。我们一定要努力提高质量、发展品种，迅速把技术水平促上去，更好地适应社会主义现代化建设的需要。这就是说，上水平，抓品种，促质量，这不是一般问题，而是战略问题，是经济建设的一项战略任务。各地区、各部门的领导同志，一定要从战略高度来认识这个问题，要亲自动手，具体部署，带领广大群众，在促进技术进步上做出新的贡献。

现在，全国第五次“质量月”活动即将结束了。但是，发展品种、提高质量的工作是不能结束的，而且要百倍努力地坚持抓下去。为加快发展品种、提高质量的步伐，党中央、国务院有一系列重要指示，我们要坚决贯彻执行。下面，我想对“质量月”以后应当继续着重抓好的几项工作，提出以下一些意见：

1. 以党的十二大精神为指针，对发展品种、提高质量的工作进行认真的检查、总结。要在全面分析品种、质量和质量管理现状的基础上，认真总结一下三十多年来，特别是最近几年，我们的方针、政策、决定、法规以及具体工作的指导思想等等，哪些是有利于增加品种、提高质量、促进科学技术进步、推动生产力发展的，哪些是阻碍了新产品的发展、质量的提高，从而限制了生产力发展的。要通过认真的总结，进一步端正思想认识，切实贯彻执行质量第一的方针，制定必要的政策，修改、完善有关的规章制度，改革管理体制，促进品种的发展和质量的提高。这个要求，国务委员张劲夫同志在全国第五次“质量月”电话会议上曾经明确提出过，有些部门和地区正在这样做，有些准备这样做。希望大家认真把这个总结搞好，以利加快发展品种、提高质量的步伐，促进技术进步。

2. 要研究制定一个长远的奋斗目标和年度的品种、质量工作计划。国务院对今年“质量月”活动安排的批语中指出，要“着手研究制定一个长远的奋斗目标，用三五年或者更多一点时间，使品种、质量的面貌有一个较大的改变，以基本适应社会需要”。这个任务，希望各地区、各部门迅速安排落实。要把现代化建设的需要和本部门、本地区实际情况结合起来，切实搞好科研与生产的结合，加强厂办科研工作，所有企业都要按照产品发展“三个一代”，即“改进一代、研制一代、预研一代”的要求，制定一个三五年或更长一点时间的规划。为了保证长远目标的实现，还要制定与长远目标衔接的年度品种、质量工作计划，包括创优计划，攻关计划，新产品、新花色的发展计划和限制、淘汰落后产品的计划，以便把各方面的力量组织起来，一步一个脚印地前进。

3. 要大力加强基础工作。一方面，要大力加强基层组织建设、基础业务建设和基本功的训练；另一方面，必须狠抓同品种、质量直接相关的基础技术、基础工艺和基础产品的应用研究与开发，特别要加强机械基础件、电子元器件和各类新材料的研究、试验与攻关。要十分重视和加强标准、计量工作。要根据发展品种、提高质量的需要，有计划、有重点、有步骤地充实计量、检验、测定的手段，配备必要的研究、试验和检测仪器，建立必要的测试中心，尽快改变目前检测技术的落后状况。

4.要继续积极推行全面质量管理。全面质量管理是现代企业管理的一个重要组成部分，是发展品种、提高质量行之有效的一种科学方法，方向是完全正确的，必须继续积极推行。近几年来试点的情况说明，推行全面质量管理的关键在领导。经济战线上的各级领导干部，一定要认真学习新知识，使自己成为推行全面质量管理的“明白人”，勇于实践的带头人。要虚心学习国外的科学管理方法，系统总结我们自己在质量管理上的经验，并注意把两者结合起来，努力走出一条中国式的全面质量管理的路子。要巩固、发展群众性的质量管理小组，充分发扬管理民主、技术民主，广泛开展合理化建议和技术改进活动，把全员参加质量管理的工作提高到一个新的水平。

5.要加强政治思想工作，切实抓好社会主义精神文明建设。发展品种、提高质量，既是物质文明建设，也是精神文明建设的具体体现。没有高度的社会主义的精神文明，是不可能有高水平、高质量的产品的。为开创社会主义现代化建设的新局面贡献出自己的全部智慧和力量，这就是我们必须有的理想；为用户服务、让用户满意，这就是经济战线上各行各业的基本职业道德。为了加快发展品种、提高质量的步伐，我们必须努力学习科学文化知识，认真搞好文明生产，积极创造文明整洁的生产环境，并严格遵守劳动纪律和工艺纪律。很明显，没有这一切是不可能在品种、质量上作出显著成绩的。各地区、各部门一定要认真学习党的十二大关于社会主义精神文明建设的论述，并结合各行各业的实际，有针对性地开展建设精神文明的群众性活动，普遍制定各行各业的职业公约、职工守则，教育每个职工成为有理想、有道德、有文化、守纪律的劳动者，以对工作极端负责任、对质量精益求精、服务好上加好的严肃态度，全心全意为用户服务。

最后，预祝同志们回去以后，在发展品种、提高质量上取得更大的成就，为四化建设做出更大的贡献！

以我为主，博采众长，融合提炼，自成一家*

（1983年1月7日）

学习借鉴外国企业管理经验，这在旧中国有人就提出来。鸦片战争前，我国长期闭关锁国，资本主义以大炮打开了中国的大门。有些人想搞实业救国，提出向西方学习，可是老师总欺侮学生。直到毛主席领导中国人民，推翻了三座大山，新中国成立，才真正为发展经济创造了条件。三年恢复得很快。第一个五年计划学习苏联的经验，并集中力量打歼灭战。第一汽车制造厂那么大的厂，只用了三年时间建成投产。后来我们在建设中经过了波折，走了一些弯路。但是正反两方面的经验是丰富的，也是来之不易的。

粉碎“四人帮”后，大家都感到不能长期关门过日子，要出去看看。

1977年我们访问了英国和法国。1978年我们又访问了日本，系统地考察了日本的企业管理。从英国、法国、日本回来，我们向党中央、国务院作了系统汇报。汇报强调了发展商品生产和市场调节，强调了如何调动职工的积极性，强调了投资要付利息等观点。

* 这是袁宝华同志会见“借鉴外国企业管理经验座谈会”部分代表时的谈话摘要。

1979年年初，成立了中国企业管理协会，开办了第一期企业管理研究班。1979年冬我们访问美国。美国是科学管理的发源地，企业管理很少保守，不断创新。1980年我们又去联邦德国、瑞士和奥地利考察。企业管理大体上差不多。联邦德国与美、日、苏相比，有自己的特点，非常重视基础工作。把技工培训放在就业之前，强调职业教育，采取双轨制，企业和学校挂钩，学习理论在学校，学习操作在企业，固定协作关系，国家法律规定，工商联组织负责全国的双轨制培训。

总之，“文革”以后，我们学习外国经验已有五年了，现在来总结一下十分必要。我认为我们学习别人的经验，要采取“以我为主，博采众长，融合提炼，自成一家”的方针，像曹禺[1]对吉剧讲的那几句话一样。学习外国企业管理经验，也应采取这一方针。

学习外国经验，原原本本学很重要。不能学皮毛，一知半解，只有从头到尾，原原本本学通了，才能从中吸取有用的东西，至少在专家范围内应该这样。大连培训中心开始时美国人就提出，教材如何与中国实际结合，我们经过研究，回答他们，美国怎么干，你就怎么讲，不要保留。这样才能把美国东西学通，才有分辨能力，才能消化吸收。外国方法值得借鉴，是采取比较的方法进行学习。我们想再办一些培训中心，就采取这个办法，来专门研究这些国家的经验。要“为我所用”，没有捷径，只有勤奋地学习，不把“众长”学透，就不能“博采”。要想“自成一家”，就得学透百家，行为科学也要有人研究。凡能成为一门科学的，一定有它的道理。我们思想政治工作经验丰富，但系统化、理论化还不够。毛主席说过，解放军把传统的思想政治工作系统化了。不系统，零零星星，就不能成为科学。要总结出

[1] 剧作家，曾任北京人民艺术剧院院长。

一套经验。现在正委托四川写一本思想政治工作教材。过去凡是毛主席没有说过的，我们就不敢说，成了禁区。1964 年刘少奇同志给江渭清[1]同志的一封信，批评他全用毛主席、马列的话，没有自己的话，这样如何指导自己的工作。长期受此影响，就无人敢总结一套经验。党的十一届三中全会以来，提倡解放思想，实事求是，这个力量是不可估量的。邓小平同志讲，改革要坚决，经验要抓紧。农业方面的改革已经解决农民的温饱问题，生产发展了就有联合的要求，专业户有分工，就必然会有联合。农民现在怕变，工业上同样有这样的问题。哪里有一批思想较解放的领导，哪里经济发展就较快。所以还是要继续解放思想。

[1] 曾任江苏省委第一书记、福州军区政委、中共中央顾问委员会委员。

工业产品要适应四化建设需要上质量上水平*

（1983 年 9 月 9 日）

中国是世界上历史最悠久的国家之一。勤劳智慧的中华民族以精湛的技艺、独特的传统风格、创造性的劳动，从古至今，不断地为人类的物质文化生活宝库增添光彩。经过 30 多年的社会主义建设，中国已有 38 万个工业企业，建成了门类比较齐全的、具有一定技术水平的现代化工业基础。

为了推动工业企业采用新技术、新工艺、新设备、新材料，提高整个工业生产技术水平，鼓励工业企业不断发展产品品种，提高产品质量，以适应中国社会主义现代化建设和满足人民不断增长的物质文化生活需要，以及进一步扩大对外贸易，从 1979 年开始，国家对工业产品中的优质品，颁发国家质量奖。国家质量奖分金质奖和银质奖两种，每年评定一次，在全国"质量月"活动中颁发。

四年来，获得国家质量奖的优质产品已有 1000 多项，在优质产品中，既有传统的手工艺品、食品，也有一大批在技术指标上已达到或接近国际上同类产品先进水平的机械、电子、仪器、冶金、轻工、

* 这是袁宝华同志在全国质量管理小组第五次代表会议上的讲话摘要。

纺织、石油、化工、医药、建材等工业产品。这一期《机电新产品导报》介绍的是部分荣获国家质量奖的优质机电产品，如精密坐标镗床、磨床、车床、中小马力柴油机、拖拉机、电动机、轴承、钻头、电子元器件、仪器仪表、计量器具、电焊条和2.7万吨散装远洋货轮等等。这些产品已行销到100多个国家和地区，包括一些工业发达的国家和地区，并赢得了盛誉。

1982年召开的中国共产党第十二次全国代表大会和第五届全国人民代表大会第五次会议，为我国制定了全面开创社会主义现代化建设新局面的宏伟战略目标。为了实现我们的宏伟目标，工业生产方面，不仅在数量上要求有一个较快的增长速度，尤其重要的是在产品的品种上要有一个大的发展，在产品的质量和技术水平上要有一个大的提高。为此，国家正在采取一系列的措施，例如：集中各方面的科学技术力量，组织对某些重点产品的技术攻关；在工业生产和质量攻关中，有计划有步骤地创制具有世界先进水平的优质工业品；对有关人身安全的锅炉和压力容器、家用电器、影响产品质量和计量精度的仪器仪表以及涉及人民身体健康的医药、食品等产品，逐步实行生产许可证制度，并以行政手段限制、淘汰一批耗能高、技术经济指标落后的产品；普遍修订和提高产品的技术标准，积极采用国际标准和国际上公认的其他先进的技术标准；认真总结我国企业管理的实践经验，进一步学习和应用科学的质量管理方法，开展群众性的合理化建议、技术革新和质量管理小组活动，全面提高工业企业的经营管理素质；加强进出口商品检验局、船舶检验局、锅炉和压力容器安全监察局、纤维检验局、药品检验所、食品卫生检验所以及国家标准局、国家计量局等产品质量监督检验机构的业务建设，进一步强化对产品的生产过程和流通过程的质量监督作用等等。同时，在自力更生的基础上，进一步贯彻对外开放的政策，努力扩大对外贸易和开展多种形式的经济技术合作，并结合我国对现有企业的技术改造，有计划地引进技术，使经济发达国家在 70 年代或 80 年代初已经普及的适用于我国的先进技术，逐步在我国国民经济各部门得到比较普遍的采用。

我相信，随着这些措施的进一步落实和经济建设事业的蓬勃发展，我国机电仪新产品也将会有一个飞速的发展。我祝愿《机电新产品导报》在介绍我国优质产品，沟通产销渠道工作上，做出更大的贡献。

关于全国第五次质量管理小组代表会议情况向国务院领导同志的汇报提纲

（1983年9月17日）

一、全国第五次质量管理小组代表会议简况

自1979年以来，每年“质量月”期间，召开一次全国质量管理小组代表会议，今年是第五次。这次会议是由国家经委、国家计委、全国总工会、中国科协、中国质协联合召开的。会议时间是9月9日至15日，会期7天。会议规模350人，其中全国优秀质量管理小组代表233人，全国著名的马恒昌小组[1]、郝建秀

[1] 马恒昌是沈阳第五机器厂工人，解放战争时期，他的生产小组，冒着敌人的炮火，连续作业，提前5天完成了17部火炮核心配件——“闭锁机”的修复生产任务。新中国成立初期，他又带领组员展开劳动竞赛，搞生产革新，改进14种工具，提高工效2倍多，创造了提前22天完成4个月工作量的新纪录，使“马恒昌小组”成为全国工业战线的一面旗帜。

小组[1]、赵梦桃小组[2]、毛泽东号机车组等50个先进班组和一些省、区、市以及国务院有关部门的质量管理工作者的代表，参加了会议。

会议的内容，主要有三项：第一，交流质量管理小组活动的经验；第二，发表成果，表彰先进；第三，讨论质量管理小组工作暂行条例。在有关部门的大力支持下，经过全体与会同志的共同努力，圆满地完成了会议预定的任务。

会议期间，有62个优秀质量管理小组在大会或分会场发表成果，有3个企业、2个市作了口头或书面发言，介绍了它们的先进经验。会上还印发了各种成果资料130份。我国一些著名科学家听取了优秀质量管理小组的成果发表，给了很高的评价。15日下午，全体代表到人民大会堂出席了全国第六次“质量月”授奖大会，受到很大鼓舞。还利用晚上时间，搞了两次专题讲座，一次文艺联欢活动。

这次会议，总的来讲，开得很好，内容丰富多彩，活动形式多样，气氛团结热烈，既交流了经验，明确了方向，又增强了信心。特别是对会议提出的现有27万个质量管理小组，一年至少取得一项成果，平均每项创造直接或间接经济效益三万元的要求，表示完全赞

[1] 郝建秀是青岛国棉六厂工人，她领导的小组创造了四条工作经验：(1) 有正确的劳动态度，工作认真负责；(2) 虚心学习，肯动脑筋，提高技术；(3)工作有计划，善于分配劳动时间，能分别轻重缓急进行操作；(4) 不浪费劳动时间与劳动力，做到一切以减少断头为中心，以少出皮辊花为目的。1951年8月17—19日，纺织工业部和全国纺织工会在青岛联合召开细纱职工代表会议。在这次会议上，“郝建秀细纱工作法”被正式命名为“郝建秀工作法”，并决定在全国推广。

[2] 赵梦桃是原西北国棉一厂细纱车间工人，全国著名劳动模范，纺织战线的一面红旗。她创造了一套先进的清洁检查操作法，并在陕西省全面推广。1963年，陕西省人民委员会决定把她所在的小组命名为“赵梦桃小组”。

同，一定要努力争取实现。

二、推行全面质量管理概况

全面质量管理最早起源于美国，后来在一些工业发达国家开始推行，60年代后期，日本又有了新的发展。它的基本思想是：把专业技术、经营管理、数理统计和思想教育结合起来，建立起从产品的研究设计、生产制造到售后服务等一整套质量保证体系，从而用最经济的手段，生产用户满意的产品。其基本核心是强调以提高人的工作质量保证工序质量，以工序质量保证产品质量，从而达到全面提高企业和社会经济效益的目的。其基本特点是从过去的事后检验把关为主变为预防、改进为主，从管结果变为管因素，把影响质量问题的诸因素查出来，首先抓住主要矛盾，发动全员、全部门参加，依靠科学理论、程序、方法，使生产、经营的全过程都处于受控状态。因此，它是科学的、有效的，方向是对头的。

全面质量管理的英文字头是TQC，所以简称为TQC，它是一门现代化企业管理的科学，是提高产品质量、提高企业素质、提高经济效益的有效方法。自1978年，我国的机械、纺织行业，吸取国外的经验，较早地推行了全面质量管理之后，电子、化工、兵器、基建等行业也都陆续地推行了全面质量管理。由于狠抓了教育、试点，发展很快。全国共举办全面质量管理学习班13万期，听讲人数达到1200万人次，组织巡回讲座8500多次，电视讲座3期，前两期每期有上千万职工收听收看，今年9月27日开始将播放第三期，主题是“质量与效益”。出版书刊400多种，书籍300多万册，期刊100万册。至今年6月底为止，推行全面质量管理的企业达2.3万个。

6年来，全面质量管理已在全国各地区、各部门普遍推行，有力地提高了工业的管理水平，调动了广大职工参加企业管理的积极性、创造性，提高了工作质量、工程质量和产品质量，取得了比较显著的效果。

1980年国家经委颁发了《工业企业全面质量管理暂行办法》，使各部门、各地区、各企业更加明确了全面质量管理是提高质量、实现企业现代化的必由之路，促进了全面质量管理向纵深发展。

在全面质量管理推行过程中，发展是不平衡的。有的单位只搞了宣传教育，有的仅限于搞数理统计，许多单位还没有动，或者只搞形式。特别是有一些领导同志的认识跟不上，不重视，往往是片面追求产值、速度，忽视质量，忽视科学管理。

实践证明，要把全面质量管理真正推得开，推得好，必须做到以下几点：

1. 领导亲自动手抓。特别是主持全面工作的经理、厂长和总工程师必须亲自动手。

2. 要培养一批技术骨干，成为推进全面质量管理的中坚力量。一个数百人甚至上千人的工厂，只要有十来个积极分子，在党委的正确领导下，就可以把全面质量管理搞得有声有色，成绩显著。

3. 广泛开展群众性质量管理活动，是搞好全面质量管理的群众基础。

4. 确立方针、目标、计划，是搞好质量管理的一件大事。

5. 建立健全质量保证体系。明确各部门、各环节以至每个职工在质量上的责任、权限、分工，并和考核奖惩结合起来；各级要建立健全质量管理的专职机构，充实得力精干人员；加强检验、化验和标准化机构。

三、质量管理小组活动概况

所谓质量管理小组，是指凡在生产或工作岗位上从事各种劳动的职工，围绕企业的方针目标，以改进、提高产品质量、运输质量、工程质量、服务质量，提高经济效益为目的，组织起来，运用全面质量管理的理论和方法开展活动的小组。质量管理的英文字头是 QC，所以质量管理小组简称为 QC 小组。QC 小组是劳动、智慧、科学的结合。

党的十一届三中全会以后，党中央倡导的实行科学管理，日益深入人心，并逐渐成为企业领导和广大群众的行动。质量管理小组活动，正是在这种形势下出现并蓬勃发展起来的。目前，已从工业生产扩展到交通运输、工程建设、邮电通讯、商业服务等各个部门。从企业内部来讲，也从生产车间发展到设计、计划、技术、设备、物资、财务、销售、生活后勤、技术服务等经营、管理部门。据不完全统计，质量管理小组累计数，1980 年 4.2 万个，1981 年 8 万多个，1982 年 16 万多个，到今年 6 月份为止，已发展到 27 万多个。有 502 个小组被命名为全国优秀质量管理小组，参加小组活动的职工近 400 万，已形成群众性质量管理活动的一支中坚力量。

由于我国有职工参加民主管理的优良传统，有班组建设和群众性质量管理活动的丰富经验，在此基础上，积极推广和采用科学管理的理论和方法，从而把我国群众性质量管理活动提高到一个新的水平。质量管理小组活动的内容更加广泛，在运用科学方法的能力和水平上有了进一步的提高。有些小组不仅能比较熟练地运用简单的数理统计工具，而且开始运用难度较大的数理统计工具。有的还使用了微处理机来处理数据。事实证明，我国质量管理小组活动，不仅是职工参加民主管理的新发展，也是解决产品（运输、工程、服务）质量、工作质量问题，提高企业素质的一种好形式。它的基本特点就是：既有广泛的群众性，又有严密的科学性。群众掌握了科学，就能加快发展生产力，这也是质量管理小组具有强大生命力的关键所在。

开展群众性的质量管理活动和提高经济效益、提高企业素质，关系极大。如今年5月，大连161个发表成果的质量管理小组，为国家多创造价值2100多万元，平均每个小组创造价值13万元。我国目前有1.1亿职工，如果经过若干年的艰苦努力，全国有一半职工参加质量管理小组活动，每个小组按10个人计算，就有550万个小组，如果每个小组平均创造价值1万元，一年就可增加550亿元，如果每个小组平均创造价值2万元，即等于大连市161个小组平均创造价值的1／7到1／6，一年即可增加1100亿元。相当于我们现在一年国家财政收入总额。这虽然不是马上就能轻易做到的，但也不是没有可能的，说明质量管理小组活动的潜力极大，是投入甚少、产出甚多的一大法宝。

经过五年多的实践，我国开展质量管理小组活动，已经取得了一些可贵的经验，主要有：

1. 各级领导重视，是搞好这项工作的关键；

2. 质量管理小组活动与企业方针目标管理相结合；

3. 质量管理小组活动与班组建设相结合；

4. 小组建设要从实际出发，类型多样，广泛采用“三结合”形式；

5. 抓好成果发表和经验交流。

总之，几年来质量管理小组活动有了较快的发展，积累了一些经验，创出了一批成果，取得了显著成绩，显示出强大的生命力。但是，发展很不平衡，有些地区和部门数量还比较少；有的流于形式，不讲求实效，理论研究不够，一些实际问题如奖励等，也没有很好地解决；成果发表、评选办法、巩固措施还不完善等，有待于今后逐步解决。

四、当前质量工作中的主要问题

1. 在思想方面，不少同志没有牢固树立“质量第一”的思想，往往片面追求产值、数量、速度，忽视质量；

2. 在政策方面，很多政策不是鼓励提高质量，而是维护落后，如干好干坏一个样、优质不优价等；

3. 在管理方面，我们国家现在基本上还是采用以事后检验把关为主的落后的管理方式，比世界先进工业国家落后了几十年，虽开始推行全面质量管理，但数量少，水平低，仍处于起步阶段；

4. 技术基础落后，如没有先进的标准、设备和测试手段，要提高产品质量是困难的；

5. 国家计划中基本上没有列出质量指标，因此，工作中就不容易把质量排到重要议事日程上；

6. 质量管理机构不健全。

五、几点意见

1. 要加强质量第一的思想教育；

2. 要改革不适应提高质量的政策、规定，国家计委、经委、财政部、劳动部、物价局、标准局等单位，要制定鼓励提高质量的政策、法规；

3. 要抓组织落实，建立健全各级质量管理机构；

4. 积极推行全面质量管理，深入、广泛、扎实地开展质量管理小组活动；

5. 加强技术基础工作，以提高产品质量为龙头，加速技术改造和产品升级换代，要落实措施；

6. 切实加强对质量工作的领导。

企业管理要以质量管理为主*

（1985年6月18日）

一切经济主管部门和企业必须牢记："质量第一"是个重大政策。产品质量是经济效益的内容，不能单纯地抓利润、抓数量，忽视质量。任何时候都要处理好数量和质量的关系。

从今年以来，有一些地区和企业把主要注意力放在工业产值的翻番上，忽视经济效益和产品质量的倾向有所抬头，有些优质名牌产品质量也波动、下降。上海市三种名牌手表在评比中全部落选。有的厂给我国南极考察团制造的专用物品，质量也出了问题。有少数企业甚至偷工减料、粗制滥造、以次充好，搞冒牌商标。冒牌名酒、名烟、手表、自行车和制造销售假药的案件也时有发生。这些现象，反映了我们在思想认识上和管理上的许多问题。一是质量意识差，有些企业在产品好销的形势下，"皇帝女儿不愁嫁"的思想有所抬头；二是经营思想不端正，见利忘义，不顾质量信誉，不讲职业道德；三是对质量工作的成绩估计不恰当，削弱了质量工作；四是对质量检查监督不严、不力、不经常，说得多、做得少。因此，一要端正经济工作的指

* 这是袁宝华同志在国家经委召开的质量检查工作座谈会上的讲话摘要。

导思想，努力改善经营管理，不能单纯追求利润而牺牲产品质量和经济效益。二要在质量管理工作上突出“管”字，企业领导要深入实际，掌握数据，取得管理的主动权。三要明确企业管理必须以质量管理为主，企业领导始终坚持质量第一的方针，积极推行全面质量管理，以优取胜。四要加强质量管理教育和培训，从领导干部到全体职工都要通过教育与培训，提高质量意识。

必须高度重视安全生产*

（1985年7月16日）

党中央、国务院十分关心职工的安全和健康。为了搞好安全生产，中央曾多次颁发文件，强调安全第一的方针。各个企业应经常检查，包括：是否认真贯彻了安全生产方针？有没有忽视安全的倾向？安全生产，人命关天，必须高度重视，决不可掉以轻心。要正确处理安全和生产的关系，安全问题是伴随着生产而产生的。我们讲生产，就包含了优质、低耗、高效、安全。生产一定要安全，只有安全才能保证生产的正常进行。

要安全生产，必须加强安全管理，这是企业领导者第一位的责任。安全管理是企业管理的重要内容之一。安全管理工作的目的，就是要防患于未然，努力减少事故，力争消灭事故。坚持安全第一，领导者要把安全工作作为第一位的责任认真承担起来，这是我们党和社会主义企业的性质决定的。现在事故多，原因是多方面的，有设备和安全设施上的问题，但最主要的还是管理薄弱。从已发生的重大伤亡事故分析，大多数是责任事故，有章不循，违章作业相当严重。有的是因为缺乏基本的安全生产知识造成的。

* 这是袁宝华同志在全国安全生产现场会议上的讲话摘要。

这里，我要特别说说地方小煤矿的安全生产问题。全国乡镇和个体煤矿已发展到6万多个（据不完全统计），1984年生产煤炭2亿多吨，占全国产煤量的27%，对经济建设和人民生活起了重要作用。但是乡镇和个体煤矿有相当一部分没有经过批准，基础差，事故多，伤亡大，影响小煤矿的健康发展，已成为当前亟待解决的问题。各级主管部门一定要认真贯彻执行国家发展乡镇煤矿的方针、政策和有关规定，切实加强乡镇和个体煤矿安全生产的管理和指导。加强管理机构，在经济体制改革过程中，凡因撤销、合并、下放等削弱了安全管理机构的，应予纠正。要抓紧开展乡镇煤矿职工安全技术培训工作。矿的负责人应具有必要的专业知识；特殊工种工人一定要经过培训，考试合格才能上岗位工作，并保持相对稳定。乡镇煤矿要建立安全管理制度，按规定提取维简费，开支必要的安全技术措施费用，改善生产条件和劳动保护措施，以保证小煤矿健康发展。各产煤省（区）煤炭厅（局）要搞好乡镇和个体煤矿的规划，合理布局，严格执行办矿审批手续，做好安全技术指导工作。工商管理部门凭开采许可证发给营业执照。各级劳动部门、经济管理部门和主管部门，要加强对小煤矿的监督检查工作。

加强安全生产管理，就必须千方百计地采取措施改善现有企业的安全条件。否则，所谓安全生产只是一句空口号。改善安全设施和劳动条件，经费从哪里来？黑龙江省牡丹江市筹集综合治理尘毒经费八条渠道的经验，各地可以借鉴。八条渠道是：(1) 每年从全市机动财力中提取10%；(2) 企业每年从更新改造资金中提取20%到30%；(3) 扩权企业从利润留成中提取10%到20%；(4) 企业主管部门，从超计划利润分成中提取10%；(5) 结合工艺改革治理尘毒项目，改造后有经济效益的，从本企业更新改造或大修基金中解决；(6) 集体所有制企业，从税后利润中提取30%；(7) 通过尘毒治理，回收的尾料、尾气、“三废”[1]综合利用而增收、节约的资金，5年不上缴，全部用于防毒；(8) 对超标准排放“三废”的企业实行收费和罚款，其收入除按规定上缴和留用外，全部用于环境治理。这就为落实规划，提供了有利条件。

凡关心生产，注意改善经营和努力提高经济效益的领导人，一定也是非常重视安全生产工作的领导人。安全生产是正常生产不可缺少的条件。一旦发生事故，轻则中断生产，重则造成伤亡和设备设施的破坏，也就不可能有好的经济效益。安全生产问题，必须引起各级经济部门领导同志，尤其是企业领导同志的高度重视，千方百计搞好安全生产，以保证我国经济持续、稳定、健康地向前发展。

[1] “三废”是对工矿企业排放的废气、废水、废渣等废物料的合称。“三废”是造成环境污染的主要污染源。治理“三废”是我国国策。通过“三废”治理，为人民创造优美适宜的生产和生活环境。

宏观控制、微观搞活要有一个正确的指导思想*

（1985 年 10 月 28 日）

全面进行以城市为重点的经济体制改革，是我国今后几年的主要任务和中心工作。经济体制改革是一场革命。它一定会给我国的社会主义四化建设带来新的进展，同时也会出现新的问题；它一定会使我国的社会主义经济体制取得新的突破，同时也会产生新的矛盾。这是一个事物的两个方面，必然会同时并存，交替出现。对此，必须有正确的、全面的认识。在决策时要全面考虑利弊得失，利大弊小的就下决心做，利小弊大的就不要做。在前进的过程中，有些问题是能够事先预见到的，要积极预防，尽可能早打招呼；但有些问题，甚至大多数问题是难以事先预见到的。因此，领导机关的责任，就是要不断研究新情况，解决新问题，及时提出必要的方针、政策和办法，预防和解决改革中新出现的问题。所以，要处理好宏观控制和微观搞活的关系，真正做到控而不死、活而不乱；或者说要有死有活，死和活有分寸。“笼子”的大小要适当，太大了养不起，太小又养不活。一位科学家做过试验，把一只麻雀长期关在小笼子里，不能活动，一旦放出

* 这是袁宝华同志在冶金部大型钢铁企业经济效益剖析会上讲话的部分内容摘要。

去，冲天而上，可是飞到高空后就掉下来，原因是死于心脏破裂，因为它的心脏没有适应能力。这就说明，“笼子”小了不能使它有活力。活力，活力，活了才有力。它在这个“笼子”里要能充分发挥聪明才智，奋发有为，锻炼成长，才有活力，进入市场才有竞争能力，市场变化时才有适应能力，原材料涨价时才有消化能力。所以，处理宏观控制与微观搞活的关系，要少搞一些直接控制，多搞一些间接控制；少搞一些批准权，多搞一些检查权。做到既放手把微观搞活，又从宏观上加强对经济活动的间接控制，这是改革的重要内容，解决好这个问题，就会为进一步搞活企业创造条件。

关于微观搞活，我认为也有一个指导思想的问题，即一个实事求是的思想路线问题。企业要真正解放思想、脚踏实地地去干，要有改革的精神。要改革，总要触动一些老的框框、老的习惯。挖掘内部潜力，同样会遇到这个问题。不只是外部简政放权有这个问题，内部挖掘潜力也有这个问题，所以我很赞成企业提出的专业经济责任制，它把各专业部门的思想打通了，积极性调动起来了，突破了这些专业部门好多老框框。要改革，就要有个正确的指导思想，这就是企业真正眼睛向内。改进和加强企业管理，提高经营管理水平，首先要树立这个指导思想。其次是内部放权问题。由于各个企业的具体情况不同，哪些放，哪些不放，放到什么程度，要根据本企业的具体情况而定。我们的一些企业有两个致命的弱点：质量低，消耗高。现在我们的产品打不进国际市场，虽说有外国的保护主义，但许多是我们的产品质量不行，或者说质量不稳定。我们有些企业，样品搞得很好，真正要大批量生产就不行了。1964 年我买了一块北京手表，很好，一直用到现在。那是试生产，质量很好。后来大批生产，质量就不行了。所以，日本手表厂的人，到中国参观后说：上海手表厂是设备最差、质量最好；北京手表厂设备最好、质量不好。上海有个永鑫钢管厂，设备一般，但它的产品质量好，做出的东西确实不错，受到用户欢迎。1958年前，我们专门总结了这个厂的经验。我当时还在《冶金报》上发表过一篇关于它的社论。

现在看来，要真正挖掘内部潜力，就是要进行经济效益剖析，找出企业内部的主要矛盾在哪里，薄弱环节在哪里。近年产品质量下降，“萝卜快了不洗泥”，我们领导上抓得不紧，已作了检讨。像马钢、鞍钢的产品质量出了毛病，是我们没有想到的，这给我们敲了警钟，有好处。冶金部抓这件事抓得比较及时。要从这件事抓起，抓住不放，一件一件地分析研究。只要我们集中力量去攻这个薄弱环节，问题就一定能够得到解决。

加强管理，发展医药事业*

（1985 年 12 月 11 日）

党的十一届三中全会以来，医药行业在调整、改革、整顿、提高和对内搞活经济、对外实行开放方针的指引下，实行了产销结合，中西药品和医疗器械统一管理体制，国务院发布了《关于加强医药管理的决定》，从组织上保证了医药经济建设和改革的顺利进行，在生产供应、企业管理和整顿、技术进步、科研教育等方面，都做了大量的工作，取得了明显的成绩。

从产品质量上看，近几年医药行业开始推行全面质量管理和标准化管理。很多企业逐步建立完善了质量保证体系，促进了产品质量的提高。利用外资和引进、消化、吸收先进技术的工作进展比较快。近几年有 500 多个新产品投放市场，产品结构趋向合理。中药材紧缺品种从 140 种下降为 81 种，全国中药平均成方率达到 90%。医疗器械品种规格大幅度增加。近五年共取得医药科技成果 1200 多项，部分成果已投入生产，转化为生产力，取得了明显的经济效益。

1985 年以来，大家认真贯彻《药品管理法》，深入开展质量大检

* 这是袁宝华同志在全国医药管理局长（总经理）会议上的讲话摘要。

查，把查处制售假药、劣药和纠正购销中的不正之风作为中心工作来抓，先后查处了晋江假药，河北魏县、安徽淮北销售淘汰药，以及非法经销安钠咖案件，整顿了医药市场，打击了违法行为，纠正了一部分企业忽视产品质量、药品质量下降的问题，端正了经营作风，医药管理工作有一定的加强。

据统计，医药行业已提前两年达到了“六五”规定的主要指标。医药工业总产值平均每年递增15.4%，医药总销售额平均每年递增8.6%，工商税利平均每年递增7.2%，医药产品5年累计创汇27.4亿美元。医药生产和流通已经开始出现持续、稳定、协调发展的新局面。

几年来医药工作的成绩很大，但问题不少。对质量问题和不正之风问题，决不能掉以轻心，一定要继续狠抓不放，敢查敢管，抓出更大的成效来。

下面就医药工作几个问题讲些意见：

1. 加强中药管理。中药工作，要争取三年大见成效，这是国务院提出的战略任务。

首先，必须大力加强中药材的信息指导和生产、收购工作，特别要重视紧缺品种和小品种的生产、收购。这和市场上小商品脱销的道理一样。目前一部分小药材品种的生产、收购下降问题比较突出，潜藏着新的供需脱节，必须采取得力的措施，防止出现新的紧缺。

其次，要加强中药的质量管理工作，采取有力的措施建立起一套完整的中药质量管理制度，建立和健全各个生产经营环节的质量管理和检验机构。凡是伪、劣药材，质量低劣的药材，一经发现，立即封存，停止销售，就地销毁。要继续把提高饮片质量的问题放到突出的地位加以解决。

第三，要努力发展中药科研工作，推广科技新成果，加快新技术的推广和应用。要吸引社会各业的科研力量，为中药的科研开发服务。要重视对中药技术人员的培训工作，特别要发挥老药工的作用。老药工有丰富的经验，是我们的宝贵财富，要认真总结他们的丰富经验，使之系统化、理论化并继承发扬。国家医药管理局给老药工颁发荣誉证书，召开老药工代表大会表彰他们的事迹，这对于发挥老药工的积极性，继承和发扬祖国在这方面的传统和优势，有着重要的意义。要总结中药方面的经验，整理成丛书。这是我国医药事业发展的一项重要基本建设工作。中药资源保护工作，要制定政策。现在有些地方有些品种的中药资源受到严重破坏，要坚决予以制止。

2. 加强医药质量管理工作。药品、医疗器械的质量关系到人民的健康和生命安全，具有特殊的重要性，必须狠狠地抓，坚持不懈地抓。

首先，牢固树立质量第一的观点。提高产品质量是一项战略任务，要有战略的眼光。过去，毛主席讲过：质量第一、品种第一。他认为质量品种起带头作用。我们要充分认识其意义和重要性。现在实行对外开放，我国工业产品面临着同国外产品的激烈竞争。产品质量的好坏是我们能否在世界市场竞争中取胜的关键。扩大出口创汇，最根本是靠产品质量和开发新的品种，提高产品的竞争能力。要争取有更多的医药产品进入国际市场，某些品种要占领国际市场。

其次，加强质量管理的基础工作，这是我们管理工作的薄弱地方。管理的基础工作是反映企业管理水平的信息源，也是我们行业的信息源。正确的记录是正确的信息，虚假的记录就是错误的信息。要加强质量管理，就需要加强质量管理的基础工作。要提高产品质量，就要提高基础工作的质量。所有企业都要保证达到国家标准和地方标准，把全面质量管理活动经常化、制度化。

第三，抓好企业的技术进步，为提高产品质量创造条件。引进、消化、吸收先进技术，采用先进设备、材料和工艺流程，都要着眼于保证和提高产品的质量。当前，中西药、新药产品的开发力量比较薄弱，应有计划地加强这方面的研究工作。要加强技术改造和科研成果的生产转化，加速产品的更新换代。

第四，加强对企业的监督检查工作。各级医药管理部门腰杆子要硬，要敢抓敢管敢处理。对全国所有医药企业的质量问题，包括乡镇企业的医药产品质量问题，都要加强检查。要加快建立健全行业质量监督检测机构的步伐，已经建成的国家级检测中心要尽快开展工作，逐步形成全国性的质量检测网。检查和监督工作要做到经常化。对名优产品，凡质量下降的，或因管理粗放不能保证按优质标准生产的，都要收回奖牌，取消其荣誉称号。当然，恢复到优质标准的，荣誉称号还可以恢复。要赏罚分明。

3. 加强计划管理。根据医药商品的特殊要求，医药生产、供应工作的计划管理，只能加强，不能削弱。在改革过去老一套计划管理办法的基础上，逐步建立健全适应微观搞活和宏观管理要求的新的计划管理体系。既要加强宏观控制，又要把微观搞活。医药产品要保持一定比例的指令性计划，这是由医药不同于一般商品的特殊性质决定的。对于定为指令性计划管理的关键品种，要严格按计划生产、调拨和销售。指令性计划指标不光是数量指标和经济效益指标，更重要的是保证质量的指标。实行指导性计划管理的品种，各生产经营单位必须按指导性计划指标组织生产和经营。指导性计划一定要有指导性的手段。不光是行政手段，还要有经济手段和其他方面的制约手段。非计划管理的三类小品种，各级医药管理部门都要放权给企业，同时搞好调查研究，进行检查、监督，不能完全放手。特殊的医药品种仍实行严格的特殊专项管理。

对医药这一特殊商品，还应在管理上给予特殊政策。如给予低息贷款，税利实行优惠政策，在价格上给地方更多的自主权，对一些小品种医药还需在财政上给予扶植与补贴等等，以利于医药事业的发展。

4. 加强行业管理。随着国家管理经济的职能范围和管理方式的变化，国家医药管理局要从具体管理系统内企业的生产经营转向搞好全行业管理。国家医药管理局是全国医药行业的主管部门，全国医药行业的管理都要由国家医药管理局负责。行业管理不是行政那一套管理办法，不是要任命干部，不是要财务核算，不是物资调拨，主要是对全行业进行宏观管理。国家医药管理局要尽快地建立完善全国医药行业管理体系，制定行业管理办法，把全国医药行业管理搞好。

产品评优应坚持高标准、严要求、少而精*

（1986 年 10 月 16 日）

国家质量奖的审定工作是件大事。打倒“四人帮”后，我们开始抓整顿企业、抓产品质量。党的十一届三中全会后，我们从 1979 年开始评选国家优质产品，到现在已 8 年之久。国优产品由最初 100 多个，发展到 1985 年 700 多个，说明这件事得到了大家的重视。

产品质量是企业的生命，开展评优活动是提高产品质量的重要措施之一。实践证明，开展评优活动，促进了企业整顿，促进了新技术应用和新产品开发，促进了产品质量和企业素质的提高。但也存在不少问题。比如，奖牌数量过多，有些产品质量标准弹性大、不科学，个别人有不正之风等等。领导批评我们评得太滥，群众也议论纷纷。

鉴于这种情况，有的同志提出，评优工作还要不要继续搞下去？我们经过反复考虑，认为评优有重要作用，还应坚持下去，关键是要改进评优工作。怎么改？应主要从以下四个方面努力。

第一，要坚持高标准，严要求，少而精。用数据说话，压缩金（银）牌数量。实践证明，少则精，多则滥。

* 这是袁宝华同志在国家质量奖审定委员会审定 1986 年国优产品会上的讲话。

第二，要坚持专家与群众相结合。专家评很重要，应尊重专家作用，但群众是用户，对用户评价必须高度重视。

第三，要坚持行业把关，不搞平衡照顾。要逐步改进优质产品结构。小商品反映千家万户需要，应当评优，但关系国计民生的重要产品比重要大一些。

第四，要不断总结评选工作经验，修订评选条例。同时，还要加强群众、用户对优质产品的质量监督。

坚持不懈地贯彻质量第一方针*

（1987 年 2 月 25 日）

中国质量管理协会建立已有八年了，八年里，取得了很大的成绩。特别是在开展全面质量管理活动中，取得的成绩尤为显著，质量管理工作在企业里这样广泛深入地开展，可以说是空前的。“文革”以前，我们也讲质量，可是再讲，质量也搞不上去。不要说质量，就是产品的品种，都是几十年一贯制。我们开展这么广泛深入的质量管理活动，这么多人参加，这么多质量管理小组，已注册登记的累计数有 97 万个，去年实际登记数为 39 万个，如以每个小组平均 10 人计算，就有 1000 万人参加。这是相当广泛的群众运动。大家回想一下，过去为什么做不到这条，今天能够做到这条？这是我们贯彻十一届三中全会以来的路线、方针、政策的结果，是实行改革、开放、搞活方针的结果。

经过这几年质量管理工作的开展，在加强质量管理和提高产品质量方面，都取得了很大成绩。特别是从 1982 年开始的四年企业全面整顿，给企业管理打下了很好的基础。在这个基础上，我们又提出来

* 这是袁宝华同志在中国质量管理协会秘书长会议上的讲话，原载于《质量管理》，1987 年，第 4 期。

进一步加强企业管理工作，开展企业的升级活动。抓管理上等级，对企业进行综合评价。在综合评价中，突出考核质量、消耗、效益三项指标。这就把质量工作和企业的全面工作更加紧密地结合起来了。因此，在企业管理上，要真正做到以质量管理工作为中心，来带动整个企业的管理工作，这是一方面。另一方面，从今年开始，在全国开展的增产节约和增收节支运动，也是多年来没有这样做了。今年党中央和国务院再次强调艰苦奋斗、勤俭建国的方针，因为我们是发展中的社会主义国家，我们底子很薄，真正要使我们的国家达到一个中等发达国家的水平，必须要艰苦奋斗几十年。过去几年，错误地倡导了高消费，对我们影响很大，很不利于我们真正通过艰苦奋斗去建设一个社会主义强国。建设一个社会主义强国，不能从天上掉下来，也不能靠国外送给我们，要靠我们亲自动手，艰苦奋斗得来。总之，建设一个社会主义强国，无论在思想上，还是在具体工作上，难度都是相当大的。提倡了高消费，把大家胃口吊起来了，再提倡艰苦奋斗，转思想弯子很难。昨天我在全国职工思想政治工作年会上专门讲了这个问题。为什么呢？各种条件都发生了变化，一个企业，讲的不是降低多少成本，而是讲少提高多少成本。在这种情况下，再要求降低成本难度就相当大。因为好多问题不是企业所能决定的，企业的命运不是企业所能掌握的，有好多是受外部条件所影响的，所以难度很大。越是这样，我们就越要采取坚决的措施，在这个关系到我们要建设什么样的国家的重大问题上，有所突破。从什么地方突破？应从提高产品质量上突破。有的同志讲，降低消耗，在实物上可以降低，要按金额来计算，可能还要提高。有的同志讲，不仅原材料、动力的价格提高了，也包括一些摊派、非经营活动支出，最后在企业留利中开支不了，千方百计进入了成本。真正做到增产节约、增收节支，谈何容易。现在看起来，质量、消耗和效益中，真正要抓的“牛鼻子”，还是质量。所以，就质量问题，我想提几点意见。

第一，要提高质量，首先要靠改革。改革把企业推到竞争的第一线上去，因此，不提高质量，就没有竞争力。质量是企业的生命，是生死问题，是站住站不住的问题。另外，从价格上，实行优质优价，促进大家提高质量。当前，质量管理工作开展得这么深入广泛，这是改革、开放、搞活给带来的。要真正提高质量，首先靠改革，但光靠改革还不行。我国是社会主义国家，人民生活水平总是要不断提高，固定资产投资总是要不断扩大，固定资产规模不扩大，经济发展没有后劲。有的经济学家说，我们社会主义经济的运行是命定的“紧运行”，进入市场的产品总是供不应求。这样，我们的产品面临的问题总是“萝卜快了不洗泥”。不管你主观上如何要求提高质量，客观上则是鼓励不提高质量也能把东西卖出去。当然，有些产品不提高质量卖不出去，那是供应在一定程度上超出需求。无论是供不应求还是供大于求，都必须靠提高质量。

第二，要加强质量监督。在一定程度上，必须有相当有力的行政干预。中央领导同志讲，国家经委抓了每个季度的产品质量检查，取得一些效果，还需要继续采取有力措施去抓这件事情。

第三，继续加强质量管理工作。首先还是思想领先，让大家了解产品质量的提高在整个社会主义建设中的重要意义，提高和加强全体职工的质量意识。其次，还是要开展群众性的质量管理活动，也就是质量管理小组活动。这几年，质量管理小组活动取得很大成绩，在这方面需进一步加强工作。这方面工作做得好，确定有效果，所以要加强。整个企业管理是群众管理，尤其是质量管理，更需要建立在全体职工群众自觉活动的基础上。加强质量管理，还有一条就是把质量管理制度和质量管理队伍切实加强起来。这是我们的基础。

产品评优一定要坚持高标准严要求 *

（1988年1月12日）

关于国家质量奖评选工作，朱镕基同志作了全面的总结并归纳了五点经验：一是评优质产品标准要明确，要采用国际标准，要达到国际先进水平；二是检测手段要完备，要靠数据说话；三是评选方法要完善；四是行业管理要改进，要进行全行业管理，考虑行业中所有企业，而不能是部门管理，行业评选对任何部门的企业都要一视同仁；五是要控制奖牌数，宁少不多，宁缺毋滥，保证质量，保证水平。这些意见很好，我都赞成。

评奖的确起了重要作用。随着改革开放和党的工作重点的转移，商品经济大大发展，国内外新技术日新月异，用户和消费者的要求越来越高，市场竞争日趋激烈，广告宣传五花八门，令人眼花缭乱。市场促生产、促质量，国外促国内，在这种情况下，国家质量奖作用很大，国优称号越来越为用户所注意，为广大企业所重视。同时，评选促进了生产，推动了技术进步，提高了产品质量。产品质量是企业的生命线，提高产品质量是企业的社会责任，不仅要讲究企业的经济效益，也要讲究社会经济效益。我们在加强行政监督，实行优惠政策的

* 这是袁宝华同志在国家质量奖审定委员会会议上的讲话摘要。

同时，实行精神鼓励、荣誉奖的办法，促进了质量管理，从而也促进了企业管理水平的提高和企业素质的提高，对社会贡献很大。正因为如此，我们评审工作责任重大。

1. 评选工作一定要坚持高标准、严要求、少而精、不照顾、宁缺毋滥的原则。“质量第一、永远第一”的提法很好，要贯彻这个精神，质量要摆在首位，永远摆在首位。企业升级重点还是质量指标，要提高质量，降低消耗，提高经济效益，质量是带头的。在企业管理中，质量管理是牛鼻子，抓住它就能带动各项管理工作。各行业的标准要进一步修订，质量检测工作要进一步提高，评选办法要进一步改进，真正做到数据说话，符合评选原则。

奖牌要少发，多则滥。现在整个企业素质尚未提高，少发一点符合实际，对提高产品质量有好处。下决心卧薪尝胆，憋它三年五载把水平逼上去，把质量搞上去。

2. 要加强行业的评选工作，加强评优的计划性。行业评选是评优的基础，一定要搞好。有计划就不忙乱，就能处于主动地位。

3. 要改进检查评选的组织工作。现在，许多产品供不应求，但有的产品供过于求，竞争激烈。企业对检查评选非常关心，对存在的问题反映强烈。我们要正视这些问题，实事求是，总结改进。一项工作有好作用，但往往也带来一些负面作用。如有的企业评奖要接受四五次检查，穷于应付，这个问题应引起我们的注意，认真改进，坚决纠正不正之风。

要十分重视调查研究，把企协办好*

（1988年7月9日）

今年4月我在中国企协和企业家协会理事会全体会议上提出，企协已面临着严重的竞争局面，如果不提高我们的工作质量，就有可能成为竞争中的失败者。要在竞争中取得胜利，就必须不遗余力地提高我们的工作质量。现在大家都在研究如何提高企业经济效益的问题，研究当前工业生产形势问题，例如，发展速度是高了还是低了，是喜还是忧，是祸还是福。我们应围绕这样一些企业关心的问题，通过深入的调查研究，做出有说服力的回答，以提高服务质量。这方面我们有许多工作要做。

第一，要真正深入实际调查研究，抓住当前迫切需要解决的重大问题，抓住热点、难点，找出疑点，提出有权威性、有说服力的意见，扩大企协和企业家协会的影响。否则，中国企业管理协会和中国企业家协会的工作就会落后，落后就会被淘汰。形势是严峻的，竞争是无情的。

第二，对改革中出现的新的苗头要敏感，要有预见，要进行超前

* 这是袁宝华同志在中国企业管理协会副处长以上党员干部会议上的讲话。

研究，这才是真本领。不能上边提出一个问题，我们才研究一个问题，那样就永远跟不上，既跟不上领导，又跟不上群众，永远处于落后状态，在竞争中处于被动的状态。对改革发展进程中和实际经济生活中的一些萌芽性的问题，我们要下功夫研究。调查研究不只是研究部的工作，而是中国企协人人都要做的，尤其是领导同志要带头做，当然研究部的同志要全力以赴地去做，这样才能使企协摆脱被动的局面。

第三，组织力量进行攻关。找到了难点、热点或者疑点，就要组织力量进行攻关。我相信我们有这方面的优势，一是我们许多同志有做调研工作的传统，这是基础。要总结我们的经验，发挥我们的优势。二是我们的联系比较广泛，不仅同经济部门、领导机关有联系，还有各地企业管理协会、企业家协会和广大的企业、学校、科研单位。同时，我们还有一批搞企业研究的报刊。中国企协不仅要自己攻关，同时还应利用现有的联系渠道，办研讨班，开座谈会，组织大家攻关。

企业管理协会、企业家协会，顾名思义，是从事管理的社团组织，它们团结和联络了一批企业管理的专家。企业管理协会要先把自己的事情管好。要别人办的事情，自己要先办好，不然就失去了发言权。一个厂要有好的厂风，一个协会也要有好的会风，不能让自由主义泛滥，不能容许纪律松弛的现象。干部要互相尊重、互相支持。许多同志工作很辛苦，“两眼一睁，忙到熄灯”。但是，也不是每个人都那么紧张。企业不养闲人，协会也不能养闲人，我们的队伍要精干。所谓精干，就是每个人都要充分发挥自己的作用，把自己的分内工作做好，把自己的潜在能力发挥出来，共同把企协办好，共同为建立良好的会风而奋斗。为此，一要继续解放思想。我们的思想要适应形势的发展，不断更新观念。中国企协是 1979 年 3 月成立的，是改革开放中的产物，其自身也在不断改革，不断更新自己已经过时的观念。去年我们总结了八年工作，得到中央领导的肯定。但成绩只能说明过去，不能躺在历史成绩上睡觉。新事物层出不穷，新生力量不断向我们挑战，只有破除自满保守思想，才能激发我们的危机感和紧迫感。如果我们没有危机感和紧迫感，就有可能成为失败者，在竞争中被淘汰。企协各部门在工作中不准各自为政或滋生消极埋怨情绪，要提倡互相尊重、互相谅解，团结一致，和衷共济。相互谅解比什么都重要。改革的前途是光明的。企协有光荣的过去，有光明的未来，可是面对激烈的竞争，我们还有重重困难，若不互相尊重、互相谅解，就不能和衷共济。大家应有历史使命感、责任感。改革者应不怕困难，不怕遭到非议。虽然人言可畏，但不能在非议中消磨掉我们的志气和勇气，要有改革者的气魄和勇气，要树立百折不挠、勇往直前的进取精神。要努力开拓进取，振奋精神把企协办好。

二要团结协作，严格纪律。不利于团结的事不办，“三老四严”的大庆精神在企协要发扬，现在大庆的“三老四严”、“三基工作”[1]又有新的发展。大庆人励精图治，精益求精，人人做思想政治工作，正是今天我们所需要的。

三要公正廉洁，勤俭办事。现在社会上有一种说法，说“高薪才能养廉”。怎样做到廉洁？古今中外有两条路子。一条是增加你的收入，叫“高薪养廉”。另一条是俭以养廉。实践证明，前者不一定能养廉，而后者才是廉洁的基础。

四要端正服务态度，提高服务质量。有人讲，封建社会一切向权看，有权即有势；资本主义社会一切向钱看，钱可通神。社会主义社会提倡什么？这个本来是已经解决了的问题，改革开放后又提出来

[1] “三基工作”即基层建设、基础工作、基本素质。

了。就是说，有些人脑子里封建主义的东西没有消除，资本主义的东西又大量涌进，既向权看，又向钱看，公开伸手向组织要权要钱而不脸红。日本人倡导的道德标准是“知耻”，即孔子的“知耻近乎勇”。我们提倡的社会主义道德标准是全心全意为人民服务。这就是人生的价值。人生价值说到底就是为国家的富强、社会的进步和人类的幸福建功立业。在这个问题上，同志们要带个好头，要真正认识到它的重要意义，提高自己的政治自觉性，勇敢地带好这个头。我相信，在协会只要领导带头，党员发挥模范作用，就可以树立起一个良好的会风，企协工作就会蒸蒸日上。

学习外国先进经验的目的是博采众长、自成一家*

（1988年9月）

改革开放以来，我们重新认识了世界，这才真正意识到我们落后了。经济上落后，技术上落后，这些比较容易被认识和接受。但是，更要引起警觉的是，我们在管理上以至观念上更加落后。

落后了就要追赶上去，要追赶就要放下架子，虚心学习。这些年有许多人漂洋过海，或考察，或进修，或学习，无疑是起了很大作用的。但中国如此之大，企业如此之多，能出去看看的人毕竟是凤毛麟角。而出去的人倘能都把见闻、感想写出来，让更多的人阅读，引起思考，引起议论，效果就会更好，发挥的作用也会更大。

本书作者大多是富有经验和进取心的经理、厂长，在实践中遇到许多问题，希望在考察或进修中找到解答的钥匙。他们到GE公司这样一个在美国企业管理上享有盛誉的多种经营的大公司去学习，确实是个极好的机会。他们不是单纯学理论，而是学了理论，又去实习。而且由于实习和实地考察，他们有较多机会与GE公司各级管理人员直接交流和讨论，所见之广，所获之多，所思之深，确实不同于一般

* 这是袁宝华同志为《取胜之道——美国通用电气公司的管理》（北京，职工教育出版社1989）一书写的序言摘要。

走马观花的参观学习。

我们学习的目的是博采众长、自成一家。所以时时事事都要联系中国的实践来思考。这本书的选材立论都是有所见才有所述，有所感方有所发。我们进行企业所有权与经营权分离的改革，进而完善社会主义的全民所有制和集体所有制，书中就选了集权与分权，体现所有权对经营的监督和改善的手段这样一些题目；我们改革政府职能，实行政企分开，书中就谈到独立担负经济活动及责任的企业，必须根据企业所面临的环境和挑战制定自己的战略目标、战略规划和战术措施；我们正在通过联合与兼并组建行业中举足轻重的骨干企业集团，书中就论及大企业的组织机构和权力分配机制，企业兼并，集中企业内外资源用于发展关键的业务，调整产业和产品结构，以及多种经营的大企业在竞争中的优势等问题；我们正在建立社会主义商品经济的新秩序，书中就重彩浓墨，细述了不同行业的特点，处于市场发育不同阶段的市场营销战略和规划；我们要培养造就新一代的企业家，书中就谈到了人才资源的发现、培养、考核和使用等的一系列方法；我们正在推行现代化的管理和方法，书中就对从研究开发、生产管理、质量控制、销售服务、筹资理财直到计算机在企业中的应用，做了大量的介绍和论述。这种联系实际、不尚空谈的思想方法，是我们在今后的学习和论著中应该提倡和发扬的。

书中还介绍了 GE 公司采用的一些有借鉴意义的做法，中国企业家不妨试一试，在改革中用一用别人成功的经验。当然，外国的经验再好，毕竟是人家的，要变成我们的财富，只有结合中国的情况，创造性地运用，在运用中改进、补充、再创造，形成我们自己的管理理论和方法。

再说一遍，学习是重要的，但更重要的是实践，在改革中的开拓和实践。

谈有关治理整顿中的几个问题*

（1988 年 11 月 29 日）

一、消除经济过热要区别对待不搞一刀切

经济过热是当前治理经济环境、整顿经济秩序中遇到的一个问题。消除经济过热是十分必要的，但我们要实事求是地分析经济过热的原因，要区别对待，不能一刀切，否则会造成生产萎缩。如当前固定资产投资规模过大，这是事实，可是大在哪里，就要进行具体分析。不能说压缩固定资产投资规模，就不管是生产性的还是非生产性的一刀切下来。所谓过热，就是办力所不及的事，如：没有正当原材料来源的重复建设、重复布点的家用电器与易拉罐厂等，没有条件但已发展起来的企业、乡镇企业，特别是一些非生产性建设过多。建那么多的高级宾馆却没多少人去住，而中低档宾馆又不够。还有产品质量和性能差、大量消耗能源和短线原材料的企业，有的不仅要压缩，而且要停产或转产。我们的企业，要从治理、整顿和改革的大局出发，压长线，保短线，不追求产值，而求适销、质量、效益，保证有

* 这是袁宝华同志在中国企业管理协会召开的第十五次厂长座谈会上的讲话摘要。

效供应。企业主管部门要考虑产品以至产业结构调整的全局，考虑经济持续稳定发展的后劲，统筹安排，长期打算，决不能只顾眼前。

二、企业的短期行为主要在于政府的短期行为

现在搞掠夺性经营、搞短期行为的企业毕竟还是少数。企业出现的短期行为主要不是企业自己造成的，与其说是企业的短期行为，倒不如说是政府的短期行为，因为企业的短期行为主要是由主管部门的不合理要求与改革不配套等原因造成的。如政府部门要求企业生产发展直线上升，必然逼迫企业只考虑当前，而忽视长远规划。这是违背客观经济规律的。按经济学原理，哪年投入的多，哪年的生产速度就会受到影响。因此，政府的管理办法应当改革，应当逐步实现“国家调节市场，市场引导企业”，使企业真正按客观经济规律组织生产，进行经营。当然，各级政府现在也有难处，如财政体制上的分灶吃饭，逼得它们搞短期行为、搞重复建设，这个问题要在深化改革中加以解决。

三、厂内待业是我国的一大创造

优化劳动组合是1988年以来许多地区都在抓的一项工作，还处在摸索过程中。这个问题不是一下子就能解决好的。首先，我们应该承认企业的职工人浮于事。据劳动部的同志分析，现在企业普遍多15%—20%的职工。有些厂长反映富余职工的人数达30%或40%。其次，要开闸先得修好渠道。现在，我国还没有健全的劳务市场，已有的劳务市场处于萌芽状态，是初期阶段的；还没有建立起健全的社会保险制度。富余人员这一包袱，我国的企业在近期还放不下来。

厂内待业是我国的一大创造。10 年前我去日本考察时，他们特别强调终身雇佣制。可近几年的日元升值，逼得他们解雇工人，把一部分职工推到社会上去。我国现在还不能这样做，只能采取过渡的办法。社会上要有一支待业队伍，不过现在要逐步过渡，一方面国家要采取办法，另一方面企业还要承担一部分社会职能。实行厂内待业是一大创造。当然，最好采取多种经营的方法来消化富余人员。企业实在安排不下的富余人员，把他们养起来也比放在企业里面好，这样做有利于企业的健康发展。富余人员的安置问题，是目前企业深化改革中所遇到的一个重大问题，一定要妥善解决好。

四、企业一定要“内改外争”

我很赞赏企业要“内改外争”的意见，即企业既要以内部改革为主，又要争取好的外部条件。“内改”，就是要把转变企业内部的经营机制作为深化改革的重点。怎么改，有些同志提出，把乡镇企业的经营机制引入国营企业，要引入乡镇企业灵活的经营机制，结合国营企业的特点加以运用。把乡镇企业的经营机制引入国营企业的这句话不光是对企业讲的，应该说主要是对企业的主管部门讲的，是要主管部门还权于企业。企业只要照章经营、照章纳税、遵纪守法，谁都不能干预。可是我们现在还不可能把所有的国营企业改变为这样的企业。有些地区正在试点的特区企业，实际上也是引入乡镇企业经营机制的“无上级”企业。事实上乡镇企业也不是手脚不被捆住的企业，有人说乡镇企业又叫“乡长企业”，无非是除了要钱以外，其余他什么也不管。企业内部要进一步深化改革，就要大力推行管理现代化。从实质上讲，管理现代化就是企业改革，管理现代化的指导思想就是把企业全体职工的积极性调动起来，因为企业活力的源泉在于职工的主动性、积极性的充分发挥。

“外争”，就是企业内部改革要争取一个好的外部条件与之配合。因为没有一个好的外部条件，就不可能真正转变企业的经营机制。所以，企业要大力宣传自己，要让全社会了解和理解自己，争取社会的力量支持自己的内部改革。国外许多企业都设有公共关系部门，宣传自己企业的产品、质量和服务，提高声誉，扩大影响。我们的企业埋头苦干的精神值得发扬，但仅仅埋头苦干还不够，还必须学会大张旗鼓地宣传自己。

关于推广企业内部管理科学方法给李鹏等中央领导同志的报告*

（1989年1月17日）

在张兴让创造“满负荷工作法”前后，全国还有一些企业适应深化、配套、完善、发展承包经营的迫切需要，积极创造适合本企业实际情况的企业内部管理方法，取得了较好的经济效益。最近，中国企协研究部召开研讨会，对安阳齿轮厂、博山水泥厂、陕西内燃机配件一厂、上海金陵无线电厂、阿城继电器厂等企业创造的管理方法进行研讨，并给予较高评价。

安阳齿轮厂的“企业经济效益保证法”，是该厂厂长李万春于1981年因企业连年亏损、濒临倒闭，职工四散谋生的情况下，受命到厂抓扭亏后，逐步创造出来的，这一方法的实质，是以系统论的理论为指导，按照一定时期内所能达到的最佳效益目标，以定额成本控制为核心，实行生产经营各环节的全方位超前控制，并把分配同控制效果紧密结合起来。1981年4月起实行这种管理方法，企业当月保本，

* 中央领导同志看到报告后，于1月20日批复：“加强企业内部科学管理非常重要，有很大潜力。应该集中一些企业的先进经验逐步推广！”“二汽有一个车间，采用日本人的管理方法，什么投入也没增加，人员减少三分之一，产值增加三分之一。二汽正在推广，又及。”

此后连年盈利。1988年在消化原材料涨价因素150万元情况下，仍可盈利130万元左右。

博山水泥厂的“规范化工作法”，是该厂厂长傅庆馥1984年担任厂长后，在不断总结“以严治厂，科学管理”的经验，对企业外部环境的挑战和内部管理方面的差距进行深刻思考，对人的行为进行深入分析的基础上，于今年5月份提出来的一种管理方法。这一方法用一句话概括，就是“三定（定岗、定责、定薪）、五按（按程序、按路线、按时间、按标准、按指令操作）、五干（干什么、怎么干、什么时间干、按什么路线干、干到什么程度）”。其总的要求是强化经济责任制，克服人的消极随意性，增强职工的时间意识、标准意识、程序意识和竞争意识，同时解决同岗、同责、不同酬的问题，充分调动职工的积极性。该厂自实行这一方法以来，职工群众的进取精神激发了起来，按规范进行工作的习惯逐步形成，全厂生产、生活秩序井然，各项主要经济技术指标都创历史最好水平。

陕西内燃机配件一厂的“责任价格控制法”是该厂领导班子1983年年初上任后，在落实承包过程中，逐步发展起来的。其主要之点是：将产品成本构成中的劳动消耗和物资、费用消耗，分部门、分工序，按质量要求，制定出每个定额工时值多少钱的“责任价格”，用以控制生产经营活动。厂部对各单位和个人按其完工的合格产品和劳务实绩，比照“责任价格”，考核结算，决定其工资收入和奖金。该厂实行这一方法后，于1983年到1987年5年间，在原材料、辅助材料分别平均涨价92%和50%，产品降价5%—10%，不增人员、投资的情况下，产值和实现利润分别平均增长27.9%和47.2%，可比产品成本平均降低4%，职工收入由年平均717元增加到1570元。1988年的情况也不错。

上海金陵无线电厂（集体企业）学习外国进行工作研究的“模

特（MOD）法”，从 1987 年下半年开始，在全厂所有生产线上对人的动作进行研究，实现了减人增产、提高质量、提高流水线能力负荷率、增收节支和扩大市场的目的。TJT—2A 机械式调谐器装配生产线，用“模特法”平整后，印度客商看了，觉得比英国的先进，已签订了引进意向书。

阿城继电器厂从 1986 年 5 月开始，推行“定置管理”。“定置管理”是以生产现场为研究对象，分析人、物、现场的状况，以及它们之间的关系，通过整理、整顿，改善生产现场条件，促进人、机器、原材料、制度、环境有机结合的一种科学方法。由于实行“定置管理”，改善了劳动条件，增强了职工质量第一的意识，减少零部件磕碰划伤，提高了质量，安全生产得到了保证，现场物品存放标准化、规范化、信息化，提高了工作效率，便于掌握各类物品的占有量，为减少损失、降低成本创造了条件，资金管理也得到了加强。

这些企业创造的管理方法，虽侧重点各有不同，但都具有一定的科学性。有的方法虽还不够完善，但仍不失为强化承包经营过程管理的有效方法。

承包经营需要管理，管理需要进一步加强。这些企业在实行承包经营中，踏踏实实抓管理，靠有效的管理实现承包经营的目标，经验很可贵。应当对这些经验进行认真总结，并介绍给更多企业。现已开始在报纸上分别宣传报道。

以上报告，请审示。

办好刊物要强化改革意识、质量意识和经营意识*

（1989年1月30日）

办好《企业管理》杂志，我认为编辑部必须进一步强化三个意识：改革意识、质量意识和经营意识。只有加强这三个意识，才能在日新月异的改革发展中，在众多兄弟刊物的竞争挑战中立于不败之地，长盛不衰。对编辑部、编委来说，都有一个对内有没有凝聚力，对外有没有吸引力的问题。治理整顿大环境固然重要，但每个单位都要努力搞好自己的小环境。各个小环境搞好了，大环境也就好搞了。在这个问题上，不能“等、靠、要”，要立足自己的努力，要自强不息，奋斗不止。

第一，改革意识。改革是不断前进的，思想要不断适应改革的需要。现在，思想观念、精神面貌要不断刷新、前进，以适应社会主义初级阶段、有计划商品经济和管理现代化的要求。管理现代化在一定意义上是管理的改革。现代化就是除旧布新，不能故步自封，不能躺在已有的成绩上，永远不能躺下，要兢兢业业担负起这一重要任务，继续坚持理论联系企业改革和企业经营活动的实际，坚持继承和创新，跟上改革的步伐，不断前进。杂志要用很大精力关注改革中的重

* 这是袁宝华同志在《企业管理》杂志第十次编委会上的讲话。

要问题，比如建立社会主义生产资料市场的问题。国家调节市场，市场引导企业，关键是市场。城市经济体制改革的中心是搞活企业。在运行机制上，国家、市场和企业三者，在很大程度上市场起决定作用，许多问题的产生追本穷源都是这个问题没解决好。如果没有健全的生产资料市场，就会出现“倒爷”横行。所以应该抓住这类问题作为我们工作的重点，因为企业家在呼唤市场。另一方面，要反映企业管理工作中存在的问题、困难、呼声。同时也要反映先进企业的经验，而且要更系统、更全面、更准确一点，水平更高一点，但不人为拔高，不涂脂抹粉，切实把最本质、最典型的经验介绍给读者。

第二，质量意识。质量要成为编辑部全体同志的第一道工序，要养成习惯，无论是内涵还是外观，都要讲质量，使出版物更有吸引力，使人开卷有益，适用性强，爱不释手。适合需要，丝丝入扣，读者就会爱不释手了。今年有些刊物订户急剧下降，除了客观原因外，我看主要是因为不适合读者需要。一方面，要注意把道理讲透、讲深，疑点解释清楚；另一方面，要注意提高质量。提高质量，首先是提高编辑部整体素质。编委同志要挤出时间学习，多读一些书报。读书看报不只是捕捉信息，更主要的是吸收营养，提高水平。要经常把兄弟刊物放在手边翻翻看看，这对我们会有启发、有帮助、有鼓舞。此外，还要大力提倡认真精神。《企业管理》是严肃的刊物，要认真编好，对每个字、每个标点都要负责。我们的编辑部功底不错，整体素质是好的，工作是认真负责的。编辑工作是创造性劳动。提高质量，还要加强理论研究工作。刊物的理论水平应更高一些，思想性更强一些。比如股份制就有许多问题没弄清，需要进一步探讨。不重视理论，就会走到实用主义和机会主义的路上去，导致短期行为，结果是政策透明度不大、稳定性不大、混沌多变。所以要十分重视理论和理论研究工作。增强刊物的吸引力，还要搞“系列片”。《经济日报》

对去年各省、市经济形势的评论,《人民日报》(海外版)“望海楼随笔”等，题目新、意境新、文字清新，有的质量相当高，很有水平。要搞好这方面的工作，一方面要有本刊评论员文章，另一方面要广泛吸收外部来稿，扩大撰稿队伍，同时吸引读者评议，只有依靠读者对本刊的支持和关心，才能办好刊物。

第三，经营意识。这两年纸张价格提高，使报刊售价上涨，这未尝不是好事。《企业管理》杂志去年 40 万份，现在下降 24%，令人大吃一惊；如果再下降 24%，就剩下一半了。要有忧患意识，不能自满，“差不多思想”要彻底丢掉，提高忧患意识，才知道从哪里下手去改进工作。同时要提高竞争意识，有一批兄弟刊物竞争是好事，面临挑战，可以把工作做得更好。涨价后订户少是好事，40 万份不一定 40 万读者都看，订 30 万份起的作用可能比 40 万份更大，因为是自己掏钱，非看不可。杂志的定价照顾了读者，这就是竞争意识，这就是争取读者支持的好办法。薄利多销，是至理名言，竞争也要有竞争的气派、手段和措施。要真正提高忧患意识和竞争意识，要研究读者的心态和需要，总结我们自己的经验和教训，突出我们自己的经营特点。每本杂志的售价比别人少三角，看起来是少收入，实际是多收入，将来会表明不会白白投入。在加强竞争意识方面要四面八方、千方百计、无孔不入。订户少 24%，只要办得好还会有人补订。要加强零售工作。有些报刊加强了零售工作，发行量提高了。这方面要注意，要看到零售读者。

在全国推行全面质量管理十周年总结大会上的讲话

（1989年8月29日）

召开全国推行全面质量管理十周年总结大会，我觉得很重要。

在举行第一个“质量月”活动之前，我在国家经委接待了日本的石川馨教授，他到中国作了一番调查研究，和我谈话时提了16个问题，集中起来一句话，就是只要中国推广全面质量管理，生产效率可以成倍地提高。过去十年取得的巨大成就，确实是可喜可贺的。我们为什么能够取得这么大的成就呢？我看，第一是改革开放方针给我们带来的。因为改革开放的方针促进了社会主义有计划的商品经济的发展，特别是促进、推动了我们企业直接去参加国际市场的竞争，这个客观的要求，正是促使我们重视质量、加强质量管理的重要原因。第二，推行企业管理现代化已经十年了，质量管理是企业管理现代化的核心，只要我们加强企业管理，就会体会质量管理的重要意义。第三，我们的企业长期以来有着依靠群众进行管理的优良传统，全国总工会在这方面锲而不舍，抓住不放，特别是抓班组管理。我们的质量管理工作为什么这么快就开展起来？是和全总长期以来抓企业最基层、第一线的班组管理活动有关系。第四，石川馨教授在1978年下半年和我谈话时说，中国有个最好的条件，就是政府的重视。他说他们那批青年人从50年代初期起，大喊大叫要搞质量管理，整整叫了十年，到了60年代初期才为政府所重视，开始每年搞一次“质量月”活动，进入70年代，日本的企业面貌才发生了很大的变化。政府重视是我们社会主义国家的优势，有计划的商品经济的优势。过去一段时间是国家经委在抓；国家技术监督局成立以来，抓得很紧，抓得很好。可是我们也有不足之处，真正要提高产品质量，大家自觉地加强质量管理，把质量第一的意识真正牢固地树立起来，并不简单，并不容易。主要的原因是缺乏市场竞争，缺乏商品经济的观点。也就是对提高质量的必要性没有紧迫感，因为长期以来，商品常常是供不应求。今年下半年开始有了变化，比如家电产品，已经出现由紧俏转入平稳，有一些已经由平稳转入滞销。滞销是企业经营上的难题，可是它能逼着人们提高对产品质量重要性的认识，就像1980年我们进行调整的时候一样，推销员到处找用户打躬作揖说“你帮帮忙吧”。后来一下子经济过热，他就不那么急了，眼睛向上不看你，你得找他去了。滞销当然不好，可是从总体来说，市场商品供不应求，恐怕是长期的，没有激烈的竞争，给提高产品质量、强化质量管理增加了难度。那么怎么样来解决这个问题呢？我谈几点：

1. 加强职工思想政治教育工作，牢固地树立“质量第一”的思想。这是老生常谈，因为问题没有解决，有的还放松了，所以要再一次地强调。老实说，这个问题还是要天天讲、月月讲、年年讲。现在，提高质量已经成为我国经济发展战略的主要内容之一。所以我们企业的领导人必须把全面质量管理摆在自己工作的首位，同时教育职工提高社会责任感，重视职业道德，提高我们加强质量管理的自觉性。政治工作仍然是一切经济工作的生命线，也是企业管理现代化的生命线和全面质量管理的生命线。

2. 加强全面质量管理工作，提高我们的产品质量、工作质量、服务质量。群众来信投诉不断反映、不断呼吁，就是要求我们把用户的需要摆到一定的位置予以重视。有的同志说：不要把我当成皇帝，把我抬高了，你就把我当同志，平等待我就行了。我看这种呼吁值得我们重视，不仅是工业部门的同志，商业服务、交通运输部门的同志，各行各业都应当加强全面质量管理工作。提高质量水平，目标任务要具体，要切实可行，工作措施要落到实处，不要只是在口头上或文件上。这就需要抓紧经常性的监督检查工作，包括行政监督和群众监督。要切实做一些调查研究工作，不好的要揭发、批评，还要有一些行政压力。

3. 加强各级质量管理协会的建设，加强全面质量管理骨干队伍的建设，加强群众性的全面质量管理活动。我们应该从石川馨谈话中得到启发。他们十年间奔走呼号，就像发了疯一样，终于得到了政府的承认。他们是以“质量救国”为己任的，最后完全改变了过去“东洋货”的形象，建立了高质量的信誉，打入了世界市场。这种精神是很可贵的。刚才几位同志都讲到质量管理小组。质量管理小组是集体的活动组织，这也是长期以来我们依靠群众加强企业管理优良传统的继承和发扬。只要我们能够做到这几点，我相信今后十年质量管理工作会有大幅度的提高、大跨度的前进，再上一个台阶、两个台阶、三个台阶……

教师的责任是教书育人*

（1989年9月6日）

我们应该尊重知识、尊重知识分子。尊重知识、尊重知识分子是小平同志在十一届三中全会以后一次教育工作会议上提出来的，以后又提出了教师节的问题。这是要在全国全党造就一种尊重知识、尊重知识分子、尊重教师的好风气。改革开放、国家的兴旺发达要求我们这么做。今年的9月10日是我国第五个教师节，也是我们国家行政学院第一次庆祝教师节。我来看望大家，见到了不少同志。我们的筹建工作做得很好，大家很辛苦。借教师节之际大家又聚会在一起，来庆祝这个光辉的节日，意义是十分重大的。

第一，教师是学校的主体，教师的责任就是教书育人。国家行政学院是培养公务员的学校，必须坚持四项基本原则，坚持社会主义办学方向。坚持正确的办学方向，教师的作用是十分重要的，也就是说，办好学校的主体是教师，教师的责任就是教书育人，育社会主义、共产主义新人。首先就是要教育引导学生选择正确的政治方向。四项基本原则是立国之本，正确的政治方向是立身之本，是每个教师

* 这是袁宝华同志在国家行政学院首届教师节座谈会上的讲话摘要。

的立身之本，是学校每个工作人员的立身之本。

第二，严格按标准选拔、聘任教师。既然教师是办好学校的主体，因此建立一支素质较高的师资队伍是十分重要的。根据国家行政学院的性质与任务，我们的教师应当有双重身份，既是教师又是国家公务员。按照这个要求，制定出教师的选拔标准，严格按标准选拔教师。专职教师应制定专职教师的标准，兼职教师应当有兼职教师的标准，按标准聘任。有了统一的严格标准，建立一支素质较高的师资队伍就有了可靠保证。

第三，全院人员要努力提高素质。要注意提高教师和全体人员的素质，这是国家行政学院的生命之所在。从现在起就要认真地抓起来，每个人都要刻苦学习，学政治、学理论、学业务，通过学习和实践，不断提高我们的素质，以适应国家行政学院的需要。

第四，要注重和依靠人事部的指导和支持。人事部是公务员的管理机构，国家行政学院是公务员的培训机构，两家在工作上有着密切的关系。要根据人事部的要求办事，要在实际工作中尊重和依靠人事部，积极争取人事部的指导和支持。

关于企业当前几个问题的调查报告*

（1990年7月21日）

4月下旬，我在上海、广东、江西就《企业法》的贯彻实施情况先后邀请一些企业厂长、书记、工会主席进行了座谈，并就上述问题同有关省市领导同志交换了意见。综合各方面的意见，我们认为以下问题应该引起重视，并望采取相应措施予以妥善解决。

第一，关于企业内部领导体制问题。1989年中央颁布的7号文件[1]和9号文件[2]在企业贯彻实施后，对于完善厂长负责制已经取得了效果，党的政治思想领导作用已有加强，企业内一手硬、一手软的现象有所克服。但在具体执行中涉及企业领导体制时，人们的理解又有不同，各地做法也不尽一致。企业党委书记中有些人认为，企业不仅是经济组织，而且还具有一定的社会职能和基层政权职能，所以，不能搞首长负责制，应恢复党委领导下的厂长分工负责制；有的认为，既然是执政党的基层组织，就应是企业的领导核心，对生产经

* 这是袁宝华同志就《企业法》实施在上海、江西、广东与一些企业领导同志座谈情况，向国务院领导同志提交的书面报告。

[1]《中共中央关于加强宣传、思想工作的通知》（中发〔1989〕7号）。

[2]《中共中央关于加强党的建设的通知》（中发〔1989〕9号）。

营只提保证、监督，很难发挥党的作用。有些厂长鉴于个人负责风险太大，也主张恢复党委领导下的厂长分工负责制，遇事大家挑担子，大家负责任；当然，其中也不乏担心再次出现只有责任、没有权力的厂长负责制。从目前情况看，多数同志希望企业应有一个稳定的体制，还是继续坚持和完善厂长负责制为好。这种意见在一些经济主管部门的负责人和大中型企业的厂长、书记中还较为普遍。

厂长作为企业的法人代表，对企业行为以及后果负有法律责任，有利于对内搞活经济、对外开放。这项制度贯彻实施以来出现的问题，应该认真总结，重在完善。实践证明，一些素质好的企业，厂长和书记大体都能做到相互支持、密切配合，既坚持了厂长负责制，又加强了党对思想政治工作的领导。我认为，这些企业领导同志思想是对头的，是符合中央精神的，是有利于政策稳定和企业稳定的。但鉴于人们对是否坚持厂长负责制尚有疑虑，以及一些厂长不愿或不敢负责的状况，为了稳定企业，建议有关部门在《企业法》颁布实施两周年时，召开贯彻执行《企业法》工作会议，肯定成绩，统一认识，总结经验，采取相应措施，真正做到坚持和完善厂长负责制。

第二，关于企业干部任免权问题。现在有不少人对厂长有用人权和决策权提出异议。一些政工干部和企业的书记提出，企业的干部人选，不仅要由党政领导集体讨论，还应该由企业党委任免。理由：一是可以提高党组织的威信，否则，领导是一句空话；二是可以保证干部的政治素质；三是可以避免干部对厂长的人身依附。对此，经济主管部门和厂长持有不同的意见。

我认为，党的干部政策和党管干部的原则必须坚持，厂长依法行使用人权也应该保护。问题的关键是采取什么样的议事形式和程序。大家都赞成中央关于企业行政中层干部的任免由厂长提名或党委推荐，经过人事或组织部门考察，在广泛听取各方面意见的基础上，经厂长和书记协商后，由厂长主持召开党政领导会议，集体讨论，最后厂长决定任免的意见，认为这样操作，既体现了党管干部的原则，又不违背法律赋予厂长的权利，而且也容易被广大党政干部所接受。大家建议国务院在适当时机，公布行政法规，进一步规范化、程序化，便于操作，并以此规范修订厂长负责制等三个条例，以求职责清楚，也利于对中层行政干部的培养、教育、管理和监督。

第三，关于企业民主管理问题。在《企业法》颁布实施后，企业实行职工民主管理已不再仅仅是工作方法问题，而是守法不守法的问题。现在，许多企业的党政领导，大都能按照《企业法》规定采取措施健全职代会，依靠职工办好企业。但是，也有一些企业的党政领导干部，对依靠工人阶级办好企业的意义至今没有弄懂，有的只注意职工福利，不重视职工的民主管理权力；有的职代会、企业管理委员会虽然有，但许多流于形式，形同虚设。关心职工生活当然很重要，但建设“四有”队伍，提高全员素质，培养职工的民主管理能力，从制度上保障工人阶级的主人翁地位，则更为重要。要加强对企业领导干部特别是行政领导干部的教育，帮助他们真正懂得民主管理对办好企业的重要意义，树立群众观点，树立法制观念，学会有事同群众商量，学会从群众中来到群众中去的工作方法，密切同职工群众的鱼水关系，自觉接受群众的监督。

在加强企业民主管理的同时，还应强调要敢于管理。现在有些企业的领导，一讲民主管理，一讲依靠工人阶级，对严格管理则顾虑重重，畏首畏尾。工作不敢抓，违纪不敢管，原则不敢坚持，出现了纪律松懈、赏罚不明的现象。纪律是维护企业秩序和正常生产的保证。办企业就必须像大庆那样，强调“三老四严”精神，严字当头，敢抓敢管，尤其对个别的害群之马，不能一味地姑息迁就，否则就会挫伤广大职工的积极性。这一点，企业强烈要求有关部门给予积极支持。

第四，关于对企业领导干部进行马克思主义基本理论教育的问题。企业领导的素质，从某种意义上说，也是企业的素质，这是办好企业的重要条件，也是确保企业正确贯彻执行党的方针政策和国家法律的保证。这几年在干部选择上，年轻化、专业化有进步，但由于基本理论教育没有跟上，有些企业的干部革命化不足，思想素质较差。实践告诉我们，提高企业干部的政治素质已是当务之急，要有领导、有计划地对企业领导干部进行马克思主义基本理论的教育。这件事应立即提到我们的议事日程。

从外部环境和内部管理两个方面增强企业活力

（1991年1月11日）*

国营大中型企业是社会主义制度的重要支柱，是国民经济发展的骨干力量，是国家财政收入的主要源泉，是社会稳定、经济繁荣的主要因素。搞活国营大中型企业具有紧迫的现实意义和重要的深远意义，是经济体制改革必须解决的重大课题。对此，人们的认识愈来愈明确，已是全党的共识。

改革10年来，为搞活国营大中型企业，党中央、国务院作了很多指示，国营工业企业活力也有了某些增强，但是，长期形成的企业“权力小、婆婆多、负担重”和“税负重、利率高、折旧低、设备老、摊派多、留利少”的局面尚未彻底改变。虽然两年多的治理整顿取得了很大成绩，但过去长期积累的深层次的问题还没有完全解决。当前，企业面临经济效益滑坡的困境，表现为：市场疲软，需求不旺；产品积压，资金紧张；技术改造无力；结构调整缓慢；有些工厂开工不足。经济效益滑坡的原因比较复杂，有经济过热、结构失调的原因，有重速度、轻效益的原因，有抓科技不力的原因，有企业内部管

* 这是袁宝华同志在中国企业管理协会召开的第六次执行理事会议上的讲话。

理不善的原因，还有政策不稳定、不配套等方面的原因。那么，企业经济效益究竟到哪里去了？据初步分析，一部分被税赋转走，一部分被原材料、动力涨价转嫁，一部分利润转为利息（银行贷款利率高，企业利息增加），一部分利润转为消费（包括调整工资）等等。面对这样严峻的局面，如何把企业搞活，特别是把国营大中型企业搞活，看来必须从外部环境和内部管理两方面下手，采取坚决有力的措施，以增强企业自我发展、自我改造和自我约束能力。

一、创造企业经营的良好外部环境

要通过改革，坚决、逐步、尽快地为企业创造良好的外部环境，使企业真正成为自主经营、自负盈亏、自我积累的社会主义商品生产者、经营者。

（一）政企业分开，两权分离，落实企业自主权。

政企分开，落实企业自主权是不容易的。党中央、国务院多次作出明确规定，但在实践过程中，总是反反复复、摇摇摆摆，一会儿放，一会儿收。一会儿放权，企业自己可以决定建一条生产线；一会儿收权，连盖一个20平方米的自行车棚都要由上面批。

深化企业内部改革的关键是增强企业活力，而增强企业活力的核心是改变企业作为政府附属物的地位，把属于企业的权利真正归还给企业。我们前一时期曾提出，国营企业要引进乡镇企业的经营机制。为此，一度受到非难。我认为没有错，从根本上看，乡镇企业并不是像有些人说的靠“行贿受贿开道”，而是靠产品的高质量、低成本、优质服务打开销路的。国营企业引进乡镇企业的机制，实质上就是要政企分开、两权分离。乡镇企业的机制是有充分自主权的机制，是竞争机制，是自主经营、自负盈亏的机制。尽管《企业法》实施这么多年，可是国营企业的决策权仍在政府部门，致使企业无法发展。几年前，福建的一批国营企业厂长（经理）就呼吁“松绑”，直到今天，国营大中型企业仍然存在“松绑”的问题。国营大中型企业实力虽比乡镇企业大，但是绑住了手脚，难以与乡镇企业和中外合资企业竞争。正像有的厂长所说，捆住腿脚的老虎，让它去和猴子竞争，太不公平了。

（二）轻赋薄敛，减轻企业负担，培养国家财源。

要解决国家财政困难，必须开源节流。“将欲取之，必先予之”。只有放水养鱼，才能把“蛋糕”做大。真正要培养财源，必须下决心增强国营大中型企业的活力。而为了搞活国营大中型企业，也要敢于冒点风险。同时，还要坚决制止企业利润的流失，与“三乱”(乱收费、乱罚款、乱摊派）作坚决斗争。

（三）稳定政策。坚持完善承包制，正确处理国家与企业的关系。

在治理整顿、调整产业结构中，北京市一些企业陷入了困境。而此时的首钢却得到了发展，近两年利润以每年20%的速度递增。由于经济效益持续稳定提高，首钢的自我发展、自我改造、自我约束能力大大增强了。其经验就是稳定政策，坚持完善承包制；贯彻《企业法》，坚持厂长负责制，理顺了国家与企业的关系。

（四）大力调整经济结构。

要贯彻产业政策，搞好企业组织结构调整。在增量投入上，实行重点倾斜政策，加强基础产业及基础设施的建设。在存量资产的调整上，要实行截长补短、生产要素优化配置方针，兼并、联合、转产，发展企业集团。

（五）搞活流通，整顿流通秩序。

要打破各种各样的封锁。封锁不仅有地区性的，还有行业性的。要保护、保证正常的经济联系，建立全国统一市场，加强市场管理。

要抓紧落实国务院启动市场的措施，包括解决“三角债”问题。

（六）支持企业技术改造。增强企业发展后劲。

要抓住当前的时机，采取坚决措施，有选择地搞一些重大技改项目。要重新评估资产，提高折旧率，逐步免交折旧的25%的能源交通基金和调节税；提高留利水平，保证生产发展基金；降低技改贷款利息，使企业技术改造有利可图；要允许部分企业经过国家批准发行债券、股票，筹集资金。

（七）配套改革。

计划、财政、税收、金融、物资、外贸、商业、价格、社会保障制度等要配套改革，制定的政策、方案、措施，必须有利于增强企业活力。

（八）强化宏观调控能力。

坚持社会主义方向，坚持全国一盘棋，不能各搞一套。几千年封建小生产的影响一定要突破。还要发挥政策导向、经济手段的作用，运用信息引导，加强宏观管理。长期以来，实行单纯的指令性计划、宏观管理只能管住国营大中型企业。现在要适应形势，大小企业都要管，而且要会管，要管好。

此外，社会风气、廉政建设、勤俭节约、职业道德等等问题，都需要解决。

二、振奋精神，强化内部管理

（一）要有良好的精神状态。

企业面临困难，要有积极主动、奋力拼搏的精神，抓住时机，迎接挑战。要依靠党、政、工、团组织，调动职工积极性，坚持两个文明一起抓，不断提高职工队伍素质。企业要搞活，这是首要的一条。

正如有些企业所说，“困难、困难，困在家里更难，出路、出路，出去才有销路”，“只要精神不滑坡，办法总比困难多”。

（二）要有正确的经营思想。

从1982年年初在天津召开的全国工交工作会议上提出企业要“转轨变型”，至今已经9年。在经济过热时，要做到真正的“转轨变型”很困难。现在企业的环境发生很大变化，市场疲软，产品积压，这是企业从根本上“转轨变型”的好时机。过去产品是“皇帝女儿不愁嫁”，说要“质量第一、品种第一”，企业不动心。现在不一样了，一定要讲“质量第一、品种第一”，才能在市场竞争中站稳脚跟。因此，要正确处理规模、速度、质量和效益的关系，不能急于求成，超过国力的可能。要坚持持续、稳定、协调发展的方针，走质量效益型发展道路，使企业由“粗放经营”向“集约经营”转变，走自力更生、艰苦创业的道路。

（三）眼睛向内，节约挖潜。

企业在人、财、物方面的浪费大，潜力也大。统计数字表明，行业中最佳企业经济效益同全行业平均水平相比，仪器仪表行业高11%—56%，纺织行业高60%—141%，烟草、食品行业高155%—374%；烟草、食品行业最佳企业比最差企业高207%—536%。截至1990年11月底，全国县以上单位钢材库存2814万吨，周转天数为275天，而日本只用51天，香港只用75天。如能把钢材周转天数压缩20%，就可以节约100亿元资金。潜力实在可观！

（四）调整产品结构。

看准的产品要早调整。早调早主动，不调就被动。要着力于开发新产品，提高产品的使用性能和服务水平，这就要眼睛盯住市场，不找市长找市场，工厂围绕产品转，产品围绕市场转，要不断地开发新产品，适应国内外市场的需要。

（五）重视技术进步。

技术是企业的“血液”，质量是企业的“生命”。我们的产品之所以在国际市场上摆地摊，关键是技术落后、质量差。要改变这种状况，必须重视技术进步。

（六）严格管理与民主管理相结合。

要强化管理意识，转变管理观念。企业管理很重要的是现场管理。企业要外抓市场、内抓现场。做到严格管理，关键是体现职工的主人翁地位，让职工想主人事、干主人活、尽主人责、享主人乐。

（七）继续坚持完善承包制和厂长负责制。

要继续坚持和完善企业承包责任制。要完善厂长负责制，同时要依靠群众，人的因素第一，谋事在人，成败在人。职工素质差，即使有一流设备也生产不出一流产品，因此，要重视提高职工素质。加强领导班子建设，核心是加强思想建设。党政工团团结一心，奋力拼搏，把企业搞好。

（八）深化企业内部改革。

当前关键是优化劳动组合，严格考核，按劳分配，打破“大锅饭”、“铁饭碗”，不然就不可能发挥社会主义制度的优越性。要精简机构，定岗定员，裁减富余人员，只有这样，才能真正进行严格管理，才会有效率、效益，企业才能真正把激励机制建立起来。

要扎扎实实抓效益*

（1991年3月20日）

开展“质量、品种、效益年”[1]活动，是贯彻党的十三届七中全会精神的重要部署，是落实“八五”规划的切实步骤，对我国的企业发展和经济发展具有重大的意义和深远的影响，经济界和企业界的同志对此都应当给予高度关注，尤其是在以下几个方面要抓紧工作：

第一，转变经营思想，强化市场观念。我们的企业长期习惯于指令性计划下统购包销的一套工作方法，对千变万化的市场不是那么适应。80年代初中央提出转轨变型，要求企业把立足点转到以提高经济效益为中心的轨道上来，从生产型向生产经营型转变。转轨变型是对企业各项工作的一场严峻考验，无异于一次“惊险的跳跃”。现在，确有一批企业转变得比较快，如大多数“金马奖”、“金

* 这是袁宝华同志在中国企业管理协会召开的全国优秀企业、全国优秀企业家颁奖会上的讲话。

[1] 1990年11月，国务院决定1991年在全国范围内开展“质量、品种、效益年”活动。

球奖”[1]的获奖企业，如一百多家国家一级企业[2]。这些企业的经验证明，能否完成“惊险的跳跃”，关键取决于企业领导人经营思想的转变，也就是市场观念、用户观念和服务观念的转变。有了市场，有了用户，企业才会有良好的经济效益。加强市场观念，一要抓市场信息，摸准市场的脉搏，及时把握市场变化的动向和趋势，以此作为企业产品决策和经营决策的依据；二要增强和市场打交道的能力，建立一支精明强悍的销售队伍；三要密切和用户的关系，强化售后服务功能，健全售后服务制度，用户第一，一切为用户着想，这是现代企业经营思想的反映，同社会主义企业的生产目的是完全一致的。

第二，围绕市场需求，抓好产品结构调整和新产品开发。要把企业的产品结构调整与新产品开发联系起来，使产品结构调整朝提高档

[1] 中国企业管理协会为了总结推广先进经验，鼓励和表彰在改革开放中加强管理，不断提高经济效益，为社会主义现代化建设做出突出贡献的优秀企业和企业经营者，运用总结经验、典型示范、树立先进的工作方法，引导企业学习我国先进企业成功经验，先后于1981年和1987年设立了“全国企业管理优秀奖”（金马奖）和“全国优秀企业家”（金球奖）两个奖项。此两奖制度建立以来，截止到1996年，先后有142家企业荣获金马奖，179位企业经营者被命名为优秀企业家、获金球奖。每年授奖表彰仪式都在北京举行。此两奖被媒介誉为我国企业界的最高奖。两奖对提高我国企业家的社会地位和声誉，扩大企业的社会影响力和知名度，推动企业争创先进、提高市场竞争能力发挥了很好的作用。

[2] 为了加强工业企业管理工作，国务院于1986年在全国企业开展了以提高产品质量、降低物质消耗、增加经济效益、实现安全生产为主要内容的企业升级活动。1989年首批45家企业被审批为国家一级企业，这些企业基本上是我国重点大型工业企业，代表我国工业企业的最高水平，其中三分之一的产品达到当代国际先进水平。

次、增加附加价值的方向健康发展，这对改造宏观产业结构具有重大影响。地区和行业部门也应树立全局观念，大力扶持拳头产品，围绕着拳头产品的开发、生产、销售，从资金上、技术上、政策上给予支持，将其作为产业政策倾斜和向国营大中型企业政策倾斜的具体体现，为大批量的名优产品走向市场、走向世界创造条件。

第三，搞好配套改革，改善微观环境。搞好企业内部配套改革，是“质量、品种、效益年”活动能否顺利开展的基本保障条件。企业的经营机制、领导体制、用工制度、分配制度等能否理顺，关系到企业是否有一个良好的微观环境，对企业各项工作的开展都有很大影响，是企业内部配套改革面临的主要课题。深化改革是一项长期任务，加大改革分量是我们克服困难的出路所在，必须坚持不懈地抓下去。

第四，以提高经济效益为中心，优化企业管理。在“质量、品种、效益年”活动中，企业管理应当抓什么？怎么抓？我认为也有几个工作重点：一抓产品适销对路；二抓质量改善；三抓降低消耗，包括能源和原材料的消耗；四抓劳动生产率的提高。这些工作抓好了，企业的经济效益就能极大地提高。抓企业管理工作还是要“严”字当头，扎扎实实地抓基础工作。一要实行质量否决权或质量单价工资制，增加质量在分配中的分量，将质量管理与职工自主管理相结合，使生产优质产品成为职工的自觉行为；二要找出本企业的消耗标准与先进企业的差距，制定明确的降耗目标，并反映到定员定额标准的制定上，切实把消耗降低一步，把工时利用率提高一步，把企业的潜力挖掘出来。

第五，开展多层次、多渠道的人员培训，提高企业广大干部和职工的综合素质。由于知识更新和技术进步的速度在加快，人员培训在现代管理中占的地位越来越重要。企业的培训要结合企业的工作重点，有规划、有针对性、多渠道、多层次地进行。对企业领导干部，要加强市场经营、管理决策和领导艺术方面的培训；对经营管理人员，要加强市场开拓和现代化管理方面的培训，包括借鉴国外先进经验和发掘我国古代管理思想的优秀成果；对工程技术人员，要为其钻研业务，了解国内外的新产品、新技术信息创造条件；对广大职工，要加强文化素质和技能方面的培训。对企业所有人员都要加强政治素质的培训。企业人员的综合素质提高了，企业各项工作的开展就有了可靠的保证。

第六，充分发动职工群众，群策群力，人人为开展"质量、品种、效益年"活动做贡献。开展"质量、品种、效益年"活动，要依靠群众，要敢于和善于发动群众，但要力求务实，避免"热热闹闹"地走过场的形式主义。开展活动，要有量化的考核指标，对做出超额贡献者要给予奖励。要把立足点真正放在改善工作、提高质量、增加效益上。

如何增强大中型企业的活力*

（1991 年 5 月 19 日）

如何增强企业特别是大中型企业的活力？国务院最近提出了若干条意见，内容很好，很实在，也很需要。我看这些条条，归根到底可以归纳为两点，一是企业自主权，一是职工积极性。有了这两条，企业才有活力；没有这两条，讲增强企业活力是一句空话。

第一，什么是企业自主权？这里讲的自主权，是指《企业法》赋予企业的那些权利。企业权利是企业经营机制的中心问题。说得更清楚一点，就是政企职责分开，两权适当分离。只有做到政企分开、两权分离，企业才能够真正成为一个自主经营、自负盈亏、自我发展的社会主义商品生产者。前几年，我提出把乡镇企业的经营机制引入到国营大中型企业来，我的这个观点当时有些人不同意。今年年初，在中国企业管理协会和中国企业家协会举行的第六次执行理事会上，"两会"执行理事、杭州万向节总厂厂长鲁冠球同志就如何搞活国营大中型企业问题的发言，引起与会的一些大企业负责人的强烈反响。鲁冠球同志说：我这个企业，每年除了把 20%的税后利润交给乡政府以外，企业日常经济活动只要是守法经营，乡政府一概不过问。这就

* 这是袁宝华同志在"大中型企业成功之路"研讨会上的讲话。

是我的经营机制。他说，他所经营的企业，没有无穷无尽的检查评比，没有像托儿所保姆对托儿所孩子那样的摆弄，好像企业还没学会走路，需要政府部门拉着这个的手、牵着那个的手。他认为，在这种情况下，什么样的企业家也难以把企业搞活、搞好。依法经营，依法上缴税利，除此之外，其他一切权利都由企业自主，这就是乡镇企业的经营机制。这种经营机制为何不能引入国营大中型企业！问题出在有些人把乡镇企业的经营机制说成是靠违法乱纪、投机倒把，靠行贿送礼等乌七八糟的机制。对此鲁冠球作了严肃的回答，他说：我打开产品的销路一不靠行贿，二不靠送礼，三不靠偷税漏税，靠的是自己产品的高质量、低成本、优质服务，因此，现在我的产品不仅占领了国内市场，而且打入了国际市场。人们可能要问，乡镇企业究竟是个什么样的经营机制？回答是一个充满活力的经营机制，是一个真正自主经营、自负盈亏的经营机制，是一个靠企业产品在无情市场竞争中锤炼、考验而自担风险的机制。这正是国营大中型企业需要的。可是我们的国营大中型企业，大小决策权都在上面，何谈自负盈亏，何谈自担风险？只要人们能够仔细分析，善于学习，定会发现乡镇企业的某些经营机制国营企业是可以借鉴的，它符合发展商品经济的需要。搞活国营大中型企业，除“老乡”的经验外，还有“老外”的经验也可以借鉴。最近看到一个材料，说的是上海“斯米克现象”。上海有个拉丝模厂，这些年来受到各种各样的干扰，效益一直下滑。去年，这个厂和英国斯米克公司合资成立了上海斯米克有限公司。公司从去年 7 月成立到去年年底，外国的资金并没有到位，设备也没来，外方只来几个经营管理人员，而公司中方负责人也是原来的厂长，公司员工的 80%以上仍然是原来的职工，可是合资仅五个来月，到年底总算起来出口创汇比上年增长了1.7倍，人均劳动生产率增长了 60%，效益不仅停止下滑，还比上一年增长了4.8%。对此，人们叫它是“斯米克现象”。看到现象就应注意本质。本质是什么？这位中方厂长回答了这个问题。他讲：合营以后解决了我长期面临的三个难题，一是过去厂长难以把全副精力用来办厂子的事，要用1／3甚至1／2的时间应付层层的检查、评比和一些说不出名目的干预；合资以后，他们不来了。二是企业本应是围着市场转的，可是过去难于面向市场，因为有一个上级，所以我一天到晚得围着上级转，眼睛要盯着上级，要看上级的脸色；合资以后，上级干预少了，只要求我按时报送有关资料就可以了。三是企业的用工办法和工资奖励，过去都是上级决定；合资后，权在企业，半年来，发的钱虽比原来增加了25%，可是劳动生产率增加了60%，假如不是合资，这在财务大检查中厂长就过不了关。上述“老乡”、“老外”经营机制的一个共同点，就是经营自主权问题。所以，我认为，当前搞活大中型企业的当务之急是政企职责分开，真正转变企业的经营机制，给企业以经营自主权。具体方法要因地制宜，但其中不妨认真研究一下“老乡”、“老外”的经验。我认为，引进他们经营机制的适用部分是重要选择。其实“老乡”、“老外”也是我们自己近几年创造出来的经验。当然，国营大中型企业和乡镇企业、合资企业还有不一样的地方，有好多大中型企业在生产原材料方面担负着国家的指令性计划，完全照搬有一定的难度，但问题是要向这个方向走。

第二，如何调动职工的积极性？党的十二届三中全会通过的《关于经济体制改革的决定》中有一段话讲得非常清楚、非常明确。《决定》指出，“企业活力的源泉，在于脑力劳动者和体力劳动者的积极性、智慧和创造力”。怎样把企业的脑力劳动者和体力劳动者的积极性、智慧和创造力充分调动起来呢？我认为，主要是靠我们党的优良传统、国家的正确政策和党的思想政治工作。同时，在企业内部要真正把严格管理和民主管理密切地结合起来。企业没有严格的规章制度、没有严格的管理是不行的，企业若纪律松弛，就不成其为企业。企业是产业大军所在的地方，它是个有纪律的队伍，严格的纪律同严格的管理是分不开的，而严格的管理又必须建立在充分民主管理的基础之上。我们是社会主义企业，必须全心全意依靠工人阶级，充分发挥职工的积极性。没有职工积极参与的民主管理，如何调动职工积极性？现时在企业里，民主管理依法有三个层次：企业的管理委员会、职工代表大会、班组民主管理，都需要一一地落实。要搞好企业民主管理，必须把依靠职工和提高职工素质很好地结合起来。就是说，要把依靠和提高结合起来。一方面，企业必须有一个依靠全体职工的强烈意识；另外一方面，职工参与管理则必须提高自身素质。提高职工素质也是企业的责任。调动职工积极性，我们有丰富的经验和做法。早在 50 年代，毛主席曾提出“两参一改三结合”，即干部参加劳动，工人参加管理，领导干部、工程技术人员（按说应该包括管理人员）和工人很好地结合起来，发挥他们的作用，把企业办好。调动职工的积极性，说到底就是要把企业活力的源泉挖掘出来、解放出来。

第三，给企业以自主权，政府做什么？政企分开以后，政府难道就无所事事了吗？我认为，政府有很多重要的事情要做。例如，政府要牢牢地掌握国家的政策和方针，进行宏观调控。我们十年改革成绩巨大，1988 年出了点毛病，毛病出在哪里？是因为微观搞活了，还是宏观调控能力弱化了？我看不是出在微观搞活了，活得还不够；主要原因在于政府对国民经济运行的宏观调控能力弱。我认为，政府第一个职能就是使社会总需求与社会总供给保持基本平衡。政府第二个职能就是要进行严格监督。企业要守法，要进行正常的经营活动。政府对企业则必须依法进行监督。政府第三个职能是服务。就是说，企业围着市场转，政府围着企业转。企业围着市场转，就是围着顾客转，既有对路的产品，又有周到的服务；政府围着企业转，就是既要监督，也要服务。搞好为企业服务，这是政府转变职能的必由之路。

增强活力，提高效益，办好国营大中型企业*

（1991 年 11 月）

最近召开的中央工作会议，着重讨论了如何搞好国营大中型企业问题。这是一项十分紧迫、意义重大的战略性任务，值得我们花大力气，以求实的态度和探索的精神，去分析现状、研究问题、发挥优势，寻求一条适合我国国情的办好国营大中型企业的途径。

一

办好国营大中型企业，是国民经济发展的迫切要求。国营大中型企业，是国民经济的骨干力量。我国现有国营大中型企业 13400 个，仅占独立核算企业总数的 3.2%，但拥有的固定资产占 67.4%，工业总产值占 54.9%，实现利税占 61.1%。可见，国营大中型企业的状况如何，对国民经济的发展具有决定性影响。这一部分企业办好了，国家财政收入就有了稳定的来源，国民经济发展才有可靠的保障，我们的综合国力才能不断提高。

办好国营大中型企业，体现了社会主义制度的优越性，具有深刻

* 这是袁宝华同志在《求是》杂志 1991 年第 21 期发表的文章。

的政治意义和长远的历史影响。社会主义是一项前无古人的伟大事业，生产力能不能高度发展，是社会主义制度能否战胜资本主义制度的最终条件。国营大中型企业作为社会主义经济运行的主体，责无旁贷地承担着高度发展生产力的历史重任。因此，国营企业不仅要办好，而且要比资本主义企业更有效率、更有竞争力，社会主义制度的优越性才有可靠的说服力。在国际风云变幻、西方敌对势力加紧对社会主义国家推行和平演变战略的形势下，办好国营大中型企业就更加具有积极而深远的意义。

那么，什么叫企业活力，企业活不活有什么标准呢？对这个问题的考虑，既要体现社会主义企业职工当家作主的特征，又要遵循有计划商品经济的客观要求，运用竞争的观点、应变的观点和发展的观点来评价企业。所谓企业活力，首先是指企业要有一种奋发进取、一往无前的态势。如企业领导团结、协作，勇于创新；职工奋发向上、士气旺盛；企业有强大的凝聚力和向心力。同时，还需具备以下条件：企业的产品或服务在市场上有竞争力；企业具有很高的效率和效益水平；企业有良好的适应外部环境变化的能力；企业重视技术开发、产品开发和市场开发，有很强的发展后劲。达到了这些要求，就可称之为有活力的企业。

企业，尤其是国营大中型企业活力不足、效益不高，是摆在我们面前的非常严峻的现实。据统计，现在约有35%的国营大中型企业处于亏损状态，还有30%的企业微利或潜亏，只有1／3的企业效益较好。企业经济效益下滑的局面仍未根本扭转，这不能不引起我们的高度重视。

造成国营大中型企业缺乏活力的原因是多方面的，既有企业外部的原因，也有企业自身的因素。择其要者，大致有如下种种：市场发育不完善，价格没有理顺，企业缺少公平竞争的外部环境；《全民所有制工业企业法》落实不够，政企职能分开难度大，来自各方面的干预多，使企业很难做到自主经营；上缴税赋多，社会负担重，企业实际留利所剩无几，自我发展乏力；地方保护，市场封闭，影响国营大中型企业优势的发挥；“三角债”严重，企业正常生产经营活动深受其害；企业领导人习惯于产品经济的一套做法，对千变万化的市场不适应，思路不够开阔，创新能力不强；企业基础工作薄弱，管理不严，浪费现象严重，造成效益流失。这些问题不解决，增强活力、提高效益就是一句空话。要解决这些问题，必须进行综合治理，既要治标，更要治本，内外并举。要在改造企业外部环境、建立新的经营机制和加强企业管理上下功夫，千方百计办好国营大中型企业。

二

企业的外部环境是企业赖以发展的条件。如果忽视它，就达不到搞好大中型企业的目的。政府职能的改革，最根本的就是要按照有计划商品经济的要求，实行政企职责分开，减少对企业的干预，为企业创造良好的外部条件，真正落实企业经营自主权，使企业能够集中精力办好自己的事情。为此，应着重从以下几个方面进行努力：

第一，切实实行政企职能分开。政企职能分开从理论上讲很容易，但这几年的实践说明，若想真正做到很不容易。在旧体制下长期形成的管理观念，使一些政府部门总是不敢也不愿放手让企业去经受市场竞争的考验。所以实行政企职能分开的关键，首先就要使政府只管政府应该管的事，而不要去干预企业自身的事。但是，我们和西方国家又不同，国家既是社会的管理者，又是国有企业资产的所有者，因此，若要真正做到政企职能分开，还必须根据两权分离的原则，从三个层次上具体加以落实，即：把国有资产的经营权给企业；国有资产的所有权由政府委托的国有资产管理部门来行使；政府的经济管理部门主要负责宏观调控，这样才能真正把职责划分清楚。当然，要做到这一点，不仅需要政府职能的根本转变，还有赖于政府有关部门人员素质的提高。

第二，通过市场对企业实行有效的间接控制。政企职能分开，并不是削弱政府的管理权威，而是促使政府为改善企业发展的环境，促进市场发育和社会进步（诸如干预重复建设、干预不平等竞争、调节社会包括企业冲突等）做更多的事情。在国家、市场、企业这个大三角中，国家与市场之间应该是条实线，即国家运用经济手段和法制手段来调节和管理市场；市场与企业之间也应是实线，即企业除了完成国家指令性计划外，主要根据市场需求进行生产，市场的变化引导着企业产品生产的变化；国家与企业之间则应是虚线，即国家对企业的影响，除计划指导外，主要是通过市场的调节机制发挥作用。政府只有从干预企业的微观活动中解脱出来，才能更好地从事宏观经济管理活动。把企业推向市场和加强合理的宏观调控，都是为了给企业创造一个良好的外部环境。

第三，切实贯彻《企业法》，深化宏观经济的配套改革。搞好大中型企业，从外部看，重要的一条就是要按照《企业法》办事，真正把自主权还给企业。1988 年全国人大通过的《企业法》，首次以法律的形式确立了“全民所有制工业企业是依法自主经营、自负盈亏、独立核算的社会主义商品生产和经营单位”的企业性质，这就为国家管理企业逐步实现法制化打下了基础。但三年来由于种种原因，《企业法》规定的许多条款尚未得到落实。很重要的一条就是我们宏观管理体制诸如计划、税收、财政、金融、劳动、工资、外贸、商业、物资、物价等方面的改革不配套。而《企业法》规定的企业拥有的 13 条自主权，又都直接涉及这些宏观管理体制方面的问题。所以，按

《企业法》的要求，深化宏观的配套改革，是改善企业外部环境的重要一环。

第四，严治乱摊派、乱收费、乱罚款，真正减轻企业负担。从近几年的情况看，企业搞不好的重要原因就是企业不堪重负，“三乱”屡禁不止。这件事喊了多年，但收效甚微。过去讲“放水养鱼”，现在说要“做大蛋糕”，这样大家都可以多得，首钢就是一个例子。国家要从整体上考虑国民经济的发展，首先就必须使支撑国民经济的企业有发展的后劲。就是说，企业不光要有“自主经营、自负盈亏”的能力，而且要有“自我积累、自我发展”的能力。企业后劲增强了，国家的财源就会有长期保证。为此，我们要进一步减轻企业的负担，堵住利润流失的漏洞，坚决与“三乱”做斗争。

三

搞好大中型企业，从政府来说，主要是改善外部环境问题，但从企业来说，主要是深化内部改革，强化企业管理，从而提高企业经济效益。深化企业内部改革，主要应从以下几个方面着手：

第一，进一步深化企业领导体制改革。企业领导体制改革是企业内部各项改革的中心环节。要全心全意依靠工人阶级，发挥企业职工的主人翁作用，正确处理党政工三者关系，使之协调发展、相互配合，从而保证企业的社会主义方向，不断增强企业的凝聚力。

第二，要深入进行企业三项制度的改革。劳动制度、人事制度和分配制度的改革，是企业内部改革的重要内容。近几年，虽然通过各种方式触及到了这几方面，但还很初步。为使企业真正有竞争力，必须首先在企业内部形成一套优胜劣汰的竞争机制，从而真正解决人浮于事、效率低下、纪律松弛的现象。要痛下决心克服职工能进不能出、干部能上不能下、工资奖金能升不能降等长期形成的弊端。在这方面，过去好的经验，如优化劳动组合、竞争招标等要坚持，还要积极进行新的探索和试点。

第三，要重视企业组织体制的改革。为适应有计划商品经济的需要，特别是适应市场变化的需要，企业组织体制和组织结构需要进一步进行改革。这主要包括：(1) 企业内部的机构设置要根据实际需要，而不要强调上下对口，同时企业领导人要善于根据情况变化去调整组织机构。我们决不能容忍那种机构臃肿、人浮于事的现象再继续下去了。(2) 为了减轻企业负担，要提倡将企业的生产系统和生活系统从体制上分开的做法。上海宝山钢铁公司就是一个范例。它把后勤等服务公司从本厂分离出去，成为独立核算、自负盈亏、自主经营的经济实体。这样做既对企业的体制进行了合理的改革，同时又吸收了富余人员，减少了企业的负担，也使第三产业得到发展。

第四，积极探索实行“一厂两制”的有效途径。所谓“一厂两制”，是指在一个大中型企业中，既有我们常规的管理模式，也有按三资企业办法进行管理的两种管理体制。在这方面的改革探索，我们已经积累了一些经验，取得了一定的效果。为了配合深化企业内部三项制度的改革，真正建立鼓励生产、体现多劳多得、最终促进生产力大幅度提高的机制，必须进一步有力地冲击与旧体制相适应的“铁饭碗”、“大锅饭”、“铁交椅”等扼杀企业活力的观念与模式。随着“一厂两制”的实行，要精简机构，不养闲人。企业中一部分人可以停薪留职，自谋生路；一部分人可以接受必要的学习和培训；一部分人可以转到劳动服务公司中去；还一部分人可以在厂内“待业”。总之，推行“一厂两制”，引入三资企业的竞争机制，对于深化国营企业改革，促进管理水平和生产力的提高，有十分重要的意义。

四

企业内部工作的另一个重要方面，就是要抓好企业管理工作。

第一，要进一步强化企业管理的基础工作。企业管理的基础工作是企业各项管理的基础和保证。这几年我国企业管理的基础工作有所加强，大中型企业的厂长（经理）已经越来越认识到了这项工作的重要性。但从整个企业的现状来看，基础工作还是很薄弱的，制约了企业对市场的适应能力。今后的企业管理基础工作如标准化、信息、计量等，要从如何适应市场需要来强化。一个企业的管理特别是基础管理差，用户是不会相信你能生产出好的产品的。不少外商在了解了企业的产品之后，在订货之前都要去我们的企业看看。看什么？就是看你的管理，看现场。所以基础管理的好坏，还直接关系到你的产品在国际上有没有竞争力的问题。我们应该从这样的高度来认识强化基础管理工作的重要性。质量、品种、效益的保证就在于企业有扎实的基础管理。

第二，从严要求，严格管理，是增强企业活力的必要条件。现代化大生产，需要有严明的纪律、统一的指挥，才能使分工严密的社会化劳动得以有效地进行。有的同志把职工的主人翁地位同严格管理对立起来，这是错误的。在社会主义制度下，职工具有企业主人的地位，具有参与决策和民主管理的权利。但在大生产的过程中，必须服从统一的指挥和管理。这是维护企业和全体职工整体利益的客观要求。主人翁精神加强了，就会增强管理的自觉性，从而促进企业的严格管理。要树立严明的厂纪厂风，领导以身作则，令必行，禁必止；要建立严格、周密的管理制度，覆盖企业工作的各个方面，实行规范化、程序化的管理，做到“规章面前人人平等”，严格检查，违章必纠，并做到赏罚分明；要与企业基础工作相结合，建立量化的生产经营指标考核体系，堵塞漏洞，深挖潜力，通过改善管理来降低成本，增加效益，增强活力。

第三，要进一步加强民主管理。增强企业活力是深化经济体制改革的中心环节，活力的源泉在于广大职工的积极性和创造力。实践证明，只要《企业法》所规定的职工民主管理的权利得到保证，广大职工的主人翁地位得以体现，劳动成果与物质利益及社会荣誉密切联系起来，加上强有力的思想政治工作，职工的积极性和创造力就能够充分地发挥出来。要认真贯彻全心全意依靠工人阶级的指导思想，使他们实实在在地感到自己是企业的主人，自觉地为提高企业效益出谋划策，为企业兴旺尽心竭力，当好企业的主人。企业要不断完善、健全民主管理和民主监督制度，在深化改革中提高民主管理水平。

第四，加强思想政治工作，是增强活力、提高效益的强有力的保证。思想政治工作要自觉地根据“一个中心、两个基本点”的要求，从本企业实际出发，紧紧围绕生产经营工作展开。通过理顺职工思想情绪，稳定职工队伍，振奋企业精神，增强企业凝聚力等，来协助、支持厂长抓好生产经营工作，培养和造就一支艰苦创业、奋发向上的职工队伍。

我们要继续发扬自力更生、艰苦创业的精神，在利益分配上，要把现在有些企业过多地向个人倾斜的状况，改变为向企业倾斜，增加技术改造资金，以增强企业的发展后劲。利益的调整，要通过对职工进行有力的思想政治工作来保证。要发扬奉献精神，纠正“一切向钱看”的偏向。

办好社会主义企业，是一项复杂的系统工程，要充分认识其艰巨性和所包含的挑战性。面向市场，配套进行深层次的经济体制改革，贯彻、落实《企业法》，是实行政企分开、两权分离，建造有活力的企业经营机制的切实保证。加速企业内部改革、推动技术进步、强化企业管理，是增强活力、提高效益的必由之路。只要我们认真贯彻中央工作会议的精神，齐心协力，勇于探索，勇于实践，办好国营大中型企业就大有希望。

关于提高企业管理报刊质量的三点意见*

（1992 年 6 月 1 日）

提高企业整体素质，提高企业全体职工素质，建设一支“四有”职工队伍，其关键必须要提高企业领导干部素质。不论是发挥党组织的政治核心作用，还是坚持和完善厂长（经理）负责制，以及全心全意依靠工人阶级办企业，都要进一步提高领导班子的素质。这是企业的一项十分重要的任务。

企业的任务，也是企业管理报刊的任务。为了适应形势和担负的任务，企业管理报刊在工作上要扩大视野，扩大宣传内容，扩大覆盖面；在组织上要密切各报刊间的合作，发扬联谊会的整体优势、集体优势和组织起来的优势；在思想上要再解放一点，努力提高报刊质量，以适应企业的需要。对此我讲三点意见。

第一，进一步解放思想。当前，要认真学习、深刻领会、全面理解、贯彻落实邓小平同志谈话精神。企业管理报刊的宗旨是为企业服务的，为企业全体职工服务的，尤其是要为企业领导和企业的管理部门服务。要给企业提供信息，推荐新鲜经验，让企业扩大视野，了解

* 这是袁宝华同志在全国企业管理报刊联谊会第八次主编会议上的讲话。

它们面临的形势和任务，宣传者自己要有新的思想、新的观念，要进一步解放思想，否则，就会落后于形势。现在，各报刊也面临着极为严峻的竞争形势，主编们要树立竞争观念。一张报纸、一个刊物办得好不好，不在于领导同志讲你好不好，像市场上的其他商品一样，最终决定于读者的取舍。读者认为你好，会争先恐后地订你的报刊，那就是办好了。你自己觉得办得很好，孤芳自赏，读者不一定买账。竞争不要只消极地认为是你压垮我、我挤垮你，应该看到在竞争中大家争先恐后地向前进，有利于促进报刊质量的提高。竞争越是激烈，越是进步得快。参与竞争需要有强烈的创新意识。墨守成规不行，抱残守缺更不行。这就需要开动脑筋，想一些新的道道出来。读者喜欢什么，要求什么，迫切要求你回答哪些问题，你跟不上不行。你的报纸或期刊要使读者爱看，就要有创新意识，这样才能在激烈的竞争中对读者有较大的、较强烈的吸引力。讲实话，办实事，求实效，不搞花架子，不搞形式主义的东西，就会受到读者的欢迎。

第二，进一步深入实际。编辑、记者要深入到企业中去，深入到生产经营第一线去，深入到群众中去。企业要走向市场，在市场的大风浪中进行竞争、接受考验、锻炼成长。我们从事宣传报道的人，必须深入到火热的市场竞争中去。现在报刊深受群众欢迎的一些专栏，如“质量万里行”，道理很简单，那就是深入了实际。只有真正深入到基层、深入到企业、深入到实际、深入到生活当中，才能写出生动的文章，才能在群众的心目中引起反响，也才能避免人云亦云。我们企业管理报刊要为企业服务，为企业的全体职工服务，为读者服务，不深入到企业的实际中去，不深入到广大的职工群众中去，拿不出受职工欢迎的东西，何谈服务？

第三，进一步充实内容。这也是提高报刊水平的重要要求。充实企业报刊的内容，使广大读者至少能够开卷有益。让他们一打开你的报或杂志就感到有所收获，想看下去，离不开，放不下。要做到这一点，没有贴近职工和职工喜闻乐见的内容和形式是办不到的。当然，这不是说要降低水平，迁就某些落后的意识和兴趣。我们是要通过贴近群众来提高水平，使之喜欢，不是要引导落后，而是引导进步，要提高报刊水平，充实报刊内容。一是要有重点，有了重点就有了指导性，没有重点就没有指导性或者指导性不够。但在突出重点的同时，也要照顾到一般。不照顾一般，吸引力就要减弱，可读性、可比性就不强。企业有许多工作，需要有人替它呼吁和反映。反映的问题既要有重点，又要有一般，要有深、有浅。有些问题就是要研究得透一些，反映得深一些。二是要以正面宣传为主，表扬好的，树立正面典型。对不好的东西要批评，要敢于揭露，就像“质量万里行”一样。还要表扬和批评兼顾。揭露和批评的是群众所不满的，也是企业所需要解决的。三是要加大信息量。信息是报刊内容的一个重要方面。现在，各式各样的文摘报刊为什么受群众欢迎，无非是它们反映了大量的信息。企业管理报刊这一条不要放松。要充实这方面的内容，反映和企业有关及企业广大职工所关心的信息。我多次提出《企业管理》杂志最好是每个月，或者一个季度，最多是半年，能够反映一下全国企业管理报刊的动态，使企业的同志“一卷在手，便知天下事”，每个月买你这一本杂志，就能够知道前一个时期全国企业管理报刊的动态。我希望所有企业管理报刊对这件事情能展开竞争。大家都干一件事情，看谁干得更好。参加主编联谊会的各报刊相互之间总要有一个交换，你拿到兄弟报刊以后要充分利用，除了里面重要的文章、重要的信息要充分利用之外，要把各个企业管理报刊反映的问题分类摘录出来，不要多，每期杂志有两页，就能够解决问题。

关于企业干部职业化问题，我想借这个机会说一下。前些时我们到浙江做了十几天的调查，回来写了个报告，讲了四个问题。一是进一步解放思想；二是关于破“三铁”；三是调动职工的积极性；四是企业干部职业化问题。李鹏同志看后，表示赞成报告中的观点。对企业干部职业化的意见，人事部负责同志也很赞成。企业领导干部，一定要把办好企业作为毕生事业和追求。只有这样，企业才能办好。三年、二年换一任，必然会出现短期行为。关于这个问题，《中国企业报》准备展开讨论，我希望所有的企业管理报刊都能积极参加这一活动。我认为，这件事涉及我国一项重要人事制度的改革，在企业管理报刊上进行讨论，不只是提高广大读者的认识，更重要的是有助于提高企业管理报刊的理论水平，也符合企业管理报刊要上个新台阶的要求。邓小平同志提出经济建设要上一个新台阶，不言而喻，企业管理工作也要上一个新台阶，企业管理报刊工作也必须上一个新台阶。希望我们下次开会的时候，能够看到大家更多的成果、更多的经验。

建立驰名商标保护组织是件大好事*

（1992年6月26日）

驰名商标保护组织的成立，是“质量万里行”活动发展到一个新阶段的结果。本来，开始提出搞“质量万里行”的时候，我是有些担心的，主要担心经费问题。“质量万里行”是一件好事，但搞活动需要经费，经费从哪里来呢？我担心又要“羊毛出在羊身上”，最后还得向企业摊派。近几年，我在中国企业管理协会、中国企业家协会每月召开的厂长（经理）座谈会上，多次听到厂长（经理）对此事的强烈反映：企业最头痛的是没完没了的文山会海，数不清的检查评比，无穷无尽的摊派赞助。所以一说搞“质量万里行”，我就有些担心。后来朱镕基副总理提出，国家拿出一笔专门经费来。这样，这件好事情就办好了。“质量万里行”活动开展以来，在我国人民生活中引起了强烈的反响，产生了“轰动效应”。对于这个活动的作用，开始我还只是认为通过“质量万里行”对某些低劣产品的揭露，能防止假冒伪劣，提高产品质量，保护消费者利益。因此，当时我只提出了三个“反对”：一是反对违法侵权行为，主要是打击假冒名牌的伪劣产品。二是反对地方保护主义。有些地方的地方保护主义很厉害，某县大量

* 这是袁宝华同志在驰名商标保护组织成立大会上的讲话。

制造和销售假冒伪劣产品，有位记者要曝光，去找县里的负责同志核对一下情况，不料“县太爷”说，现在他那个县还很穷，希望记者高抬贵手，等稍微富裕一点，他一定纠正。人们不禁要问，为什么假冒伪劣、违法侵权事件屡揭而不绝迹？我看，根子就在这里！所以，必须反对地方保护主义。三是反对行业不正之风，特别是那些垄断性行业，当然，非垄断性行业也有不正之风，这种不正之风侵犯了消费者利益，也侵犯了生产者的利益。

当时，这三条的重点在维护消费者权益。今天看起来，这只是一个方面；而另一方面，如何维护商标注册企业，特别是生产名牌商标产品企业的权利，反对假冒，则更重要。应该说，这是抓住了反对商标侵权的源头。也就是说，要保护消费者的合法利益，首先要保护生产者的合法权益，特别是要保护驰名商标企业的合法权益。我认为这是驰名商标保护组织成立的重要意义所在。

同志们都知道，创造名牌不易，有的要经过几代人的努力，花掉几代人的心血；而保护名牌则更难，这方面我们的教训太多了！我国驰名商标“青岛啤酒”就曾吃过这个亏。“文化大革命”提倡什么“三无企业”，青岛啤酒厂也受到影响，管理放松了，产品质量下降，使其在国际市场上的声誉一时受到极大影响。为恢复它的声誉，青岛啤酒厂不仅又花了大量时间强化管理，而且不得不再花大量金钱做广告，宣传自己，重新赢得了消费者。

驰名商标保护组织，顾名思义，是自己保护自己的群众团体。自己保护自己，确实非常重要。当然，维护消费者和生产者的合法权益，最重要的是要有国家的法律保护，要有政府的行政保护；同时，必要的社会监督则不可少，包括舆论监督、群众监督和自我保护。而自我保护，即自己依法保护自己的合法权利，应是法律保护、行政保护的基础，我认为，这是驰名商标保护组织的力量所在。当然，从企业来说，要以青岛啤酒厂的教训为鉴，保护自己的牌子，重要的是不断提高管理水平、技术水平，保持自己驰名商标产品的质量，不能自己拆自己的台。现在有些企业对自己来之不易的商标不爱护，有的随便给别人用，这种做法只能是自己给自己的产品抹黑，自己砸自己的牌子，自己毁自己的名声。总之，保护驰名商标，就企业来说，重要的是产品不断创新、质量不断提高。没有高质量的产品，没有不断创新的产品，也就没有名牌，没有驰名商标。

坚持“以质取胜”，积极推行国际系列标准 *

（1993年6月8日）

实施质量战略，提高产品质量，对企业在市场竞争中取胜是至关重要的。加快经济发展，质量是关键，不从质量上提高，就没有真正的、实在的效益。尤其值得重视的是，我国若恢复关贸总协定缔约国地位的话，一方面可以大大改善我国外贸发展的环境和贸易条件，但同时我国产品在国内市场也将面临国外产品的激烈竞争。关贸总协定是以自由贸易为基础的，协约国在享受其规定权利的同时，也要承担相应的义务。国外对我国产品的贸易限制将减少，相应地，我国国内市场也要适当开放。就是说，对国内产业的各种保护将大大减少，对民族工业的冲击会有某种程度的增加。如何保证在冲击面前立足和发展，我看主要还在于企业的产品要有竞争力，特别是质量上的竞争力。进一步开放对于长期在政府保护之下舒舒服服过日子的我国大部分企业来说，的确是重大的挑战。当然，我国作为发展中国家加入关贸总协定，可以借助总协定的例外条款、过渡条款等，对民族幼稚工业加以必要保护，但保护是有限度的，保护的目的是发展、提高。竞

* 这是袁宝华同志在广东省企业管理协会录制的《国际标准——质量之魂》电视片首映式上的讲话。

争是不可避免的，在竞争中优胜劣汰，这是必然的规律。所以企业必须走“以质取胜”的道路，据此确定自己的发展战略。

质量管理水平的高低，是决定贸易竞争成败的重要因素。在激烈的国际竞争中，用户不仅要对产品质量进行评价，还要对生产厂的质量体系进行评价，使用户对生产厂是否具备生产符合要求的产品的条件建立信任感。国际标准化组织（ISO）为了消除国际贸易中的技术壁垒，于 1987 年发布了 ISO9000 系列标准，并明确规定，今后认证工作涉及供方质量体系评定，各国均应按照 ISO9000 系列标准执行。

ISO9000 系列国际标准的制定发布，既是现代化科学技术和质量管理科学发展的产物，又是协调各国质量体系评审认证的标准、减少国际贸易技术壁垒的需要，贯彻实施这套质量与质量保证体系标准，对发展我国的对外经济贸易，提高企业管理水平具有十分重要的意义。

第一，贯彻 ISO9000 国际系列标准，等于无偿引进现代化国际质量保证的最新科学技术成果，使我国的出口商品企业掌握一流的质量管理水平，生产出具有国际竞争能力的产品，提供具有现代化竞争力的完善服务，赢得客户和市场。

第二，贯彻 ISO9000 系列标准，有利于通过保证产品质量和完善质量管理体系，提高我国的总体经济素质和民族素质，树立良好的企业形象和国家声誉，使我国的对外经济贸易在激烈的国际竞争中跻身先进国家的行列。

第三，贯彻 ISO9000 系列标准，是国际经济合作的需要。由于世界科技的突飞猛进，带动工业领域向高科技、多功能、精细化和复杂化发展，许多产品需要在不同国家的几个甚至几十个专业厂进行试验和加工。由于产品本身技术趋于密集化，投资高和风险大，越是复杂的系统工程投资越高、时间越长、顾客的风险就越大，所以它们对质量管理的要求就越高，就越要求生产公司及其所属子公司、转包商建立完善的质量体系，以此提供质量保证。因此，国际间的经济合作是以质量管理和质量保证体系的认证为先决条件的。

第四，贯彻ISO9000系列标准，是追究质量责任、保护消费者权益的需要，使因产品质量缺陷而受到损失的一方能及时得到应有的补偿，同时也强化了生产者对产品质量、计量、标准、检验、检疫等方面的管理，使其提高制造技术水平、保证产品质量、防止产品缺陷的产生，从而有力地推动了质量保证活动在企业的开展。

目前，世界上已有60多个国家和地区等同或等效采用了ISO9000系列标准，力求使本国的质量体系认证制度能获得国际上的普遍承认，以利于打破一些国家的技术壁垒，保证国际贸易正常交往。

中国是国际标准化组织（ISO）的成员国。我国政府已决定等同采用ISO9000系列标准；以双编号形式标明：GB／T19000ISO9000；从今年1月1日实施。

我国等同采用ISO9000系列国际标准的目的，就是帮助企业建立健全质量体系，进一步提高企业的质量意识和质量管理及质量保证能力，提高企业整体素质，以适应国内外市场竞争的需要；同时，为迎接“复关”，与技术贸易壁垒协定接轨，使企业质量体系认证向国际化发展。

为做好这件事，我认为：

(1）采用国际标准已成为国际交往的必然趋势，企业必须跟上。

ISO9000标准在国际上不是强制性的，而是由企业自愿采用；但是，谁不采用谁就吃亏。随着市场经济的发展和我国“复关”，企业必将进入世界交换体系。在产品贸易、合作开发、合作生产、相互转让、技术交流、质量仲裁、跨国公司单边和多边合作中，都要用这套标准作为确认质量保证能力的依据和相互认可的技术基础。因此，企业自觉推行国际标准，是提高市场竞争力、发展外向型经济、走向国际市场的必然趋势。

（2）注意结合企业实际，注重应用，不搞“花架子”。

ISO9000 标准是世界通用性标准，但又具有灵活性。企业在学习、实施这套标准时，应尽量做到与企业的具体情况相结合，发挥自己的优势，不要搞“一刀切”、“一个模式”。要学习国际上的先进管理经验，绝不是要丢弃自己的优良传统和行之有效的做法。

（3）“全面质量管理”与 ISO9000 系列标准可以相互兼容。从两者的理论基础、强调领导作用、有组织有系统的活动、全程控制、全员参加、使用现代科学技术、重视评审和不断改进质量等 8 个方面比较来看，理论和指导原则基本一致，实施方法可相互兼容。此二者是在不同文化背景中产生的相同的管理方法。因此，采取 ISO 系列标准代替全面质量管理或者用全面质量管理排斥 ISO 系列标准都是不对的，也是没有好处的。因为等同推行 ISO 系列标准可促进全面质量管理的发展并使之规范化，还可以与国际质量标准接轨；推行 ISO 系列标准也可以从全面质量管理中吸取先进的管理思想和技术，不断地加以完善。日本在等同采用 ISO 系列标准以后，并不放弃全面质量管理，而是使二者相辅相成，这种做法值得我们借鉴。

（4）重视质量体系认证工作，争取更多的企业获得认证标志。以 ISO9000 为基础的质量体系认证制度受到世界各国的普遍重视，已发展成为一种世界性趋势。近年来，欧共体各国和美国、日本等国家的质量体系认证工作发展很快。获得“质量体系认证标志”是证明这个企业已经建立了有效地保证符合国际标准的质量体系；企业已具有能够保证提供符合用户需求的产品和服务质量的能力。目前，我国经国家技术监督局批准、注册的认证机构只有 4 家，正在接受企业申请，进行质量体系审核、注册。希望广大企业认真落实ISO9000系列标准，获得质量体系认证标志，走向国际市场。

党的十四大确立社会主义市场经济的改革目标，大大促进了我国经济的发展，同时也加快了我国经贸体制向关贸总协定的国际规范靠拢，进入世界经贸体系。在这个新形势下，企业走向市场经济、走向国际市场、发展外向型经济，急需转换企业经营机制、完善质量体系。因此，企业要求等同采用ISO系列标准的呼声越来越高。

为了适应形势发展的需要，国家技术监督局与广东省企业管理协会、企业家协会合作，在专家、教授们的指导和工厂的配合下，摄制了这部GB／T19000ISO9000录像片。现在，把这部具有实用价值的操作性录像片献给广大企业，我非常赞赏！希望企业充分运用它，建立健全质量体系，提高市场竞争力。

树立牢固的质量意识必须解决三个问题*

(1993年8月5日)

产品质量问题引起大家重视，不是自今日开始。早在1978年就举办了第一个全国质量月活动，从那时算起，质量管理协会成立也已是15年了。所以说，我们抓这件事不算晚。从中央到地方，从行业到企业，质量问题可说是年年讲、月月讲，甚至是天天讲，一直讲到现在开展的“质量万里行”活动。然而，我们有些企业的产品质量为什么总也上不去呢？有些企业的产品质量为什么总是在波动呢？理由可能有许多，但我认为关键是这些企业的领导人没有真正树立起牢固的质量意识。为此，我认为，在企业领导者中必须进一步解决三个问题：

第一，明确质量问题首先是法律问题。任何一个企业卖出的产品，其质量如何必须依法承担责任。市场经济是法制经济，产品进入市场后，由于产品质量发生的问题，给用户造成损害，制造者必须承担相应的法律责任，轻者赔偿损失，重者要“坐班房”。就质量讲质量，不同法律挂钩，有法不依，违法不究，制造者、销售者无法制观

* 这是袁宝华同志在1993年中国质量意识高层论坛开幕式上的讲话。

念，何谈质量意识。

第二，质量意识必须建立在强烈的竞争意识上。市场机制，主要是竞争机制。所以质量管理要建立在竞争机制上。长期以来，我们没有很好地把竞争机制建立起来，造成企业与企业间没有形成一种公平、公正、公开的竞争机制。人们说：国有企业不如乡镇企业、三资企业和小企业，讲的就是竞争机制。从国有企业内部讲，人事制度、劳动制度和分配制度改革不彻底，仍然吃“大锅饭”，坐“铁交椅”，拿死工资。职工无竞争意识，企业无竞争机制，提高质量只能是一句空话。

第三，质量意识、竞争意识，说到底是个企业素质、全民族素质问题。从企业来说，主要是提高全体职工，首先是领导者素质的问题。我们一些企业往往是日子好过了，就忽视质量，把抓质量丢到九霄云外；日子不好过了、产品卖不出去的时候，方想到抓质量。只图数量，不求质量，这在市场竞争中要吃大亏。所以说，抓质量，关键是提高人的素质，这方面要下大力气。当然，提高素质是企业一项永久性的课题，不是三年两载突击一下就可以完事的。我建议每年开一次这样的促进会，以唤起人们对质量的重视。

提高企业竞争力必须具备的条件 *

（1995 年 1 月 10 日）

企业竞争力是企业活力的表现，而企业的竞争力说到底就是产品的竞争力。所谓产品竞争力，我认为应由四个要素构成：一是质量，好的质量，合格的质量，使用户满意的质量。二是价格，合理的价格，有竞争力的价格，使用户能够接受的价格。三是交货期，信守合同，重视承诺，周到服务。对邮电部门来说，还要讲究电话安装和维修的及时率。四是信誉，饭馆、商店讲究“回头客”，如果只图赚钱，“一锤子”买卖，失去消费者的信任，用户就不会再上门，还到处讲你的服务质量是如何的差，砸你的牌子。人们喜欢名牌，是因为名牌商家不仅货真价实，更因为有售后服务的周到与保证，它给人们以信任。失去信任，失去信誉，何谈竞争？

怎么样来提高我们的竞争力，我认为必须具备三个条件：一是技术的高起点；二是管理的高水平；三是职工的高素质。

第一，技术的高起点。没有高起点的技术，难有高水平的产品和高水平的服务。现在产品的更新换代周期越来越短，企业在研究开发

* 这是袁宝华同志在中国邮电企业管理协会第二次代表会议上的讲话。

领域要舍得花钱。我曾看到日本的一个资料，日本企业把净收入即税后收入的很大一部分投入到技术进步事业上，投入到研究开发上，所以能不断推出新产品。海尔集团也是这样，他们的一个新产品投入市场以后，另一个新产品已开发出来等着进入市场。我们的企业，我们的产品，我们的服务，不仅在国际市场，就是在国内市场上要有一席之地也必须有技术上的高起点。发达国家有时“拿”我们“一把”，无非是在技术转让上。因此，我们一方面要重视进行引进工作，另一方面自己也要大力进行高起点开发工作。

第二，管理的高水平。没有管理的高水平，高起点的技术也不能实现。有的同志讲，管理是科技成果转化为生产力的桥梁，这话有道理。科技成果真正转化为现实的生产力，要通过高水平的管理，科技是第一生产力，但它还只是一个可能的生产力，真正变为现实的生产力，要进入生产过程，这在很大程度上要通过生产过程中管理的高水平来实现，特别是质量管理。企业应把质量管理放在第一位，提高质量管理，走质量效益型的道路，向管理要效益。上海宝山钢铁公司以财务和资金为中心抓管理，使产品具有竞争力；邯郸钢铁厂模拟市场的成本管理，取得了效果；邮电行业也有不少好经验。所有经验都说明高质量需要管理，高效益需要管理，高的竞争力综合起来需要管理。国家经贸委提出“转机制”、“抓管理”，转了机制就要抓管理，而且只有抓管理才能使转换机制的成果得到巩固。国家经贸委提出的“三改一加强”的“一加强”，就是加强企业管理。

第三，职工的高素质。技术的高起点，管理的高水平，能不能够实现，能不能够落实，说到底在于职工的高素质。现代化生产对职工素质的要求越来越高。去年我在美国同美国的一些企业界人士座谈，发现现今的美国企业，蓝领和白领的比例已发生了很大变化，蓝领的比例在降低，白领的比例在提高，这说明现代化生产对于职工的素质要求在提高。国外一些企业管理人员必须是MBA（工商管理硕士）出身。就是说，一个工程技术人员如要委以厂长、经理等高级管理职务，先得将此人送到哈佛大学工商管理学院或者是其他工商管理学院去学习，取得一个MBA的头衔方可。这又给了我们一个信息，对职工的素质，特别是企业管理人员的素质要求更高了。这就给我们提出了如何适应形势进一步加强职工培训工作的问题。前些年我们的职工培训是由于“文化大革命”的破坏，从“双补”开始的，在“双补”的基础上进行了岗位培训。实践证明，这条路我们走对了，岗位培训确实起了作用。今后仍然要加强这方面工作，但光靠这一点已远远不够了。今后要在岗位培训基础上强化对职工现代技术的系统培训，比如计算机，在计算机岗位上的要懂，不在计算机岗位上的职工，特别是管理人员，也要懂，要打破工人和干部的界限。这是现代化生产对职工素质的要求。

提高经济发展的质量和效益*

（1995年3月27日）

关于国有大中型企业的体制改革问题，国务院办公厅已经转发了国家经贸委《关于深化企业改革搞好国有大中型企业的意见的通知》，共11条。这是一个重要文件，对企业具有指导意义，应该很好地研究。为进一步理解文件精神，我讲几点意见，供企业的同志参考。

第一，转变观念。这是邓小平同志一再强调的一个问题。转变观念不是一劳永逸的。新的问题层出不穷，转变观念需要不断进行，换句话说，要不断清除改革道路上的思想障碍，使我们的思想观念能够适应建立社会主义市场经济体制的要求，这是最主要的一条。其次，我们的企业在经营上要严格按照法律办事。也就是说，我们的经营是依法经营，我们的行为要符合法律规范。这对我们许多企业领导干部来说也有个观念的转变问题。再次，要使我们的思想，特别是企业领导干部的思想真正适应宏观调控的要求。有国民经济的运行，就有国家的调控。市场经济不等于就是自由放任。市场经济需要在国家调控下依法进行，使市场的发展规范化，也就是人们常说的国家调控市场、市场引导企业。在改革过程中企业经营者思想一定要明确，发展

* 这是袁宝华同志在第十二期青年厂长（经理）研讨班上的讲话。

社会主义市场经济必须要使我们的微观经济活动服从宏观经济调控的要求。实现这些要求，都需要思想观念的转变。总之，思想观念要适应于市场经济的发展，适应于社会主义市场经济的宏观调控，适应于社会主义市场经济的法律规范。

第二，强化企业管理。企业管理的重点是：质量管理、营销管理、资金管理和成本管理。这四条是提高企业素质的基本内容。就我们目前企业管理的状况来讲，容易被人们忽视的往往是以资金为中心的财务管理或以财务为中心的企业管理。财务管理的核心问题是资金问题。银行改革前，我们原来的企业管理是靠银行的“大锅饭”来生活；银行改革以后，专业银行商业化了，“大锅饭”不能吃了（虽然现在银行的商业化完善程度还不够，在政府干预下我们还能吃一点“大锅饭”，但是，一旦专业银行真正商业化了，政府不能再过多干预）。银行的经营思想也在发生变化，银行放贷不再是“雪中送炭”，而是“锦上添花”。企业经营状况好，盈利的幅度大，效益蒸蒸日上，贷款就容易，因为贷款给这样的企业，资金收回快，流动得也快。假若你这个企业日子不好过，银行先得考虑你有没有还贷能力，要调查你的钱究竟从何来，前途如何，没有前途的一个钱也贷不到。而且，银行商业化程度越高越要把精力、注意力放在资金的运用上。现在上海宝山钢铁公司的日子比较好过，银行找上门给它贷款。宝钢是以财务为中心的企业管理，而且它的财务管理的核心问题是运用资金，是怎么使资金更合理地运用。这个问题我之所以反复地强调，是针对我们现在企业的一些领导人不重视资金的运用，不把资金作为一个生产要素看待。而且，相当一些企业资金运作不合理，周转很慢，这是我们一些企业管理的薄弱环节，我认为必须十分重视这个问题。

强化企业管理除了抓财务和资金，还要抓营销、抓质量。我们过去的经营顺序是从生产到销售，换句话说，我生产什么，你就给我销售什么。而市场经济，企业经营的顺序又必须颠倒过来，把销售摆在第一位。首先要了解市场的需要，市场需要什么你才能生产什么。接下来的问题是，你的产品能不能进入市场，有没有销路。质量，包括服务质量是能否进入市场的决定因素。所以企业要视质量为生命，抓质量是任何一个企业管理的头等大事。

企业管理要严字当头，包括质量管理、营销管理、资金管理和成本管理都要从严管理。我们现在有好多企业纪律松弛、效率低下、松松垮垮，有的人一天8个小时，能干4个小时就不错，人浮于事严重。我们的职工是产业大军，我们的生产是现代化的大生产，没有纪律不行，没有纪律就是没有效率。所以强化企业管理必须严字当头，严格管理。

严格管理的基础是民主管理。职工是企业的主体，企业活力的源泉在于脑力劳动者和体力劳动者的积极性、智慧和创造力。必须调动全体职工的积极性，职工不仅要参与企业的决策，还要参与企业的各项管理活动。严格管理必须建立在民主管理的基础上，严格的纪律必须建立在全体职工提高觉悟的基础上，要像解放军那样强调自觉的纪律。自觉的纪律不是压制下的纪律，有了这个认识，觉悟就提高了，纪律才能自觉自愿地执行。这是我们搞好企业的基础。

第三，提高企业经营的集约化程度。我们现在是粗放经营，浪费大，尤其是资源的浪费。要进行集约化经营，就要优化资源的配置，实行专业化协作，也就是专业化分工问题。就是说，要提高经济发展的质量和效益，必须提高企业经营集约化的程度。

第四，尽可能地加大技术改造的力度，走高新技术的道路。前年我到深圳，深圳的同志跟我讲，他们从“三来一补”开始到今天，已经跨过了好几个阶段才进入高新技术之路。现在到深圳办企业，没有高新技术就没有立足之地。发展高新技术是我们搞经济特区的重要目的之一。提高经济效益，不走高新技术的道路不行。走高新技术道路就得采用新技术、引进新技术，对于企业的设备、工艺要进行改进，就得加大技术改造的力度。

第五，要实施名牌战略。实施名牌战略是提高我们经济质量的一个重要措施。开发新产品，调整我们的生产结构，使我们的产品在市场上占一席之地，还必须提高企业和产品的声誉，也就是说提高市场上的知名度和吸引力。人们常说，倒牌子容易，创牌子难。创一个牌子是很不容易的，要花力气，要靠实力。1978 年访问日本松下电器公司时，我问为什么在一些广场上都是索尼的广告，看不到松下的呢？回答是我们不靠广告，靠的是实力。当然我理解索尼也是靠它的实力，广告的魅力在于它的实力，否则难以进入市场占领市场，广告再多也没用。实力，就是竞争能力。企业在市场竞争当中要立于不败之地靠的是质量，靠的是名牌产品，靠的是产品的竞争能力，靠的是适合于各种收入的人的需要，靠的是交货期和售后服务。一句话，靠的是实力。有了这几条就有竞争力，没有这几条就没有竞争力。创名牌就得在这上面下功夫。

第六，开拓两个市场，扩大销售渠道。在市场竞争中，要把营销管理放在第一位。扩大销售无非是三个方面联合起来，一是自销，二是代销，三是联销。“三销”结合，实现企业营销网络，才能占领市场。市场也不是靠打一个歼灭战就可以占领了，需要一点一滴的努力。要下滴水穿石的功夫，才能最终占领市场。所以企业要制定一个营销战略和市场发展战略，才能在国内外两个市场上站住脚。开拓两个市场，要以国内市场为主，但是产品必须要达到国际市场的水平，否则进不了国际市场。只有到国际市场，才能考验出你的产品在市场上有没有竞争能力。国内外消费水平不同，能适应国内消费水平的东西，不一定能在国际上打胜仗。

第七，大力提高职工的素质。要根据企业发展的需要，对职工进行培训。培训的目的是要使职工不仅掌握一门技术，而且要成为多面手。这对企业提高竞争能力有好处，既有利于增加企业用工和工人之间双向选择的机会，也有利于扩大职工就业面。所以对职工要积极进行系统培训、岗位培训。在岗位培训的时候还可以根据需要培训其他岗位技能。要注意提高职工的文化水平、技术水平和扩大他们的知识面，使我们的职工都能有机会进入管理者队伍。加强企业文化建设，加强职工政治思想工作，树立有本企业特点的企业文化，是提高企业素质的重要内容，通过物质文明和精神文明的建设，建设“四有”职工队伍。

第八，领导班子的建设。中央领导同志一再强调，办好一个企业，一要有一个好路子，二要有一个好机制，三要有一个好班子，而好路子、好机制，其作用的发挥最重要的是要有一个好班子。许多企业建设班子的经验告诉我们，一定要尊重企业党组织的政治核心地位，一定要尊重广大职工的主人翁地位。这是我们社会主义企业和资本主义企业最大的区别，是我们的特点，也是我们的优势。要在发挥优势的基础上建设好我们的领导班子。

提高服务质量，拓宽服务领域*

（1995年11月22日）

党的十四届五中全会提出了跨世纪的宏伟蓝图——“九五”计划和2010年远景目标。中国企协要全力以赴为实现跨世纪的宏伟目标作出贡献。我们这次执行理事会是在这一重要的时刻召开的，要认真学习与贯彻五中全会精神并据此安排我们的工作。我想讲几点意见：

第一，中国企协明年的工作方针，重点是提高服务质量。这条非常重要。十几年来虽然企协在企业中享有比较高的威信，但是，我们的工作质量、服务质量很需要进一步提高。我说的企协不只是中国企协，也包括各地和各行业企协。现在有些地区、有些行业的工作质量不能令人满意。企协要在竞争中发展壮大，最重要的一条就是提高服务质量，只有提高服务质量，才能增强竞争能力，所以要义无反顾地拼搏向上。我们的信息、咨询、培训、出版、报刊宣传、理论研究、对外联络，包括后勤工作，都要有一个拼搏向上的精神，瞄准增强竞争力的目标，提高我们的服务质量。每年我们召开“企业高级领导人国际讨论会”时，我心里总感到有点不是那么满意。“世界经济论坛”

* 这是袁宝华同志在中国企业管理协会、中国企业家协会五届四次执行理事会议上的讲话。

召开的达沃斯会议，每年都有新的招数，达沃斯会议很吸引人，越来越为世界各个国家、地区的企业界、政界领袖人物，甚至国家领导人所重视，它已经从欧洲的“达沃斯”发展到亚洲的“达沃斯”来了。今年“世界经济论坛”在新加坡举办的研讨活动，亚洲好多国家领导人都参加了。我们应该改进我们的“企业高级领导人国际讨论会”，提高会议质量。不仅是这个会议，还应该包括我们和日本、澳大利亚等举办的一些高级别的研讨会议，都要提高质量。提高服务质量还包括协会其他各方面的工作。怎么样提高我们的服务质量，希望大家动动脑筋。

第二，要尽量拓宽我们的服务领域。现在好多涉及企业的工作，是我们应该做的，我们没做，别人做了。当然别人做也好，都是为企业服务。应该说由我们来做，做得会更好一些。还有些事情没有人做，义不容辞地我们应该去做。最近中国企协成立了“维护企业和企业家合法权益工作委员会”。原来我想搞一个法律顾问或咨询机构，后来和民政部商量定下这个名称，名称虽说长一些，但很具体，可以把这个工作委员会的工作任务明确地表达出来。再一个是企业竞争力评价指标体系。“世界经济论坛”和瑞士经济管理学院搞了多年的各国竞争力的评价报告，在世界上引起强烈的反响和注意。我们能不能这样做，正在研究之中。其他还有出版宣传工作，等等。我们已经开始动脑筋，进行一些探索性的工作，有些已经做成了，有些还需要进行探索。要从企业的实际情况和企协的实际可能出发，不是我们想到的都能做，要从实际出发，来拓宽服务领域。

第三，关于管理科学问题。我总想企业管理协会应花一点力气来探索什么是具有中国特色的企业管理科学。邓小平同志提出建设有中国特色的社会主义，企协很需要集中力量探索建立有中国特色的社会主义企业管理科学。当然，作为管理科学，有继承的问题，有借鉴的问题，也有创新的问题。要继承我们的优良传统，什么是传统管理？这要很好地分析、研究，哪些是优良传统我们要继承，哪些是不合时宜必须抛弃的。在继承的基础上借鉴别人的先进经验，何谓先进不是什么都拿来，先进的东西我们要，不先进的、不是我们需要的我们不要。借鉴不是生搬硬套，而是消化吸收、融合提炼。在继承和借鉴的基础上，大胆地进行创新。而中国特色，我认为在很大程度上在于创新。就是在继承优良传统方面也要创新，更不要说借鉴外国先进经验，如不创新何来与中国实际结合？只有进行创新才能够真正建立起来有中国特色的企业管理科学。对这个问题要花一点力气，动一点脑筋。

假若我们企协不能够拿出一个真正的有中国特色的科学的企业管理体系，我们就有点欠账了。这个问题，我到燕山石化公司调查时跟他们谈过，提出要总结经验，总结我们自己的经验，我同好几个企业谈过。研究部的同志，管理现代化工作委员会的同志应该多考虑这些问题。

第四，关于企业家队伍的建设问题。企业家队伍的建设问题，我认为重点要研究与此有关的四种机制。一是选拔机制。不是政府任命，而是给一个好的环境，使有才能的人脱颖而出。要建立起这样一个选拔的机制，必须下决心改革我们长期以来实行的选拔干部的办法。要坚持选拔真正有才能、有高尚品格的人，即邓小平同志提出来的“四有”新人，这是我们选拔企业领导人最主要的条件。现在一批企业的领导人，他们中许多人担负的任务是跨世纪的。要重视选拔机制，它关系到企业的兴衰。正如有些同志讲的，一个好的领导人可以使衰败的企业兴旺起来；一个不称职的领导人也可以把一个好端端的企业弄得破产倒闭。可谓是“成也萧何，败也萧何”。现在我们已经有一批出色的企业家，把企业搞得蒸蒸日上，光芒四射，成为大家学习的榜样、羡慕的目标。二是培育机制。对年轻经营者要培育，对一些有才能的企业家也要建立培育的机制，使其知识能得到不断更新和提高。做一个成功、合格的企业家并不轻松，很辛苦。要不断学习，更新自己的知识。为适应现代企业制度，对企业家要制定一些标准，这方面可以借鉴国外的做法，采取 MBA 制度，即你要当厂长就要取得 MBA 的资格。当然，中国推行 MBA 制度要实事求是，不能完全照搬外国的，既要和国际接轨，也要有步骤地进行。比如说：外语你要求他达到什么程度？是按硕士研究生的标准来要求他，还是按实际工作需要来要求他，要从实际出发。企业家的培育机制如何建立，是一个值得研究的问题。在培育本身应坚持请进来、派出去的方式。现在我们派企业领导人出去考察、实习、进修等，严格审查是需要的，但太烦琐也没有必要。我们有许多涉外企业可以发他一个不要每次出去都签证的护照，随时可以出去，以适应瞬息万变的市场。怎样把这个培育机制建立起来，对于建立企业家队伍十分重要。三是建立激励机制。咱们评优是个激励机制，可是每年只有 20 个，名额不能增加，条件也不能放宽，降低标准也不行，这只是激励机制的一方面，怎样提高他的待遇、荣誉等，应该有一个措施。同时，对于有成就的企业家也要大力宣传。四是建立监督约束机制。企业家队伍的不断壮大，素质的不断提高，不仅要有健全的选拔、培育和激励机制，更要有健全而严格的约束机制。为适应社会主义市场经济的发展，赋予企业领导人的权力都很大。行使权力的人，若没有相应的健全的监督与约束机制是危险的。这方面我们的教训很多。在这方面我们都要做一些研究工作，配合有关单位力争把企业家队伍的选拔机制、培育机制、激励机制和监督约束机制早日建立起来。

从战略高度认识名牌的重要性*

（1996 年 8 月 29 日）

一、名牌的基础是产品质量

中央一位领导同志说质量是企业的生命，质量管理是企业管理的纲，质量问题是战略问题。从事企业管理宣传的工作者就是要从战略高度认识名牌的重要性。

名牌在我们的一些企业中重视不够。我们企协系统的报刊宣传也不够。长期以来，我们不重视商标品牌，出口产品是工贸分家，许多厂家的商标是由外贸公司在国外注册的。党的十一届三中全会后，赋予一些企业外贸自主权，商标品牌矛盾逐渐暴露了出来。烟台锁厂因“三环”锁商标权问题与山东轻工业品进出口公司发生的工贸双方注册同一商标的矛盾就是一例。据调查，目前全国这一类商标注册纠纷就有数十例。这是实行计划经济体制时期遗留下来的问题，需要一个个地去解决。值得注意的是，近几年另一类不重视、不维护自己名牌的现象又不时发生。一些本来已在国内外市场站住脚的名牌，现在却

* 这是袁宝华同志在 1996 年企业管理宣传工作委员会暨企业管理宣传工作会议上的发言。

以合资形式被洋牌子吞掉。道理说穿了也很简单，外商之所以合资，为的就是取消你的牌子。好在近几年，许多同志觉悟了。可惜的是，至今我们有些部门的同志还没有认识到这一点。现在，一些人大讲名牌战略，但有的还只是停留在口头上，而在思想深处并不重视，因为他没有花力气。创名牌要大量的人力、物力和财力，而且是长期奋斗的结果。产品让消费者承认，是一个长期的过程，而且也不是一劳永逸。千辛万苦得来不易，而丢掉名牌再恢复更不易。青岛啤酒厂已有百年的历史。青岛牌啤酒是几代人努力的结果，是国家的财富。“文化大革命”期间，青岛啤酒质量下降，在香港失去了市场。1978 年我从日本访问回来经过香港，华润公司的同志对我讲，他们为此花上百万港币做了大量的宣传广告，才把“青啤”的声誉买回来。在这方面我们有些同志思想观念很落后，对名牌本身的价值不甚明了。玉溪红塔山香烟牌子到底值多少钱，有人说值 100 多亿元，可国内竟有人不以为然，说这是天方夜谭。思想观念落后，眼光狭窄，只重视有形资产，不重视无形资产，只重视硬件，不重视软件，这也是计划经济吃“大锅饭”的体制留下来的。上海一家罐头厂，过去由外贸组织出口，五六十年代就已在国际市场上打响了，但后来为了多出口，他们在其他外贸出口厂家的罐头上也标上上海厂的商标，多厂用一个牌子，质量又保证不了，其结果是自己砸了自己的牌子。

长期以来，一些人养成了很坏的作风，只图形式而不求实效，什么事都是一阵风，热一阵子，事过又丢之脑后。要实施名牌战略，必须克服这种坏作风。当然，最重要的是要总结从计划经济到市场经济十几年转变过程的经验。近十几年来的经验十分宝贵，是花了“学费”的，是花了大钱“买”来的，是承受了巨大的损失才使我们醒悟过来的。前事不忘，后事之师。经验教训千万要牢记。

二、牢固树立市场第一的观念

树立市场第一的观念非常重要。市场第一，也是企业管理的内容和基础。为此，要转变观念，尤其要转变单纯生产的观念。鞍钢的教训很值得吸取。鞍钢是共和国经济战线的长子，它过去认为其责任就是生产产品，而不怎么去管是否适合市场需要，因此，大量的投入仍用于扩大生产规模，忽视了技术改造和新产品开发的投入，而老设备生产的又是一些市场不需要的产品，造成大量积压，欠税几十亿。所以，办企业必须换脑筋，必须树立市场第一的观念，没有销路的产品宁可停产。生产没销路的产品，资金收不回来，是最大的浪费。冶金部总结了鞍钢经验，采取了新的方针，经过去年一年的艰苦奋斗，鞍钢翻了身，在去年年底扭亏为盈。

树立市场第一的观念要把市场摆在第一位。过去有一些企业提出把效益放在第一位，我认为，这句话不完全。没有市场哪来效益。衡量一个企业的经营状况，既要看它的资金利润率，更要看它的市场占有率。譬如一些企业采取降价策略，目的是占领市场。我国彩色胶卷市场，大部分被“柯达”、“富士”占领。它们就是以低于国际市场价格向中国倾销，目的就是占领中国市场。现在国货“乐凯”胶卷正在与洋货进行针锋相对的斗争。

三、质量第一要贯穿生产、营销、服务的全过程

质量第一什么时候都不能放松。质量不只是包括产品本身，还包括经营和服务质量。产品要在市场上取胜，要有取胜的质量，要有取胜的品种，要有取胜的营销方略，还要有售前售后的服务措施和承

诺。新技术、新产品，在销售前要为用户培训技术骨干，让用户熟悉产品。总之，名牌产品的信誉，是靠质量保证和周到的服务建立起来的。消费者之所以愿意多出钱购买名牌产品，就是出于对名牌质量和服务的信赖。

四、名牌历久不衰有赖于技术创新

产品为用户所欢迎，得到用户的信赖，那么这个产品就进入了名牌行列。名牌不是评出来的，更不是用钱买来的，名牌是消费者的认可，是对它的优良使用价值的认定。当然，名牌也必须发展，也必须在技术创新的基础上不断推出更新更好的产品，以唤起消费者更新的欲望，才能使名牌历久弥新，长领风骚。现代市场经济要求企业不断推出新产品，以焕发名牌的活力。新名牌如此，老字号也是如此。“海尔”的信条是不断开发新产品，使新产品层出不穷。长虹“红太阳一族”不是一两个产品，而是一批产品。一些企业，新产品一代一代层出不穷，生产的、研制的、设计的，有人说这叫作“吃着碗里的，看着盆里的，想着锅里的”，“吃一、看二、眼观三”。我看企业不只是观三，应该是观四、观五、观六。企业只有不断开发新产品，进一步去适应市场的需要，名牌才能站得住。

五、名牌的创建取决于企业的整体素质

从战略高度认识名牌的重要性，牢固树立市场第一的观念，使企业靠质量立足于市场，并以连续不断的技术创新推出名牌新产品，所有这些都取决于企业整体素质的提高，这是企业实施名牌战略的基础，对企业来说是十分重要的，是最最基本的。这里说的企业整体素

质，应该包括企业的政治思想素质、科学技术素质、经营管理素质，以及全体员工的文化、业务素质，等等。一句话，有赖于全体体力劳动者和脑力劳动者素质的提高。

六、宣传、保护、发展名牌

创名牌，开发名牌，发展名牌，宣传名牌，扩大名牌的知名度，还要保护名牌，尤其不要误伤名牌，这在目前具有极重要的现实意义。我们搞企业管理宣传的同志要十分注意这个问题。名牌是国家的财富，是民族的精华，保护名牌不仅是企业的责任，也是全社会的责任，更是我们企业管理报刊编采人员的重要责任。

市场竞争是赢得用户的竞争*

（1996年12月11日）

"在市场经济体制条件下，市场的竞争实际上是赢得用户的竞争，是让用户满意的竞争"，这句话概括得非常好。在市场经济条件下，企业围着市场转，其产品基本上是买方市场，所以用户在市场上是企业真正的主宰，用户的评价、用户的满意程度，已成为我们企业产品质量最终评价的标准。因此，赢得用户就是企业间的一场竞争。要赢得竞争，企业必须改变长期以来所走的速度数量型的道路。现在好多企业处于困境，实际就是这条道路造成的后遗症。把这个问题充分暴露出来，及早转变思想、转变观念，早转变早主动，晚转变晚主动，不转变就被动。武钢是最早提出走质量效益型道路的企业之一。宝钢实施CX战略，也是一项重大的决策。他们提出，下工序是上工序的用户，上工序就要使下工序满意，既增加内部的凝聚力，也有利于对外的凝聚力，同时也就是凝聚了用户，实际上增强了企业在市场上的竞争能力，这是很有说服力的。实践证明，这些做法，对赢得用户已发挥了很大的作用。一年前，钢铁企业受到很大困扰；一年后的现

* 这是袁宝华同志在首届全国"用户满意工程"联合推进大会上的讲话。

在，钢铁企业的产销率基本上达到了100%。鞍钢整整用了一年的工夫，也追了上来，基本上扭亏为盈，今年的日子比较好过了。几个大钢铁企业的经验说明，企业必须转变思想观念，走质量效益型道路，不能再继续走速度数量型那条老路了。以邯钢为例，邯钢是模拟市场成本否决，所谓模拟市场，首先是牢固树立市场观念，真正地实施“用户满意工程”，才能够比较顺利地实现党的十四届五中全会所提出的两个根本转变。

我们所有的企业都要以质量管理为纲，来加强企业管理。走质量效益型道路，在企业内部要实施严格的管理，企业管理要真正以质量管理为中心，实现最终用户满意作为我们质量的标准。企业要走出困境，除企业内部因素外，企业外部要配套改革，给企业创造一个良好的环境，创造一个平等的竞争条件，也是重要的。当然，无论如何企业内部因素是主要的，要严格地要求自己。必须与职工讲清楚，没有质量就没有市场，没有市场就没有效益。以质量管理为纲，加强以质量管理为中心的企业管理，是我们实施“用户满意工程”，实现两个根本性转变所必须采取的重要措施。

不断开发新产品来满足用户不断提高的要求，也是“用户满意工程”的内容之一。调整经济结构除了调整产业结构和企业结构之外，很重要的一条是企业产品结构的调整，适应市场的需要，适应用户的需要。让用户满意，首先要生产出适销对路的产品，产品不对路，用户不需要，质量是一句空话。用户的需要是起码的要求，最重要的要求是物美价廉。企业要抓紧技术改造。邯钢就是得益于这一点，他们把所有的留利不是简单地扩大生产规模，而是进行技术改造，增加新的设备，提高竞争力，增强后劲，不仅保证了产品质量，减少了废品的产生，而且大大地降低了成本，使效益大大增加。为促进老企业的技术改造，除了按国家规定，通过提高折旧费增强企业的技术改造能力外，我建议，明年在遵循适度从紧的财政货币政策的前提下，应该在利润的分配上，支持一些重点企业，增加这些企业技术改造的力度，以提高市场竞争力。

应善于发挥中介组织的作用*

（1997年2月26日）

要抓住时机做好《质量振兴纲要》的宣传工作和贯彻落实工作，这也是推进中国质量管理协会工作的一个好时机。要抓住这个好时机。无数事实告诉我们，一个好的文件，出台不容易，贯彻更不容易。政策的威力在于落实。中国质协就是要抓紧这个时机，集中力量宣传《纲要》，落实《纲要》。政府主管部门要积极支持并紧密依靠中国质协来推动这项工作，充分发挥中国质协在政府与企业间的桥梁纽带作用。对如何发挥中介组织的作用，我们的行政主管部门旧的观念也有待更新。许多部门不善于发挥社团组织的作用，许多人又惯于越俎代庖，事必躬亲。这一点也应借鉴一些西方国家政府部门的经验。去年11月，我到法国访问，和法国政府一个部门的负责人座谈，谈到中介组织作用时，他们告诉我，中国李鹏总理访问法国时，要召开一个有企业负责人参加的座谈会，出面组织并主持座谈会的法方指定由法国雇主协会负责，座谈会开得很成功。我对这件事很有感触，它使我联想到，以往外宾访华，要与我国企业家座谈，我们往往是由政

* 这是袁宝华同志在中国质量协会六届二次理事会暨第十一次年会开幕式上讲话的后半部分。

府接待，政府组织，政府通知。这件事也说明，我们政府部门的一些同志还不懂得运用中介组织，自己揽了很多事务性工作，忙得不可开交，结果往往是官方色彩，而不被外方理解。当然，就中介组织来说，也要积极主动地承担任务，为此要积极地扩大志愿者队伍，扩大积极分子队伍。要办一件事必须有一批积极分子，否则什么事也办不成。因为协会不可能有那么多的专职人员。大家都知道日本的石川馨博士，他在日本推行质量管理，就是靠一批积极分子。这批人都是志愿者，他们不计名利，不计报酬，不怕困难，不怕吃苦，一天到晚奔走呼号宣传贯彻质量管理工作的方针政策，这很重要。我们中国质协也有一批老积极分子，还需要更多的新积极分子。老积极分子第一位就是沈鸿同志，他已年逾 90，一直很关注质量工作，在延安，他就抓质量工作，抓得很认真。还有顾训方同志，“文革”前我们就一起召开过全国技术工作会议，质量是那次会议的议题之一。还有岳志坚同志，他是第一个率团访日并拜访日本科技联盟和规格协会的人，那次访日他带回了一批资料。我们借鉴日本的经验，于 1978 年开始，举办了中国第一个“质量月”活动，1979 年成立了质量管理协会。今天，我看到这些老同志，就想起当年大家一起抓质量工作的情景：不顾辛苦、不顾疲劳、不怕困难、务求必胜的那种精神。我们的事业在发展，光靠老同志不行，他们年事已高，有些事是心有余而力不足。我们必须不遗余力地发展新生力量，扩大积极分子队伍，这是做好工作的基础，是我们力量的源泉。扩大我们的积极分子队伍，要特别注意新闻界和理论界的好多热心的朋友，要注意发挥他们的作用。我建议中国质协要定期举办一些质量管理方面的讲座，请理论界的朋友传授有关的知识。在我们的企业里，也有一大批质量管理工作者在进行着大量的质量管理实践，要总结他们的经验，传播他们的经验。中国质协要发挥中介组织的作用，必须把这几方面的工作做好。

在全国第20次QC小组代表会议上的讲话

（1998年9月4日）

从1978年北京内燃机总厂成立第一个QC小组开始，到现在整整20年了；从1978年举行全国第一个“质量月”活动，到现在也整整20年了。20年前，中国经济代表团应邀参加日本的“质量月”活动，回来以后，正值党的十一届三中全会召开，刮来了强劲的东风，第二年我们就先后成立了中国企业管理协会和中国质量管理协会，这也将近20年了。回顾这20年，我们的事业大大发展了。记得QC小组第一次代表会议是在一个小会议室里举行的，第二次是一个大会议室，现在人愈来愈多，就需要到国际会议中心这样的大会场了。这充分说明我们的质量管理事业已大大发展了。我借这个机会，代表中国企业管理协会，对全国第20次质量管理小组代表会议的召开表示衷心的祝贺！

质量管理是企业管理的中心，管理是企业永恒的主题。管理又必须不断适应变化着的形势。当前摆在我们面前的一个新课题就是知识经济挑战传统的企业管理。这不能不引起我们的重视。知识经济就其本质讲，是知识成为独立的生产要素，成为经济增长的主要源泉。据介绍，美国进入知识经济时代，其国民生产总值中高科技比重相当高，以此推论，有的专家估计，中国要在下个世纪的20到30年代进入知识经济。话说得比较活，就算是 30 年代，也只有 30 年时间，这是摆在我们眼前的，迫不及待的，需要我们认真对待、认真研究的问题。今天质协在工作报告中提出，树立新的典型，发表新的成果，传播新的知识，共创新的效益，吸收新的经验，以此来迎接知识经济的挑战。报告在指导思想上提出要不断开拓新思路，在组织方法上提出要不断开拓新途径，在覆盖范围上提出要不断开拓新领域，在活动方式上提出要不断开拓新内容。这几个“新”归纳得好！我觉得我们要迎接知识经济时代，就要从这些方面努力。前不久，我在“知识经济与企业经营管理高层论坛”上作了一个题为《审时度势，蓄势待发》的讲话，中心意思是，必须做好充分的准备工作，才能使我们不断提高竞争力，立于不败之地。我认为，就企业管理、质量管理和质量管理的基础 QC 小组活动而言，其重点就是要研究管理如何适应和迎接新世纪到来的要求。因为，无论是传统管理，还是新的意义上的管理，都需要创新精神，都需要解放思想、实事求是、开拓创新。而企业管理，无论什么时候都离不开两条：一条是产品质量，一条是人的素质。没有质量就没有数量，没有质量到市场上就没有竞争力。所谓“竞争在市场，决战在工厂”，靠的就是管理。没有拥有知识的人，不可能生产出知识含量高的产品；没有职工的积极性，也不会有企业的活力。还是党的十二届三中全会决议的那句名言：“企业活力的源泉，在于脑力劳动者和体力劳动者的积极性、智慧和创造力。”所以说，这两条什么时候也离不开、谁也离不开、任何情况下也离不开。而这后一条又是前一条的基础。有了劳动者的知识领先，就不愁经济领先。使全体职工都拥有新知识，是企业的当务之急。QC 小组工作是大有前途的，因为它锐意创新，着眼于创新，着力于创新。创新是科技进步的灵魂，是我们国家兴旺发达的动力。

在全国质协秘书长工作会议上的讲话

（2000年2月25日）

陈邦柱[1]同志一上任，就主持召开全国质协秘书长工作会议，我虽年事已高，身体也不太好，但邦柱同志上任我是要来祝贺的。

80年代，对推进质量管理工作，我是摇旗呐喊，不遗余力。质协的会，每会必到，到会必讲。

90年代，质协召开的一些会，我也力争参加，但多是站班助威，讲话就少了。

在即将进入世纪交替的2000年，我已是80多岁的老人，站班助威也力不从心了。毛主席讲，没有调查就没有发言权，所以，我不好再说三道四了。

邦柱同志一定要我说，只好说几句老话。刚才几位同志的讲话，引起我对过去的回顾。改革开放20年来，我国质量管理工作所取得的成就是巨大的。本来中国质协比中国企协晚成立半年，但开展活动却早半年。中国质协虽成立于1979年，但我国“质量月”活动却开

[1] 曾任国内贸易部部长、国家经贸委副主任、中国质量管理协会会长。

展于1978年。第一任质协会长是岳志坚[1]同志，第二任是宋季文[2]同志。70年代末，岳志坚率中国质量代表团访问了日本科技联和规格协会，学习日本质量管理工作经验。

回国后，在刘源张[3]的帮助下，把我国质量管理工作推行起来。现在志坚同志双目失明，季文同志已经过世。这两位同志对质协和质量管理工作都立下了汗马功劳，也为质协工作打下了坚实的基础。回顾这20年，我们不能不想到这两位老领导，不能不想到许多为中国质量管理工作付出辛劳的老同志。当然，我们的工作所以能取得如此大的成就，这与党中央、国务院领导同志对质量工作极为重视是分不开的。上上下下，同心协力，这是20年来我们的质量管理工作得以轰轰烈烈开展起来的根本所在。

《质量振兴纲要》的颁布和《关于进一步加强产品质量工作若干问题的决定》的出台，对推进我国质量工作进一步规范化、法制化，必然发挥重要作用。现在国家经贸委又指定由陈邦柱同志协助质量技术监督局主管质量管理工作，并委派邦柱同志担任第三任中国质量协会会长，这一系列重要举措，说明了国家对质量工作的重视。

20年来，各地区、各行业质协在中质协的指导下做了许多工作。每年开展的质量月活动有声有色，企业质量管理小组活动也更加深入普及，宣传质量管理，严格质量管理，推动质量管理对企业综合管理

[1] 曾任国家经委副主任兼国家标准总局局长、中国质量管理协会第一任会长。

[2] 曾任国家经委顾问、中国质量管理协会会长。

[3] 管理科学和管理工程专家，中国科学院数学与系统科学研究院研究员、博导，工程院院士，长期致力于质量管理和质量工程的研究与应用，在理论和实践上为中国的质量管理研究以及提高中国工业企业的产品质量和工程质量等作出了非常杰出的贡献。

水平的提高起了非常重要的作用。当然，质量管理工作无止境。百尺竿头，更进一步。要抓住当前大好时机。最近，吴邦国副总理在欧洲达沃斯国际论坛会议上有两句话，叫作："千年龙抬头，发祥正当时。"的确，我们面临着非常好的机遇。为了抓住当前这一"发祥正当时"的大好机遇，充分利用这一机遇，进一步做好质协工作，中国质协已作的一些部署都非常好，我只补充几点意见：一是要深入基层调查研究。这是基本功。通过调查找出影响质量的倾向性问题和真正原因，才能着手解决。朱镕基总理在最近一次会上的讲话中说，今年作为管理年要狠抓管理，当然包括全面质量管理。那么当前质量管理问题何在，质协必须心中有数。二是要提高队伍的整体素质。素质的提高，关键是努力学习。现在要学习的东西很多，中共中央4号文件[1]，内容十分丰富，要认真地学习。中央政治局常委10年工作总结，中质协自身20年工作总结，这是结合实际工作的学习。学习，才知不足。通过学习，提高我们队伍的整体素质，这是我们任何协会都不能忽视的。我们所面临的各种新问题很多，都要很好地学习和研究。三是要注意队伍的年轻化，包括秘书长队伍的年轻化。

20年了，不是短暂的时间。20年前我不到65岁，60多岁时还感到有干不完的事、用不完的劲。现在85岁了，叫作风烛残年，什么意思呢？风大一点，就受不了！队伍要年轻化，质协的秘书长队伍更要年轻化。会长可以超脱些，秘书长就不能超脱，要当实干家。年老力衰，这是自然规律，不可抗拒，工作要年轻人去做。秘书长人选一定要有年轻人，这件事要十分重视、百分重视、千分重视、万分重视！

[1] 即《中共中央关于国有企业改革与发展若干重大问题的决定》。

振兴管理科学的几点意见*

（2000年10月26日）

“振兴中国管理科学”这个题目出得很好，听了大家的发言更是信心百倍。当前，振兴中国管理科学，形势非常好。特别是党的十五大把改革的经验系统化，总结提出了邓小平理论，这对我们的事业有巨大的推动作用。党的十五届一中全会提出了用3年时间，使大中型国有企业解困，这对振兴中国管理科学的压力也就大了，有很强烈的迫切性和使命感。小平同志对管理科学一向很重视，我们研究邓小平理论，就应该把邓小平理论中关于管理科学的内容进行很好的整理和研究。

小平同志很早就重视管理科学事业的发展。大家都还记得，“工业70条”就是小平同志亲自提倡制定的。十年动乱期间，企业管理工作被破坏无遗，尤其是“四人帮”提出“三无”企业，企业管理被彻底抛弃。

1975年，小平同志一出来工作，就狠抓了企业整顿。那时，他从整顿铁路秩序开始抓起，找谷牧、万里和我去他家里谈整顿时，他讲到整顿铁路要从管理入手，要以整顿企业管理作为突破口。他针对

* 这是袁宝华同志在振兴中国管理科学研讨会上的讲话摘要。

“四人帮”提出的“三无”企业和管理就是管、卡、压的荒谬主张，提出了加强管理的一系列整顿措施，这实际上是拨乱反正的一个步骤。但由于当时的形势，没有贯彻下去。打倒“四人帮”后，小平同志再一次出来工作，在党的十一届三中全会前夕召开的中央工作会议上，在所作的《解放思想，实事求是，团结一致向前看》的重要报告中，再一次提出了加强管理。

1980年年初，我们陪小平同志会见日本企业界负责人时他又提出：企业管理是件大事情，一定要花大力气把它抓好。现在我们面临从计划经济向市场经济的转轨，管理科学非常重要。但很多同志没有认识到管理的重要性，今天大家发言也反映了这个问题。所以说，不仅是“四人帮”破坏时否定管理，在改革开放后也有不重视企业管理的问题：搞放权让利时，出现了“以放代管”、“以让代管”；搞承包时出现了“以包代管”，后来还有“以改代管”，搞股份制时又出现了“一股就灵”。这些思潮都值得我们重视。这说明许多人对企业管理重要性还不认识，对客观实际还不认识。所以，我借此机会谈四条意见。

第一条就是要总结改革开放20年来我们自己的经验，以至前40年、50年我们企业管理的经验和宏观管理的经验。与此同时，还要学习外国的成功经验，把这些经验用于我们的实践，运用到企业管理实践中去并创造新鲜的经验。这些并不简单。小平同志为什么一再强调解放思想？就是因为思想认识问题不是一下子就能转过来的，往往思想认识问题不解决，就不敢去大胆实践。更不能通过实践积累经验，继续创造新鲜经验。毛主席在1941年就讲过要“认识新鲜事物和创造新鲜事物”[1]，我们只有思想认识问题解决了，才能不断实践、不断创新。

[1]《毛泽东选集》，第3卷，人民出版社1991年版，第798页。

第二条就是通过我们的实践，通过不断总结，在管理理论上有所突破，不断地创新。江泽民同志说过，创新是民族进步的灵魂，是国家兴旺发达不竭的动力。十五大的功绩在于理论上的突破。在十五大之前对改革开放的理论争论很多，小平同志过去说，不要争论了，咱们干就是，那是因为当时理论上还作不出结论，经过实践探索，有了经验，十五大在理论上才作了结论。当然我们也不能停止不前，还会有新问题出现，那就要不断总结经验，不断进行理论探索。

第三条是企业与政府的关系，也就是微观管理与宏观管理的关系。九届人大一次会议罗干同志作了政府机构改革的报告，得到一片喝彩声，这是个好开端。多少年来喊破嗓子要政企分开，谈何容易。现在看起来真要分开了。我也注意到，罗干同志在报告中还说，这是个过渡性方案。这说明方案还不彻底。我们要看到政府机构减少了，有的部改成了局，人数也要减少一半，但若职能不变，仍然是庙小神通大。所以关键在于职能转变。政府职能不转变，一切还会复旧。这就是大家刚才说的“把不该政府管理的事情从政府职能中去掉”。为什么国企有这么多困难，很重要一条是重复建设。这里面有多少是由企业决策？绝大部分都是由政府决策造成的。这就使我想起在延安时毛主席很欣赏李鼎铭先生提出的“精兵简政”的口号。当时有人就提出“简政不是减政”，毛主席认为“简政就是减政”。可见，对简政有不同意见，不会一帆风顺。这就需要我们对宏观管理问题认真研究，用中央的精神来衡量和探索正确的管理方式。

第四条是要加强教育，加强宣传。大家都提出了管理宣传、管理教育的问题。老实说，现在确实应该在管理科学方面进行启蒙教育。长期以来，管理是个软任务，往往事情一忙就丢掉了管理。今天会上很多同志讲到“成也管理，败也管理”，这就真正认识到了管理的重要性。现在管理科学的教育，还远远跟不上实际的需要。今后管理教育还需要大力发展，同时要加强对管理的舆论宣传，要把问题说清说透。大家为什么愿意看中央电视台的《焦点访谈》，就是因为他们把问题说透了，而且还有追踪报道。宣传很重要，我们应该在管理科学方面与新闻单位合作，搞个规划，重点宣传一批管理成功的企业，尤其是扭转亏损的企业。

《朱兰质量手册》序*

（2003 年 11 月）

加快经济发展，质量是关键，不从质量上提高，就没有真正的、实在的效益。为提高企业产品质量，增强企业国际竞争力，几十年来我国政府和企业界做了大量的工作。早在 1978 年，我们就举行了第一个全国质量月活动。这一年我还率中国经济代表团访问日本，专门参加了日本的质量月活动，回来后于第二年 8 月成立了中国质量管理协会，并开展质量管理小组活动。1992 年我们又开展了“质量万里行活动”。质量问题可以说是年年讲、月月讲。随着全民族质量意识的不断提高，1993 年我国首次通过并颁布了《中华人民共和国产品质量法》，2000 年又对这一法律进行了认真的补充和修订。1996 年 12 月，国务院也颁布了《质量振兴纲要》，指出质量问题是经济发展中的一个战略问题，质量水平的高低是一个国家经济、科技、教育和管理水平的综合反映，已成为影响国民经济和对外贸易发展的重要因素之一。质量振兴的主要目标是：经过 5—15 年的努力，从根本上提高我国主要产业的整体素质和企业的质量管理水平，使我国的产品质量、工程质量和服务质量跃上一个新台阶。这些充分反映了党和国家

* 《朱兰质量手册》由中国人民大学出版社于2003年11月出版。

对质量问题的重视。

进入 21 世纪，在经济全球化的条件下，质量管理有了新的内容。中共十六大提出要全面建设小康社会的目标，我想我们建设的这个小康社会应该是有质量的小康社会。当前社会发展对质量管理的要求已经不仅仅局限于生产制造业，同时也渗透到社会经济活动的各个方面。产品质量管理也已经不再局限于对某个生产环节的管理，而是从开始生产的环节到售后服务环节的全过程管理。因此，我们熟悉的原有的质量管理知识与模式已经很难适应国际经济竞争的需要。我们必须依据国际通行惯例来提高产品质量，积极吸收和借鉴质量管理水平较高国家的先进经验。

美国著名的质量管理专家约瑟夫·M. 朱兰博士（Joseph M. Juran）就是这种先进经验的代表人物。半个多世纪以来，朱兰的质量管理理念和方法对整个世界质量管理学界产生了巨大的影响。他在质量管理方面进行的积极探索，他所提出的许多重要的质量管理原则和理念，他关于质量计划、质量控制和质量改进的论述，为许多企业赢得了核心竞争力。

1982 年他专程到中国访问，并举办质量管理讲座，受到中国企业界的热诚欢迎。《朱兰质量手册》是由他担任主编，集中了世界上一批著名的管理专家共同撰写的著作。这部著作集中反映了他的质量管理思想，是公认的当代质量管理领域的权威著作，自出版以来已被译成多种文字在世界许多国家发行，仅英文版就发行了 20 多万册。正是由于朱兰博士在质量管理领域的重要地位，再加上这部著作具有全面、实用和权威的特点，所以半个多世纪以来，《朱兰质量手册》对于世界各国的质量管理发挥了十分重要的作用。

中国人民大学出版社引进和出版这部质量管理领域的巨著，是很有眼光的。我相信它的出版，对于我国企业进一步树立质量管理理念，学习和借鉴质量管理知识和经验，进而提升我国企业和产品的国际竞争力，具有重要的现实意义。作为中国质量协会的名誉会长，我一直关注着我国的质量问题，我很高兴为这部著作作序，希望全社会都来关心质量问题。

下　　卷

企业要像对待技术那样重视管理*

一、我国企业管理的一个重要阶段

十多年来，在经济体制改革的过程中，我国企业管理理论研究和实践活动十分活跃，规模之大，影响之深，都是过去任何时期没有的，出现了“企业管理热”。这是令人欣喜的形势。它的开端，应该说是党的十一届三中全会。

新中国成立以来，在企业管理问题上，我们经历了曲折的道路。建国初期，主要是第一个五年计划时期，随着社会主义企业的迅速建立和发展，迫切需要加强管理工作。当时，我们除继承根据地时期管理工业的一些经验外，没有管理现代化企业的经验，只能在引进苏联和其他友好国家技术的同时，引进他们的管理制度和方法。这在当时，对我国社会主义企业的建设和管理工作起了积极作用。

苏联的管理制度和方法本身是有缺陷的。例如，管理过于集中而企业的自主权太小，主要依靠行政手段而忽视经济手段，规章制度过

* 本书下卷收录的文章均摘录自《袁宝华文集》第七卷《论社会主义企业管理》。

于烦琐，民主管理制度不够健全，忽视市场、忽视经营、忽视经济效益等。

由于我国与苏联的国情不同，经过几年的实践，我们就发现苏联那一套管理制度和方法，不完全适合我国的实际情况。1956年，在总结我们自己经验的基础上，毛泽东同志发表了《论十大关系》，提出了从我国的国情出发建设社会主义的思想，同时开始探索符合我国实际的经济管理和企业管理方法，并建立了相应的管理制度。“大跃进”时期，破除烦琐的规章制度，虽然也改革了一些不合理的条条框框，加强了民主管理，实行了“两参一改三结合”的管理制度。但不幸的是，由于“左”的思想的影响，在企业管理制度的改革中，只讲破除迷信，不讲尊重科学，把我们自己在实践中总结出来的一些合理的、行之有效的管理制度也给破除了，造成了企业管理的混乱。可以说，这是新中国成立后企业管理的一次倒退。

1961年1月中共中央决定对国民经济实行“调整、巩固、充实、提高”的方针。在企业管理方面，经过深入地调查研究、系统地总结经验，1961年经党中央批准，颁布了《国营工业企业工作条例（草案）》，即“工业七十条”。这个条例，总结了学习苏联和“大跃进”时期的正反两个方面的经验，针对当时许多企业没有严格的责任制度，不讲经济核算，不严格遵守规章制度，以及因而造成生产秩序混乱、瞎指挥、乱操作和经济效益很差等问题，要求建立健全必要的责任制和各项规章制度，强调计划管理、按劳分配、经济核算、物质鼓励与思想政治工作相结合的原则。实践证明，贯彻执行“工业七十条”，对贯彻落实“调整、巩固、充实、提高”的八字方针，改变企业的落后状况，促进工业生产的恢复和发展，起了很好的作用。1963年又系统地总结了以“三老四严”为特点的大庆管理经验，提出了“工业学大庆”的号召。经过这一段时间的努力，我国的企业管理水平有了很大提高，1965 年工业生产的经济技术指标，多数达到或超过了历史最好水平。

正当我国的企业管理状况开始改善，水平也在不断提高的时候，1966 年“文化大革命”开始了。长达十年之久的“文化大革命”对我国的企业管理是一次更大的破坏。批判企业的规章制度是什么“管卡压”、“洋奴哲学”、“利润挂帅”、“唯生产力论”，把“工业七十条”说成是“修正主义黑纲领”，胡说什么“要把所有的规章制度统统破掉”，“要搞出不用规章制度管理的企业”，使已经初步建立起来的科学管理制度遭到了毁灭性的破坏，造成企业管理工作混乱不堪，组织涣散，制度废弛，纪律松懈。这又是我国企业管理的一次大倒退。1976 年，很多经济技术指标大幅度下降。

粉碎“四人帮”以后，国民经济濒临崩溃，企业管理也是千疮百孔。

党的十一届三中全会恢复了党的实事求是的思想路线，决定把全党工作的重点转到经济建设上来，实行对内搞活、对外开放的方针。我国的社会主义企业管理也踏入了一个新的阶段。没有全党的思想解放，没有改革、开放的总方针，没有把全部经济工作转到以提高经济效益为中心的轨道上来，就不可能把管理摆到重要的议事日程上。因此，近十多年来开始出现的“企业管理热”，是同党的十一届三中全会之后的正确路线和政策密切相关的。

应该指出，“企业管理热”的出现是有个过程的。粉碎“四人帮”后，十一届三中全会前，这期间进行的企业整顿，重点是拨乱反正，恢复“文化大革命”前行之有效的管理制度和管理方法。这一段我们叫作恢复性整顿。恢复性整顿是有成绩的，但在企业管理上进展不大。党的十一届三中全会以后，根据党的新路线、方针、政策，企业管理工作在继续前进，在总结自己的基础上引进、消化、研究和推行现代化企业管理方法。这一段通常称作建设性整顿。尤其是1982年，中共中央决定对国营企业进行全面整顿之后，到1985年9月，全民所有制预算内企业，包括工业、商业、建筑、农垦等大约5万个企业，基本上都整顿了一遍。在整顿的基础上，1986年开始，国家对企业实行企业管理升级制度。这些工作都是在解放思想、改革开放的总形势下进行的，是围绕搞活企业、提高经济效益的中心展开的。在进行这些工作的过程中，我国企业界、经济理论界在思想上有两个较明显的变化：一是越来越多的同志看到了我国企业的实际是技术落后，管理更落后；意识到实现四个现代化，没有管理现代化是不行的。二是在清理“左”的思想影响中，越来越多的同志认识到，建设现代化的工业企业，不仅要引进资本主义国家的先进技术，而且更应该吸取资本主义国家企业管理的先进经验。这两点可以说是我们思想上的一个突破。

应该看到，说目前开始出现了“企业管理热”，这只是与过去相当长的时期内只重视技术不重视管理的状况相比较而言的，并不是说现在都认识到了企业管理的重要性。

但是，把企业管理作为一门科学，并且与我们的企业的实际密切地结合在一起，可以说它是重新被发现的。“众里寻他千百度，蓦然回首，那人却在，灯火阑珊处。”我们一些人的心情就是这种状况。

二、企业工作要以管理为重点

企业管理是一门科学，也是一种艺术。作为一门科学，它有普遍适用的原理、原则。作为一种艺术，它又是管理者实际经验的结晶，是一种技巧。企业管理是按照客观规律，合理地组织企业的生产经营活动。它的主要职能是计划、组织、指挥、协调和控制。具体的业务管理，包括生产管理、计划管理、技术管理、质量管理、设备管理、物资管理、劳动管理、成本管理、财务管理等。

企业管理形成一门科学是在 19 世纪末 20 世纪初，其主要代表是《科学管理原理》的作者泰罗和《工业管理与一般管理》的作者法约尔。之后，管理科学又有很大的发展，出现了各种学派。目前企业管理这门年轻的科学，已引起了世界各国尤其是一些经济发达国家的重视。正在向四个现代化进军的我国，必须把它作为一件大事来抓。

第一，管理同科学技术一样是生产力的必要组成部分，是进行社会化大生产的决定性因素。现代经济理论认为，劳动者、劳动手段、劳动对象是生产力的三个物质要素，科学技术和管理是生产力的两个非物质要素。没有管理这个非物质要素，是不可能有效地组织物质要素的结合的。

管理既包括生产力的一面，也包括生产关系的一面。在社会主义社会，管理一方面表现为在生产过程中处理好人和人的关系，充分调动各方面的积极性、主动性；另一方面表现为在生产过程中如何合理地科学地组织生产，特别是使生产力的三要素（劳动力、劳动手段、劳动对象）得到最合理的组织、最科学最有效的结合，以取得最好的经济效果。因此，社会化大生产没有科学的管理，大生产本身就不能存在，现代科学技术也不能得到充分发挥。马克思认为，社会化大生产需要管理，就像一个乐队需要指挥一样。他说："凡是直接生产过程具有社会结合过程的形态，而不是表现为独立生产者的孤立劳动的地方，都必然会产生监督劳动和指挥劳动。不过它具有二重性。一方面，凡是有许多个人进行协作的劳动，过程的联系和统一都必然要表现在一个指挥的意志上，表现在各种与局部劳动无关而与工场全部活动有关的职能上，就像一个乐队要有一个指挥一样。这是一种生产劳动，是每一种结合的生产方式中必须进行的劳动。另一方面，完全撇开商业部门不说，凡是建立在作为直接生产者的劳动者和生产资料所有者之间的对立上的生产方式中，都必然会产生这种监督劳动。这种对立越严重，这种监督劳动所起的作用也就越大。”[1]就是说，管理是随着生产力发展而发展的，科学技术越进步，生产越是现代化，对管理的要求就越严格越迫切。

第二，在激烈的商品竞争中，管理的好坏往往是企业胜败的关键。有人分析了一些西方国家企业的情况后，认为企业间竞争大体可分为三个阶段：第一阶段主要是科学技术的竞争，通过竞争得到胜利而生存下来，科学技术达到相当水平；第二阶段主要是管理方面的竞争，谁的管理水平高，谁就能在竞争中取得胜利；第三阶段主要是研制和开发新技术、新产品的竞争。应当指出，即使处在第一阶段和第三阶段，管理也起着决定作用。因此，生产经营者在任何条件下，必须力争最有效地运用各种先进的管理技术，以求立于不败之地。国外有人说企业成败“三分技术，七分管理”，这种说法不无道理。我们的实践也证明，科学技术现代化和管理现代化是推动我国建成社会主义现代化的“两个车轮”。不可能设想一个现代化的企业，只抓技术进步，不抓管理现代化，只一个轮子转动，而企业现代化能够搞好的。反之，如果我们在管理上下工夫，即使技术装备落后的企业，也可以使老设备创出新水平。我国企业，包括工业、建筑业、交通运输业、商业和服务业的企业上百万个，这是中国 40 年创建的一个宝贵的基础，是实现四个现代化可靠的前沿阵地。但是，由于管理水平低，许多企业潜力远远没有发挥出来。为什么有些技术装备条件差不多的企业，生产经营有好有差呢？问题就在于管理上的差距。实践告

[1] 《马克思恩格斯全集》第 25 卷，人民出版社 1974 年版，第 431 页。

诉我们，科技进步和管理现代化必须同步，而两者中，管理占主导地位。

第三，我国技术落后，管理更落后。这个落后有它深刻的历史根源。解放前，官僚资本主义企业是买办性、封建性的，它在本质上排斥科学管理。民族资本主义企业，在一定程度上采用了一些科学管理方法，但也是很有限的。过去，我国自然经济、半自然经济占主导地位，解放以后又长期否定发展商品经济的必要性和重要性，使我们在管理思想上受到很大的束缚。再加上“左”的思想的影响，政治运动的折腾和破坏，造成了我国管理的落后。党的十一届三中全会以来，随着企业自主权的扩大，一些企业开始重视管理工作，但就整个工业企业来讲，管理水平还是很低的。近十多年来，一些企业先进技术装备增加了不少，但是其中许多企业的技术经济指标连历史最好水平也没有达到。有的企业每百元工业产值提供的利润，比历史最好水平还低1/3。至于由于经营性原因连年亏损的企业，也不在少数。如果同经济发达国家相比较，我们的经济技术指标相差得就更远了。

就一个国家来讲，经济的发展，固然需要丰富的经济资源和先进的科学技术，但更重要的还在于管理能力。就一个企业来讲，也是这样。从这个意义上说，企业管理是一个重要的资源。我们的任务是提高人们对管理重要性的认识，充分发挥这一“资源”的作用。在开发现代技术的同时，开发现代化管理“资源”，学会两手抓，一手抓科学技术现代化，一手抓管理现代化。目前尤其要强调深化人们对管理重要性的认识。

第一，首先要把思想观念真正转移到以提高经济效益为中心，以管理为重点的轨道上来，从思想上、理论上提高对企业管理重要性的认识，培养既懂经济又懂技术的管理专家。日野汽车公司的总经理说：过去靠占股份的多数控制企业的情况不存在了，日本大公司的董事长、总经理的私人股票一般都在0.8%—1%。他还说:“我管日野汽车公司，就是靠我40年积累的知识和能力。职工跟我干几十年，生产发展，就拥护我，我就能干下去，而不是靠我的股票多。”这里反映出资本家通过竞争和危机，懂得现代科学管理对行使管理权的人要求很高，既要懂管理，又要懂技术，用无能之辈，企业就要垮台。我们对社会主义企业管理干部的要求也应当是很高的，不很好学习是不能胜任的。

第二，推行科学的企业管理，要从实际出发。科学的企业管理是一个动的概念。随着时代的发展、生产的发展、科学技术的发展，这个概念的具体内容也在改变着。例如，19世纪末20世纪初有那时的科学管理，20世纪80年代有80年代的科学管理，其内容都是适应当时的科学技术发展的状况和历史条件的。今天，随着现代科学成果迅速而广泛地应用于生产，出现了高度自动化的生产线，科学管理就有了一系列崭新的手段、方法和内容。如果说19世纪末至20世纪五六十年代的管理，在当时是科学的管理，那么拿到现在来也就变成落后的管理了。能不能这样说，科学的企业管理的主要标志就是在现有的技术设备和各种经济条件下，把企业各项活动搞出更高的效率。我们知道，一个社会也好，一个企业也好，任何时候，都不可能一下子把自己的所有设备都搞成世界上最先进的东西。而推行科学的企业管理，却是任何一个企业都能，也都应当努力做到的。如果所有企业都能在现有的条件下，通过一系列科学的管理措施，使经济活动的效率大大提高了，这就可以提高我们整个社会经济活动的效果。这就是我们提倡科学管理的目的。我们今天大力提倡和推行科学的企业管理，绝不是要企业坐等设备的自动化、电子计算机控制生产过程等等。科学的企业管理包括管理手段的现代化，这是相对的。老实说，我们今天的企业限于生产条件和我们的科学知识水平，多数还无法使用电子计算机控制生产过程，要有一段时间准备和努力才能达到。企业应当立足现有基础，通过革新、挖潜、改造，创立适合自己情况的科学的管理方法，不断提高科学管理的手段和水平。一方面，要优质、高产、低耗、多品种；另一方面，要实现生产的高效率。如果能达到这两方面的要求，管理就是符合经济规律要求的。我们的企业管理既要符合社会主义生产关系的规律；又要符合生产力发展的规律，符合合理组织生产力的要求，其中包括符合物理的、化学的等自然规律。

第三，要实现科学的企业管理，在一定程度上还要依靠经济、政治体制改革的加快和深化，这是必须解决的外部条件。

建立具有中国特色的社会主义现代化企业管理体系，最根本的是要依靠企业扎扎实实地抓管理。眼睛向内，特别是现在企业面临的困难很多，如原材料涨价、资金缺乏、能源不足、职工积极性不高等等。强化管理、改善经营，从企业内部挖潜，这是主要的，但外部条件的改善，也是管理现代化不可缺少的一环。就一个企业来说，其活动领域是有限的，它受整个国民经济管理体制的制约，因此，企业管理不可能摆脱整个国民经济管理体制的大框框。从这个意义上说，企业管理现代化是有局限性的，有赖于经济体制改革的加快与深化，例如计划体制、财政体制、物资体制、基建体制、劳动体制等等各项管理体制的改革与深化。同时，企业管理现代化还依赖于社会的政治和行政的管理体制改革与深化。就是说，强化人们的管理意识，有企业内部的问题（是主要的），也有企业外部的问题。

中国企业如何实现管理现代化

一、如何理解企业管理现代化

企业管理现代化，是中国社会主义现代化建设的一个重要组成部分。从1982年开始，中国企业管理协会和经济管理研究所每年都召开一次全国企业管理现代化座谈会，1986年国家经委还制定了《企业管理现代化纲要(草案)》。对这个问题我们曾进行过长时间的讨论。大家认为，企业管理现代化就是根据社会主义经济规律，为适应现代化生产力发展的客观要求，运用科学的思想、组织、方法和手段，对企业的生产经营进行有效的管理，使之达到或接近国际先进水平，创造最佳经济效益。讨论这个问题的目的，是要改变我国企业管理的落后状态，实现管理思想、组织、方法和手段现代化，并达到国际先进水平，包括我国企业管理中先进经验的普及，从而提高企业素质和经济效益。

从国外情况和专家们的介绍来看，实现管理现代化的企业，一般应具有以下特点：强调基础管理，以信息为依据，以经营决策为核心，以系统工程为工具。具体是：注重企业经营目标和资源部署等战略发展的研究和预测；实行生产经营多元化；强调对人的激励，认为人是决定管理效率的关键因素；重视职工培训；从系统观点出发，求得企业人力、物力、财力的合理使用；广泛应用现代自然科学最新成果和现代化管理手段。

美国经济理论学家西蒙提出的“决策理论”认为，管理就是决策。现代化企业管理是在科学预测的基础上，运用数学分析、技术分析、经济分析和电子计算机技术，制定和实施一环扣一环的最优决策，这是提高管理效率、决定企业经营成败的关键。这种理论的前提是企业已具备良好的素质，是执行决策的协调而有力的机体，因此，西蒙认为，正确的经营决策就是一切。

二、中国企业管理现代化的提出

推行企业管理现代化，是根据我国企业发展的实际需要提出来的。我们感到，我国要实现工业、农业、国防和科学技术现代化，没有管理现代化是不行的。早在1978年，日本质量管理专家石川馨来我国访问时，我们就提出了推行企业管理现代化问题。就在这一年，我们在全国提倡实行全面质量管理。从那时开始，我们进入了认真研究企业管理现代化的新时期。

在推行企业管理现代化过程中，大致经历了三个阶段：第一阶段是恢复起步阶段，为管理现代化打下了比较扎实的基础；第二阶段是深入试点、总结经验、制定《企业管理现代化纲要（草案)》阶段。从大的方面勾画出企业管理现代化的轮廓；第三阶段是结合深化企业改革，开展企业升级，全面实施《纲要（草案)》阶段，开始出现了一些初具规模的具有中国特色的管理现代化的企业，为保证国民经济持续稳步发展作出了重大贡献。但我们还应该看到，这项具有重大现实意义和深远历史意义的工作，目前在广度和深度上还是远远不够的，使企业的潜力得不到充分挖掘，不能取得明显的经济效益。甚至有些单位，虽有现代化的工艺、装备，但没有现代化的管理，结果将自动化设备改为半自动和手工操作。因此，当前推进企业管理现代化是一项十分迫切的任务。

技术必须同管理相结合。现代化的技术，必须要有现代化的管理与之相适应，才能变为先进的生产力。我国现有不少企业已拥有比较先进的技术装备，但是由于管理落后，没有发挥其应有的作用。今后还有大量的企业要有计划地进行技术改造，如不相应地推行管理现代化，技术改造的效益也不可能正常地发挥出来。这一点很重要。现在有的同志往往把现代化的技术装备与现代化的管理割裂开来或对立起来，这是不对的。

推进企业管理本身就是一场深刻的改革。党中央 1986 年提出，要争取在五年或者更长一些的时间内，基本上奠定有中国特色的、充满生机和活力的社会主义经济体制的基础。这就要求企业必须从旧的经济体制所形成的僵化模式中解放出来，按照现代管理的思想原则对传统的管理进行改革和提高，形成自主经营的能力，使之能适应社会主义有计划商品经济的要求。特别是要从根本上改变我国企业素质低、产品质量差、物质消耗高的落后状态，只靠加强传统的一套管理是难以奏效的，必须在推动技术进步的同时，在企业经营管理的人才、思想、组织、方法和手段等方面逐步实现现代化，使提高产品质量和降低物质消耗的工作真正建立在科学、可靠的基础上。

应该看到，企业管理现代化不只是发展经济、提高企业素质和经济效益的需要，就今后相当长一段时间来说，企业管理现代化又是改革的需要。1985 年年初在第三次全国企业管理现代化座谈会上，我讲过，企业管理现代化也是经济改革的客观需要。以城市为重点的整体经济体制改革，是一项十分艰巨复杂的社会系统工程。建立新的经济体制，要适应在公有制基础上发展有计划的商品经济的要求。这就要求主要抓好以下三个方面：一是进一步增强企业特别是全民所有制大中型企业的活力，使它们真正成为相对独立的、自主经营、自负盈亏的社会主义商品生产者和经营者；二是进一步发展社会主义有计划的商品市场，逐步完善市场体系；三是逐步减少国家对企业的直接控制，建立健全间接控制体系，主要运用经济手段和法律手段，并采取必要的行政手段，来控制和调节经济运行。企业活力的增强，商品市场体系的形成，间接控制手段的完善，三者必须相互配套。要抓好这三个方面，要以企业管理现代化为基础，改革、开放、搞活，因为这些都是为实现四个现代化服务的，都是在为实现四个现代化的目标创造条件，包括为推行企业管理现代化创造条件。只有把企业特别是全民所有制大中型企业搞活了，企业管理现代化才能真正在企业里顺利推行；也只有在推行企业管理现代化中取得了成果之后，企业才能具有真正的经久不衰的活力。首钢和其他一些企业，在改革过程中增强了企业的活力，同时也都顺利地推行了企业管理现代化，就是一个有力的说明。

三、企业管理现代化的主要内容

企业管理现代化的内容主要包括：管理思想现代化，管理组织现代化，管理方法现代化和管理手段现代化。管理人才现代化是实现管理现代化的保证，因而也是管理现代化中的重要内容。

第一，企业管理思想现代化，是企业管理现代化体系的灵魂，对企业管理现代化起着指导作用。我国企业管理思想现代化，可以归纳为以下几个方面：

1. 民主管理的思想。社会主义企业的民主管理是生产资料公有制所决定的。社会主义公有制的实质就在于职工群众是企业的主人，对企业享有民主管理的权利。这是社会主义企业管理区别于资本主义企业管理的一个根本特征。我国企业的民主管理是有优良传统的，但也并不完善。要进一步健全职工代表大会制度，采取有效办法，切实保障职工参加企业的民主管理。

2. 现代经营的思想。树立现代经营的思想，实现企业管理向生产经营型转变，这是我国企业管理思想上的一个重大变革。为此，要把企业的生产活动同市场需求紧密联系起来，打破企业管理只局限于生产领域的局面，变执行性管理为决策性管理，把经营战略放到重要位置上；面对国际国内市场激烈竞争的形势，要有强烈的创新观点，加强开发新技术、新产品、新工艺、新材料，开辟新的市场，特别是要敢于到国际上去竞争，走向国际市场；要树立社会主义经营道德风尚，在同行企业之间，提倡技术有偿转让，发扬互助协作精神。

3. 管理系统化的思想。企业本身是一个系统。企业系统的重要特点，是系统内的各部分之间的整体性、相关性、目的性，以及由于它受到的社会经济环境这个更大系统的约束和限制而产生的对环境的适应性。因此，对企业这个系统要运用系统思想进行管理。企业管理人员订计划、作决策，开展各项管理工作，都要树立整体的观点、动态平衡的观点、控制的观点、协调的观点，自觉地把内部条件和外部环境联系起来，把局部和整体联系起来，寻求整体的优化。

4. 时间和信息是现代经营重要资源的思想。在现代经营中，不仅人、财、物等物质资源是不可缺少的，时间、信息等非物质资源同样是不可缺少的。时间资源对企业经营来说，具有广泛的重要性。时间也往往成为企业经营成败的关键。在有竞争对手的情况下，新产品开发的时机恰到好处，就可以达到占领市场、扩大销售、增加盈利的目的。要注意时间价值。考虑资金贴现因素，今天的一元钱，会比明天的一元钱更值钱；经营得法，资金占用少、周转快，用更少的资金可以带来更多的盈利。现代经营离不开信息。没有信息，经营就会陷入盲目。现代企业的生存和发展，在很大程度上取决于信息的数量、质量和信息传递及转化为生产力的速度。时间和信息的重要性，现在还没有被普遍认识。应当视时间、信息如人、财、物一样，加以精心管理和利用，不断提高企业经营管理水平。

5.提高经济效益的思想。这就是要把企业的生产经营活动转到以提高经济效益为中心的轨道上来。多年来，不少企业在"左"的思想影响下，轻经营、轻内涵，因此，产品质量低、成本高，经济效益很差。党的十一届三中全会以来，情况开始有所好转，但仍不理想。提高经济效益是一项长期性任务。所有企业都要自觉地、切实地把提高经济效益的思想贯穿于生产经营活动的全过程，坚持做到价值和使用价值的统一，速度和效益的统一，宏观经济效益和微观经济效益的统一，当前效益和长远效益的统一，挖掘企业潜力，达到优质、适销、低耗、盈利、安全的效果。

企业管理思想现代化还应包括科学技术进步的思想、法制思想等。

第二，企业管理组织现代化要根据企业的具体情况，从提高企业的工作效率出发，按照职责分工明确、指挥灵活统一、信息灵敏准确和精兵简政的要求，合理设置组织机构、配备人员，并建立健全以责任制为中心的科学的、严格的规章制度，保证生产经营工作有条不紊地进行。

要逐步改革企业管理体制、领导制度、组织机构和经营管理制度，改变过去那种高度集中的管理体制，建立集权与分权相结合的新体制。大型企业应从实际需要和可能出发，划小内部核算单位，让下属单位有一定的经营管理自主权，以利于把经济搞活。要普遍推行厂长（经理）负责制，建立统一的、强有力的、高效率的生产指挥和经营管理系统。要按照适当的管理幅度、合理的管理层次，进行组织机构的改革。要不断地健全和完善企业的市场预测、技术开发、售后服务等方面的规章制度。

第三，企业管理方法现代化。要围绕提高经济效益，特别是围绕提高产品质量、降低物质消耗，有重点地选择一批综合性较强、适用面广而且经过试点证明行之有效的现代管理方法，如市场预测、决策技术、目标管理、全面质量管理、系统工程、价值工程等，要普遍推广应用。已推行多年的统筹法（网络技术）、优选法（正交试验法），要进一步推广。有一些适用范围有一定局限性，但是行之有效的管理方法，如 ABC 重点管理法、线性规划、量本利分析等，要根据不同企业和专业的特点，积极推广应用。还有滚动计划法、应变计划、看板管理、成组技术、计划评审法、投入产出法、企业管理诊断、以期定量法、无缺点运动、全员生产维修活动、企业信息管理、管理工程学、质量反馈等，也都是值得重视的现代管理方法。

第四，企业管理手段现代化。主要是广泛应用电子计算机，以及各种先进的检控手段，建立起不同水平的计算机管理信息系统。我国应用电子计算机管理，还处在起步阶段。对大多数企业来说，首先还是要认真抓好基础工作，为推广应用电子计算机创造良好条件。大中型企业在应用电子计算机进行管理时，一般要先从库存管理、财物管理、合同管理、人事管理等单项突破，取得经验。人才培训要先行。对计算机管理要有系统的思想，有条件的地方要着眼于向网络发展。从人才培训到机型选择以及软件开发都要树立长远战略观点，一旦条件成熟，即可在整个企业形成电子计算机管理的网络体系，最大限度地发挥其优势。小型企业，一般可从计算机应用入手。

这里要强调一下，有人往往把管理的现代化仅仅理解为把数学方法和计算机用于管理。这样认识未免太窄了。把数学方法和计算机用于管理，只是管理现代化的一部分，即管理方法和管理手段的现代化。管理现代化不仅应该包括管理方法和手段的现代化，更应该包括管理思想、管理理论的现代化。这就是说，不仅应当把现代化的数学成就、计算机成就用于管理，而且应当把人类的一切最新成就都用于管理。在这里，人类的一切科学成就，除了数学和计算机外，还有诸如心理学、社会学、人类学和经济学等等。在西方，近二三十年来管理科学为什么发展得如此迅速？原因之一就是因为其他领域的科学有了迅速的发展，各个领域的专家都从各个不同的侧面来研究管理，从而创造了一个管理科学欣欣向荣、繁荣昌盛的局面，有人称之为“管理理论的丛林”。

第五，实现企业管理现代化，重要的是要有具有良好的政治素质、技术素质的人才，合理地使用人才。现代化大生产是以现代科学技术为基础的，要驾驭现代化企业的生产经营过程，必须有相当数量的具有各种专业知识的技术人员和管理人员。许多工业发达国家把培训人才看作是企业生存和发展的命根子，是企业最重要的经营战略和取胜的法宝。

我们的企业应当进一步加强对人才培训的重要性的认识，真正把人才培训放到战略位置上，舍得花点钱、花点时间，下工夫做出成效来，逐步建立起一支包括有相当水平的厂长（经理）、总工程师、总经济师、总会计师和党委书记等门类齐全、成龙配套的社会主义经济管理干部和技术干部的宏大队伍。现在有的企业一方面感到人才缺乏，另一方面有些人才又得不到合理使用，应当迅速改变这种状况。企业领导人是否善于识别人才、使用人才和培养人才，做到人尽其才、才尽其用，这是衡量企业领导人水平高低的一个重要标志。

四、推行企业管理现代化的原则和目标

在我国推行企业管理现代化是一项十分艰巨的任务。经过长期的探索和实践，已经明确社会主义企业管理现代化必须遵循的原则是：

——坚持四项基本原则，坚决贯彻执行党的十一届三中全会以来的路线、方针、政策；

——坚持按照马列主义、毛泽东思想的立场、观点、方法，运用系统论、信息论、控制论等现代科学理论，指导企业管理现代化实践；

——坚持改革开放，正确处理管理现代化与经济体制改革、技术进步的关系；

——坚持"两个文明"一起抓，使社会主义的物质文明建设和精神文明建设同时进行；

——坚持"以我为主，博采众长，融合提炼，自成一家"的方针，在汲取中华民族的文化精华、认真总结新中国成立以来企业管理的经验的基础上，借鉴外国先进的管理经验；

——坚持从实际出发，讲求实效，防止形式主义。

按照1986年《企业管理现代化纲要（草案）》的要求，近期推行企业管理现代化总的目标是：我国企业主要是全民所有制企业，要正确运用国家赋予的经营管理自主权，按照现代管理的思想原则，基本完成企业内部的配套改革。各行业都要有一批骨干企业在经营管理上、主要产品的质量和物质消耗上达到70年代末80年代初的国际先进水平，有的要达到当时的国际先进水平，初步奠定以大中型企业为骨干，具有中国特色的社会主义现代化企业管理体系的基础。在经营管理上要针对目前产品质量低、物质消耗高的两个致命弱点，建立和

完善以提高产品质量、降低消耗为重点，确保提高经济效益、增强出口创汇能力，使生产经营逐步实现良性循环的现代化管理体系。

实现这个总目标的具体要求是：

技术水平和管理水平目前已经在全国同行业中处于领先地位的企业，特别是其中的大中型企业，要率先实现管理现代化。它们的现代化管理的体系要建立得比较完善，具有较强的自我改造、自我发展的能力。有出口任务的企业还要有较强的创汇能力。

其他企业要积极努力为实现管理现代化创造条件，打好基础。大体上可分为两种情况：一是技术水平和管理水平目前在本省、自治区、直辖市处于领先地位的企业，要基本形成现代化管理体系，具有一定的自我改造、自我发展的能力；主要产品质量、物质消耗等主要经济技术指标要达到全国同行业的先进水平，主要产品具有较强的竞争能力。二是目前基础比较薄弱的企业，必须积极做好管理现代化的起步工作，主要是切实加强各项管理的基础工作，努力学习掌握现代化管理知识和技能，在一定范围内推广应用现代管理方法和手段；主要产品质量、物质消耗等主要经济技术指标要达到和超过本省、自治区、直辖市的先进水平。

小企业的情况各不相同，其中有相当多的一批企业，在管理现代化工作方面，已经做出了突出的成绩，有的甚至走在了大企业的前面。不过就整体来说，小企业管理现代化的问题较多，需要付出更大的努力。

五、如何把我国长期形成的传统管理提高到现代化管理

目前，许多企业的管理水平还停留在经验管理阶段，即传统管理

阶段，与管理现代化的要求差距很大，不仅影响经济效益的提高，而且很难适应新技术革命的挑战。西方资本主义国家的企业管理发展史告诉我们，他们一般都经历了与生产力发展相适应的“传统管理”、“科学管理”和“现代管理”三个阶段。“传统管理”主要是适应手工业生产方式，只凭个人经验进行管理。到社会大生产时，生产有了专业分工，要求工作标准化、劳动定额化、管理科学化，从而产生了“科学管理”。“现代管理”注意经营决策和预测，实行全面的系统管理，广泛应用数学方法，并使用电子计算机等现代化管理手段，要求有更高的基础工作水平与之相适应，并注意行为科学，重视调动职工的主动性、积极性。美国、日本和西欧，在发展先进科学技术的同时，也发展了先进的企业管理方法，并且从第二次世界大战后进入了现代管理的阶段。

我国 40 多万个县属以上的工业企业中，有少数企业，主要是大企业，已经进入现代管理阶段，而多数企业基本上处于科学管理阶段，还有一批企业（多是小企业）的管理仍处在传统管理阶段。在激烈、复杂、多变的经济竞争环境中，这样落后的管理水平，严重地影响着企业经济效益的提高。因此，把我国现有的企业管理引向现代管理阶段，是十分迫切的任务。

这几年来，我们推进企业管理现代化的工作，每年都有新的进展，在不断的实践中，我们对管理现代化的认识也不断提高、不断深化，积累了不少经验。如何使我国长期形成的传统管理通过改革，提高到现代化管理？这里的关键问题在于要有一个正确的推行企业管理现代化的指导思想，或者说，有一个指导思想的转变问题。这个问题不解决好，企业管理现代化就“化”不好，甚至走弯路，适应不了经济体制全面改革新形势的需要。

指导思想是一种反映客观规律、支配全局、决定方向、长久起作用的东西。它不是从天上掉下来的，也不是人们主观臆想出来的，而是从实践中产生的，经过实践证明是对的东西。指导思想也不是固定不变的，应当随着科学技术的进步、经济的发展、目标任务的改变和情况的变化而相应地加以转变。西方企业现在都很重视所谓“企业信息”、“公司文化”、“经营哲学”等等，我看也都是讲的办企业的指导思想问题。日本企业管理比较注重人的因素，美国过去比较注重物的因素，现在也越来越强调人的作用，鼓励职工参加管理，要求经理走出办公室，深入现场，调动第一线职工的积极性，这反映了他们在企业管理指导思想上的变化。我国在企业管理工作中贯彻群众路线，实行民主管理，这是我们的传统特色。“一五”和“二五”计划时期，我们在这方面有很多成功的经验；但十年“文化大革命”否定一切，把企业搞得乱七八糟。党的十一届三中全会以来，我们继承发扬了这些好的经验，同时又吸收了国外企业管理好的经验，我们的经验更丰富了。现在我们要在总结中共十一届三中全会以来新经验的基础上，进一步明确、树立推行企业管理现代化的指导思想。

《企业管理现代化纲要（草案)》提出的坚持四项基本原则等 6 条指导原则和关于树立市场竞争观念等 5 个基本的经营管理思想，概括提炼得比较好。我认为，把这 6 条原则和 5 个思想观念集中起来，就是推行企业管理现代化的总的指导思想。具体地说，就是：

第一，要坚持走社会主义道路。这是我们实现四个现代化的根本前提。从五四运动以来 70 年的切身体验，我们得出的历史结论是：只有社会主义才能救中国。小平同志说：“中国离开社会主义就必然退回到半封建半殖民地。”[1] 他还明确指出：“社会主义的经济是以公有制为基础的，生产是为了最大限度地满足人民的物质、文化需要，

[1] 《邓小平文选》第 2 卷，人民出版社 1994 年版，第 166 页。

而不是为了剥削。由于社会主义制度的这些特点，我国人民能有共同的政治经济社会理想，共同的道德标准。以上这些，资本主义社会永远不可能有。”[1] 他还说：“我们为社会主义奋斗，不但是因为社会主义有条件比资本主义更快地发展生产力，而且因为只有社会主义才能消除资本主义和其他剥削制度所必然产生的种种贪婪、腐败和不公正现象。”[2] 实行搞活经济和对外开放，大大促进了我国社会主义经济发展，但也难免出现一些消极的不健康的因素。我们始终不要忘记，我们是办社会主义企业，推行的是社会主义的现代化管理。我们要大力发展商品经济，同时又要防止和克服“一切向钱看”的思想。我们要打破平均主义，坚持按劳分配原则，同时又要防止和克服“按酬付劳”的雇佣观念。我们的企业要成为自主经营、自负盈亏的社会主义商品生产者和经营者，同时又要坚持正确处理国家、企业、职工三者之间的利益关系，把国家利益放在第一位。我们讲允许一部分人先富起来，目的还是为了促进共同富裕。我们提倡市场竞争，同时又要十分讲求社会主义的经营作风、职业道德和企业信誉。我们要积极引进先进的技术和管理，同时又要警惕资产阶级思想和生活方式的腐蚀和影响。总之，一定要坚持社会主义物质文明和社会主义精神文明建设一起抓，使两者同时并进。我们讲经济工作是中心，同时强调思想政治工作是保证。我们在搞管理现代化时，要注意把广大职工的思想和行动统一到党的路线、方针、政策上来，统一到建设有中国特色的社会主义这个总的目标上来。

第二，要坚持实事求是。我们冲破了长期存在的“左”的思想、旧的观念和僵化模式的严重束缚，重新确立了马克思主义的实事求是

[1] 《邓小平文选》第2卷，人民出版社1994年版，第167页

[2] 《邓小平文选》第3卷，人民出版社1993年版，第143页。

的思想路线，使我们的各项工作获得了蓬勃的生机和活力。这是党的十一届三中全会的伟大历史功绩。小平同志说：“过去我们搞革命所取得的一切胜利，是靠实事求是；现在我们要实现四个现代化，同样要靠实事求是。不但中央、省委、地委、县委、公社党委，就是一个工厂、一个机关、一个学校、一个商店、一个生产队，也都要实事求是，都要解放思想，开动脑筋想问题、办事情。”[1]这几年我们在推进企业管理现代化、借鉴外国经验时，重视了这个问题，强调“以我为主”，从我国企业的实际情况出发，消化吸收国外的先进管理经验，而不去照搬照抄。现在大家都在探索具有中国特色的社会主义现代化企业管理体系，这是一个大课题、新课题。我们更要重视坚持实事求是的思想路线，因为，一讲“现代化”就往往容易对外国的东西不加分析，一概吸收，甚至“全盘西化”，“食洋不化”。这种态度违背了实事求是的原则，显然是错误的。同时，一讲“中国特色”，要重视我们自己的经验，又往往认为自己的东西一切都是好的，对于中国古代的东西也如此，不分先进与落后，不分精华与糟粕，甚至抱残守缺，“食古不化”。这当然也不是实事求是的态度。所以，在探索现代化企业管理体系的问题上，一定要坚持实事求是，一切从实际出发，理论联系实际，既要“洋为中用”，又要“古为今用”，这样才是正确的、科学的态度。

针对工业企业特别是全民所有制大中型工业企业的一些带有普遍性、共同性的问题，我们曾提出过原则性、指导性的要求。各地区、各部门、各企业在贯彻实施时，必须结合各自的实际情况，从自己的实际需要和可能出发，不要生搬硬套。同时，在实施过程中，也一定要扎扎实实，做到一步一个脚印，务求实效，决不要搞花架子。做表

[1] 《邓小平文选》第2卷，人民出版社1994年版，第143页。

面文章，搞形式主义，与实事求是的思想路线背道而驰，是要吃大亏的。

第三，要发扬创新精神。现代化的内容是发展的，不是固定不变的。我们探索中国的现代化特色，不能是静止和固定不变的，必须立足于创新。为什么强调创新呢？因为事物本身是不断发展的，因此，必须要有发展的观点，创新的观点，这样才不至于墨守成规，固步自封。比如我们长期以来坚持的企业管理的群众路线、民主管理，“鞍钢宪法”中提出的“两参一改三结合”，今天都大大地前进了一步。“鞍钢宪法”提出了5条原则，实际上只是5条方针，在当时是中国的5个特色。现在看来很不够了，好多地方要改革，整个经济体制、政治体制也要改革。“鞍钢宪法”产生于1960年，已经过去30年了，我们要在那个基础上前进、发展。好多先进的企业、好多成功的企业家都不是死抱着已有的经验，而是不断适应新的形势，研究新的问题，探索和取得新的答案，不断前进的。现在，我国经济发展的战略和经济体制正面临着进一步由旧模式向新模式转换的关键时期。我们的企业必须在经营管理方面进行相应的改革，以便在新体制的轨道上建立起具有中国特色的社会主义的现代化企业管理体系，使企业具有自主经营、自负盈亏和自我改造、自我发展的机制和能力。推行企业管理现代化是经济体制改革的迫切需要，而且对企业管理也是一场深刻的改革，触及到对传统观念与旧的经营模式、管理方法和手段等企业内部各个方面的变革。对这样一场改革，我们没有现成的经验可循，只能在探索中开拓前进。因此，要求我们在推行企业管理现代化的工作中，不论在理论上还是在实践上，都要更好地发扬大胆改革、勇于创新的精神。

现在西方国家都在强调企业家精神。西方企业家，面临新技术革命的严重挑战和世界市场的激烈竞争，企业要生存、要发展，就不能满足于已有的成绩和经验，而必须敢于大胆突破，善于捕捉时机，不断采取新的经营战略，创造新的经营管理方式，不断开发新产品、新技术、新工艺，不断开辟新的市场，以赢得更多的用户。这种企业家精神在某种意义上讲，也就是我们上面所说的改革、创新精神。中国的企业家，肩负着建设社会主义四化和实现企业现代化的重任，一定要继续发扬开拓创新的精神，自觉地站在改革这个时代潮流的前列。

第四，要有正确的经营战略思想。随着经济体制改革的深入和社会主义商品经济的不断发展，企业为了完成国家和人民所赋予的使命，并在竞争中求得生存和发展，必须根据国家的要求和市场的需求，确立企业的经营战略思想和目标，制定经营战略。在改革的新形势下，企业的发展主要靠自己的本事。有没有正确的战略思想和经营战略已成为企业兴衰成败的关键。正确的经营战略可使企业兴旺发达；错误的经营战略可使企业一蹶不振，甚至被淘汰。而经营战略的正确与否又完全取决于企业领导者是否具有远见卓识和经营战略思想。由此可见，是否要制定经营战略是区别传统的企业管理与现代化企业管理的一个重要标志；有没有经营战略头脑则是区别传统管理者和现代企业家的一个重要标志。社会主义商品经济的发展，企业外部环境的巨大变化，要求企业领导者善于审时度势，知己知彼，扬长避短，深谋远虑；既有胆有识，又脚踏实地；既有明确的战略思想和经营目标，又能制定正确的经营战略，这样企业才能充满活力。从这里可以看出，树立正确的经营战略思想，对于实行企业管理现代化，把企业的全部经营管理工作真正转到社会主义有计划的商品经济的轨道上来，起着先导和支配的作用。

第五，要树立市场竞争观念。我们往往把企业经济效益的提高、利润的增加作为衡量企业经营管理搞得好不好的标准，这当然是对的。其实，利润的增加，效益的提高，途径是很多的。对企业的真正考验，还在于产品的竞争力。我们到美国考察时，美国的一位经济学家说，中国的产品要打进国际市场，不要只看创汇多少，而要看有没有竞争能力；不在于低成本，而在于高质量、新品种。这是企业的生命。不讲求产品质量、不开发新产品的企业，在竞争中是混不下去的。提高产品质量和开发新产品固然要靠先进的技术，但是引进高水平的技术，如果没有高水平的管理，也是发挥不了作用的。因此，要使产品在市场上保持竞争优势，必须把产品质量和新产品开发放在第一位，必须重视技术进步，重视企业管理，积极推行企业管理现代化。

所谓市场观念，在一定意义上就是竞争观念。竞争是商品经济运动的必然现象。只要有商品生产和商品交换，价值规律就要起作用，就必然要有竞争。在社会主义社会也不例外。这是推动社会生产力发展的一种重要力量。为了促进竞争，要加强宏观控制，使社会总供给和总需求大体平衡，争取供给略大于需求，形成"买方市场"，这样企业在外部压力下就有了动力。当然，如果没有"买方市场"，产品老是处在供不应求的条件下，也就形不成竞争，企业就没有真正的动力。国家计划的一项重要任务就是力争社会总需求与社会总供给大体平衡。所以，市场竞争观念是企业管理由传统的管理向现代化管理转变过程中，必须牢固树立的一个重要指导思想。

第六，要坚持群众路线。在企业管理方面，日本强调发挥人的积极性；美国过去不大重视这个问题，只强调对劳动者的管理，现在有了改变，他们甚至把"人事管理"的名词也改作"人的资源开发"。联邦德国一些企业还建立了工人委员会，规定涉及工人切身利益的问题，工人委员会有否决权。当然，资本主义企业的这些做法是为了他们自身的需要。但是，在这方面也反映了现代企业管理的发展趋势。民主管理本来是我们中国社会主义企业管理的好传统和鲜明特色，但是，长期以来，我们对企业的民主管理工作抓得不紧，有的也流于形式。随着厂长负责制的实行，厂长的权力相应扩大，在这种情况下，厂长就更要充分发扬民主，依靠群众，切实保障职工的民主权利，吸引和鼓励职工参加管理，充分发挥广大职工的积极性和创造性，企业才有真正的持久的活力。

《中共中央关于经济体制改革的决定》要求我们必须坚决保证广大职工参加企业民主管理的权利；而且指出："在社会主义条件下，企业领导者的权威同劳动者的主人翁地位是统一的，同劳动者的主动性创造性是统一的。这种统一，是劳动者的积极性能够正确地有效地发挥的必要前提。"现在，我们有些同志往往把企业家精神与民主管理对立起来，这是不对的。应当明确，企业家精神必须建立在充分的职工民主管理的基础上。我们推进企业管理现代化，决不能丢掉党的群众路线这个好传统。

总之，指导思想问题是推行企业管理现代化的关键问题，第一位的问题，根本性的问题。

六、千里之行，始于足下

目前，推进企业管理现代化，主要应解决哪些问题呢？我看，首先要提高对企业管理现代化的认识。从各方面反映的情况看，对企业管理现代化的认识问题，在很大程度上还没有得到解决。不少同志在处理软件和硬件的关系上，重视硬件，不重视软件；在投入与产出上，重视投入，不重视产出。争设备、争投资的积极性很高，而对改善管理却劲头不足。这样片面追求量的投入，忽视质的提高，忽视效益，是在多年来不重视发展商品经济的条件下形成的一种指导思想。

有的同志一提到管理现代化，总是强调客观条件不具备，认为技术装备条件差，搞不了管理现代化；有的同志则把管理现代化看得很神秘，感到高不可攀；有的同志反映，推行管理现代化是“软任务”，在领导日程上排不上队，不被重视。看来的确还有一个缺乏管理知识，特别是缺乏现代化管理知识的问题。你不研究、了解它，不认识它，当然就不会重视它。

争投资，争设备，把物质条件、硬件看得重于一切，这种旧观念在有些同志脑子中是根深蒂固。看来，要发展有计划的商品经济，确实存在一个思想观念上“转轨变型”的问题。这个问题不解决，当然谈不上推行管理现代化。

发展生产抓什么，是抓投入，还是抓产出、抓效益？提高效益靠什么，是靠客观条件，还是靠内部管理来挖掘潜力？当然，抓生产不能没有投入，不能没有必要的客观条件，但是，无限的投入，无效的投入，无论如何是不可取的。真正的社会主义企业家，在生产经营上要着眼于以最小的投入取得最大的产出和最高的效益，这就必然要在管理上下工夫、做文章。

对推行管理现代化热情不高，排不上队，列不上日程，这并不是由于对管理现代化存在什么偏见，主要原因还是对管理现代化既缺乏研究和了解，又缺乏积极实践，没有尝到甜头，因而不能执着地去追求。管理现代化是我们过去没有做过的事，是一项开拓性的工作，要破除神秘感，使它成为更多人的自觉行动，当然这是要有一个过程的。不过，我们希望这个过程越短越好。推行管理现代化是国务院已经确定了的方针，是看准了的事。大家都说我们企业的潜力很大，潜力到底在哪里？就在管理，就在管理现代化。我们希望经济部门各级领导加强对管理现代化的研究和了解，不等待，不观望，切实地尽快把这项工作抓起来。

第一，抓企业管理现代化，一开始就要注意总结经验，搞好典型示范。总结经验要从实际出发，紧紧围绕提高效率，提高效益，不要搞形式主义、搞花架子，要扎扎实实抓好试点工作，用典型引路，以点带面，并且要组织起来，通力合作。现代化的企业管理是一个涉及许多学科的新的领域。对此，我们的知识还远远不够。一定要以企业为主体，加强各有关方面的合作，把各个方面的力量组织起来，把那些为推进企业管理现代化而苦干实干的积极分子和一切有志于这项工作的同志组织起来，打破行业界限，扩大我们的队伍，培养新生力量，交流经验，取长补短，为实现企业管理现代化这个目标而共同努力，共同探索，开拓前进。各级领导还要加强同计划、财政、劳动等有关部门的合作，在技术改造、人员培养、人才引进、管理咨询等方面，给企业以切实的支持、帮助，做好引导和服务工作，以利于更好地推进企业管理现代化。

第二，把企业管理基础工作现代化提到重要日程上来。企业管理基础工作是适应企业管理现代化的需要，伴随着科学技术的进步和社会生产力的提高，不断向前发展的。从企业管理发展的进程看，前些年，我们基本上是在原有的经济管理体制和企业管理模式变动不大的情况下抓企业管理基础工作的。现在，同前些年相比，我们的经济体制改革有了很大发展，企业管理上有了新的突破，技术装备水平有了提高，计算机等现代化管理手段得到进一步采用。经济体制改革和生产力发展的这种新形势，向企业管理基础工作提出了新的要求。企业改革在不断深化，实行所有权和经营权分开、完善企业经营机制、推行承包经营责任制、改革企业内部分配制度等，都迫切要求加强企业管理基础工作。没有健全的基础工作，企业的承包、租赁、内部分配制度等改革和企业经营决策、生产管理就缺乏必要的依据，内部经济责任制和各项改革措施就难以落实，推行管理现代化也将是一句空话。

第三，把企业管理现代化同当前的各项工作结合起来一道去做，搞好治理整顿，开展增产节约、增收节支和深化企业改革是当前经济工作的中心任务，开展企业升级是加强企业管理、推行企业管理现代化、全面提高企业素质的重大措施。

深化企业改革，从根本上讲，就是要寻求最有效的企业管理途径，发展生产力，提高经济效益。深化企业改革，不管用什么办法，真正要见效益，不能靠改革给一点优惠政策，还得靠管理，管理是基本功。对首钢，国家给了包干的政策，自然是很大的动力，但是每年要递增利润 20%，也是很大的压力。他们能做到这一点，就是靠加强管理。瓦房店轴承厂的同志说得好：改革、管理要互相渗融，寻求整体优化方案。

要强调做好企业管理基础工作

一、企业管理基础工作的内容

前几年，国家经委、全国总工会、中国企业管理协会、中国人民大学曾联合举办多次企业管理基础工作专题研究班，目的是加强我国企业管理基础工作。

企业管理基础工作主要是指工业企业生产经营过程中各项专业管理的基础工作，不是泛指企业的全部工作，也不是指企业一切工作的基础工作。企业管理基础工作是企业管理的重要组成部分，它是在组织社会化大生产、进行科学管理的实践中产生的。

为什么现在要突出地强调搞好企业管理基础工作？这是根据我国实际情况提出的。近 40 年来，可以从我国企业管理曲折发展的过程中摸索到一条规律：基础工作的完善程度，直接关系着企业管理水平的高低和经济效益的好坏。要建立健全企业管理，搞好生产，提高经济效益，没有坚实的基础工作是不行的。不然，即使一时搞上去了，也难以得到巩固和发展。有些先进企业管理水平不断提高，经得起风浪，在很大程度上是由于那里的领导重视抓基础工作；有些企业管理混乱，经济效益低，甚至亏损，往往是因为基础工作太差，而一旦重视并加强了基础工作，就很快改变了落后面貌。所以，基础工作的好坏，直接关系到企业的前途和命运。

企业管理基础工作是随着生产力发展和企业管理水平的提高而不断发展和完善的。加强企业管理基础工作，是自觉运用科学知识和方法，用现代管理代替经验管理的过程。资本主义发达国家由“传统管理”发展到“现代管理”，经历了漫长的过程。我国没有经过发达的资本主义阶段，要用较短的时间从落后的管理方式迅速转上科学管理以至现代化管理的轨道，必须强化企业管理基础工作。

企业管理基础工作这个概念，在我国实际工作中已使用多年，但对它的含义、性质、特征和内容等，说法不一。因此，有必要认真进行研究，使它理论化，并制定相应的政策措施，以利于提高认识，指导工作，促进其发展。

企业管理基础工作，是为实现企业的经营目标和管理职能提供资料依据、共同准则、基础手段、前提条件的必不可少的工作。企业管理的职能是计划、组织、指挥、控制、协调、激励等。根据这些职能，分别建立各项专业管理。各项专业管理中的业务职能工作和基础工作是相互依存、关系十分密切的。基础工作必须和业务职能工作结合起来，才能发挥其作用；业务职能工作又必须建立在基础工作之上，依赖于基础工作。不同行业、不同生产特点的企业，基础工作的内容有所不同。带有共同性的内容主要是：

1. 标准化工作。包括技术标准和管理标准的制定、执行和管理工作。

技术标准是企业标准的主体，它是对生产对象、生产条件、生产方法以及包装、贮运等所作的应该达到的要求和必须共同遵守的规定。例如，各种产品的技术标准，设备操作、维护、检修规程等。管理标准是对企业各项管理工作的职责、程序等所作的规定。

2. 定额工作。包括各类技术经济定额的制定、执行和管理等工作。

定额是企业在一定生产技术条件下，对于人力、物力、财力的消耗、利用和占用所应达到的数量界限。主要有劳动定额、物资定额、资金定额、费用定额、设备利用率以及厂内价格等。

3. 计量工作。包括计量检定、测试、化验分析等方面的计量技术和计量管理工作。主要是用科学的方法和手段，对生产经营活动中的量和质的数值进行掌握和管理。

4. 信息工作。主要是企业生产经营决策及执行决策所必需的各类资料、数据的收集、处理、传递、贮存等管理工作。科学管理的信息系统由原始凭证、原始记录、统计分析、经济技术情报、科技档案工作等构成。

5. 以责任制为核心的规章制度。责任制是规定企业内各级组织、各类人员的工作职责和权限的制度。如各级领导人员的责任制、各职能机构和职能人员的责任制、工人岗位责任制以及考勤制、奖惩制、安全生产制度等。责任制是建立经济责任制的基础。

6. 基础教育。主要是本职业、本岗位必需的思想教育和技术业务教育。包括按“应知”“应会”的要求进行的基础性教育和基本功训练。此外，班组建设也很重要，它是落实各项基础工作的组织保证。随着企业由生产型向经营型转变，企业管理基础工作的基本内容也在不断充实发展。

就基础工作的整体来看，它具有以下主要特征：它体现和反映了企业生产经营活动的客观规律，是一项科学性的工作；它涉及的面广、量大，是一项群众性的工作，必须依靠广大职工持之以恒地贯彻执行；它一般走在各项管理职能工作之前，为企业各项专业管理提供资料、准则、条件和手段，是一种先行性的工作，或称前提性的工作。

企业管理基础工作的作用主要表现为：它为实现管理职能提供决策依据；为有秩序地进行生产经营活动提供有效的组织手段和控制工具；为企业改善环境条件和人员素质提供保证；为贯彻执行按劳分配原则提供计算、考核的依据；它能促使企业获得最佳经济效益；它有利于提高企业对外部环境变化的应变能力。

二、我国加强企业基础工作的主要经验

新中国成立以来，随着我国企业管理的加强，各项基础工作取得了一定的成绩，但也遭受过冲击和破坏，经历了一个曲折的发展过程。三年恢复和“一五”时期学习苏联经验，我国企业管理的一些基础工作初步建立起来。当时，许多部门和企业制定了各种技术经济定额考核指标、技术标准和技术规程，建立了各种原始记录和统计分析制度；同时，还锻炼成长了一批熟悉业务的基层专业人员，基本上适应了各项专业管理的要求，保证了生产的正常进行。但是，到了1958年“大跃进”时，由于“左”的思想影响，高指标脱离了平均先进的定额依据，瞎指挥干扰了科学的管理制度，设备失去正常的维修保养。企业管理的基础工作遭到了冲击，受到了严重削弱。

三年调整时期，为了纠正“大跃进”中经济工作方面的错误，党中央提出了调整、巩固、充实、提高的方针，制定和颁布了“工业七十条”，对企业管理工作认真进行了整顿。由于“大跃进”的时间不长，多数企业尚未大伤元气，有关资料未散失，专业人员没有大的变动，所以经过整顿，很快得到了恢复，并有所发展。但是，1966年开始了“文化大革命”，在十年动乱中，林彪、“四人帮”两个反革命集团推行极“左”路线，煽动无政府主义，否定了科学管理，破坏

了生产的正常秩序。管理机构被裁并或撤销，专业人员被下放，以“管、卡、压”的罪名否定了一切规章制度，整个企业管理及其基础工作遭到了严重的破坏。

粉碎这两个反革命集团后，企业管理工作随着生产的恢复重新建立。在头两三年恢复性整顿中，通过开展工业学大庆等活动，各企业加强了“三基”（基层建设、基础工作、基本功）工作，建立了各类责任制度、各项定额，原始记录、计量等基础工作也逐步恢复起来，企业基本上建立了正常的生产秩序。

党的十一届三中全会以来，贯彻执行调整、改革、整顿、提高的方针，实行计划经济与市场调节相结合和扩大企业自主权等一系列政策。在这种形势下，企业管理基础工作的地位和作用更为重要，对基础工作的要求比过去更高了，企业管理基础工作的内容有了发展。如把信息系统由企业内部扩展到外部，责任制度由过去的岗位责任制发展到经济责任制。在企业管理基础方面，我们的经验是丰富的、教训是深刻的。集中起来，主要有以下几点：

第一，要把提高职工的素质摆在首要地位。企业素质的内容，从生产力要素的角度说，在人、技术、设备、资金等几个方面，人是决定性因素。国外就有人认为，企业即人。职工素质决定产品质量和企业劳动生产率的高低。从这个意义上说，产品和企业的竞争，就是人才的竞争。因此，企业要在择优使用职工的同时，加强职工业务技术培训；教育部门也要做好就业前的培训，以保证企业生产发展所必需的职工素质。同时要加强职工队伍的思想作风建设。没有思想政治工作强有力的保证，单纯讲同物质利益挂钩也是行不通的。只有在提高人的素质上下工夫，不断提高职工的文化技术和政治素质，造就一支有理想、有道德、有文化、守纪律的职工队伍，才能真正把各项基础工作搞好。

第二，建立健全科学管理基础工作。必须进一步清除经济工作中“左”的思想影响。“左”的思想不尊重科学，不按客观规律办事，与科学管理是对立的。它把企业说成是无产阶级专政的阵地，模糊了社会主义企业生产的目的，抹杀了社会化大生产所必需的科学管理内容，必然否定企业管理基础工作。这是一条沉痛的教训。因此，我们必须在企业改革实践中，尊重科学，按客观规律办事，只有这样才能使科学管理的基础工作得以建立和发展。

第三，建立健全科学管理基础工作，必须不断克服小生产习惯势力的影响。在小生产经营方式下，由于生产规模小，劳动分工比较简单，因此，对基础工作要求不高。在社会化大生产条件下，劳动分工与管理分工比较复杂、细致，要有效地组织生产经营活动，把生产力的各要素正确地结合起来，使人力、物力、财力得到有效的配合和利用，创造更好的经济效益，就必须以科学管理代替经验管理，并相应地建立健全基础工作。由于我国大量的企业是由手工作坊和私营小企业合并发展起来的，加上干部和工人许多来自农村，缺乏现代工业管理的知识和技能，因而，在建立健全科学管理基础工作的实践中，往往遇到小生产习惯势力和各种消极因素的影响和抵制。因此，必须对干部和工人进行教育，使他们懂得现代工业生产的知识，树立起科学管理的思想。

第四，建立健全科学管理基础工作，必须把它同企业和职工的物质利益联系起来。那种单纯依靠行政手段的办法，往往使职工群众感到基础工作与己无关，造成基础工作不巩固、不稳定。这些年的改革使我们找到了一条出路，就是把基础工作与经济责任制结合起来，同企业和职工的物质利益挂上钩。这能使加强基础工作成为企业和职工群众的自觉需要。这对于基础工作的贯彻执行和巩固发展是十分有利的。

第五，建立健全科学管理基础工作，必须有长远的、系统的打算。要扎扎实实地抓下去，讲求实效，并随着生产的发展、技术的进步和经营管理职能的扩大，使之不断发展和完善。那种头疼医头，脚疼医脚，零敲碎打，形式主义的做法是收不到成效的。

三、我国企业管理基础工作的发展方向

当前我国工业企业正在逐渐摆脱小生产经营方式的影响，不同程度地走上科学管理的轨道，一部分先进企业正在向管理现代化发展。就大中型企业的管理基础工作来看，大体可分为三类。

第一类是比较好的，基本上有了一套科学管理制度，基础工作比较健全。如定额和标准比较先进，计量测试手段比较完备，各项原始记录比较齐全、准确，信息比较灵敏，建立了一整套责任制度。有的企业生产经营和组织结构趋向合理，开始运用现代化管理手段和方法，正在向管理现代化发展。这类企业是少数，主要是一些基础较好的老企业、骨干企业和近年来整顿中涌现的先进企业。

第二类是一般的，科学管理有一定基础，尚未完全摆脱“经验管理”的影响，基础工作不够扎实。如以责任制为核心的各项规章制度基本建立，但执行和考核不严；制定了一些定额和标准，但不全，水平不高；计量测试手段不完备，计量管理比较薄弱；生产过程中的原始记录较好，但对外部信息反应迟钝。这类企业占多数。

第三类是较差的，基本上没有走上科学管理的轨道，在很大程度上还是凭经验办事，各项基础工作还没有真正建立健全起来，生产不稳定，经济效益差。这类企业占少数。

如果就全国工业企业来看，第一、三类情况是少数，第二类情况占多数。总的来看，我国企业管理基础工作还是比较薄弱的。当前存

在的主要问题是：(1) 比较普遍地存在着对基础工作的重要性认识不足。有的同志认为基础工作太烦琐，有的认为可有可无。(2) 在实际工作中往往停留在一般号召，缺乏有效的政策措施。有些领导同志片面抓生产，很少过问企业管理基础工作。(3)普遍缺少专业人才。(4)缺乏器具装备，特别是有些企业极缺计量测试手段，已经严重影响生产，但由于资金缺乏、供货不足等原因，使问题长期得不到解决。

从上述状况和存在问题来看，我国企业管理基础工作的建设，一定要适应新形势的要求：

第一，要适应提高经营管理水平的要求，以尽可能少的活劳动消耗和物质消耗，生产出更多的符合社会需要的产品。

第二，要适应经济体制改革的要求。比如，推行承包、租赁等经营责任制，完善企业内部经济责任制，改革工资制度，就必须加强企业管理基础工作，特别是要搞好定额管理，以进一步加强成本管理、资金管理、经济核算等工作。

第三，要适应技术进步的要求。随着技术进步和技术改造的发展，必然要广泛采用新技术、新设备、新工艺、新材料，这就要求企业相应地提高企业管理基础工作的水平。

第四，要适应企业由生产型转向生产经营型，向管理现代化发展的要求，逐步推行“四全”管理。“四全”管理就是：以改善经营决策，提高经济效益为目标的全面计划管理；以提高质量为目标的全面质量管理；以增收节支为目标的全面经济核算；以开发人才、调动职工积极性为目标的全面人事劳动管理。“四全”管理对基础工作提出了新的更高的要求。

因此，在今后一个时期内，加强企业管理基础工作的基本途径是：以提高经济效益为目标，以改革为动力，从完善经济责任制入手，通过“四全”管理，全面提高企业管理基础工作，为管理现代化创造条件。

对各项主要基础工作应该提出以下一些要求：

关于标准化工作。各项产品质量、原材料、零部件、半成品、工艺、工装、检验、包装、运输、贮藏等，凡有国家标准和部标准（专业标准）的，要认真贯彻执行。要参照国家和部标准制定企业标准。企业要保证标准的先进性，甚至要高于国际标准或国外先进标准。要相应地制定管理标准，企业要围绕完善经济责任制和提高经营管理水平，制定工作质量标准、管理程序标准等，使企业各项管理工作合理化、规范化、高效化。

关于定额工作。人力、物力、财力等各个方面，凡是能够实行定量的，都要制定定额，要坚持定额水平的平均先进性，维护定额的严肃性，建立严格的定额管理制度。

关于计量工作。要按照组织现代化生产的质量、节能和科学管理的需要，有计划地配齐配好计量检测手段，提高原料、材料、燃料、工艺过程和产品性能的检测率，完善质量传递系统，建立必要的计量管理制度。要积极创造条件，改革落后的计量器具和计量测试技术，逐步实现检测手段和计量技术的现代化。

关于信息工作。要加强统计工作，整顿和完善各种原始凭证、原始记录、台账，建立健全各项统计分析和统计监督制度，实现数据管理。有条件的企业要积极筹建数据库，运用电子计算机进行数据处理。要积极做好企业外部的经济、科技信息情报工作，建立相应的工作体系和制度，搞好预测工作。信息工作要做到准确、及时。要建立健全科技档案工作，使科研、生产和基建都有完整、准确、系统的档案，加强档案的科学管理。有条件的企业要运用现代技术管理科技档案。同时，要建立必要的经济档案。

关于以责任制为核心的规章制度。主要是要按照完善企业内部经营责任制的要求，形成一套纵横连锁、互相协调的责任制体系。做到人人有专责，事事有人管，严格考核，赏罚分明。

关于基础教育工作。要按照有关部门的要求，有计划地积极开展对职工的技术业务培训和思想教育。

关于班组建设。要加强班组思想政治工作，选择一个好的班组长，深入开展以增产节约为中心的劳动竞赛，抓好职工技术培训，搞好班组经济核算，坚持工人参加管理，建立一套科学的管理制度。

随着企业管理向现代化发展，基础工作也必须相应地实行现代化，要在总结自己经验的基础上，积极地吸收和运用国外先进的方法和手段。

鉴于目前各地企业的情况不同，企业管理的基础也有差异，应当区别不同情况，提出分类要求，不要搞“一刀切”。第一类企业，基础工作要着重于完善和提高，向系统化、现代化发展。第二类企业，要填平补齐，提高水平。第三类企业，要在加强企业管理工作中，有计划地逐项建立，为企业管理的发展打下坚实的基础。

加强基础工作要注意工作方法，讲求实效，结合中心工作去做，多做“笨”工作，不搞突击，不搞“大呼隆”。要坚持群众路线，发挥专业人员的作用，做到专群结合。

当前加强企业管理基础工作迫切需要解决的主要问题是：

一要切实加强对企业管理基础工作的领导，积极开展宣传教育。加强基础工作的整顿和建设，是有效提高企业经营管理水平、加速我国企业管理现代化的重要途径。对于这一点，有些领导机关认识不足，因此有必要首先从领导机关做起，解决好提高认识的问题。同时，要进一步加强这方面的研究，通过各种形式广泛地进行宣传。有关各专业机构要积极开展工作，除了加强对企业的指导外，制定和修订全国（专业）统一标准和统一定额，主动、积极地协助企业解决各种实际问题。

二要把加强企业管理基础工作纳入有关的经济法规中去，严肃法纪。从法律上确立其地位，使之成为共同遵守的准则，不许受到任何干扰。劳动、物资、财务、计量、标准、统计、情报、档案等部门，都要为加强基础工作制定相应的条例和实施办法，相互配套。

三要把加强企业管理基础工作所必需的资金、器具和物资，纳入各级技术改造规划或其他计划。企业自有的生产发展基金的使用，应把它作为一项重要内容。国家还可以用发放低息贷款等办法给企业以资助。认真做好器具的科研、生产和供应工作。为保证关键器具的质量，要实行生产许可证制度。

四要大力培养专业人才，加快基础工作专业队伍的建设。应把专业人才的培养纳入各级培训计划。建议适当设立有关专业学院，或在高等院校设置专业学科；各地区、各部门应开办这类中专学校；各城市、各企业要广泛开办基础工作专业人员的短期培训班；各级科协、企协等有关团体，应积极举办有关基础工作专题讲座；有关部门要组织力量编写这方面的教材、手册等。

五要尽快研究解决从事各项基础工作专业人员的职称、奖励、待遇问题。有关部门要制定出办法，以利统一执行。注意保持专业人员的相对稳定，制定有关办法，进行科学管理。

六要有计划、有重点地把计量测试中心、经济技术情报中心的网点建立健全起来，为广大企业服务。

如何推动企业的技术进步和技术改造

推动企业的技术进步和技术改造，需要强调抓好以下一些方面：

一、必须从抓产品质量与发展新品种做起

抓企业的技术进步工作，必须以产品为龙头，才能取得真正的经济效益，这是从许多企业的实践中得出的结论。为什么要从产品抓起呢？（1）社会主义企业的生产目的，是要以尽量少的投入，生产出尽量多的优质产品来满足国民经济建设和人民物质文化生活不断增长的需要。只有抓好企业的产品质量，发展新的品种，才能为国家“四个现代化”提供先进的装备，作出应有贡献。(2）企业生产出的产品，在国内、国际市场上有没有竞争力，是企业生存和兴衰的关键。例如，有的面临破产的企业，由于搞出了一种适应市场需要的新产品，便使企业转而复苏。产品是否适销对路，既能使企业兴旺、发达，也能造成企业的衰败或倒闭。(3）从全国技术进步角度看，企业产品的先进性和适用性，也反映出一个国家的科技发展水平。(4）产品本身的技术水平高低决定了它对生产工艺、技术装备、测试条件、生产组织与工人技术培训等方面的要求。所以，抓住产品这个重要环

节，也就抓住了企业技术进步的“牛鼻子”，技术开发、技术引进、技术改造、质量创优等工作，都要围绕着产品的上质量、上品种、上水平来进行。目的性很明确，效益也就会很显著。例如辽宁朝阳柴油机厂，由于原产品性能落后，在农村没有销路，企业面临倒闭。1979年该厂决定开发和生产具有世界70年代水平的高速柴油机，油耗仅是解放牌汽车的一半，受到用户普遍欢迎，使企业绝处逢生。经过几年挖潜改造，1985年年产万台，年获利千万元，成为全国最大的生产车用柴油机厂家。杭州齿轮箱厂是一个专门生产船用齿轮箱的中型企业，在国民经济调整过程中，产品销量一度直线下降，企业面临困境。但是他们及时组织力量，对社会需要的部门作了多次调查，找到了产品不适销对路这个关键问题。他们迅速调整产品结构，改善装备，充实测试手段，生产出了速比大、配套范围广、结构紧凑、操纵灵活、品质优异的船用柴油机齿轮箱，从而企业生产和销售出现了新的面貌。

二、要采用先进工艺和技术装备

企业的生产活动主要通过工艺和技术装备等生产手段来实现。产品生产好坏，与企业工艺、装备的水平有着直接关系。我国生产技术落后，从某种意义上说，也是生产工艺和装备的落后。我们对现有企业进行技术改造，必须抓住工艺改革和设备更新这两个基本内容，这是实现企业技术进步的关键所在。在这方面，我们许多企业已经有了成功的经验，并取得了可喜的成绩。归纳起来，主要有以下几种方式：

第一，采用先进工艺，彻底改变落后的生产工艺。例如，在钢铁行业中，采用连铸技术、炉外精炼技术；在氯碱行业推广金属阳极电解槽和三效蒸发新工艺，替代落后的石墨电解工艺；在水泥行业采用干法工艺、窑外分解技术；在玻璃行业采用浮法工艺，等等。这些新工艺、新技术的采用，都使企业的技术经济指标达到了先进水平。

第二，以节约能源为中心，狠抓设备的更新改造。这是一种投资少、见效快、收益十分显著的办法。上钢五厂集中力量改造能耗高、公害严重的转炉车间，把 7 座 8 吨侧吹转炉改造成 3 座 20 吨氧气顶吹转炉，每年可以节约生铁 6000 吨、标准煤 6 万吨，折合资金 1200 万元。

第三，填平补齐、成龙配套，实现生产的连续化和自动化。例如，上海牙膏厂原来设备很陈旧，生产工艺落后，劳动强度大，每道工序互不连接，生产效率很低。他们积极采用新设备、新工艺，自力更生和引进先进技术相结合，使单机联动，成龙配套，形成 15 条软管自动制管印刷流水线，12 条牙膏灌装、包装流水线，使牙膏的软管灌装生产基本上摆脱了手工操作，实现了连续化、自动化生产，原料的生产也实现了管道化、连续化。改造以后，产量、产值、利润、劳动生产率等主要指标，比改造前有了成倍的增长。

第四，用微电子技术来改造老设备，能使老设备生产出先进的产品。这是老企业技术改造的一条新路子，这方面潜力很大。对现有机床设备，通过提高精度，加上数字显示、数字控制等措施，可以大大提高设备的性能效果，而花的钱，只有买新设备的 1／10。在钢铁、有色、化工、建材、轻纺行业的炉、窑、槽、缸、轧机、印染装备等方面，采用微机进行程序控制，实现优化生产，既可提高产品质量，又可大量节约原材料和能源消耗，老设备可以生产出先进的产品。

为了使企业在技术改造中能得到所需要的先进工艺和先进技术，我们必须组织好科学技术的“四个转移”，即从实验室向生产转移，从军用向民用转移，从沿海向内地转移，从国外向国内转移。党的对外开放、对内搞活经济的方针，为科技的“四个转移”提供了重要的保证，也为企业的技术进步创造了有利的条件。

三、积极引进国外先进技术，抓好消化吸收

世界上许多工业发达国家能够较快地从落后转变为先进，一个很重要的原因，就是他们十分重视引进国外的先进技术，并加以消化吸收。引进技术可以直接把别人成功的经验拿来应用，既可节约大量的研究试制费用，又可争取时间，少走弯路。我国政府重视引进国外先进技术。早在“一五”时期，就从苏联引进技术，建设了156项重点工程，为我国工业化现代化奠定了基础。60年代中后期和70年代，从国外引进了大型石油化工装置、电站设备、大型薄板轧机等国外先进技术装备，虽然数量不多，但满足了我国工业经济建设的需求，对促进我国工业技术发展，曾起了积极推动作用。

但是，大规模地引进国外先进技术，特别是与中小企业的技术改造结合起来进行，并形成引进技术的新局面，则是党的十一届三中全会以后的事。党中央、国务院领导同志对于引进技术改造现有企业的工作十分重视。邓小平同志多次强调指出，引进技术改造中小企业，要“成千上万项地”搞起来。国务院领导同志就引进技术改造中小企业问题，作过多次指示，要求政策适当放宽，审批权限适当下放，手续力求简化。为了开创引进技术的新局面，国务院批准了“六五”后三年引进3000项先进技术改造现有企业的规划，并组织制定了一系列鼓励引进技术的政策。国务院同时还批准上海、天津、大连、青岛、重庆等城市进行扩大引进技术自主权的试点。这样，使引进国外先进技术、改造现有企业的工作，在全国更广阔的范围内开展起来。“六五”后三年，共引进技术3900多项，成交金额36亿多美元。现

在，这些项目多数已投产达产，经济效益是好的。引进的技术比较先进，绝大部分属于国际上七八十年代的水平。这些技术使一大批企业改变了落后面貌，增加了后劲。许多重要行业的产品质量，通过技术引进，水平得到显著提高，大大缩短了与发达国家之间的差距，增强了出口创汇能力。尽管由于在扩大省市引进技术的自主权的同时，在宏观指导和行业管理方面没有跟上去，各地在引进项目中出现了一些重复引进和失误。但总的来看，成绩仍是主要的，由于引进失误未能达到预期效益的项目还是少数。现在的问题，一是不应中断技术引进工作，而是要把引进国外先进技术改造现有企业，作为实行对外开放国策的组成部分坚持下去，并进一步提高技术引进的深度和水平。二是应采取有力措施，使已引进的技术充分发挥作用，即在继续抓紧投产达产的同时，抓好消化、吸收、改进、创新，抓好国产化工作，走出引进技术与自主开发相结合的新路子来。

从引进 3000 项先进技术的实践经验看，要做好技术引进工作，必须注意以下几点：

1. 在引进技术工作的指导思想上，要适应形势发展，切实实现“三个转变”。这就是：由进口生产线和关键设备为主，转向引进软件技术和必要的关键设备为主，严格控制国内能够生产的机电产品进口；由企业单独引进为主，转向科研、生产单位联合引进为主，从而提高技术引进的起点；由生产使用为主，转向消化吸收为主，以加速国产化的进程。总之，引进技术的目的和着眼点，要从单纯提高使用单位的技术水平和经济效益上，转到提高我国的机械工业制造水平和自制能力上，以摆脱重大成套设备和备品配件、散件长期依赖国外的被动局面。因此，今后引进技术的重点，应该放在消化吸收国产化，出口创汇的产品，以及重大缺门的先进技术上。

2. 在引进技术的内容上，应以单项技术为主，必要时也可引进一些关键设备或生产线，一般不要进口成套设备。要特别重视引进软件技术，以增强我国独立开发和创新技术的能力。什么叫软件？所谓“软件”，是指设计、工艺、制造、安装、调试、检测、维修和管理等方面的专利说明、图纸资料、计算机程序、技术标准、技术诀窍、技术指导，也包括人才引进和技术培训。引进技术和进口成套设备相比，有几个显著的特点：一是有利于培育锻炼出自己的技术队伍；二是有利于适合自己国情，因地制宜，扬长避短，立足于国产原料、燃料和技术；三是引进软件，可以自己动手，改造或制造设备；四是在引进技术合同有效期内，可以不断吸收对方新开发的技术，不断缩短和国外的差距；五是有利于学习对方的经营思想和管理经验；六是在经济上比进口成套设备便宜；七是有利于解决设备的维修技术和配品配件问题；八是可以举一反三、产生连锁反应，把整个行业的技术水平带上去。

引进软件技术是有一定难度的，我们要采取技贸结合、合作生产、合资经营、企业诊断、智力引进等多种方式、多条渠道，把国家急需的先进技术引进来。

3. 要花大力气抓好已引进技术的消化吸收工作，加速国产化。特别要抓紧实现量大面广、经济效益好的技术装备原材料的国产化。各行业归口部门要负责本行业的国产化目标规划。要以产品为龙头，按部件、零件、材料进行分解，组织协调有关单位，从产品开发、配套引进到技术改造，“一条龙”配套地安排计划，限期实现国产化。要鼓励企业与科研单位、设计单位、大专院校联合开展消化吸收工作。除专利外，要加强技术引进工作和国产化工作的信息交流，避免重复引进和消化。国家在消化吸收和国产化的资金上和税收上应适当给予优惠。

4. 要把引进技术同保护民族工业更好地结合起来。凡是国内能够生产、同国际同类产品质量性质基本相同的设备，不再进口；国内能够生产但比国际同类产品稍差一点的，也要立足于国内制造，并努力提高产品的性能和质量，必要时可以进口少量关键零部件配上，以保证质量。如果不把住进口关，国内能生产的继续进口，我国制造水平就难以提高。必要时，国家应采取行政和经济手段进行干预和引导。

四、努力做好新技术、新产品的开发工作

现在，一些部门和企业，往往忙于应付日常生产，忽视技术开发和产品开发工作，不注意技术储备，结果造成技术落后，产品老化，企业缺乏竞争力，这种状况亟须改变。

1. 要抓紧建立和健全技术开发中心。为了能够不断地更新过时的老产品，大中型企业或一些行业，要创造条件建立技术开发中心，制定和实施新技术和新产品的发展规划。

2. 要对未来科技发展对企业生产技术的影响作出预测。据资料介绍，美国在 50 年代后期开始搞技术预测，到 60 年代中期，已经把技术预测与长远规划结合起来。在欧美的 62 家公司中，32%的公司从事 1—5 年的技术预测，53%的公司从事 5—10 年的预测，9%的公司从事 10—15 年的预测，其余的公司预测时间更长。美国和西欧都设有专门从事预测的机构，定期发表预测报告。日本政府 1960 年制定的《日本科学技术十年规划》，不仅预测出十年内可能出现的新技术和新产品，而且预测出目前正在萌芽期，但在十年内可能完成并实用化的技术。有了科学的预测，就可以指导新技术和新产品开发规划的制定。

3. 对新产品开发首先要有严格的评定审批程序。开发新产品，不仅要投入资金和技术力量，花几年时间，而且还要冒一定的风险。所

以西方国家的公司，很重视新产品研制的评价审定。据西方书刊介绍，开发新产品失败的概率达80%。为了尽量保证开发的新产品能获得成功，对新产品的确定都建立严格的程序。以日本为例，在50年代初，对于新产品是否值得开发，只是由公司上层领导凭经验作出决定。从50年代中期到60年代中期，参与评价的人员范围有所扩大。现在80%以上的公司采用了综合评价方法。在对一些重大新产品研制工作进行评价之后，一般还要由公司最高一级领导来作出是否研制的决定。

其次，对于什么样的新产品才进行开发，国外公司都有一些审核标准。如以发展电工机械和电子产品著称的美国戈而德公司，对决定发展的新产品提出四条要求：一是该种新产品必须能在3—5年内上市；二是年销售额必须能达到5000万美元，而且每年要增长15%；三是必须达到30%的利润率和40%的投资收益率；四是要能够带动本公司这一类产品在技术上和市场上处于领先地位。

最后，采取分档方法，安排新产品的研制工作。日本小松制作所把产品分为四档：第一档是正在生产的；第二档是正在试制试验，一两年之后即可投产的；第三档是采用新原理、新技术，正在构思和研究的新产品，准备5—8年之后投入市场；第四档是从基础理论进行研究开发的新产品。联邦德国奔驰汽车公司的产品也分为四档：一是正在生产的S级汽车；二是已经开始生产的新型S级汽车和耗油更少的发动机；三是正在试验的烧甲醇、酒精和氢气的汽车；四是正在研究的更长远的产品，如电动汽车和燃气轮汽车。我们的企业应借鉴国外的经验，从产品更新换代出发，积极开发和采用先进技术，努力做到“三代产品”（制造一代，研制一代，预研一代）一起抓。

4. 企业技术开发要充分利用科研机构和大专院校的技术力量与成果，科技与生产紧密结合起来。资本主义国家的大公司，一般都设有科技研究中心，直属公司领导，下面还有许多研究机构，分属公司的事业部或工厂。例如，美国通用电气公司设有一个科研中心和206个产品研究部门，主要从事应用研究和开发研究，以保持技术上的领先地位。

美国有两个科研与生产结合的密集区。一个是第二次世界大战后在斯坦福大学附近发展起来的圣克拉拉科技园区。它的特点是：学校的科研与工厂的生产密切结合，各大公司的科研工作互相促进，各种新技术新产品不断在这里产生。这个园区有800多家各种工业技术公司以及很多服务供应公司，形成目前世界上最密集的新型工业地带，它在半导体、激光、医学仪器和家用电器等方面都居于领先地位。另一个是位于杜克大学、北卡罗来纳大学之间的北卡罗来纳科技研究园区。该园区密集分布了许多研究机构和工厂，主要开发研究生物学和医疗卫生方面的产品。国外中小企业缺乏研制新产品的力量，或者力量有限，往往就委托别的单位进行实验或做某些研究。美国有一类综合研究机构专为中小企业服务，主要从事一些通用技术的研究和工艺研究。在英国，一些科技力量薄弱和缺乏实验研究条件的中小企业，组织起来成立工业合作研究协会，由工商部资助部分经费。西欧和日本还有一种专门推广科研成果和新产品的组织，如英国的国内技术研究公司、工业技术联络中心等。日本的机械振兴协会，还提供贷款和资金，以推动中小企业采用新技术。这些做法，值得我们很好地研究和借鉴。

为了促进生产企业与科研、设计部门的联合，使科研成果尽快地转化为主产力，提高科研项目的经济效益，在科研经费计划安排上，就应多搞一些生产企业和科研机构、大专院校协作和结合的项目。对于可以直接转化为生产力的科研项目，所需补助经费，“戴帽下达”到企业，由企业用招标办法，按合同支付给与其联合的科研单位或大专院校。企业办的科研机构，要实行相对独立核算，实行经济技术承包，并可以跨地区、跨部门承揽任务。对国家经济建设具有重要作用的科研项目和技术开发项目，组织骨干企业、研究院所和大专院校，成立“国家队”进行合作开发，共同攻关。总之，在技术开发方面，要充分发挥已有的技术力量，发展多种形式的协作与联合，这将会大大加速提高我国工业生产技术水平。

五、技术改造必须统一规划，合理安排

技术改造是一项涉及面广、政策性和技术经济性很强的工作，必须在调查研究的基础上，统筹安排，综合平衡，搞好规划。搞好规划的目的，在于使部门、地区和企业明确技术改造的方向、重点，合理布局，协调发展。把有限的资金、物资和人力，用于关键的地方，以取得较好的经济效益。避免由于盲目上马和不必要的重复建设而造成的损失和浪费。以上海市冶金局为例，他们从实际出发，制定了1979—1983 年技术改造规划。规划的重点放在节约能源、降低消耗、增产短线产品上；放在上水平和支援重点建设上。4 年安排技改项目 334 个，技改费用 4.2 亿元，使吨钢能耗从 1978 年的 1025 公斤标准煤，下降到 1982 年的 940 公斤，年节约能源折标准煤 40 万吨。1982 年与 1978 年相比，钢的产量只增加 4.4%，钢材产量增长 19%，而实现利润增长 49%，达到年创利润 16.5 亿元。相反，一些地方盲目扩大自行车、手表、缝纫机等产品的生产能力，造成产品积压、开工不足，就是没有执行统一规划的后果。

从实践经验看，搞好技术改造规划，要遵循以下几个原则：

1. 坚持以技术进步为前提的原则。要以产品为核心，围绕产品改革，把采用新技术、新工艺、新材料、新设备作为规划的主要内容；

把达到国内外先进技术水平和各项技术经济指标，作为规划的奋斗目标。不能把规划变成只是单纯扩大产量，增加厂房、设备，产品仍然低水平的“厂内外延”计划。

2. 坚持全国一盘棋的原则。技术改造涉及生产能力的布局和调整，涉及能源、原材料、设备等生产资料的供应，必须强调“全国一盘棋”。因此，各部门、地区和企业在进行企业技术改造时，必须遵守国家制定的产业政策、技术政策，服从国家对产业结构、产品结构的调整要求，服从国家规定的统一技术标准和规范。技术改造要从提高整个国民经济的效益出发，处理好企业改造与工业改组、条条与块块、当前利益与长远利益的关系。局部利益一定要服从全局利益；在全国一盘棋的前提下，注意调动地方和企业的积极性。

3. 坚持量力而行，保证重点的原则。安排改造项目要根据财力和物力的可能，这是规划切实可行的一个关键。过去编制规划，往往只从需要出发，规划编得很大，资金和物资不落实，结果束之高阁。应该根据可能筹集到的资金和物资来编制可行的规划。有了资金和物资不能分散使用，造成拖长工期，降低经济效益，而必须保证重点。技术改造的内容，要以提高产品质量，增加品种，节约能源，降低消耗为重点；要抓住对国计民生影响较大、国家急需的关键产品进行规划。要抓住骨干企业的技术改造及出口创汇企业的技术改造，由此带动整个行业的技术改造。

4. 坚持成龙配套的原则。技术改造要以产品为龙头，工艺为基础，各项工作协调配套地抓起来。一是把技术攻关，新产品试制，新工艺采用，国外新技术的引进和消化，国内新技术的推广与转移，企业技术改造，新产品批量投产以及采用国际标准等各个环节，在计划上协调配套地抓起来；二是把主要产品企业和为它提供配套的原材料、零部件、辅料、助剂、工艺协作等的企业，进行平衡落实，协调配套地抓起来。只有这样，才能使技术改造项目形成综合生产能力，充分发挥项目的预期效益。

党的十一届三中全会以来，在编制规划方面，已经做了不少工作。如在国务院科技领导小组主持下，我国已经制定了 1980—2000 年科学技术发展规划、行业技术政策、技术装备政策，以及“七五”行业技术改造规划要求。这些为各部门制定行业规划、各省市制定地区规划创造了有利条件。机械电子工业是国民经济的装备部门，技术改造要求先行一步。为此国务院 1982 年颁布了《机械工业技术改造试行条例》。同时，以产品为龙头，选择 30 大类国家急需的和有出口潜力的关键产品，重点抓了 550 项关键骨干企业的技术改造规划。五年完成投资 178 亿元，1985 年和 1981 年相比，产品的技术水平和成套设备制造能力有了显著的提高，说明这个规划编制得比较成功。

技术改造规划，要从全国着眼，从中心城市和骨干企业着手。行业规划，企业是基础，因此规划要落实到企业。不仅要有中小企业的改造，还要重视安排重点骨干企业的改造规划。一般说，中小企业的技改，投资少、见效快、容易搞，但是对国计民生起重大作用的骨干企业，投资多些也要干。老的骨干企业，特别是 50 年代建设的 156 项，为我国工业打下基础，作出了很大贡献。现在这些企业的设备大多数已经磨损老化，处于“老态龙钟”状态，如不进行改造，很难继续前进。比如鞍钢，陈云同志指出，要专门研究一下鞍钢的技术改造，现在不搞，过几年再改造，花的钱更多。要改造就得解决改造资金的来源问题。原国家经委和国家计委曾多次就鞍钢的“六五”技术改造规划组织有关部委进行讨论。按照坚持从实际出发和量力而行的原则，通过留用更改资金、利润包干、银行贷款和“三废”收益、环保费返回等方式筹集改造资金。在改造方案上走以内涵为主扩大再生产的路子。规划实现后，做到品种增加，质量提高，消耗下降，环境改善，整个企业技术面貌、经济效益有较大的改善。1982年中央领导同志在全国工交会上明确指示：“要搞好鞍山钢铁公司、南京化学工业公司等大企业的技术改造，取得经验，再行推广。”遵照这些精神，我国重点抓了大中型企业的增强自我改造和自我发展能力的工作。主要从两个方面做，一方面，国务院采取了一系列增强大中型企业活力的政策和措施。例如，国家批准石化、石油、有色、煤炭、铁路、邮电、民航等部门，实行投入产出包干政策或利润分成办法，使这些企业可以通过自身努力，取得企业改造所需资金；从1985年起，国务院陆续颁布了扩大国营工业企业自主权，推进企业技术进步，增强大中型国营工业企业活力，鼓励资源综合利用，鼓励企业横向经济联合等方面的政策和规定；实行分类折旧办法，大中型企业的折旧基金全部留给企业；经国务院批准，1985—1987年国家减免企业产品调节税达40亿元；国家确定重点支持技术改造的大中型企业单位共1600多个，并给以六条优惠政策，在推行各种形式的经营承包责任制中，把企业技术改造作为承包内容之一等。另一方面，还抓了全国大中型企业分类改造规划的制定。分类规划是按照大中型企业急需技术改造的迫切性和搞活企业筹集改造资金的可能性进行分类排队，把急需改造而又可能改造的企业放在改造规划前面。初步调查，全国7132个大中型企业中，急需改造的企业有3000个。由于资金或其他条件所限，留待“八五”或以后改造的有3300个。急需改造的3000个企业，鉴于资金所限，首先抓好国家重点支持改造的第一、二批1600个企业。对这批企业各地区正在组织编制整体改造规划，以便分期分批改变这些企业的技术落后面貌，通过改造也使企业走向良性循环。

中心城市的改造规划也很重要。中心城市的工业技术力量比较强，它的改造是与专业化协作和工业化改组联合结合起来进行的。抓好了中心城市的技术改造，可以带动周围一片地区，从而形成具有一定特色的经济协作网络。这对实现我国经济发展战略目标，有着重要的意义。特别是对上海、天津、沈阳等这些老的工业城市，在技术改造方面应给予更大的自主权，以便统一安排本地区的改造规划。

六、加强技术改造的项目管理工作

企业的技术改造，除了在宏观上抓好产业政策，制定好改造规划之外，就微观上讲，还必须抓好项目本身的管理工作。我们有些企业的技术改造项目，前期准备工作差，方案论证不够，或者违反计划管理程序，或者实施条件不落实，结果项目达不到预期目的。因此，为了加强技术改造及技术引进项目的管理，做好项目的前期准备工作，提高项目的经济效益，原国家经委根据国务院有关规定，综合整理了《关于技术改造和技术引进项目管理程序的若干规定》，这个规定主要内容有以下 8 点：

1. 技术改造项目的管理是指项目的全过程，即包括前期准备阶段、项目组织实施阶段和项目效益考核阶段，这三个阶段都是同等重要的。

2. 规定了项目前期准备工作必须编制的文件，即项目建议书、可行性研究报告、设计任务书、初步设计，小型项目编技术改造方案和竣工验收报告。

3. 规定了项目管理的程序。首先根据行业技术改造规划，编制项目建议书。项目建议书经批准之后，才能进行（或者委托）项目的可行性研究和开展对外工作。项目可行性研究是提高决策水平和加强项目管理的关键环节。要求进行可行性研究时，要从多个方案的比较论证中选出最佳方案，尽量避免决策上的失误。可行性报告经过批准之后，才能列入年度（成交）计划和对外签约。设计任务书是在可行性研究选出最佳方案的基础上编制的。设计任务书批准后，才能进行初步设计。

4. 需要银行贷款的项目，其报批文件（可行性研究报告、设计任务书、技术改造方案）要有承贷银行的评估审查意见，才能列入年度计划，以便落实贷款资金。

5. 技术引进项目，要将需要引进的设备清单报送机电设备进口审查机构审批，对具备招标条件的设备，由招标公司组织招标。

6. 技术改造和技术引进项目实行项目专人负责制。从项目的提出、技术经济评价、技术引进、项目实施、投产达产，直到消化吸收和国产化的实现、还清贷款等工作，一抓到底。

7. 强调先论证，后决策。认真做好项目的评估工作，规定要有权威、公正的评估机构，对项目的建议书和可行性报告进行评估，提出评估报告，供审批机关决策参考。

8. 狠抓项目的投产达产。技术改造和技术引进项目，工程竣工验收只是项目完成的第一步，更为重要的工作是投产达产，达到项目预期的目的。那种在竣工验收之后设备“睡大觉”的现象，要绝对避免。能否做到顺利投产达产是考核项目的最终目标，也是对可行性报告的质量水平的检验。各地方和企业都要十分重视抓收尾项目的投产达产工作。

七、多方筹集和管好用好技术改造资金的需要量，要同我国经济发展战略目标和技术发展战略要求相适应，才能保证战略任务的完成。

为了完成我国在 20 世纪末工农业总产值翻两番和生产技术达到

发达国家80年代水平的战略任务，除了由于资源条件限制和地区布局考虑，需要继续兴建一批新的企业、矿井、基地外，主要还是靠现有的企业不断进行更新改造来加以承担。要改造就得有资金。我国大中型工业企业的分类改造规划虽然已经制定出来，但如果没有可靠而稳定的资金来源作保证，规划也就难以实现。技术改造资金不足仍然是当前主要困难之一。1988年全民所有制企业的固定资产投资中，更新改造投资所占的比重为33%，基本建设投资占到55%，其余为车船购置和其他投资。从加速全国企业技术进步的角度出发，应该逐步增大技术改造在整个固定资产投资中的比重。美国和苏联的资料表明，他们对现有企业的技术改造的投资，比重远远大于新建。

国家应该明确规定，凡是通过企业改造能实现的目标和项目，就不应再建新厂。随着投资体制改革深入，技术改造主体转为企业为主，加上国家控制基建项目占用耕地或土地政策的实施，技术改造占固定资产投资的比重会逐步增加。

企业技术改造的资金来源，主要是企业、部门、地方的自筹资金，约占总数的60%；其次是各类银行的贷款，约占总数的30%，其余为国家预算内拨款和利用外资等。因此，管好用好自筹资金和银行贷款，对保证技术改造任务的实现关系很大。

1. 企业留用的折旧资金。这是企业进行更新改造的主要资金来源。“六五”期间，逐步提高企业折旧率，并推行了分类折旧办法。企业折旧基金改为70%留给企业，30%上交给地方及企业主管部门。属于国家支持改造的大中型企业折旧基金全部留给企业，以增强企业自我改造能力。应在保证增加国家财政收入的前提下，继续提高企业的固定资产折旧率，特别是那些有形与无形磨损大的行业和企业，或者对技术竞争激烈的出口创汇的专业厂，试行快速折旧办法。折旧基金是补偿基金，是维持简单再生产所必需，现在企业改造任务很重，应返还从折旧中提取的能源交通基金。现行的计算折旧的固定资产原值，由于通货膨胀已不能代表实际价值，有关部门应研究重估问题，以利于正确评价企业效益，合理征收资产占有费和提取折旧。对于折旧基金的管理，应按照国务院1985年发布的《国营企业固定资产折旧试行条例》的规定严格执行，确保这项资金真正用于设备更新和技术改造，不被用于新建、扩建工程和其他属于基建性质的开支。企业主管部门和财政、审计、税务机关以及开户银行，应按照此条例规定，对企业折旧基金的提取、使用情况加强监督检查，管好用好这项资金。

2.大修理基金，按照规定，过去不能用于更新改造。实践证明管得过死不利于技术进步。但是，大修理基金又不能等同折旧基金使用，否则会把大修理挤掉，造成失修。因此，1980年经国务院批准改为“企业结合大修进行技术改造时，可以将大修理基金同更新改造资金合理结合起来使用”。分管而捆起来用，有助于企业技改资金的合理利用。

3.生产发展基金，是指企业从利润留成中分得的用于生产发展的费用。随着企业经营承包责任制的推行，企业的留利将会逐年增加。为了使企业能有后劲，保证改造所需的资金，在承包方案中，要将技术改造任务包进去。依靠生产发展基金，加上折旧基金和部分银行贷款，进行行业规划内企业的改造任务。

4.银行贷款。我国银行向企业提供技术改造贷款，试行于60年代中期，如1964年开办“小型技术措施贷款”。70年代有所发展，如1973年开办“短期外汇贷款”，1975年开办“出口工业品生产专项贷款”，1979年开办“中短期设备贷款”。到了80年代，随着各种专项贷款的开办，银行贷款逐步成为企业技术改造资金的一个很重要的来源，对改造起了积极作用。如1980年开办“轻工、纺织工业中短期专项贷款”，1981年开办“节约能源专项贷款”，1982年开办“机械工业专项贷款”等。专项贷款已占银行贷款总额较大比重。此外，银行还发放各类一般性技术改造贷款。由于贷款办法比财政拨款办法的效益好，不少地方实行了“拨改贷”。当前贷款需要改进的地方是，银行发放贷款如何与国家的产业调整政策相结合；如何加强贷款项目的前期准备工作，做好方案的可行性论证；如何实行差别利率，创造条件实行税后还贷以及如何抓好贷款项目投产达产，收回贷款，提高资金周转率等问题。

八、重视智力开发，努力提高职工技术素质

企业技术进步的一切活动，都必须通过广大职工来实现。随着科学技术的进步，设备的不断更新，机械化、自动化程度显著提高，迫切要求具有相应技术水平、管理水平和熟练程度的劳动者来掌握和运用。因此，不提高广大职工的技术素质，我们的企业就无法建立在先进技术基础之上。即使是引进了国外最先进的生产技术，也还是生产不出先进的产品来。由于不能及时消化吸收国外先进技术，并在此基础上加以创新，就只能使企业永远跟在别人后面爬行。这方面天津机械密封件厂给我们提供了有益的经验。1980年，他们从国外引进了4类13个系列的机械密封件制造技术，由于抓住了消化吸收这个重要环节，不仅按引进合同直接掌握了国外机械密封件的先进制造技术，使产品达到国际先进水平，而且又在此基础上发展了4类6个系列的其他新产品，为国内电站、石化等行业设备提供出专项机械密封配件，为国家节省了外汇，受到用户好评。他们成功的一个很重要的经验，就是有一支比较雄厚的技术队伍。全厂470名职工中有各类技术干部86名，占18%，另外还有一个专业的研究所，采取多种形式提

高职工的技术素质。如为老年工程技术人员提供知识更新机会，发挥中年技术人员的骨干作用，建立职工培训中心，建立职工技协组织，开展群众技术革新活动等，这些都是提高企业职工技术素质的有效方法。

这里需要强调的是，企业要注意开展合理化建议和群众技术协作活动，这是发挥广大群众的积极性、创造性，使其自觉地参加四化建设的一种好形式。广大职工是企业的主人，对自己管理、操作的技术装备最熟悉，容易找到革新改造的关键所在，他们提出的建议，比较切合实际，容易见效。要搞好这项工作应做到：(1) 把开展合理化建议活动纳入领导重要议事日程，给予足够重视；(2) 建立由厂长、技术人员、工人代表组成的“合理化建议委员会”或小组，从组织上加以保证，处理有关日常问题；(3) 对群众提出的建议，要及时进行评审，做到条条有交代；(4) 对技术改造措施的建议，要经过科学试验和论证，然后付诸实施；(5) 对有成果的建议，要按照有关条例，给予应有的物质和精神奖励。

这几条做到了，合理化建议和群众性革新活动就可以深入持久地开展下去，不断地提高企业的生产和技术水平。

总之，认真研究和解决上述八个方面问题，将有力地促进企业技术进步和技术改造发展，较快地改变企业技术落后的面貌，从而也走出一条经济效益高、适合中国特点的企业技术进步和技术改造的路子来。但是，还必须指出，尽管我们在企业技术改造方面取得了不少成绩和经验，但是企业的技术现状和改造中遇到的困难，不容我们忽视。企业自我改造能力还很弱，提取折旧费不能适应改造需要，也没有考虑固定资产的无形磨损，很难赶上技术进步步伐，加上技术改造投资规模压缩过大，都会影响企业发展后劲，所以企业的技术改造工作，还需要全国各界人士的关心和支持，齐心协力搞好。

企业提高经济效益要抓好三个环节

从企业的产品生产来看，要提高经济效益，重点应解决以下三个方面的问题：

一、坚持质量第一，提高企业的竞争能力

“产品质量是企业的生命”。这是许多企业家在市场竞争中总结出来的一条宝贵的经验。他们为什么要把质量问题提到企业生死存亡的高度来认识呢？这是因为人们对商品的选择首先是看它的使用价值如何。商品的价值能否实现，要接受竞争中“优胜劣汰”法则的检验，特别是在商品供应日益丰裕的情况下，更是这样。大家在国内市场上都会看到这种现象，一些名优产品供不应求，而一些“杂牌”产品却滞销积压，就是由于质量差异造成的。如果我们企业生产的产品要打入国际市场，与一些工业发达国家的产品竞争，却没有过硬的质量，即使是廉价销售，也争不到一席之地，而只能摆在地摊上叫卖。战后日本的经验，很值得我们借鉴。第二次世界大战前，日本产品质量的信誉并不好，当时在旧中国贬之为“东洋货”，意思是好看不耐用。战后日本为发展外向型经济，坚持不懈地抓全面质量管理，不断

引进国外的先进技术，凭借物美价廉的优势，许多重要工业产品如汽车、家用电器、照相机等，很快占领了国际市场，连工业发展比较早的美国，在日本产品大量输入后，也成为巨额贸易逆差的国家。

我们对质量问题，要有一个全面的理解。就是说，注重质量不仅是产品本身的质量，而且还要包括产品包装的质量、产品的售后服务质量。在这一方面，许多企业是有教训的。由于产品一度忽视外观包装，拿到国际市场上就出现了“一等产品，二等包装，三等价格”的局面，减少了大量的外汇收入。一些需要经常维修的产品，如果在市场上没有相应的维修点和供应维修用的零部件，在市场上也很难站住脚，很难得到用户的信赖。因此，不少企业对自己的产品实行包换、包修、包退的制度，还规定了一定的保修期限，这是扩大产品销售的正确战略。

二、企业提高产品质量的途径

第一，要靠改革。从长远来说，要不断培育和发展市场体系，特别是要建立与完善生产资料市场，把企业推到竞争的第一线上去，以增强企业的质量意识和存亡感。企业如果没有一个良好的经济环境，不在产业结构合理的基础上实现总供给与总需求的大体平衡，长期处于“卖方市场”的情况下，许多生产紧俏商品的企业，很难有提高产品质量的紧迫感。“萝卜快了不洗泥”，不管如何大声疾呼要求提高质量，而实际上质量差的东西还是照样卖出去。加上市场上一些“假冒伪劣”商品鱼目混珠，更难以形成真正的市场竞争机制。因此，提高产品质量，应该成为企业改革和治理经济环境、整顿经济秩序的一个重要内容。

第二，降低物质消耗，增强企业的消化能力。降低物质消耗，增强企业消化能力是经济体制改革不断深入之后面临的一个重要问题。长期以来，我国工业生产一直处于高消耗的状态。最近，世界资源研究所和国际环境与发展研究所联合发布了《世界资源：1988—1989》，这个研究资料说，每生产 1 美元国民生产总值耗费的能源，各国的情况是：法国是 8719 千焦耳，日本是 9797 千焦耳，意大利是 10898 千焦耳，联邦德国是 11304 千焦耳，巴西是 11369 千焦耳，英国是 14591 千焦耳，美国是 20664 千焦耳，加拿大是 24454 千焦耳，印度是 26348 千焦耳，中国是 43394 千焦耳。这里可以看出，除苏联以外的 10 个经济大国中，能源消耗数最高的是中国。

在工业生产成本中，物化劳动占很大比重。随着经济体制改革不断深入，价格体系的改革正在有计划、有步骤地进行，部分矿产品和原材料涨价，物质消耗高的状况更加突出。目前，在工业企业生产成本中，物化劳动和活劳动的比例一般在 85 ∶ 15 左右，有的行业和企业的物化劳动的比重还要更高些。因此，物质消耗高的状态再也不能持续下去了。因为，工业企业能否把物质消耗降下来，消化提价因素，直接影响到我国价格体系的改革是否能顺利进行。我国价格体系存在许多不合理的地方，提高部分矿产品和原材料的价格是顺理成章的。提价以后，必须采取降低物质消耗等措施，把提价的费用增加额大部消化或部分消化在企业内部，而不能通过工业品价格的轮番上涨，转嫁给产品购买者，或由国家负担。否则就失去了价格体系改革的意义，也不能保证价格体系改革的顺利进行。降低物质消耗，这是促进企业改进经营管理，提高经济效益的有力措施。我们许多工业企业能获得较高的利润，并不是靠提高经营管理水平的真本事，而是靠国家平价调拨价格较低的能源和原材料，他们的利润大部分是这样转移过来的。今后，随着价格逐步放开，双轨制价格体系逐步向单轨制过渡，全民所有制大中型企业靠吃平价“皇粮”的日子过不下去了，就不得不在追求技术进步、改善经营管理上下工夫。在市场竞争中，优胜劣汰。努力改善经营管理、降低物质消耗、降低成本是符合商品经济的规律的，也是摆在我们面前的紧迫任务。

我国工业的物耗高，主要是产业结构不合理，耗能多的加工工业偏大，耗能大的乡镇工业发展太快；技术水平落后，水力和核能源没有充分利用；不重视对原材料、动力的管理，因此，企业降低物质消耗，增强消化能力的潜力是很大的。

第三，要加强质量监督。我们的企业在质量监督方面，必须有相当有力的行政干预。

第四，要加强管理工作。要把管理现代化与推行全面质量管理，抓技术进步、设备维修、安全生产工作结合起来，“一条龙”地抓好。管理现代化与企业升级的目标是一致的，都是为了把质量搞上去，把消耗降下来，全面提高企业的素质。推行全面质量管理，要运用现代化管理手段去达到升级的目的。有些同志争论全面质量管理是一种方法还是一种思想体系，依我看，全面质量管理确实联系到企业的每个环节、每个人及每个机构，是一种思想体系，企业管理不抓全面质量管理是不行的；同时全面质量管理又是一种方法，要推行全面质量管理，就需要在管理现代化的各个方面采取措施。抓质量管理，首先，还是思想领先，让大家了解产品质量的提高在整个社会主义建设中的重要意义，提高和加强全体职工的质量意识。其次，还是要开展群众性的质量管理活动，也就是质量管理小组活动。这几年，质量管理小组活动取得很大成绩，在这方面需进一步加强工作。这方面工作做得好，确实有效果，所以要加强。整个企业管理是群众管理，尤其是质量管理，更需要建立在全体职工群众自觉活动的基础上。加强质量管理，还有一条就是要把质量管理制度和质量管理队伍切实加强起来。这是我们的基础。从管理上来说，我认为应注意以下几点：

1. 企业领导的思想观念要来一个转变。长期以来，不少企业的领导比较重视产值、产量和利润，对降低物质消耗不够重视，对价格体系改革、部分矿产品和原材料涨价认识不足，怨气大，喊得多，总是把自己放在被动经营的位置上；主动经营，自我消化，改变物质消耗高的状况的意识不强。实际上这是管理思想问题，是能否适应变化了的形势及管理思想观念及时转变的问题。企业领导必须认识到价格体系的改革是必然趋势，要学会和掌握按商品经济规律办事的本领，不怨天，不怨地，多做“笨”工作，多在本企业的身上打主意，主要靠企业的自身努力，改变物质消耗高的状况，消化涨价的不利因素。

2. 把降低物质消耗的工作作为一项系统工程进行管理。过去，不少企业把物质消耗工作交给供应部门去管，或在某个部门设个管节约的工作人员。这样做在管理理论上是个错误，在实践中也是有害的。降低物质消耗工作是涉及产品从设计、制造到使用的整个生命周期的工作，是系统性很强、涉及面很广的工作，不是某一个部门、某一个工作人员所能完成的任务。交给供应部门管，实际上只管供，不管或很少管用；设管节约的工作人员，实际上多是搞些数字统计工作，而且虚假现象不少，看起来节约不少，经济效益却体现不出来。不要人为地把系统性工作割裂开来，要树立系统的降低物质消耗的观点，采取一定的组织方式，把企业内部有关影响物质消耗的工作和工作部门组织起来。

3. 多做“笨”工作，加强控制，使物质消耗始终处于受控状态。有的同志提出要实行五个控制、一个加强。实行产品结构控制，生产节能、高效、低耗和适销对路的产品；实行采购成本控制，物资采购进行目标成本管理；实行库存控制，大力压缩储备资金；实行消耗控制，把消耗定额的制定和管理、按定额发料、物资核销、跟踪分析等一系列消耗管理工作组织起来；实行质量控制，开展质量成本核算；

加强思想政治工作，建立严格的经济责任制，使每个职工从思想上重视起来，保证降耗目标实现。我认为这是一些好办法。

如何降低物质消耗，党和政府对这个问题是很重视的。提出要逐步降低生产中物化劳动的比重，提高活劳动的比重，使劳动者通过不断降低生产中的物质消耗，能不断改善和提高自己的生活水平。为调动企业和职工节约原材料的积极性，国家经委和财政部等单位制定了《国营工业、交通企业原材料、燃料节约奖试行办法》，这个办法在执行中已经收到一定效果，但还有不够完善的地方，主要是“鞭打快牛”，采取每年和上年实际达到的水平比较，原材料消耗高的、节约潜力大的企业，奖励多，而一些先进企业，特别是一些消耗水平接近国际水平的企业，节约的难度大，企业和职工反而受益少。因此有人建议，改原定环比办法为核准基数，一定几年不变，同时对达到先进消耗水平的企业提高奖励标准。

降低物质消耗，除了在生产过程中要实行奖励政策外，我认为还要制定鼓励开发消耗低、质量高的产品的政策。产品设计是降低物质消耗的关键环节。改变“傻、大、黑、粗”的外部形象，增加产品的多种功能，按照价值工程合理地选择材质、材种，这些方面降低物质消耗的潜力很大，需要有关部门制定相应的奖励政策。

三、加强经济核算，增强企业自我约束能力

不断降低产品成本，加速流动资金周转，堵塞各个环节的“跑、冒、滴、漏”，这是提高企业经济效益的重要途径。而要达到这些要求，就必须加强经济核算，贯彻执行勤俭办一切事业的方针。

现在不少企业产品成本降不下来，占用流动资金多，周转慢，花钱大手大脚，虽然客观上有物价上涨的原因，但主观上不重视企业内

部的经济核算，不分析自己的产品成本和各项费用开支，不能做到自我约束、自我控制也是一个重要的原因。因此，加强企业内部经济核算的首要问题是，要克服“家大、业大、浪费点没啥”和比阔气、讲排场的不良思想作风，树立起勤俭办企业的思想。这是促使我们企业兴旺发达的好传统，决不能把它贬为“老一套”而丢掉。

要加强企业内部的经济核算。多年来，我们已经积累了丰富的经验，比如说建立总会计师负责的厂内经济核算体系，实行厂部、车间和班组的分级核算制;“一支笔”审批费用开支；年终离任审计制等等。这些都是行之有效的办法。这里我要向大家推荐两条自我约束的重要方法：

一是“对标、达标”。就是说一般企业把各项指标和国内相同的先进企业比较，处于国内领先的企业把自己的指标和国际上同类的先进企业相比较，找出差距，分析产生差距的关键问题在哪里，然后有针对性地制定切实可行的措施，规定实施的步骤和达到的期限，指定每项措施的具体负责人和落实各项措施的条件，一步一个脚印地扎扎实实地工作下去，企业的面貌是会很快改观的。

现在国际上正在发展比较经济学，国与国之间可以进行比较，同样企业与企业之间也可以进行比较。吉林省已把它应用于企业的经济核算，既可增强企业领导者决策的科学性，又可以增强企业的自我约束能力。毛主席说：“有比较才能鉴别。”[1] 企业只有看到自己的不足，才能克服盲目自满情绪，激励起赶超精神。

当然，推行“对标达标”，不仅是企业本身的事情，而且是行业管理的重要内容。企业和上级主管部门都要广泛地收集信息，进行“知己知彼”的考察，才能收到良好的效果。在运用比较分析的过程

[1] 《毛泽东文集》第 7 卷，人民出版社 1999 年版，第 280 页。

中，千万不能“护短”，只单纯从客观上找装备落后等需要进行技术改造的原因，而忽视管理上的不足。只有抓住“技术上落后，管理上更落后”这个要害，采取有力的对策，才能增强企业的自我约束能力。

二是“厂内银行”。这种做法，模拟银行的职能，将银行的信贷机制、结算方式、利率杠杆引入企业，使企业内生产、经营各个环节上的经济往来关系都以货币形态进行等价交换，并实行有效的计划、调控和监督，是完善企业承包经营责任制的一项重要内容。截至1988年9月底，全国有16%的预算内工业企业建立了“厂内银行”，推行比较早的吉林省有87%预算内企业建立了“厂内银行”。许多企业的事实证明，“厂内银行”已经成为企业重要的自我约束机制。

“厂内银行”自我约束的作用，主要反映在以下三个方面：(1)对企业内的经济活动可以全面地进行调控和监督，使企业的每个环节都能纳入经济核算体系。(2)促使企业内的车间、班组精打细算，把资金用到最急需的地方去，增强全体职工的当家理财意识。(3)企业内部的分配更加公平、合理。谁节约，谁超支，都可以和本单位职工的经济利益直接挂起钩来，而且可以比较准确地进行定量、计算，实行“按劳分配”。

对许多国家产生重要影响的美国企业管理

一、访美印象

美国的企业管理经验，对许多国家都产生过重要影响。

美国的自然条件好，发展经济的主要资源基本上能够立足国内。土地肥沃，森林、矿产和人力资源丰富。日本的能源90%依靠进口，美国能源的自给率达80%左右。为了保护国内石油资源，美国采取控制开采的政策，即使这样，每年仍能生产4亿多吨，可满足国内消耗的一半以上。美国有发达的农业，生产率高。农产品除能满足国内需要外，还能大量出口。美国有传统的所谓经济发展的三大支柱：钢铁、汽车、建筑业；战后发展起来的宇航、大型电子计算机、飞机制造业、石油和石油化工等新兴工业产业，在国际上遥遥领先。美国有庞大的国际、国内市场，国内市场销售的产品占80%左右。生产设备先进，科研技术力量强大，有完备的成体系的研究发展机构。

美国经济发达，但是也存在着一系列的困难。例如，通货膨胀的势头不断加剧，美元贬值，失业率上升，贸易逆差很大，生产工人老龄化等。它的经济不再像以前那么有效。还有，它太注重于发展自己的核武器库，而核武器则不如常规武器那样，可以在世界政治中施展影响。失去优势的第三个重要原因是丧失信心。美国人不再像过去那样肯定他们的社会是世界上最好的了，他们的社会具有阻碍发展的方面，他们行动的哲学是高度的个人竞争，他们的政治结构是建立在权力抗衡、权力竞争、权力角逐上的，他们的企业和市场也是自由模式的。如果在初级发展与初级资源开发阶段，这种制度还是能发挥高效率的，但是在空间、地理资源受到限制时，这种情况就不太有效了。美国人也感觉到他们现在的机构不太合适了，但又找不到更加合适的新的蓝图来解决这个问题。他们提倡的是个人竞争的价值观，每个人为了自身的需要而工作，政党之间的抗衡造成一党在朝，一党在野的局面，致使国家力量两极化。自由化的企业追求的是各自的发展方向。劳方、企业与政府之间有许多相反的意见和方向。如果说，在幅员辽阔、自给自足的经济条件下，想干什么就干什么还是可以的，那么在现在许多资源依靠进口，国内还有许多问题的情况下，就困难了。

美国人的哲学思想和价值观念是相信个人竞争，每一个人有权利来满足个人的意愿，每个人有权表现自己，每个人的最高目标是满足自己的愿望。霍赖林申认为，他们衡量一个人成就的标准是同别人的成就对比，在与别人的竞争中来取得成功，在竞争中超过对方来表现自己的成就，并且从竞争结果中获得个人利益。所以，个人竞争，满足个人，个人成功是美国占主导地位的行为哲学。根据这一基本原理，美国的管理有它的独特性。雇主与受雇者之间的基本关系是合同式的关系，双方都承担一定的义务。一方面，被雇人员知道，如果不能达到雇主的预期目标，就会被解雇；另一方面，如果不满足于现有机会，他还可以到别的公司，包括与本公司进行竞争的公司去寻找机会。在这种制度下，每个人的义务和职责是明确的，也就是可以对每个人的工作进行考查。在人与人的管理上，主要是根据个人的工作成绩，如果你工作得好，如果我布置给你工作，认为你有潜力，我就增加你的工资，提拔你到更高的岗位上来。在决策上，主要标准是看这种决策是否最优、最好。决策是由上而下贯彻的。

二、美国的企业管理理论

美国是科学管理的发源地。自 19 世纪末期以来，随着经济的迅速发展，美国对企业管理理论的研究一直很重视，曾经产生过许多学派。他们最有影响的理论主张有如下一些：

1. 主张运用科学方法来研究工人的劳动动作，选择、训练工人，决定工人的工作量，提倡制定劳动定额、工时定额，建立职能科室，实行奖励工资制。这种理论的倡导者是泰罗（1856—1915）。根据泰罗的科学管理学说制定的工作制度，叫作泰罗制。

泰罗把科学分析的方法引进企业管理领域，研究工人劳动的时间与动作，例如用秒表来计算工人铲煤的动作。泰罗有一套理论，认为劳动越专业化，人的分工越细，劳动生产率就越高。他通过对时间和劳动的研究，提出进行标准操作，并制定劳动定额。他还提出差别计件工资制，即对于根据作业标准在定额工时内完成劳动定额的，按较高的工资率计酬，反之，按较低的工资率计酬。

泰罗还提倡在企业里建立职能制，建立与直接从事生产作业的车间平行的进行定额制定、作业标准等有关管理工作的职能科室。这种科室对车间没有指挥权，只对企业领导提供管理工作的建议。

泰罗的理论为美国现代企业管理理论奠定了基础，它的基本原则和方法至今仍在广泛应用。不过，泰罗把人的本性假设为“经济人”，即工人劳动仅仅是为了获得经济利益，这是片面的。

2. 主张搞好企业中人与人之间的关系，使工人保持高昂的“情绪”。持这种理论的是20世纪30年代出现的以梅奥为代表的人际关系学派。产生这种理论的背景是，广泛应用泰罗制的结果，虽然大大提高了劳动生产率，但由于它对工人过于苛刻，特别是执行中，由于分工和专业化，工人的劳动效率提高了，资本家反降低了计件工资的工资率，激起了工人的不满和反抗。哈佛大学教授梅奥等人在芝加哥附近霍桑镇的电话设备厂进行了长达数年的试验，即霍桑试验。通过试验发现，除物质报酬外，还有其他因素会影响人的积极性。梅奥等人把人假定为“社会人”，提出了人际关系学说。第二次世界大战以后，人际关系学说发展成为行为科学。

行为科学是应用社会学、心理学、人类学、经济学等理论，研究人的行为、动机、需要、激励、个性、非正式组织中人与人的关系，以及领导方式等问题的一门科学。它从调和阶级矛盾、强调劳资合作出发，研究如何调动职工的生产积极性。行为科学在西方很流行，出现了很多主张，如马斯洛的“需要层次”论、赫茨伯格的“双因素”论、阿德福的“生存—交往—成长”论、麦克利兰的“成就需要”论、弗鲁姆的“期望”论、亚当的“公平”论、斯金纳的“强化”论，这些都是研究人的需要、动机、行为和激励的。关于人的个性，有麦格雷戈的“X理论—Y理论”。麦格雷戈认为“X”理论是把人放在被动的位置上进行严格的控制，“Y”理论则注意发挥人的主观能动性，主张以动机诱导，进行统一目标的有效管理。70年代初，莫尔希和洛希又提出“超Y”理论，认为“X”理论并非一无是处，“Y”理论也不是普遍适用，管理方式应根据各个组织的工作性质、成员素质等具体情况，采取不同的方式。关于领导方式，还有“领导方式连续统一体”、“支持关系”、“双因素模式”、“管理方格”等理论。总之，行为科学有种种理论，我这里也没有讲全。从这里看出，西方的管理学界和管理人员越来越感到，调动人的积极性是管理的中心问题，作为一个管理者，特别是高级管理人员，处理好人际关系是一门很大的学问和艺术。可见，西方资产阶级学者从单纯重视行为和时间的研究到重视人际关系，进而注重调动人的积极性问题，是经过了一个发展过程的。

3. 主张应用系统论以提高企业的整体效益。系统论应用于管理是20世纪30年代以来的事。最早从系统的角度研究企业管理的是美国新泽西州贝尔电话公司总经理切斯特·巴纳德。1938年，他出版了《经理人员的职能》一书，提出把企业看成是一个由物质的、生物的、个人的和社会的几个方面的要素所组成的协作系统，企业管理的核心就是这几个方面要素的协调。他的管理思想是，经营管理的过程要领悟到组织是一个协作系统，是一个整体，它的内部平衡必须与外部条件相适应。这种一个组织必须包括内部平衡和外部适应的思想，在当时是有独创性的。巴纳德的协作社会系统的思想，对以后管理理论的发展有很大影响。以后，又产生了系统管理学派、技术社会系统学派等。在60年代，系统思想成为美国管理学界一个渗透到各个方面的重要思想。

4. 主张决策贯穿管理的全过程。管理的关键是决策。决策论是以社会系统理论为基础，吸收了行为科学、运筹学、计算机程序等学科的内容发展起来的一门新学科。其主要代表是西蒙。西蒙认为，决策贯穿管理的全过程。他说："企业的经营管理可以从纵横两方面看，纵向就是从管理的顺序看，管理包括计划、组织、人员配备、领导与指挥、控制、协调等工作。从横向看，在执行上述各项管理工作中，都存在着如何作出该项的合理决策的问题。"所以，决策是经营管理工作中最本质的东西。他认为，企业管理的研究对象，不是作业而是决策，决策是企业成败的关键，决策错了，工作效率越高越没有好处。因此，企业管理必须采用一套制定决策的新技术。他系统地论述了决策的阶段、决策的准则、决策的种类、决策的组织等。由于他在决策理论的研究方面作出了重要贡献，被授予 1978 年度诺贝尔经济学奖。

5. 主张用数学、运筹学，并以电子计算机为工具着重进行定量分析的管理科学。管理科学是在泰罗的科学管理的基础上，吸收了科学技术的最新成就发展形成的。它的特点是，制定和运用数学模式与程序系统，用数学符号和公式来表示计划、组织、控制、决策等合乎逻辑的程序，求得最优答案，以确定企业经营管理的目标。管理科学主要用于计划和组织职能，它有不少可以应用的方法，如线性规划、决策树、网络图、对策论、概率论、排队论、库存论等。管理科学学派对生产的物质过程注意多，对人的因素注意不够，但它确实反映了现代化大生产的某些规律，特别是把有关的科学方法和技术应用于管理，也确有成效。

6. 主张研究总结大企业经理的成功经验，加以推广。在美国，可以划归这一经验主义学派的人很多。主要代表是彼得·德鲁克、欧内斯特·戴尔、艾尔弗雷德·斯隆等。他们大都从事过大公司的实际领导工作或顾问。经验主义学派认为，传统的管理理论和行为科学都不能完全适应企业发展的实际需要，企业管理的科学应该从企业的实际出发，总结经验，加以概括和理论化。这一学派也提出不少重要思想，如彼得·德鲁克的目标管理。德鲁克认为，泰罗等古典管理学派偏重于以工作为中心，忽视人的一面，行为科学又偏重于以人为中心，忽视与工作相结合。他为了把工人吸引进来参与管理，提出了目标管理。他认为，目标管理是综合以工作为中心和以人为中心的一种有效的管理方法，它可以使职工发现工作的兴趣和价值，并在工作中满足其自我实现的需要，同时企业的目标也实现了。现在，目标管理已为许多国家采用。

7. 主张根据企业不同的内外部条件权宜应变。美国在70年代形成一种新的企业管理学派，称作权变理论。权变理论学派认为，没有普遍的"最好的"管理理论和方法，企业要根据内外条件权宜应变。它与经验主义学派有密切关系，但又有所不同。经验主义学派研究的重点是各个大企业的实际管理经验，权变理论学派是企图通过大量事例的研究，把各种情况归纳为几个基本类型，给每一种类型找出一种管理模式。它强调管理思想、管理方法、管理技术等因变量，要随着环境这个自变量的变化而变化。因此，在企业的组织结构、人事管理、领导方式等方面，都要根据不同情况，采取不同的方法。

8. 主张以主管人员从事管理工作的过程来研究管理。这就是管理过程学派，主要代表人物是哈罗德·孔茨。他与西里尔·奥唐奈合作写了本《管理学》，在系统地反映了西方管理理论的主要成就，比较了当代各种管理学派的理论后，阐述了自己的管理思想。他们主张从主管人员从事管理工作的过程，即主管人员的职能来研究管理，力图使有关管理知识与主管人员所做的实际管理工作相联系。他们自称采取业务法来研究管理，即"从所有各种管理方法那里汇集了与实际管理工作有关的，对专业人员理解他们的工作来说有用的各种管理要素"。他也主张随机制宜，因情况而异地进行管理。

以上只是概括地讲了美国主要管理学派的主张，此外还有一些学派。总之，美国是管理学派丛生，众说纷纭，还没有形成一个统一的企业管理学。不过，现在的趋势，是把各学派有用的东西综合应用。

三、美国企业的组织机构

据了解，美国从1879年出现第一个托拉斯美孚石油公司之后，直到20世纪初，像杜邦公司、福特公司等这样一些大托拉斯，实行的都是资本家个人集权管理的体制。20世纪初，垄断资本为了确保自己的支配地位，进一步发展了联合。原来一套简单的管理组织不能适应实现了联合的大型企业的需要，造成了组织管理混乱和创业的企业家缺乏管理才能的状况，于是出现了集权的职能部制。职能部制是在董事会下设总经理，在总经理的领导下按生产、销售、财务、人事等不同职能划分工作范围，设立管理机构，它们各成体系，每个职能部门有一个副总经理分工负责，权力集中于总经理。凡是在一个部门范围内不能决定的问题，都由总经理作出决策。20年代以前，美国几乎所有企业都实行这种管理组织形式。在20—50年代，出现了灵活性更大的事业部制。这种分权化体制的管理原则是，集中决策，分散经营。企业按产品类别、地区或经营部门分别成立若干个事业部。某项产品或某地区的全部业务全部由事业部负责。各事业部独立经营，单独核算。企业最高管理机构只保留人事决策、财务控制、规定价格幅度和监督权等，并用利润等指标对事业部进行控制。事业部的经理根据企业最高领导的指示进行工作，统一领导事业部和研制、技术等辅助部门。

第二次世界大战以后，具体地说是50年代以来，美国企业实行的是集权与分权相结合的管理体制，出现了多种多样的组织形式。据一些资料记载，主要有：

1. 执行部制。这是在分权的事业部制的基础上，在企业最高领导和各个事业部之间增加的一级管理机构，又称“超事业部”，分别统辖和协调所属各个事业部的活动。这样，便于利用几个事业部的技术力量和生产力量来开辟和制造新产品，改进情报过分集中于最高领导的情况，加强企业的灵活性。我们参观过的通用电气公司是采用这种组织机构的有代表性的企业。它在1978年1月改组企业管理体制，实行“执行部制”。由董事长和两名副董事长组成的执行局是最高领导机构，专管长期战略计划，负责和政府打交道，以及研究税制等问题。执行局下面设5个执行部，包括消费类产品服务执行部、工业产品零件执行部、电力设备执行部、国际执行部和技术设备材料执行部，每个执行部由一名副总经理负责。执行部下设9个总部（集团组)、50个事业部、49个战略事业单位。

2. 矩阵结构。这是在原有的按直线指挥系统与职能部门组成纵向的垂直领导系统的基础上，又建立一种横向的领导系统，两者结合起来组成一个矩阵。企业为从事一项特定任务（即项目），从垂直领导系统的各单位中，把有关人员调集在一起，组成临时的或长期的工作小组或委员会。这种小组或委员会构成横的领导系统。参加该项任务的有关人员，一般来说接受两方面的领导，即在执行日常工作任务方面，接受本部门的垂直领导；在执行具体规划任务（项目）方面，接受规划负责人的领导。

3. 多维结构。这是从矩阵结构发展出来的一种管理组织结构，就是在一个企业的组织机构中包括三四个方面的管理机构，使企业管理能够取得更好的协调。例如，道科宁化工公司的多维结构主要包括三个组成部分：一是按产品划分的事业部（是产品利润中心，由事业部的管理部门与专业参谋部门联合组成的产品事业委员会来领导）；二是按市场研究、生产、调查、技术研究、管理等职能划分的专业参谋机构（是专业成本中心）；三是按地区划分的机构（是地区利润中心）。

4. 模拟性分散管理结构。这种管理结构不是真的分散管理，而是模拟独立经营、单独核算的性能，以改善经营管理。一些大型化工企业、原材料工业、银行、医院等采用这种组织结构。这些企业由于规模庞大，不宜采用集权的职能部制，其本身的生产过程或经营活动的整体性强，也不宜采用分权的事业部制。于是，就按地区或其他标准把企业分成许多“组织单位”，这些“组织单位”被看成是独立的“事业”，有相当大的自治权，进行模拟性的独立核算，负模拟性的盈亏。美国国际商用机器公司、杜邦化学工业公司、孟山都化学公司等都采用这种组织形式。

5. 系统结构。这种结构事实上也是矩阵结构的发展和扩大，不是由企业内部几个人或几个部门组成，而是由范围很广的各种完全独立的单位（如企业、政府机构、大学、科研单位）为完成一个共同的规划而抽调人力、物力组成的一个复杂的系统。美国“阿波罗”登月计划，就是采用这种组织形式，它把2万多家企业、120多个大学和研究机构，共约42万人组织起来，历时11年完成。这种组织结构是从整体观点来组织全部工作，强调整个计划的整体性。

6. 战略计划经营单位。这是美国近年来新出现的一种组织机构。美国通用电气公司在总裁、副总裁的领导下，设立了发电系统、蒸汽透平、燃气透平、中型工业燃气透平、电力传送、消费品等6个生产经营部门，在每一部门下又设7—8个战略计划经营单位。每一个单位管理若干分公司或工厂。战略计划经营单位负责制定多种产品的战略目标计划，包括市场预测、新产品的设计和试制、价格、利润、销售量、老产品的革新、提高劳动生产率、降低成本、技术改造和科研。这些计划经总裁批准后实施。这种单位与以产品为中心的事业部不同，它是以经营为中心的组织，是关键性的经营和核算单位，负责向总公司上缴利润和向政府交税。通用电气公司的一个家用电器战略计划经营单位，在国内管三个家用电器厂，其中一个专门生产有塑料壳的电器，一个生产带马达的电器，一个生产电熨斗。有些轻便、用工多的零部件，在东南亚的工厂生产，运回美国装配。这样，不仅工厂能集中力量组织生产，而且大大提高了家用电器的质量和市场竞争力。在各个战略计划经营单位之间，严格实行经济核算制，供产销都按经济合同办事，如果产品质量不好或成本过高，各自有权向外公司采购，而不受任何限制。

现在美国公司的一般情况是最高权力机构是董事会。董事都是本公司的股票持有者，在董事中必须有一部分人不在本公司工作，以便客观地沟通情况和监督企业。董事会一般一个月开一次例会，特殊情况下董事长可临时召开。董事会讨论并决定经营方针和经营战略，决定重大的财务和人事问题。在董事会闭会期间，由总裁和副总裁领导企业工作。副总裁中有若干名执行副总裁，分管有关业务。总裁和执行副总裁一般都是董事会成员。各分公司的总经理和副总经理，负责分公司的全部经营活动，他们直接向有关的执行副总裁请示报告工作。分公司所属的工厂，只负责按下达的计划组织生产，进行成本核算。

总公司和分公司的权限和经济关系，是划分得很清楚的。以洛克希德飞机公司为例，总公司下属飞机制造、宇航火箭、电子、空中管制、海下石油等 8 个分公司，有职工 6 万多人，年销售额 30 多亿美元。他们总的管理原则是“分散式的作业，集中式的控制和协调”。各分公司都在总公司的统一规划、决策、管理下，进行独立经营。总公司负责控制财务预算，分配资金和人员，处理公司与银行的关系，统一管理职工的级别、待遇、加薪和保险。分公司是利润、投资的中心，独立核算，自负盈亏，在总公司的预算范围内，有完全的经营和作业权，可以自行购买设备和物资，确定自己的科研发展项目，独立接受国内外订货单，向海外推销自己的产品，并向政府交纳税款。总公司评价分公司的成绩，只看利润。分公司的全部利润都要上缴，由总公司进行调剂和分配，一时赔钱的分公司由总公司给予财政支援。分公司的财务预算，要由总公司审批。总公司制定预算时要与分公司商量。总公司不接受订货单，但各分公司的新产品生产，要经总公司批准。总公司在国外设13个办事处和100多个服务点，供分公司在国外推销产品时使用。谈到总公司和分公司的关系，洛克希德公司负责人形象地比喻说："总公司给8个分公司画了8个圆圈，在圆圈内，由分公司自己决定去填写什么。"他们的这些做法，能使分公司在总公司统一决策和预算的控制下，充分发挥自己的主动性、灵活性和创造性。

美国各大公司的组织机构互有差异。一般说，组织机构的设置，是根据经济条件的变化、业务的发展和市场的需要来考虑的。目前，实行分权管理体制的公司，已占美国公司总数的90%以上。采用分权的管理体制，大大加强了企业的灵活性，提高了经济效益。

四、美国企业的管理制度和方法

为适应现代化大生产的需要，获取高额利润，美国在企业经营管理的各个领域都形成了一整套制度和方法。"盈利为先，效率第一"是制定这些制度和方法的依据。

1. 质量管理。由一般的质量管理发展到全面的质量管理。从20年代开始推行的一般质量管理（即统计的质量管理），已经摆脱了单靠检验对质量进行管理的消极做法；现在的全面质量管理更进了一步，它强调企业中人人注意质量管理，强调从产品设计、原料采购、生产操作、包装运输直到售后服务，每个环节都注意质量管理。为此，各企业纷纷建立了质量管理系统，普遍重视质量管理教育，注意提高质量管理机构在企业中的地位并加强其灵活性与机动性，不断发展现代化的测试手段和在职工中推行"自检"制度。许多企业大量成立由工人组成的质量管理小组，让这些小组设法提高产品质量和降低成本，并把奖惩制度与质量管理小组的活动结合起来。为了保证产品质量，许多企业还非常注意工厂环境的绿化和车间内的清洁卫生。

2. 财务管理。特别注意现金管理和加快资金的周转。美国企业的财务管理分为三个方面，即预算的制定、成本的控制和资金的运用。一个企业的各层都有自己的预算，上级用预算对下级进行控制。多数企业采用标准成本会计制度，通用电气公司发明了价值分析技术和ABC分析法，用以降低产品成本和原材料储存成本。在资金运用方面，中心是现金管理，现金管理的关键又是做好现金流程预测。这种预测一般都是在数月前逐日做好，在实施中可根据具体情况修正。如需要借款，一般都事先同银行商定好，以便享受最有利的借款条件。各企业应用现金有一个共同原则，即尽量把资金用于各项投资，手中只保留最低限度的现金。

3. 工薪管理。为了使工薪制度更富有弹性，使职工和企业共命运，美国企业采取了计时工资、计件工资、计时加计件、计时加提成和包工 5 种工资制度。对美国和西方国家影响较大的有 6 种奖励工资制度，这就是泰罗的差别计件工资制、甘特工作奖励制（对完不成定额者发计时工资，对超过定额者发 25%—50%的奖金）、哈尔西奖励工资制（对未完成定额者发计时工资，超过定额者按节约的时间多少发给奖金）、爱默森效率奖励制（工作效率越高，奖金率越高）、贝道克斯计点制（对未完成定额者发基本工资，超过定额者发给奖金）和集体奖励工资制。这些工资制度的共同特点是，完成工作量越多，收入就越多，没有限制。美国企业的奖励制度多种多样，近年来各种分享超产利润的制度甚为流行，这些制度将职工的切身利益和企业的利益捆在一起，对促进生产起了不小的作用。

4. 销售管理。为获得更大的经济效益，美国企业不断改进销售系统。各企业制造、销售和售后服务三个环节的关系非常密切，以销定产、以销促产是处理产销关系的基本原则。各企业在销售方面不遗余力，都把“争取顾客”当作销售工作的头等任务，“顾客第一”是各企业的口头禅。美国企业的销售系统共分三种基本类型：一是独立个体的销售系统。在这种系统中，制造商、批发商和零售商彼此的所有权是独立的。这种类型正在被淘汰。二是垂直的销售系统。制造商、批发商和零售商结成一体，其中有一个在整个系统中起主导作用。这种系统在提高效率和降低成本方面显然优于前一种类型。目前这种类型比较普遍。三是水平的销售系统。即由两个或两个以上的公司做暂时性或永久性的联合，彼此利用对方的优点，共同寻求销售机会。这种类型较少。

为了做好销售工作，各企业普遍设立产品经理制度，即在负责销售工作的副总经理之下，对一种或数种产品设一位产品经理，该产品经理的地位与销售部门平等。他们专门负责制定所负责产品的销售计划，搜集顾客反映，对产品质量和生产技术提出改进意见。

5. 参与管理。强调以人为中心的管理，认为只有让职工参与企业管理才能管好企业。参与管理，就是利用各种形式，让各级管理人员和职工有提出建议和意见（包括决策性意见）的机会，企业领导人可以借此改进对企业的管理。美国企业创建了各种形式的职工参与管理制度。如职工大会或职工代表大会，职工建议制度，初级董事会制度，生产线责任制度，协同式管理制度，自我管理制度等。事实证明，这些制度一方面给企业创造了巨额利润，另一方面也满足了现代化大生产的需要。

6. 目标管理。特别适用于对管理人员的管理，故称为“管理中的管理”，实际上也是一种参与管理制度。这种制度让管理人员和职工亲自参与生产或工作目标的制定，在工作中，让他们用这些目标实行自我“控制”，并努力完成目标。目标完成后，根据情况给予相应的奖励，以鼓励他们为完成更高的目标而努力。目标可分为集体目标和个人目标两类。目标管理制度本身在实施过程中又发展出许多种形式。相当一部分企业将目标管理制度与工薪制度联系起来。

7. 专业化生产的管理。在标准化、通用化和系列化的基础上进行专业化生产，通过合同制实行大、中、小企业之间的协作。专业化生产一般包括产品专业化、零部件专业化、工艺专业化和技术后方（设备维修和工具）专业化。目前在美国已很难找到一家什么零件都由自己制造的全能厂了。标准化、通用化、系列化的水平越高，专业化生产水平也越高。哪些零部件自制，哪些外购，要根据成本高低来决定。重要的零部件通过合同向协作厂定购，一般零部件多从市场上购买。美国专业化生产水平很高，所以零部件商品化程度也很高。大企业一般都有数千家甚至数万家中小企业为之制造各种零部件和提供工艺上的服务，小企业也要靠外厂提供毛坯等半成品。美国军工企业同样也是根据以上原则组织生产的。

8. 作业管理。工业工程、计划协调技术、运筹学和系统工程等先进管理技术的应用日益广泛。工业工程是对企业中人力、物力的使用及其成本进行分析的专门技术。计划协调技术是用以缩短施工时间和降低工程成本的一项专门技术。由于该技术行之有效，美国政府明文规定，凡由政府进行的工程一律要采用这种技术。运筹学和系统工程都是选择最佳决策并对大型研制项目和工程项目进行管理的专门技术，如对“阿波罗”宇宙航行计划的管理就应用了系统工程技术。当前，美国各大公司和一部分中型公司纷纷设立专门机构，研究和使用上述技术，在这些技术中一般都使用了电子计算机和高等数学知识。

五、美国企业的经营战略计划

美国企业的计划分近、中、远期三种。一般来说，越是规模大和技术演变快的企业，远期计划时间越长，据了解，有些企业的战略性计划已定到2025年前后。为使计划具有应变性，许多企业同时制定几套计划，以适应各种意外情况。制定计划的程序多为自上而下、自下而上，并注意上下的协调。

美国一些大公司制定长远的战略计划，除了年度计划之外，都有5年甚至10—20年计划。它们的5年计划，不是分段式地每5年编一次，而是连续性地编，每年都要编5年计划，执行一年再加一年，每个年度计划都直接成为5年计划的组成部分。这样，就不存在上一个5年计划与下一个5年计划的衔接问题。这种计划编制方法，有利于连贯地一步一步地实现公司的战略目标。

公司制定战略计划的主要内容，据孟山都化学工业公司介绍，包括以下三项：一是股东的目标，即股票持有者对公司经营管理成果的要求。二是社会责任目标，即经营业务要对社会法律和道德负责，如环境保护、职工安全、产品质量、能源节约、教育基金、社会救济等。三是劳资关系目标，即通过提高工资福利水平，改善劳资关系，鼓励员工积极参加企业管理。

战略计划建立在对国内外市场研究和科学预测的基础上，同时考虑新技术的发展和产品周期。战略计划的成功，关键在于对市场需要的了解，作出正确的决策。各大公司都认真研究每一种产品的使用寿命、市场饱和程度和消费者新的需要。比如，美国通用电气公司鉴于普通小型计算器在国内已经饱和，就大量缩减生产，而增加多种用途计算器的生产，保证了生产的发展和利润的增加。美国里维服装公司，为了使服装做到优美、合身、耐穿，压倒其他竞争者，他们在一年内访问了3000名顾客，征求对服装的意见，并通过国内800多名推销员和3.5万个零售中心，进行市场调查，按照顾客需要，不断改进设计，使该公司的销售额由战后的800万美元达到20亿美元以上。

现在美国公司战略计划的研究和预测，不仅研究经济领域，而且研究政治环境和社会环境的变化，以避免意料不到的非经济因素影响企业的利润。

六、每个公司都有研究发展中心

为了适应市场的需要，美国公司对新技术新产品的研究开发十分重视。我们所到的公司，都有研究发展中心，有先进的仪器设备和大批的专家。用于研究发展的费用，一般占总销售额的3%—5%，有的占6.4%。通用电气公司拥有的技术专利已达5万项。罗切斯特家用电器厂生产的家用电器，产品周期为3个月。他们有一套严格的新产品设计试制程序，首先研究技术的可行性和价格的适应性，并召集有技术人员、财务管理人员、市场推销人员和用户参加的会议，进行讨论。在这个基础上，再召集有关专业人员会议，着重研究本厂原有设备与生产新产品是否适应，还需增加什么设备，即生产的可行性、安全性和质量保证。通过上述两个程序，再审定设计图纸，并把图纸交给生产部门，由生产部门生产出样机，鉴定合格后，组织中间试验性生产，以考核新设备的运转情况、工艺过程是否合理。同时把新产品送到用户手中试用，并根据市场竞争情况标出价格，广泛听取用户反映，再经最后审核，才组织批量生产。他们通过这样严格、周密的程序，使新产品创制的成功率达到90%以上。他们从每100个新设计的产品中，只筛选出6个投入生产。由于他们有强大的技术后方，一种新产品刚试制，另一种新产品就开始设计了。

美国公司都把提高产品质量，作为研究发展的重要内容之一。除了研究改进产品质量的工艺技术外，有的公司还成立了由管理采购、制造、市场等的有关副总裁组成的高级质量管理委员会，每月开一次会，专门研究国内外市场对本公司产品质量的反映和要求以及采取的对策，及时作出决定。

七、舍得花钱培训企业职工

美国公司在培训人才上，比日本更舍得花本钱。在考察过程中，许多企业的领导人，一再向我们强调培养人才的重要性。门罗计算器公司的总裁说："我们公司最宝贵的是人，推销比制造重要，培训比推销更重要。"通用电气公司的副总裁说："我们的成功在于有高质量的职工。"美国钢铁公司的口号是："最好的人才，最好的培训，最好的待遇。"我们到过的各大公司，都设有比日本更加完善的培训中心，包括全套的录像、电视、电影、录音等电化教学设备。培训的形式有业余学习、脱产学习、现场学习和送大学培养。福特汽车公司采取业余培训方法，用3年半时间把普通工人培养为熟练的技术工人，其中1年时间上技术课，每天2个小时，要学完16个科目，两年半时间在工厂实习，担负一定任务。学完3个科目的，可以得到相当于90个小时工资的奖励，工厂实习达到1000小时的，可以提高工资。毕业后，考核合格，就是技术工人，并可再进修成为工长或工程师。福特公司现有经培训毕业的技工2.45万名，其中35%都升到管理职位，该公司一名退休的副总裁和训练部负责人，都是工人出身。这种训练制度，对福特公司的发展起了重要作用。洛克希德公司选择有培养前途的技术人员，送到大学攻读博士学位，工资照发，毕业后一般回本单位工作。通用电气公司总部设有规模宏大、教学设备先进的培训中心，每年拨款1500万美元，直接培训5000人，同时还组织到公司外培训5000人。化学银行1977年前通过对世界金融业发展趋势的预测，估计到未来银行业竞争会更加激烈、更加复杂，经营环境会发生较大波动，业务会出现不稳定性，因此，作出了加强人才资源开发的决定，设立了人力资源部，由一名高级副总裁直接领导，每年拨出培训费 2000 万美元（占净利润的 5%），并且制定了人才资源模型，积极造就能够对未来的挑战与发展机会作出灵敏反应，具有高度竞争力、创造力的人才，以保持其在国际金融界的领先地位。

美国公司在培养人才方面，与日本相比，有一个显著的特点，就是不仅重视培养本公司的职工，而且还为用户和协作厂培训人才，以便更有效地推销自己的产品。可口可乐公司有一个 1 万平方米的设施完善的培训中心，专门用以培训分布在 130 个国家的 700 个装瓶加工厂商的有关人员，还特地编制了一套装瓶厂管理、推销和技术方面的教材，完全免费。安德信会计公司的培训中心，建筑面积达 3.6 万平方米，有 600 个床位，50 个不同的教室，全套的电视、录像设备，还有电脑操作训练。他们既为本公司培训职员，也为用户培训管理人员，按每期 20 天计算，一年可以培训 4000 人。NCR 电子公司在自己的培训中心专辟出一部分设施，为购买该公司生产的大型电子计算机的用户免费培训操作人员。该公司负责人认为，不这样做用户购买贵重的大型电子计算机就有顾虑，或者买回去不会用，造成损坏，对用户不利，对推销产品也不利。

美国公司培训人才的另一个特点，是强调紧密联系实际，强调实用。经理人员培训不进行书面考试。他们认为，成人教育不同于大学本科教育。对大学生不搞点考试，就会放任自流。成人教育本身有明确的目的性，学习好坏要看以后工作的表现。他们通常采取的办法是学员回去工作 6 个月后，发个调查表，了解学员受训之后，工作上是否有创新或改进；受训获得的成果，自己的上级、下级和同事们是否接受；根据半年的工作经验，对过去所受的培训有什么意见和评价等。从事经理人员培训工作的教员多是有丰富实践经验的专家。

IBM公司培训中心的30名教师，有29名担任过经理，讲课不是纸上谈兵，而是理论联系实际，采取启发讨论式，大量使用案例和进行模拟教学，方法灵活，教学相长，互相学习。管理人员，特别是中高级管理人员，工作都很忙，因此培训时间都比较短，一般是每年一两个星期，多则两三个星期。有的是每月一星期，连续三五个月。高层经理更多的是利用研讨会的形式进行培训。培训中心负责人普遍认为，训练方法是否正确，训练内容是否有用，应当由学员来鉴定。因此，他们每天都要请学员填写教学评定表，由课程管理人员汇总学员意见，与教授和培训中心负责人商量改进教学。我们参观普强医药公司的培训中心时看到，他们为了帮助推销人员提高业务能力，专门把推销员向医生推销新药品时的谈话，用录像机录制下来，再放给推销人员看，研究他的表达方式、表达能力和表情，以求在推销产品时收到最好的效果。新建的杰弗瑞发电站，有两台70万千瓦的发电机组，全部自动化控制，为使工人熟练地掌握自动化控制系统，专门做了全套的实物模型，并用电子仪器控制24个常见的事故，帮助工人练习排除故障。他们介绍，工人要经过两年的训练，才能全面地熟练地掌握操作技术。

美国公司培养人才的第三个特点是，实行全员培训，重视在本公司内部培养从基层管理人员到总经理的各级接班人，而且是从下而上，逐级培养，逐级选拔。新雇员，无论学历高低，实际工作经验多少，都要一律先接受培训。当然，根据每个人的具体情况，在培训的内容和时间长短上有所区别。化学银行规定，学士学位的新雇员要脱产培训7个月，硕士要脱产培训20个星期，博士要脱产培训10个星期，以后还要在工作岗位上定期调换两三次，结合进行在职培训。晋升职务必须培训。依照职务高低，分层次地设计课程，进行培训。IBM公司规定，新任命的初级经理和中级经理，经所在部门定向培训后，不论在哪个国家或地区工作，必须分别在 30 天或 90 天内集中到纽约总公司训练 1 个星期，以后，每年还要接受部门内进行的 40 小时的培训，全员培训，定期参加。从几个大公司的情况看，所有经理人员每年都要分期分批接受一两个星期甚至更长时间的训练，可能是本部门的，也可能是总公司的或公司以外的。各公司都鼓励经理人员利用业余时间攻读大学硕士、博士课程。通用电气公司认为，管理能力的获得，20%是在课堂上，80%是在工作中。因此，80%的培训活动是结合工作进行的。

据柏克德工程公司介绍，他们在公司内选拔经理人才，有一套程序和方法。他们从 20000 名专业管理人员中，选拔 5000 人作为基层领导的候选人，经过训练，选出 3000 名基层领导人员，从中再选 1100 人参加“经理工作基础”训练，挑出 600 人担任专业经理职务，最后再从这些经理中选拔 300 人，经过训练，作为选拔高级经理的对象。他们坚持按“台阶”步步上升，而且在一个“台阶”上，要担任几种不同工作，以培养全面的领导能力。这种打好基础、循序渐进的培训选拔干部的方法，可以使选拔上来的干部能够胜任自己的工作，避免瞎指挥。

八、美国企业与工人的关系

在这方面，美国和日本有很大的不同。日本的企业管理，他们自称有“三大支柱”，即终身雇佣制、年功序列工资制和按企业组织工会。日本企业提倡“家族主义”，把劳资上下级关系比喻为家长和家庭成员的关系。由于实行这些办法，把职工的物质利益和企业的经济结果直接联系起来，使职工从物质利益上关心企业的发展和各项管理工作的改进。职工一旦受雇于某个企业，就很少跳厂，把自己的命运和企业的命运拴在一起，劳资双方形成所谓的“命运共同体”。而美国企业却提倡“能力主义”，实行能力工资制度和职务工资制度，工资多少与工龄没有直接关系。职工可以自由跳厂，按美国习惯，工人无论跳多少工厂，工龄都连续计算。当然，许多企业都采取高工资、高福利的办法，来吸引和稳定职工队伍，特别是技术骨干。尽管如此，有些企业的职工年流动率也达30%以上，甚至有些高级管理人员和技术专家也被其他企业挖走，福特汽车公司就有这种情况。

美国和日本在管理制度和劳资关系上的差异，除了反映各自的民族特点外，与两国工会的组织和作用不同关系极大。日本大都按企业组织工会，劳资双方易于达成协议，不易长期发生罢工等对抗性事件。一旦罢工，谈判复工也较容易。而美国各产业工会一般都在各工厂有自己的组织，一个企业的工人通常参加三五个甚至十几个不同的产业工会，这就使劳资之间的谈判复杂化。美国的工会有长期劳工运动的基础，组织比较健全，政治力量比较强大。劳资关系和工人工资福利，由工会出面与资方两三年谈判一次，用书面合同形式固定下来，每年再根据通货膨胀情况进行谈判调整。这样，资方就感到不必要也不愿意给工人额外的物质刺激，工人一般也不要求合同外的待遇。

日本一般企业都有工会，而在美国却有极少数企业没有工会，例如西屋电器公司的叶片工厂就没有工会，杜邦化工公司除建筑工人外，其他工人也没有参加工会，因为在美国企业中建立工会，要经过半数以上工人投票通过。一些工资福利特别高的企业，工人往往就不参加工会。正像通用电气公司负责人所说：“没有工会的企业，几乎是工人要什么给什么。”

虽然美日企业对工人上班时间、工作定额、操作程序、劳动纪律等方面的要求都是严格的，但是美国人说，像日本企业那样，不论什么车间都穿统一的工作服，现场气氛紧张，那种军事化的管理方法是不能接受的。在美国企业，我们看到，除恒温防尘等特殊车间外，一般工人都不穿工作服，每个工人可以按自己的兴趣安排自己的工作环境。他们认为，这样可以松弛工人神经，有助于提高劳动兴趣和效率。由于美国受封建主义影响很少，在上下级关系上，也不像日本那样，等级森严，下级对上级唯唯诺诺，毕恭毕敬。

九、美国企业的工资福利

美国企业中的行政管理人员，实行年薪制，工人则实行小时工资制和计件工资制。过去我们听说，自动化程度高的企业，无法实行计件工资。实际上美国的个人计件和小组计件还是很盛行的，罗切斯特家用电器厂自动化程度很高，就有70%的工人实行计件工资。

美国工人工资1977年全国平均每小时为6美元。政府规定的最低小时工资为2.94美元。在美国，中等家庭年收入为17500美元。年收入低于6000美元的4口人家庭，就算处于贫困线以下，可以享受政府救济。1977年这类家庭有530万个，占美国家庭总数的9.39%。

各类人员在工资收入上差别悬殊。普通工人年收入1万美元左右，大学教授年薪一般是3万—4万美元，政府部长年薪7万美元，而有的银行总裁年薪30万美元，外加活动费30万美元。

一般说，由于美国工资比日本高，物价比日本低，美国职工平均实际收入比日本要高。美国在业职工家庭生活比较富裕，收入较多，开销也大，还要交所得税。他们实行累进个人所得税，年收入3400美元以下者免征。征税的比例大致是，1万美元者征18%，2万美元者征28%，4万美元者征40%，10万美元者征60%，20万美元以上者征70%。一般家庭交税以后的主要开支情况如下：食品、饮料占

20%，住房占30%，空调和家具占15%，衣着占5%，交通占18%，医药占5%，娱乐费占4%。战后私人存款率平均约为6%，而日本却高达20%以上。美国工资水平比日本高，个人储蓄率比日本低得多，表明美国家庭生活开支很大。

美国的工人一般没有奖金。有些企业实行按工资的一定比例（如7%）储蓄，公司给一定比例（如3%）的储蓄补贴，这种存款有一部分要买本公司的股票，按股票领股息。只有领年薪的高级管理人员和技术人员才有奖金，1年1次，奖金多少取决于公司经营结果和本人贡献。通用电气公司对年收入3.5万美元以上的经理人员发给奖金，奖金额为工资的5%—100%。各公司奖励办法差异很大。

在福利方面，一般比较优厚，各公司的福利保险费用约占工资总额的25%—35%，主要项目有：退休金、医疗保险、人寿死亡保险、旅行意外保险、家属保险、失去工作能力补助、假期工资等等。福利保险金的一半由职工个人交付，另一半由企业交付。政府用征收的一部分所得税，发放失业救济金，具体条件由各州自定，失业工人平均每周领取的失业救济金，大体相当于正常工资的36%。政府还对贫困线以下的家庭给予补助。每个工人每年享受的基本福利金，从1960年的346美元增加到2115美元。美国公司一般不修建职工宿舍，由工人自己租房或购房，在借款或分期付款购房时，公司给予信用担保。在福利项目的规定上，各公司也各不相同。可口可乐公司的员工退休养老办法规定，一般65岁退休，退休金按工龄和最后几年工资水平确定，有40年工龄的，退休金可占工资的40%；工作20年，年满50岁，可以提前退休；在本公司工作过10年的职工，离开公司后，到退休时仍可以回本公司领取退休金。如果按一定比例少领退休金，退休职工去世后，其配偶可继续领取，直到配偶去世为止。

美国职工工资不低，福利不少，但是生活上普遍有不安定感。据一些美国朋友介绍，一般职员和工人有几怕：一怕失业，失业救济金只有工资的1/3，如果赡养几口之家，失业后收入大幅度降低，日子就很难过了。二怕生病，医药费用高得惊人，手被玻璃划破，上点药水，缠点纱布，要花50多美元；做1次人工流产、结扎手术，住院1天，要花1500美元；看一次感冒，也得100美元。三怕子女上大学，较好的大学，如哈佛大学，1年学费1万美元，州立大学也要2000美元，没有点积蓄是很难供子女念大学的，这也是许多大学生半工半读的原因。四怕年老，老年人多半老而无靠，靠退休金生活，日子过得很凄凉。此外，社会秩序不好，犯罪事件越来越多，也使人们感到人身不大安全，贵重财物不敢放在家里，住旅馆也要把钱存入保险柜，很有名的高级旅馆，小偷也照样光顾。所有这些，使普通美国人感到，虽然工资高，福利多，但开销大，物价又上涨，生活是很不安定的。

在生活不安定的美国社会里，一般职员和工人怕失业，又想谋取较高的职位和收入，再加上赊销成风，负有债务，所以职工都被拴住了，只能兢兢业业地、紧张而小心地工作，只要干得好，也有升迁的机会。在那里看不到“铁饭碗”养成的那种不负责任、拖拖拉拉、马马虎虎、敷衍了事的作风。

美国普遍实行信用卡制度。信用卡由职工工作单位所在地的银行经过调查后，根据职工的信用发放，职工私人存款的银行按存款数额也发放。信用卡的内容和使用范围多种多样，有的在指定的城市或商店中购买物品，有的专门用于购买机票、汽油、百货等，根据每个人收入的稳定性和信用情况，有的可以购买超过本人工资几倍的商品，在工资和存款中一次或多次扣除。信用卡和赊销，在一定程度上缓和了生产和销售的矛盾。

十、美国的老企业的技术改造

美国工业发展的历史久、基础大，两次世界大战的炮火都没有落到美国本土，企业没有遭到破坏。因此，除一些新兴工业部门外，其他工业部门都有一个老企业的技术改造问题，以适应生产和技术的发展。我们访问的工厂，绝大多数是老企业，有几十年甚至 100 多年的历史。它们进行技术改造的方式，大体上有三种：

一是把老设备联成生产线，增加少量关键性新设备，实行计算机自动控制，使生产效率和产品质量都得到大幅度提高。如西屋电器公司的汽轮叶片厂，厂房和设备同我国哈尔滨汽轮机厂不相上下，规模还小些，但是，它能造 130 万千瓦发电机，我们只能造 20 万千瓦的，它一年生产大型叶片 15 万只，我们全国只能生产几万只。它的效率高、质量好，主要是在关键部位进行了技术改造，比如，用电子计算机控制叶片的设计和检验，有 60 部机器由计算机操纵；实行精密铸造，切削量不超过 10%；采用高级的自动焊接技术等等。看来抓住工厂技术关键，用最新技术进行改造，这是实现老厂现代化的一个捷径。

二是在发挥老设备作用的同时，在某些重要的生产工序，采用新的设备，新设备与老设备并存，也达到很高的生产效果。戴顿市米德造纸公司就是这样，他们从联邦德国进口了 70 年代最新的切纸、整纸设备，从瑞士进口了自动控制设备，而该公司的打浆、烘干设备是四五十年代的，有些抄纸设备还是 20 年代的，经过改造，用得很好。这些新老设备配合使用，每天可生产高级纸 1000 吨。

三是把过于陈旧的厂房、设备淘汰掉，建设新的车间。孟山都化工公司的昆尼化工厂是 1901 年建厂的，当时只生产糖精，经过不断的改造，现在又发展到生产120种产品。目前，准备拆掉一个70多年前的装置改建新的车间。美国老企业的改造进行得比较顺利，取得的经济效益较好，一个重要原因是，企业有完全的自主权，有技术改造的足够资金，可以根据自己的具体情况，有计划、有步骤、有重点地安排革新改造项目。

十一、美国大中小型企业的专业化协作

美国资本主义商品经济的发展，已经达到很高的程度，商品关系深深地渗透到社会生活的各个领域，各种产品，包括劳动力，都已经商品化了。为卖而买这样一个资本运动的公式，在美国已经普遍化了，资本主义的雇佣关系和租赁关系非常发达。所有这些，都是和社会分工的日益发展相联系的。在分工越来越细、市场不断扩大的条件下，生产专业化和协作社会化的程度也越来越高。在今天的美国，任何一个产品都不是由几个企业，而是靠一批企业相互协作，才能生产出来。越是大的公司，需要协作的企业越多。因此，在美国存在大量的中小企业，绝不是偶然的，这是资本主义商品经济的一个必不可少的条件。

美国有企业1290多万个（包括工、农、商、服务、诊所、律师事务所等），其中股票上证券交易市场的大公司有4万多家，较大的公司只有1500家左右；小企业（美国小企业的标准是：制造业从业人员在250人以内者；批发商连续3年的年销售额不超过510万美元者；服务零售业年销售额不超过200万美元者；建筑业年毛收入不超过950万美元者）有1000万家左右，其中雇用一个人或几个人的，550万家。小企业占国内全部厂商的97%，产值占国民生产总值的30%，而1500家大公司的利润却占全部利润的90%，雇员占全部雇员的

50%。

美国在19世纪，只有30万家企业，其中绝大多数是小企业。近80年来，小企业数量急剧增长，每年新出现40万到50万家，在竞争中倒闭和被大公司收购的约25万家。每年增加小企业约20万家。

美国的上述情况表明，资本主义发展到今天，资本集中、大企业兼并小企业的过程，作为一种趋势，无疑还是存在的，然而在形式上却有了改变。大资本家在实践中逐渐认识到，与其在竞争中把小企业吃掉，还不如使小企业依附自己，提供成本更低、技术更精、质量更高的协作产品，更为有利。资产阶级政府作为资产阶级利益的总代表，也考虑到，过分的资本集中和垄断，会阻止竞争和妨碍新技术的发展，对资本主义经济的发展不利。因此一些主要资本主义国家，首先是美国，都颁布了保护自由竞争、反托拉斯法（所谓反托拉斯法，主要是指谢尔曼法案、克莱顿法案和联邦贸易委员会法案。这些法案规定，禁止两家或两家以上公司同谋控制贸易；禁止一家公司垄断或控制贸易；禁止几家公司合并以后成为一家垄断市场的公司；禁止使用不正当的竞争方法及商业上的欺骗行为；禁止使用骗人的广告。对违法者政府可以酌处罚金或判处经理人监禁，可以命令一个大垄断企业分为若干较小的公司等），反对一家或几家公司垄断生产和市场。美国政府鉴于IBM电子公司生产的大型电子计算机占美国国内市场的80%，曾起诉该公司违法。虽然一些大资本家也想方设法钻反托拉斯法的空子，但是这一法律的存在，毕竟为中小企业的发展创造了机会。

美国政府和银行很注意资助小企业的发展，以保持自由竞争和更多的就业机会，使之对资本主义市场制度和社会秩序起某种稳定作用。美国政府1953年决定在商务部成立小企业管理局，在全国各地设立100个办事处。它的任务有5条：一是直接向小企业提供中、长期贷款；二是帮助小企业改进经营管理，提高技术；三是为小企业争取政府订货；四是做小企业的代言人；五是研究小企业的发展，并为小企业提供经济情报。它还为小企业提供担保，使小企业从商业银行得到贷款。

随着生产专业化和协作的发展，美国小企业作为大公司的卫星企业的作用，越来越显著，各大公司需要中小企业提供的零部件越来越多。福特汽车公司在国内外的协作厂商有 4 万家，供应 2000 种汽车配件和工作机具，每年用于外购协作件的款项达 200 亿美元。资本在集中，而零配件的生产却越来越分散，这是社会分工发展的必然结果。

由于小企业有更大的灵活性，产品单一，技术专门，有一些绝招，便于在某一个产品上精益求精，能为大企业生产的高精尖产品提供优质的零部件。它们通过创制新产品，革新生产方法和提供新的服务，为自己的发展开辟道路。在美国科学技术发展成果中，一大半是中小企业创造出来的。丹佛市的丹克公司，只有 21 名职工，其中管理人员和技术人员 10 名，工人 11 名，专门生产家用负荷限电器，畅销国内外市场，年销售额 50 多万美元。丹佛市的另一个企业哈特威公司，有 100 多名职工，专门生产整流器，不仅供应国内，还占领相当一部分国际市场，年销售额为 1000 万美元。美国著名的垄断世界市场的牛仔裤和汉堡包公司，就是在专业化的基础上，由小到大发展起来的。

美国的大公司在生产上是专业化的，在经营上则是多样化的。他们除生产一种主产品外，还同时经营多种产品，这样就可以做到“东方不亮西方亮”，对市场变化的适应性强，保持利润的稳定增长。例如，美国钢铁公司除生产钢铁外，还经营化工、环保设备，以至经营饭店；孟山都化学工业公司，生产和经营从油漆、树脂化工原料、可塑性产品、耐火材料、橡胶化学产品到清除剂、食物附加剂、药剂、除草剂等 120 多种产品。越搞多种经营，需要的协作厂也越多。

大公司为了保证产品的高质量，对协作的中小企业，在技术上、成本上要求很严，有一套严格的科学技术标准，严密的审查程序，还有灵活的结算制度，并做到及时、安全运输。洛克希德飞机公司对 800 多家供应零部件的协作厂，都要派出技术专家，从产品设计、工艺到整个生产过程进行审查，看协作工厂是否具备生产合格产品的工作系统，并且要经过试生产和严格的产品性能试验，审查合格后才签订合同。福特汽车公司对协作厂有 5 条要求：(1) 产品符合质量标准；(2) 价格有竞争力；(3) 能按期交货；(4) 操作方法和设备能适应福特公司的近期要求；(5) 设计力量和创新能力能适应福特公司远期发展的需要。大公司对协作的中小企业，在经济上和技术上也给予一定的帮助。

福特汽车公司国际部负责人对我们说："中国许多省市，都搞自己的汽车厂，产量很低，质量很低，这是很不经济的。有关部门打算与我们合营年产 2.5 万辆卡车的工厂，生产从 16 吨到 32 吨的卡车，数量少，品种多，不会有竞争力。中国搞现代化，不能一个城市什么都搞，应该分工协作，比如上海造引擎，北京造车身，天津造零配件，然后装配，大量生产，才有竞争力。即便只为满足国内需要，也要考虑经济实用的原则。"这些话是很值得注意的。

十二、与企业密切相关的美国产业结构

随着美国经济的发展和生产领域劳动生产率的提高，美国的第一产业（农、林、牧、水产）、第二产业（制造业和采矿业）创造的国民生产总值占全国国民生产总值的比例，都呈下降的趋势，就业人口

的比例，也是逐步减少；而第三产业（运输、建筑、商业、金融、服务、旅游、公用事业等），由于为工业生产和为人民生活服务的行业越来越多，却是上升的趋势。

战后美国在第三产业中，会计、经营管理方面的咨询公司和旅游业有了迅速发展，出现了许多经营这方面业务的大公司。比如，普华永道会计公司，承担大公司、跨国公司和外国政府在会计、审计、税收和企业管理方面的咨询业务，并培训财会人员。这家公司在世界上有 300 多家办事处，1633 个合伙单位，有业务人员、合伙人 2 万多人，1978 年收入达六七亿美元，是世界上规模最大的会计公司。芝加哥的安德信会计公司，在 39 个国家内，设了 111 个办事处，有 1.6 万名职员，他们除了一般会计、管理咨询业务和培训人员等业务外，曾受新加坡政府的委托，帮助设计对跨国公司的税收和管理办法，改变了新加坡以前受骗吃亏的局面。美国的旅游业组织也很庞大，收入是很惊人的，一年有上千万旅游者，收入达 1000 亿美元，占国民生产总值的 6%。每年国际旅游收入比出口钢、纺织品和棉花的收入还多。在美国的 50 个州中，有 37 个州的旅游业已成为主要产业之一。夏威夷州每年旅游收入 20 多亿美元，成为州政府的首要收入。

美国一些公司通过培训把一部分工人提升为管理人员或技术人员，使他们进入小资产阶级的行列，如福特汽车公司建厂以来，已经把上万名技术工人提升为管理人员；同时有极少数工人职员购买了较多的股票，从无产阶级队伍中游离出去，加入了中产阶级的行列，并合伙开办各种各样的公司，这类的小企业，每年要新成立 40 万—50 万个。美国各种企业共有 1290 多万家，其中，个人独资经营、不售股票的企业约占 80%；两人以上合伙经营、不售股票的企业约占 8%，出售股票的企业约占 12%，其职工占全国雇用人员 9400 万人的 50%。美国 1500 家最大公司的销售额占所有出售股票公司总销售额的60%以上，其利润占全部企业利润的90%。在美国500家大工业公司中，100家最大的公司，就占了这500家公司总资产的65.4%，利润的71.9%，雇用人员的57.2%。美国1.6%的大工业公司，控制了整个制造业的75%。美国4.4%的人口，占有公司股票的60%，占有全部的外国债券，占有州和地方政府债券的77%、联邦政府债券的71%，占有全国个人现金的1/3，占有全国不动产的1/4，占有非公司企业资产的40%。在美国3000多万股票持有者中，极少数企业家、银行家掌握绝大多数的股票。

十三、美国银行对经济和企业产生巨大影响

我们在美国访问了大陆银行等5家银行，对美国银行的形式和在经济中的作用，作了一些了解。

美国银行可以分为国家银行和私人银行两大类。国家银行，即中央联邦储备银行及其所属的12个地区性银行；另外还有14500家私人商业银行。在私人银行中，有5500家参加了联邦储备系统。加入联邦储备系统的私人银行，称为国民银行。法律规定国民银行把它们存款的一定数额（一般为10%左右），作为储备金存入联邦储备银行而不付利息。国民银行有权经营国际信贷，非国民银行的私人银行，不能插手国际信贷业务。私人银行是否参加联邦储备系统，由它们自行决定。参加联邦储备系统的私人银行，在组织上也是独立的，有权随时退出。

在美国，银行独立于政府，私人银行不用说，即使联邦储备银行也是这样。联邦储备系统是按照国会章程建立的，并对国会负责。联邦储备银行的主席由总统聘请并任命，但它不是政府执行机构的组成部分，而是一个公共机构。

中央联邦储备银行虽然不是政府的一个部门，但是政府关于财务方面的许多事务，例如发行货币、发行公债、税收、投资、拨款等，都交由银行办理。联邦储备银行还代理国库，它是全国唯一的发行银行，并为联邦政府财政开支筹划资金。政府的财政部门主要是研究并制定政策，监督执行。联邦储备银行及其所属的地区性银行，是金融领域中最重要的机构和控制力量。它通过控制货币发行量和贷款额，调整利率，提高或降低证券贴现率，提高或降低会员银行的储备金，在证券市场购进或售出公债，对金融实行控制。现在，银行在美国经济中发挥着越来越大的作用，它是调整经济发展方向、促进生产、刺激消费的有力杠杆。大陆银行的负责人说，美国经济好比一架大机器，银行是润滑油。这种比喻是有道理的。

美国银行能贷出的款项，往往高于股金几十倍。大陆银行是美国第七大银行，1979 年 9 月 30 日的股金为 13 亿美元，而累计贷款却高达 342 亿美元。这些资金的来源是活期存款、定期存款和长期借款。此外，美国政府发行公债，都卖给银行，由银行再出售给个人，银行从中吃政府的回扣。这也是银行资金的来源之一。在美国，由于银行与公司之间的辗转借贷，1 亿美元的流动资金贷款，可以发挥 6 亿美元的作用。

过去银行与大工商企业之间的互相持有对方股票、互兼董事的那种控制关系，目前已有所改变。美国有关法令规定，银行不能长期大量持有某一个或几个企业的股票，不能向企业直接投资；对一个项目的贷款，不得超过银行股金的 1/10。所有这些规定，都是为了防止银行直接操纵企业。当然，这些规定并不能阻止银行资本与工业资本之间的互相渗透，互兼董事的情况还很普遍。

由于美国工商企业自有资金只占资金总额的 30%左右，所以在经营活动中离不开银行的大量贷款。银行向企业提供贷款的形式，包括直接贷款和银行承包企业债券的销售等。银行在贷款时，要对企业经营状况和市场情况进行调查，决定给哪些企业贷款以及贷款多少；同时，对企业使用贷款的情况加以监督。为此，有的大银行专门聘请了一些经济金融专家和技术专家，着重就资金的运用和分配进行研究，寻求在各个市场进行投资的最佳方案，对企业的经营活动进行指导。这样，银行就通过贷款，对经济发展的方向起了重要的指导作用，扶持和促进新兴的、有前途的产业部门和企业的发展。

由美国政府提供资金的进出口银行和国民银行，有一套支持出口的方案和做法。它们通过卖方信贷、买方信贷和银行间信用等形式，支持美国向国外投资、转让技术和出口商品。

此外，美国银行还对个人开办业务。通过活期和定期存款吸收个人手中的游资，并对个人发放贷款，主要用于购买住宅、汽车等高值耐用消费品，这对刺激消费和通过刺激消费而刺激生产起了很大作用。

上述美国银行在美国经济中所起的巨大能动作用，有值得我们借鉴之处。在高度商品化的社会经济中，银行是调节社会经济生活，组织生产、流通和分配的重要机构，是经济的神经中枢，它的作用随着生产社会化的提高而日益显著。

十四、美国政府在经济和企业发展中的作用

与西欧各国和日本相比，美国国有化企业的比重是较低的，仅邮政全部国营，电力和铁路国营占1/4左右，电讯、煤气、石油产品、煤、航空、汽车、钢铁、造船等全是私营。

政府在经济发展中究竟起什么作用，这个问题在美国也有不同的看法。美国商务部负责人强调政府要少干预经济，他说，政府的基本

出发点是，对经济干预越少越好，要创造和保障企业开展自由竞争的环境和条件，以保持经济发展的动力，一种以市场为基础的经济制度，比一种需要政府大力支援产业的方法，更能保持经济的健全有力。而马里兰州政府经济与社会发展部负责人则说，在30年代之前，政府很少干预经济事务，自从30年代初期的经济危机以来，政府为了解决失业和通货膨胀问题，使经济重新增长，对经济的干预越来越多，达到了能影响差不多每一项经济活动的地步。在学术界，有人反对政府干预，主张经济自由发展，有人强调政府应多干预经济，认为经济的发展好比行船，自由竞争是“风”，政府计划干预是“舵”。实际上，随着资本主义经济的发展，各种社会矛盾日益暴露和激化，在经济上出现了许多新的矛盾需要解决，美国政府从资产阶级的根本利益出发，还是对经济进行了多方面的指导和干预的。

美国政府提出，它们干预经济的目的，是为了实现充分就业，稳定物价，达到经济平衡增长。

美国政府干预经济的基本方式是经济立法。从立法的内容来看，大体可以分为三类：第一，调整和处理企业之间关系的法规，如保证竞争、反对垄断的谢尔曼反托拉斯法案、克莱顿法案和联邦贸易委员会法案；第二，调整和处理雇主与雇员之间关系的法规，如劳资关系法、最低工资法、限制雇用童工法等；第三，保障社会利益的法规，如环境保护法、消费者安全法等。联邦和州议会都有立法权，立法和执法总的说来也是严格的。美国的经济立法固然在一定程度上反映了群众的要求，但主要是反映资本家的意志。资本家通过他们在议会中的代表，对法律的制定和修改，施加巨大影响。

税收是政府干预经济的一个主要杠杆。美国是世界上税种最多的国家，可统计的就有80多种，其中有个人所得税、公司所得税、国内消费税、销售税、遗产税和赠与税等等。主要税法由国会制定修改，财政部颁布细则，税务署解释、执行。除联邦政府规定的税法外，各州和地方议会也可以规定自己的税种和征收办法。联邦政府的税收大约相当于州政府和地方政府税收的两倍，联邦政府每年要向州政府和地方政府提供财政援助。

联邦政府负责征收个人所得税、公司所得税、国内消费税、关税、遗产税、赠与税和社会保险税；州政府征收销售税和州政府单独规定的个人所得税、公司所得税、消费税、遗产税等；地方政府征收财产税和地方政府自己规定的销售税、个人所得税等。因此美国有3套税务官员，联邦政府有税务人员约8万人，州政府有4万人，地方政府有2万—3万人。

税收是美国政府财政收入的主要来源，占全部财政收入的90%左右。据1978年统计，三级政府税收总额为4677亿美元，占美国国民生产总值的23%。在全部税收中，个人所得税占48.5%，居第一位；公司所得税占14.8%，居第二位；财产税占14%，居第三位。联邦政府的社会福利费开支，主要用于失业救济、社会保险，如发放退休养老金，补助低收入家庭，救灾、粮食补贴，学龄儿童伙食补贴，医疗救济，房租补贴等。州和地方政府的财政支出，主要用于教育、修建公路和港口及公共福利设施。美国公立大中小学都由地方经营，中小学实行义务教育，州和地方政府每年在教育方面的支出，约占财政支出的38%；用于公路、港口等交通方面的支出，约占10%；公共福利方面的支出，约占12%以上。

政府还从政治、经济的需要出发，通过税率的变动，限制某种经济活动，或者鼓励某种经济活动。譬如，为了鼓励个人投资，对纳税人新投资的股息收入减税10%；为了节约能源，对购置节约能源的新设备，可以减免部分税收。

政府的巨额订货或采购，是美国政府影响经济的一个重要渠道，美国政府手中握有能够左右经济发展的巨大财力，1978年，差不多有1/3的国民生产总值掌握在各级政府手中，而1929年只掌握11%。政府订货和采购的主要产品是所谓“公共货物”，即军火、救济物资、公共事业设施等等。政府通过增加或减少向私营企业购买商品或服务，对经济活动施加重大影响。

政府每年从财政预算中，拨出一定的款项，用于公共事业和其他非营利性事业，如建筑公路、港口、码头、水库、运河、飞机场和某些大的电站，以及市政设施，为工农业和其他经济事业的发展创造条件。举办这些事业，往往不赚钱甚至赔钱，私人资本不愿意干，但这些事业又是资本主义经济发展所必需的，美国政府就把这些事业先办起来，有些建成后再卖给资本家经营。他们办这些事，为资本家在那些赚钱的产业上投资，创造了条件，有利于经济的发展。拿公路来说，三级政府投资修建的柏油路，在全国约有490万公里，其他公路100多万公里，还有6.8万公里的州际高速公路，形成了全国四通八达的公路网，这对美国经济的发展，起了巨大的促进作用。各州和地方政府，还竞相完善公路、铁路、航空、港口和其他公用设施，制定有利于私人企业的税法，来吸引投资，繁荣本地区的经济。

此外，联邦政府对那些具有战略意义，投资巨大而又不盈利的项目，下大力气加以发展。比如，50年代苏联卫星上天后，美国为了超过苏联，花了2000亿美元的投资，集中了40万人，使宇航工业很快地居于领先地位。由于宇航工业的发展，不仅解决了大批人的就业问题，而且带动了电子、遥控、燃料、新型材料等一大批新兴工业的发展。可见，美国政府一方面通过兴建各种公用设施，为资本主义经济的发展创造必要的条件；另一方面，又通过发展新技术和新兴工业部门，来引导和推动整个工业向更高的水平前进。

美国政府还通过价格，对农业、公用事业、能源等部门的发展进行干预。例如，对农产品实行保护价格，在农产品滞销时，政府以高于国际市场的价格收购农产品，并对休耕土地实行补贴，向农场主提供各种贷款，以促进农业的发展。对石油、铁路、公路、水运、航空、管道运输等，实行控制价格，规定价格幅度。其他产品，实行自由价格。这样，就在一定程度上稳定了国计民生。

政府还控制某些产品的进出口。对一些重大新技术专利和新设备（如大型电子计算机）的出口，要经过政府批准。为了鼓励商品出口和资本输出，政府在财政、技术和情报等方面，向私人资本提供多方面的支持。为了保护国内某些产业部门，规定某些产品如纺织品的进口限额。同时，在国内某些企业由于进口产品的竞争而发生困难时，则给予贷款。

美国政府对那些由于经营不善、竞争不力而发生亏损，甚至倒闭的企业，一般不给予财政援助。但是，对个别濒于破产和倒闭的大企业，政府还是给予支援，以避免大量工人失业，引起经济混乱和社会动荡。

例如美国国会 1979 年 12 月 21 日通过一个提案，决定对美国第三大汽车公司克莱斯勒汽车公司提供 15 亿美元的政府担保贷款，以防止该公司倒闭。这是美国历史上政府给私人企业数额最大的一次财政援助。

综上所述，美国政府对经济的干预，主要是通过法律手段、经济手段和各种经济杠杆来进行的。对于公司、企业的投资方向，产供销，生产规模，生产技术，科学研究，工资福利，利润分配，国内外的市场活动等等，政府一般不加干预，统统由公司、企业自主，只要不违法就行了。

美国政府不设庞大的经济管理部门，也没有专门的工业部。他们对经济的管理，是与高度发达的资本主义商品经济相适应的。我国在所有制的性质上与美国有本质的差别，但是在商品经济这一点上有共同性。因此，美国政府管理商品经济的一些做法和经验，是可供我们参考的。我们过去照搬苏联的一套，政府设立庞大的经济管理部门，应该由政府管的没有很好管，不应该管的，如企业具体的经济活动，却管得过多、过严、过细、过死，使企业无法按照商品经济的原则，开展经营活动和必要的竞争。实践证明，这是不利于社会主义经济发展的，是违反客观经济规律的。

十五、美国企业经营管理的发展趋势

据企业管理专家们预测：美国各大学和专门学校的企业管理教育必将继续蓬勃发展，既需要培养能管理全面工作的“通才”，也需要造就在某一方面具有特殊管理技术的“专才”。企业管理方面的知识和经验将变得更加可以传授。企业管理人员既需要社会科学方面的知识，也需要有物理、化学、数学和电子计算机等方面的基本知识，否则无法对现代化的大企业进行管理。

由于科技发展日新月异，职工的教育和训练将变得更加重要。

由于企业的大型化和技术的复杂化，需要让管理人员和职工更多地参与企业的管理。命令的下达将更富有解释性，各级管理人员必须更多地倾听职工们的意见。目标管理制度普遍推行。

情报管理的重要性将愈加突出。在现代化大企业中，管理人员必须及时了解本企业的各种情报资料和企业外的各种变化，这样才能及时采取相应的对策。电子计算机将在收集资料和决策方面发挥更大的作用。但电子计算机不是万能的，它只是管理人员的一个便利工具，而决不能代替管理人员。

系统管理理论和方法将会得到更多的应用。系统管理理论认为，应把一个企业看作一个由若干相互作用而又有所分工的因素组成的处于运动状态的系统。一个企业若想达到自己的目标，不能仅仅个别地考虑工程、制造、财务和销售等部门，而应该同时注意到各个部门相互之间的关系，注意到整个企业系统与其所处环境之间的关系。这种理论尚在完善过程当中，预计它将在企业管理方面发挥更大的作用。

十六、关于美国企业管理经验的思考

考察美国企业管理经验之后，我有以下几点感想。

1.美国公司的一切经营活动，都有严密的、科学的计划，而他们的计划又是建立在对市场需要的研究分析和预测的基础上的，并根据市场变动随时调整计划。这虽然不能从根本上改变资本主义社会生产的无政府状态，但在某种程度上减少了生产的盲目性。看来，“二战”后资本主义生产过剩危机形态的某些改变，除了与他们积极开辟国内外市场有关外，与他们提高市场预测的准确性，加强企业计划性也有一定关系。

资本主义企业依据市场来制定和调整计划，是为了使产品尽快地销售出去，取得最大的利润。我们社会主义生产的根本目的是为了直接满足人民群众的需要，生产更应该适应市场的变化。因此，他们制定计划的程序和方法，不仅我们的企业可以学习，而且我们在制定整个社会经济计划时也可以参考。社会主义经济是有计划的商品经济，计划性和商品性的统一，应该是社会主义经济的根本特征之一。我们的计划，应当反映一定时期内生产发展的需要和人民生活水平提高的需要，在商品经济的条件下，这两种需要都表现为市场需要。因此，我们在制定计划、执行计划和调整计划时，都必须考虑市场的因素，我们的计划应当是与市场有机结合的。所以我们不能离开市场需要去讲计划调节，也不能离开计划指导去讲市场调节，更不能把两者截然对立起来。只有这样，才能从根本上避免为计划而生产，为生产而生产，所造成的大量积压和严重浪费。

社会主义生产既然也是商品生产，价值规律就必然同样起调节作用。

因此，我们在经济工作中，应该充分利用价值规律的作用和各种价值杠杆，这是实现计划经济和市场调节有机结合的关键。

我们在经济体制改革中，应当特别注意解决价格问题。似可考虑除关系国计民生的主要产品由国家规定统一价格外，有些产品应实行浮动价格，更多的产品应允许企业根据实际成本和市场需要的变化，自由定价。这样才有利于企业之间开展必要的竞争，促进经营管理的改善，把企业搞活，把经济搞活。价格问题是关系国民经济各个方面的一个很复杂的问题，也是体制改革中需要解决的一个重要问题。价格不合理，体制改革的许多问题就无从谈起。

2. 扩大企业权限，必须紧紧围绕市场这个中心，使企业的一切经营活动都与市场需要有机地联系起来。只有这样，才能适应社会主义商品经济发展的要求，发挥价值规律的调节作用。我们目前下放给企业的一些权限，还远未达到这个要求。

第一，企业应当有权按照市场的需要和变化，来制定和调整自己的生产计划。第二，还应当扩大企业的产品销售权，除国家计划收购的产品外，其他产品包括生产资料都应当允许企业以多种形式自行推销，真正做到生产者和消费者见面，防止产销脱节。第三，企业对自销产品，应当有权根据市场情况，按照优质优价、薄利多销的原则，自行定价销售，以便鼓励企业生产更多、更好、更便宜的产品，来满足社会需要。第四，在财务上要给企业以更大的机动，使它们能够掌握足够的资金，包括利润留成和折旧基金，有计划地用于本企业的挖潜、革新、改造。如果不给企业这些基本权限，企业就很难发挥主动性和灵活性，也不可能围绕市场需要组织生产，更谈不上制定自己的发展战略计划。

要把各级政府管企业逐步改变为由专业公司和联合公司等经济组织来管。采取这些措施，各级政府的经济管理部门就可以大大精简。经济主管部门的主要精力，就可以放在经济立法，制定规划，研究政策，交流经验上来。由于各级政府摆脱了日常经济管理的烦琐事务，就可以把主要精力放在协调那些直接影响国计民生的各个产业部门的发展关系上，放在研究各经济区、各地方如何发挥自己的经济优势，逐步形成全国合理的经济结构上，放在城市建设、公共设施、科学、教育、文化和各种服务事业的发展上，为企业和公司开展正常的经济活动创造必要的条件。

3. 我们应加强国际市场调研，做到产品适销对路。我们在美国参观了一些百货公司，几乎看不到中国商品。纽约的一家大百货公司，从上海订制了室内穿的鸭绒套鞋几万双，每双售价 30 美元，到货后一售而光。这家公司的经理说，中国商品在美国市场上是有信誉的，问题是美国市场变化很快，中国对外国市场情况了解很少，所以商品往往不对路。鸭绒套鞋所以畅销，是因为适应了美国能源危机，家庭室内温度降低的情况。他们打算专门举办一个中国商品展览会，向消费者介绍中国商品。美国的大城市都有华人开的中国餐馆，他们反映，中国食品在国外是大有销路的，但质量差，包装不讲究，使销售受到很大影响。他们用的酱油、醋等调料，本来应从中国进口，由于有杂质、沉淀，政府不允许进口，只得从日本买。我们回国途经日本时，参观了东京贸易中心的世界商品展览，几层楼的商品展览厅都没有我们的商品展出。

这些情况使我们联想到，我们对国际市场的需求，既不大了解，又未下工夫研究，更缺乏资本家那种反应灵活的经营体制。同资本家打交道，就要学会资本家做生意的那一套。这个问题的道理大家都明白，但在实际工作中，我们并没有在国际市场的调查研究、广告宣传等方面下工夫。为了改变这种局面，我们应当深入研究和了解外国经济发展和市场需求的现状和趋势。外贸部门、工业部门和生产出口产品的企业，应经常派精干人员到国外调查市场情况，积极参加各种国际贸易展览会，加强广告工作，在这方面花点钱是值得的。

许多美国朋友还善意地批评我们进口成套设备肯花钱，进口技术却不愿花钱，更不重视利用外国的人才。买外国设备，也只愿买新的，不愿买那些稍旧但质量很好、国内又适用的便宜货。这些意见都很值得重视。

4. 要大力培训人才，网罗人才。美国、日本在培训人才方面，是很重视的。我们应该继续加强人才培训工作。要采取派出去、请进来的办法，加强国际交流，扩大管理干部的眼界，提高他们的水平。

我们所到的美国各公司，都有美籍外国技术专家工作，包括不少美籍华人。美国公司对这些人才不惜重金礼聘，委以重任。这些人对美国经济和技术的发展，起了重要作用。在交谈中，不少美籍华人迫切要求为我国四化多作贡献。我们感到，在引进外国资金、技术和设备的同时，还应当重视邀请一些有真才实学、又有爱国心的美籍华人，回国讲学和工作。对要求回国居住的，应当在政策上、生活待遇上妥善解决，使他们把头脑中的知识和“专利”，贡献给我国的建设事业。

美国有各种咨询公司，收罗大批专家，进行各种研究，提供咨询服务。从总统起到各大公司的董事长、总经理，都有各种专门的顾问班子，为他们研究问题，出谋划策。这样，他们在作出决定时，可以有各种选择，避免纰漏。我们的各级领导机关，是否可以考虑也成立各种顾问委员会，邀请经济、技术、管理方面的专家参加，给他们出题目，请他们做各种专题研究，提出各种方案，比较利弊，以供决策参考。这样做，领导机关的决策，就可以避免片面性和失误。

5. 应实行军民结合。美国一些大的电器公司和飞机公司，都同时制造军品和民品。从上到下，生产管理不分两套。军事订货多的时候，就多产军品；军事订货少的时候，就多产民品，这就使企业能充分发挥生产能力。我们参观的洛克希德飞机公司，同时生产民航客机、运输机、轰炸机、侦察机等多种类型的飞机，他们生产军品和民品在质量上都是同样严格要求，都是在同一条生产线上生产，只是军品增加某些特殊仪器、部件和性能。这样做的好处是，能经常保持大批量的生产，接受军民两方面消费者的检验和监督，有利于不断改进技术，提高产品质量，并且能获得很大的利润。

我国的军用工业和民用工业都自成体系，在管理上，原材料分配上，各搞一套。民用生产十分紧张，而许多军工企业只能小批量生产，优良设备和巨大生产能力长期不能充分发挥作用，技术和质量也难以改进，赔钱很多，浪费很大。我们也应该在管理体制上进行调整和改革，真正做到军民结合，平战结合。

获得成功的日本企业管理经验*

一、日本企业管理印象

有的专家认为，日本最近三四十年在世界上的崛起，明显的原因是，第一，日本人民具有很大的工作积极性，日本国土非常狭小，在客观条件方面受到极大的限制，在这种情况下，努力工作是生存下去所必需的。第二，他们有集体合作的民族传统，每个人为了对国家作出贡献努力工作。第三，他们掌握技术知识，他们了解不同国家技术上的细致区别并懂得如何发挥和引进技术，以及在社会组织与管理上如何根据自己的国情来组织经济活动。他们从西方国家引进了技术，同时又保留了自己的传统，重视人与人的关系。第四，他们的投资数量相当大。他们有足够的智慧与纪律来保证，不把现在生产出来的东西吃光用光，而把相当大的一部分国民收入用来再投资。近30年来投资量占国民生产总值的35%。但是，日本也有它的脆弱性，几乎没有什么原料，它像一个大工厂，从外面运进原料，加工后输出成

[1] 本文是袁宝华同志对上卷《日本工业企业管理考察报告》的总结和提炼，内容有重复，为尽量保持文章原貌和便于读者学习，故对文章无大的删减。

品。日本的出口过于集中，引起了一些国家的反对。日本未来面临的问题是，第一，要寻找新的原材料来源。第二，要开辟潜在的未来市场。第三，要不单纯依赖于国外的资源，而更多地开发本国的智力资源。不过，目前日本的教育水平，特别是技术教育水平很高，日本几乎有55%的男性公民都上过大学。

战后初期，日本企业管理很落后，当时在对待国外的管理经验上，日本有两种片面观点：一种主张全盘接受，认为凡是美欧的都是先进的，不加分析，不考虑国情，主张搬来就用；一种主张一概排斥，认为一切外国的东西都与日本传统习惯相矛盾，不能接受。但是，占主导的意见则主张把美国先进的企业管理与日本传统经验结合起来，对引进的东西认真消化，对本国的东西认真总结，使两者取长补短，形成具有日本特点的现代化企业管理。如何把国外经验和日本传统结合起来呢？据介绍，当时存在着三种可能：一是不分重点，把两者统一起来；二是以保持日本的传统经验为主，用引进的现代化经营方法来补充其不足；三是以引进的现代化经营方式为原则，结合日本国情和传统经验，逐步实现日本企业管理的现代化。日本基本上采取了第三种方式，建立起适合本国情况的企业管理制度。日本企业管理制度具有以下一些特点：

1. 强调以发展社会为目的，在劳资之间贯彻“忠诚”的原则。不仅宣扬个人，强调以个人需要、个人意向、个人目的作为动力，而且强调个人对社会承担义务，以完成社会的整体需要。日本人不主张自我表现、个人之间相互竞争、以自我为中心，而主张服从上级，服从领导。在日本，雇主挑选雇员时非常谨慎，一旦选中，就要承担一定的义务，例如要确保雇员的福利、职务，有了什么问题还需帮助解决，并且不能随便解雇。被雇用人员也负有一定的义务，不能随便去寻求新的机会。虽然这不是法定的，但却已成为通例。要求雇员尽自己的最大努力对公司表示忠诚，尽到义务，同样要对国家、公司、家庭履行自己的义务。日本的工资待遇主要不取决于个人的成就与能力，而是取决于个人的忠诚、资格和受教育的程度。受过同等教育及职务地位相同的人的工资水平都差不多，在头20年内基本上是大多数人一起得到提升。

2. 实行家族主义。这是日本民族传统和民族习惯在企业管理上的突出表现。他们把企业看作一个“家族”，经理就是家族的“长者”，企业的职工就是这个家族的“成员”。企业内部各级组织也就成为一个个的小“家族”，各级负责人都是“长者”，都有相当的权威，形成一级对一级的有效控制。“家族”主义的观念，牢固地树立在人们的头脑中，渗透在管理制度、管理办法、管理习惯当中。从这种观念出发建立起来的一套经营管理办法，使企业全体人员结成所谓“命运共同体”，使企业具有很强的竞争力。他们自称是企业管理三大支柱的“终身雇佣制”、“年功序列工资制”和按企业组织工会，都是从“家族主义”出发的。其实质，都是为了掩盖阶级矛盾，分割工人运动。

3. 从管理理论上来说，日本的企业管理注意吸收“技术组织学派”和“行为科学学派”的优点，并且同日本的民族传统和民族习惯结合起来应用，形成了一种具有日本民族特色的管理体系。“技术组织学派”强调在技术上、组织上、制度上下工夫，通过建立科学的组织和严格的规章制度来促进生产效率的提高。“行为科学学派”则强调人的能动作用，从社会学、社会心理学的角度研究管理，注意调动人的内在动力，来促进生产效率的提高。有些国家的管理学家把两种理论对立起来，或者只强调一面而忽视另一面。日本的企业管理则汇集各家之长，吸收两大学派的优点，既强调组织制度，又重视研究人的心理，发挥人的主动性，结合他们民族的特点形成了自己独特的管理方法。

4. 采取自下而上的决策方法。日本企业决策的标准是避免冲突，衡量一个决策的好坏是看它被人们接受的程度，而不是作的决定本身如何。从程序上说，是先作舆论准备，采用自下而上的方法，而不是自上而下的方法。一般来说，先是高层管理人员鼓励基层人员提出建议，然后组织有关小组和执行部门对这些建议进行讨论，并在各层领导之间互相通气。上层领导人主持会议宣布的决定，多是经协商达成一致的意见。而且宣布决定的人并不一定是作出决定的人，他只是宣布让大家共同执行的统一的信号。在美国，中层管理人员之间没有太多的礼仪，上层管理人员有很大的权威。在日本，年轻的、低层的人员对年长、资格老的人员是很尊敬的，但上层人物不先提出建议，而是让下层先提。美国人作出决策的过程虽然非常快，但在实行中会遇到问题，要花费时间再去说服动员那些从事执行这一决定的人，而有些人不同意你的计划，就会悄悄地抗拒贯彻执行。在日本，作出决策的过程是慢的，但执行起来却是快的，执行过程也不像美国那样逐级进行，而是平行展开。由于在执行决定时，有关人员都已经事先知晓，有了思想准备，所以日本人一旦作出决定，就能很快地实行。

5. 十分重视基础工作。对日本企业来说，整个生产过程，从产品设计到销售，都同等重要，他们不断地改进产品设计，提高工人熟练程度，而且上下各级都密切配合，最终目的是使产品完美无缺和每道工序不出次品。

他们的工厂整洁并井然有序。工作服是清洁的，机床是清洁的，机床周围的地面也是清洁的。废料和垃圾堆放的地方都严加管理，金属切屑有存放的箱子，废油有管子从工位通出去，备件和原材料有专门存储的地方，休息地方位于中间地带，有时还有花草装饰。此外，企业还训练工人去改正一天中常会产生的一些小问题，进行经常的预防性维修，调整设备，并且不断寻找消除隐患和提高效率的途径，其目的是避免在工作时间内出现设备故障。

他们的生产现场几乎完全没有在制品。供应单位保证生产中需要的原材料按很小的批量运到车间，常常是一天向工厂送货三四次。工厂里的在制品少，制成品则立即从车间现场取走，或是送到单独的仓库，或是直接送给顾客和销售商。少量的在制品在车间里也有专门的地方用箱子堆放着，上面还漆有颜色。因为几乎不会发生由于前面几道工序的供不上而造成停工待料的情况，所以，各工位上不需要保险储备。此外，由于废品率很低，所以不需把废品堆放起来。丰田估计，美国的汽车公司更换一次发动机罩和挡泥板这样的大冲压件的冲模，要花 6 个小时，瑞典的沃尔沃和法国的汽车公司要 4 个小时，而丰田却只要花 12 分钟。

不少像丰田这样高效率的工厂都能像丰田的“准时到达”制度那样，设备正常运转，每一零部件和原材料准时到达，在生产线上只能存放半小时，从而使在制品达到最低限度。我们到丰田去看了，整个工厂没有仓库，生产需要的东西，全部根据合同按钟点运到，运不到要罚款，经济核算是算到骨头里去了。

一个日本企业的高级领导人曾说，我们认为在制品是一切坏事的根源。要是没有了在制品，问题就会变得多么简单，既可以降低成本，也不需要管理在制品的经理调度员和复杂的在制品管理制度。日本企业对机器设备经常进行预检修，并不断进行擦洗、调整，大大延长了机器的使用寿命。日本的机床和美国同行业所使用的设备相比，看起来要新得多。一位美国企业家仔细研究了日本同行的情况，认为要是大家都用类似的设备，日本的设备却可耐用两到三倍时间。另一个人总结其差别为：日本人是“使用”机器，美国人则是“滥用”。

日本工厂有一套完善的设备监控制度和预先报警制度，有仪表检查着生产流程，出现故障时发出信号，度量着零件的尺寸和其他特性，在接近公差限度时能表示出来，对工具、模具也监督着使用状况，并指出什么时候需要调整或磨锋。这套监控制度和普遍使用的简易物料搬运设备，使日本工人能比美国工人操作更多设备，美国一些企业家在日本工厂的车间里参观时常为身处无人照管的机器丛中而吃惊，有时机器确是无人照料，日本人就是这样信任他们的设备能不出故障。

日本一个企业家说："你要提高生产和改进质量，必须首先使生产过程具有稳定性和连续性，如果老出问题，怎么还能稳定得了呢？我们的任务是，不让问题发展到生产现场，这样就能使工人专心致志地注意产品的质量和产量。"

二、日本企业的组织形式

日本企业的组织形式是多种多样的，大体上可分为三种类型：第一种是按产品划分事业部。以事业部为单位独立核算，经营管理的主要权力分别集中在各个事业部。第二种是全公司统一核算，经营管理的主要权力集中在公司，实行统一领导分级管理的体制。第三种是实行全公司统一核算、统一经营、统一管理的高度集中的体制。

采用哪种组织形式，主要取决于生产特点。电器工业企业，由于产品种类复杂，各种产品之间差别大，从家用电器到大型成套电站设备，都在一个公司里生产，所以采用事业部制。钢铁和汽车工业企业，最终产品是钢材和汽车，比较单纯，而且工艺过程有连贯性，所以不分事业部，实行统一核算、分级管理的体制。电力工业企业，产品单一，通过电网统一供电，采用统一核算、经营管理高度集中的体制。

1. 实行事业部体制的东芝公司。

东京芝浦电器公司有职工 6 万多人，资金 1000 多亿日元，资产 1.3 万亿日元，年销售额 1 万多亿日元，是生产成套电站设备、人造卫星电气装置、现代化电传装置、一般电子元件，以及家用电器的大型联合企业。

东芝公司分别按产品组织事业部，如电子计算机事业部、电视机事业部、电机事业部等等。一个事业部相当于一个分公司，自己组织生产和销售，实行独立核算，自负盈亏。事业部长一般由公司董事兼任，委以全权，相当于分公司的经理。东芝公司共有 20 个事业部，下边分管 25 个工场（有的事业部管一个工场，有的事业部管几个工场，也有的几个事业部分管一个工场的几个车间），工场下边又分若干制造部、课。公司为了便于对事业部进行领导，把 20 个事业部按产品的性质又划为三大部门（或称三条战线）：重电部门、轻电部门、产业用电子设备部门。这三条战线，由副经理或专务董事分管。

日本的事业部制是从美国引进的。过去，日本企业的规模比较小，产品种类也比较单一，经理可以照管整个企业。战后，随着经济的恢复和发展，日本企业日渐庞大，一个公司生产多种产品，有些甚至是互不相干的产品，经理无法照料，于是开始引进事业部制，把经理的职权分别委让给各个事业部长，经理抓全公司的大政方针，抓战略决策，把各事业部从生产到销售的全部经营责任放给事业部长。

实行事业部制有很多好处：第一，统一领导和分级管理相结合，能够更加机动灵活地经营企业，更好地适应生产高速发展的需要；第二，联合化和专业化相结合，一个公司可以经营种类很多的产品，形成大型联合企业，而每个事业部及其所属工场，又可以集中力量生产某几种或某一种产品，甚至只生产某些零件，实现高度的专业化；第三，独立核算，自负盈亏，能够看出哪种事业有利，哪种事业不利，便于调整生产方向，更好地适应社会生产和需求结构的变化；第四，责任分明，便于考核，能够更好地调动职工的积极性。当然，这种组织体制并不是在任何条件下都能适用，从日本推行事业部制的过程就可以看出，它适用于生产多种产品的大型联合企业。如果是品种不多，而且产品生产具有连贯性的企业，就没有必要实行事业部制。东芝公司从它的产品构成复杂、品种多样化的特点出发，认为实行事业部制更为有利，早在 1949 年就采用了这种体制。

东芝公司的经营管理分为三级：

公司。最高领导机构是董事会，在董事长主持下，有由经理、副经理、专务董事参加的经营战略会议，是公司的最高经营决策机构。在它之下，有由经理主持、副经理和常务董事参加的常务会，这是公司的最高经营执行部。在总公司一级，设有一套职能机构，包括总务、人事、经营情报、财务会计、营业、国际协作、生产、技术等部门。

事业部。公司的经营方针和战略决策，要由各个事业部独立地贯彻执行。事业部经营的好坏，事业部长要负总责。在事业部长主持下，有产销会议，研究从生产到销售过程中的重要问题，是事业部一级研究决定经营管理中重大问题的关键性会议，事业部的生产和销售计划，要在这个会上讨论决定。产销会议有事业部的各职能部长和工场长参加。在事业部一级，同样设有一套职能机构，包括总务、财会、业务、营业、技术、制造等部门。

工场。在日本，有的工场下面还有几个车间，类似我国的工厂；有的工场就一个车间。工场是直接组织和进行生产的关键环节，设有制造部。制造部下设各个制造课，从事产品的生产。工场一级，也有一套职能机构，包括总务、财会、生产管理、物资供应、质量保证、制造和基建等部门。

这三级有明确的职责和分工。日本企业的领导人认为，职责问题的中心，是经济责任，最终表现为利润的实现。事业部是经营的主体，是实现利润的关键，它的经营成果表现为三个主要指标：销售量、销售损益、制造损益。一个事业部，每种产品的销售量越多，实际售价越高，销售利润也就越多，这方面的成果，即销售损益，由事业部的营业部长对事业部长负责；生产量越多，实际成本越低，制造收益也就越多，这方面的成果，即制造损益，由工场长和负责这种产品生产的制造部长对事业部长负责。也就是说，在一个统一核算的事业部内，并不是吃“大锅饭”，每种产品的销售损益和制造损益是分别考核的，如果某种产品的销售量没有完成计划或者没有卖出好价钱，然而，由于制造成本降低很多，这种产品总的利润额可能完成了计划，但作为经营部长，并不算是完成了任务，仅仅是由于制造部、工场出色地完成了任务，才使事业部的这种产品免于亏损。这种功过，在东芝公司是分别考核的。

要承担责任，就必须有相应的权力。东芝公司对各级的职责和权限有明确的规定。财权集中在公司，如设备投资每年要订一次计划，由事业部提方案，最后决定权在公司，全公司的财务制度、计算标准等等，也由公司制定和掌握。但由于事业部是独立经营、独立核算的单位，所以它的经营管理权力比较大。在人事方面，事业部长有最终人事权，工场长只有第一次人事权，例如增加工资，工场长可以提出建议，但决定权在事业部长，公司则掌握统一标准，进行综合平衡；又如增加职工，计划要由事业部提出，公司在事业部提出计划的基础上，进行统一平衡．统一招募、统一分配。因此公司也设有人事部门做这方面的工作。在销售方面，事业部有权独立进行销售业务，有些跨几个事业部的大买卖，要由公司统一管理，所以公司也设有营业部门。

松下电器公司的生产特点和东芝类似，组织形式和职权划分也相近，都是事业部体制。但两者有一个重要区别，就是松下公司的事业（部）只管生产，不管销售。产品销售按产品种类、使用方式、销售方式的不同，设立三个独立核算的营业本部，负责建立全国和国际销售网点，统一组织产品销售。

2. 实行统一核算、分级管理体制的新日铁公司。

新日本钢铁公司有职工 7.6 万多人，资本金 3200 多亿日元，年销售额 2.3 万多亿日元，年产生铁 3300 多万吨，粗钢 3000 多万吨，钢材 2800 多万吨。全公司共有 10 个制铁所（即钢铁厂），每个制铁所又有若干个制造部，制造部下再分工场（相当于车间）。公司、制铁所、制造部、工场四级，主要权力集中在公司，制铁所也有一定的经营管理权，而制造部和工场则主要是组织生产。新日铁公司实际上是个小冶金部。我们去这个厂考察的时候，我国冶金部生产的钢铁还没有新日铁公司一家的多。那时，我国的年产量是 2000 多万吨，新日铁的年产量是 3000 多万吨。公司实行统一核算，全公司经营的好坏，经理要向董事会负全责。

主要经营管理权力集中在公司。生产和经营管理的大政方针由公司统一制定，供、产、销和人、财、物也由公司统管。例如，中期计划（3—5 年计划）、年度计划和季度计划由公司制定。订货由公司统一承接，根据各种产品的不同要求，由公司通盘考虑各制铁所的条件，选择最经济合理的方案，把不同品种的生产任务分配给各所。生产所需的原材料、燃料，由公司统一采购和供应。产品销售由公司统一组织经营。全公司课（相当于科）以上组织机构的设置、调整和变更，由公司决定；课以上人员的任免和工资待遇，由公司统一掌握；新入厂职工的工资水平，由公司统一规定。企业预算由公司决定，各制铁所每年提出设备投资和经营费用预算，由公司有关部门审定，分别经设备预算委员会和经营预算委员会讨论决定后执行。

上述经营管理的各项权力，由经理行使。经理行使这些权力，又是以集体讨论为基础的。公司最高领导层由 48 名董事组成，通过三种定期的会议（一月一次的董事会，全体董事参加，讨论根据法律决定的事项和其他有关业务执行方面的重要事项；一月两次的经营方针会议，董事长、经理、副经理和经理临时指定的人参加，讨论综合经营计划和有关经营的基本方针，如制铁所事业、新兴事业以及其他经营的基本方针；一周一次的常务会，董事长、经理、副经理、专务和常务董事参加，讨论重要业务执行方针和其他有关经营的重要事项)，对职责范围内的大事进行决策，并通过公司的职能部门（共分为计划管理、物资供应、产品销售、技术部门四大系统，设几十个部）协助经理贯彻执行。

制铁所。在生产上相对独立的一级组织，它的基本职责是完成各种产品的交货期、质量和成本指标。所长要对完成这三项指标负责，而且要搞好安全和卫生。所一级也有一定的经营管理权力。例如，参与公司计划的制定，并根据公司下达的年度、季度计划制定月度计划；对课以上的组织机构，人员和待遇有建议权，对课以下组织机构的设置、调整，对课以下人员的任免和工资待遇，以及对这些人员的培训，有决定权；有一定的机动财权，如所长掌握相当于设备投资预算 5%的预备金，在此额度内，所长有权批准购置单价在 1 亿日元以下的设备。

上述职权由所长行使。在制铁所一级也设有一套比较完整的职能机构，协助所长行使职权和推进工作。

新日铁公司各制铁所的所长，全部由副经理或董事担任，他们都是公司决策的参与者，这种组织体制，就使制铁所的领导和公司的决策机构紧密地结合在一起，从而保证了强有力的、高效率的领导。

制造部。直接组织和指挥生产的机构，它不设经营管理方面的职能部门，只设技术课，协助部长和副部长处理生产和技术方面的问题。如君津制铁所有炼铁、炼钢、型钢、热轧、冷轧、钢管、设备制造等 7 个制造部，其中的炼钢部设有制钢技术课，共有 16 人，分管计划、质量、技术开发、设备等方面的工作。

工场。生产第一线，只设工场长，通过作业长、工长组织生产，不设任何管理机构。

上述职权的划分、说明新日铁公司的经营管理权既是非常集中的，又是分级管理、上下结合的。经营管理的大权集中在公司，经营管理工作主要由公司和制铁所两级去做，制造部和工场，集中全力搞生产。在生产上，从经理、所长、制造部长、工场长、作业长、工长到操作人员，成为一个一贯到底的生产系统；在管理上，公司和制铁所的职能机构部从各自的专业出发，向生产系统提出建议，组织辅助部门，为第一线服务，保证生产顺利进行。

新日铁公司上下结合的领导体制，是有组织保证的。第一，所长参加公司最高领导决策；第二，每三个月轮流在一个制铁所开一次所长会议，经理和副经理也出席，讨论经营管理工作；第三，公司每月召集技术副所长开一次会，讨论技术工作和质量、成本方面的问题；第四，公司的各职能部门也经常召集各制铁所的对口业务部门开会研究工作、沟通情况、进行业务指导。

丰田汽车工业公司的组织体制和新日铁公司类似，它的不同点是产、销分立，汽车工业公司和销售公司并列。

3. 实行统一核算、统一经营体制的中部电力公司。

由于电力通过电网输送，发电和供电必须同时进行，在经营管理上也就必须高度集中。中部电力公司不但计划和预算由总公司控制，每天各电厂发多少电也是由总公司统一指挥的，各厂生产情况随时通过电子计算机传到总公司。这是在日本的企业中，最为集中统一的一种管理体制。

我们感到，日本企业的组织和经营管理体制有这样一些特点：

(1)日本企业根据生产特点和生产发展的实际需要，从有利生产、提高效率和便于管理出发，考虑组织形式和管理体制。

日本的大公司，一般是大型联合企业，生产特点各不相同，有些企业的各种产品之间是连续生产的，如钢铁工业等；有的企业各种产品是单独生产的，但在生产技术上有一定的联系，如电器工业等；也有的企业是许多工场生产各种零件，最后组装出统一的成品，如汽车工业等。生产特点不同，组织形式也就不同，不强调统一格式，不“一刀切”。例如，日本钢铁公司，由于主要产品既有钢铁，又有机械、造船，甚至还有化肥，产品差别很大，所以不像一般钢铁公司那样实行全公司统一核算，而是采用事业部制。但无论采用哪种组织形式，公司内部各生产单位的专业化程度都很高，整个企业都是由许多专业化的车间、工场联合组成的。这些联合企业都有自己形成和发展的过程，是在反复摸索、不断总结经验的基础上形成的。

(2) 日本企业各级的职责、权限和分工明确，实行各级首脑负责制。

概括地说，战略性的决策、全公司的经营方针、产销计划和总的预算，决定权都掌握在公司最高经营领导层。这个领导层，由领导能力很强的专家组成，一般具有丰富的技术、经济工作经验和行政领导能力。各企业的最高经营层，通过定期召开董事会、常务董事会、经营方针决策会实行集体讨论，作出决定由经理组织执行，执行结果由经理对董事会负责。这种高度集中的决策方式，表明公司的最高领导层不是事无巨细地乱抓工作，而是紧紧抓住生产经营中带全局性的大事。这一点很值得借鉴。

日本企业中，公司以下各级机构的部、课长以及工场长，也是一批精通技术和经济业务的专家，富有领导工作经验。他们的责任，是在自己管辖的范围内，贯彻执行公司的总方针。各级组织也都强调首脑负责制，上级的职能部门对下级对口的职能部门可以实行业务指导，有时也发布一些指示，但是决定权在经理、事业部长、制作所长、工场长、制造部长等各级首脑，他们对上级职能部门不符合实际的指示有权否定。

有的日本朋友曾直率地指出我国企业的职责和权限暧昧，弄不清谁是企业的经营者，党委书记、厂长、支部书记、车间主任到底听谁的，各自负什么责任，很不明确。认为这对加强经营管理非常有害。日本企业由于各级职责和权限明确，各级领导都可以在自己职权范围内放手地工作，该自己决定的事情自己必须拿出主意来，用不着到处请示，没有谁能代替他决断，也没有谁能代替他承担责任。这样才能有效地促使每个人努力掌握并力图胜任自己的工作，不断提高效率，否则在领导岗位上就坐不住了。

(3) 日本企业从上到下全力搞好生产经营。

首先，政府为企业创造很多条件，使企业能够把精力集中于生产经营工作。政府通过制定经济政策和法令引导经济的发展，同时利用税收、银行等经济手段促进经济的发展。在法律和政策法令允许的范围内，企业可以自行发展。政府在各种产业的具体建设和经营上不直接干预，而在公用事业的建设上比较下工夫。这种做法非常有效地支援了企业的生产经营工作。例如鹿岛工业基地的建设，县（相当于我们的省）政府出面搞规划、征购土地、组织搬迁，在建设过程中，负责统一组织道路、上下水道、公园、住宅、商店和各种生活福利设施的建设，既保证了各企业集中力量进行生产建设，又使生产和生活设施配套。

其次，企业各级管理机构为生产第一线服务，替基层生产单位做了大量的工作。日本企业的工场一级非常单纯，只是按规定的任务进行生产，工场集中力量抓好产品质量、成本、交货期、安全和卫生五件事，确保本企业产品有竞争力，所需人、财、物方面的一切条件，都由上级职能部门提供。日本企业在经营管理工作中，把制造、销售系统看作实战部队，把各级职能机构视为参谋部，参谋部必须为实战服务，这个思想是十分明确的。

再次，日本各企业在组织协作时，非常注意把主要产品和决定主要产品技术水平的关键部分抓住不放，其他部分如辅助生产、生活福利设施、环境整理等方面的工作，尽量外包，从而保证企业的精力集中于生产而且集中在生产的主要环节上，同时也促进了辅助生产和服务工作专业化。

三、日本企业的计划管理

日本各公司的生产，都是严格按照本企业计划进行的。他们的计划是科学的、严密的、符合实际的。

日本企业计划，是贯彻“经理方针”的重要手段。每年经理要根据经营情况，对重大问题作出决策，制定“经理方针”，规定全公司的奋斗目标。例如，1978年新日铁公司面对不景气的形势，提出的“经理方针”是：在开工率降到70%的条件下，做到企业经营有利，预定新建的工程还要照常进行。为了贯彻执行这个方针，制铁所长、制造部长、工场长、课长要逐级拟定自己的具体方针。同时还要制定全公司的计划，确保“经理方针”和公司目标的实现。

根据“经理方针”和公司的目标，要制定两种计划：中期计划，一般为3—5年；短期计划，包括年度、季度和月度计划。计划内容，各企业不尽相同，以新日铁公司为例，包括财务成本计划、设备计划、生产计划、销售计划、原材料和燃料计划、人员计划、研究开发计划、新办事业计划、协作单位计划，等等。

企业计划的中心指标是利润。按照日本企业领导人的说法，企业经营的基本方针是“取得合理的利润和满足顾客的需要”。具体到基层生产单位，就表现为：交货期（包括数量、品种）、质量、成本。这三项指标，是考核每个基层生产单位计划完成情况的主要指标，完成这些指标，企业才有竞争力，才能取得更多的利润。日本企业的计划管理，给我们的突出印象是：

第一，以销定产。

公司在制定计划时，首先掌握两个方面的资料，一是订货单，一是市场预测资料。根据这两方面的资料，确定各种产品的销售量，在此基础上，确定各种产品的生产量。

大型产品、专用设备、有特定要求的产品，以及固定协作的产品，通常采用按订货单组织生产的计划方法；没有订货单、直接在市场推销的产品，则采用市场预测的方法安排计划。因此，各公司既有庞大的推销机构，千方百计广开销路、又有现代化的商业情报中心，及时掌握市场情况。例如，新日铁公司除设有综合调查部、订货管理部、情报系统部之外，还设有 10 个负责销售业务的部（如销售管理部、薄板部、型钢部等），每个部的职责中都有开辟销路、调查市场情况的任务。在国内有 7 个营业所，主要任务也是推销产品和市场调查。在国外有 9 个事务所，负责了解世界市场情况和推销产品。除此之外，各企业还同商社保持密切联系。商社主要是商品产销中介，有的也承包工程和经营生产事业。各大商社都有世界性的、非常现代化的情报网，如三井物产商社，可以通过它的情报网，在 5 分钟之内把世界各地的商情集中起来。各公司和商社保持联系，对于正确制定产销计划十分重要。

公司的办公室很大，没有隔墙，两层楼一个大办公室，电子计算机把各地收集来的情报显示在一个大屏幕上，屏幕上的材料是不断变化的。屏幕上显示过的材料都储存在计算机里。需要什么材料，除了看屏幕之外，按电钮就可以知道世界各地什么时候、什么地方发生过什么情况。三井公司的情报系统是按美国公司的模式搞成的。我们去这家公司参观时，要他们报巴黎、伦敦、纽约市场上某种商品的价格，他们真是在 5 分钟之内就报出来了。资本主义企业是严格计划的。

日本企业计划期长短不同，计划方法和依据的资料也不同。一般地说，中期计划更多地依靠预测，短期计划则更多地依靠订货单。计划期越短，内容越具体。中期计划体现公司在一个时期总的经营方针和发展目标；年度计划要规定当年生产和销售的具体目标，包括存在的问题和拟采取的对策；季度计划要把年度计划具体化，根据市场情况和变化，对年度计划提出的任务做重新估价，进行必要的调整；月度计划则是基层生产单位的实施计划，即按最新商情和扩大了的订货单组织生产，确保既不短产拖期交货，也不盲目超产造成积压。

由于各企业都是以销定产，相互间又有密切的协作关系和合同关系，这就使各企业的供、产、销能够较好地结合起来，准时地相互提供各自需要的产品，组织均衡生产，而不致停工待料、产销脱节。

第二，综合平衡。

日本企业把产销计划和其他计划作为一个整体综合考虑。计划程序，是根据销售计划制定生产计划，根据生产计划确定零部件、原材料、燃料、动力的供应计划、资金计划、设备计划、劳动力增减计划，以及能力开发和新产品试制等计划，使各项计划相互衔接，不留缺口。这样，就用计划把整个企业各方面的工作严密地组织起来，而且把有关协作单位的配合关系，纳入统一计划。

计划管理是一项全面的、综合性的工作。日本企业的领导人认为，制定、执行和检查计划，是企业生产管理的根本问题。日本企业的计划，一般都是上下结合，反复商议，各个部门相互配合共同制定的。这在编制季度计划时表现得非常明显，以新日铁公司为例，他们的季度计划由公司制定，制铁所参加。公司的生产管理部门、销售管理部门、承接订货部门、原材料供应部门和财务部门要和制铁所一起搞好综合平衡，共同制定计划。大略的程序是：公司的生产管理部门根据年度计划的要求，为制铁所规定季度计划指标的基本要求，制铁所据此提出计划指标的具体方案，并和公司生产管理部门共同研究确定计划指标；与此同时，制铁所还要提出相应的设备计划，并和公司生产管理部门共同进行生产能力平衡。

公司的销售管理部门和承接订货部门，根据最新的市场预测资料和订货单，结合考虑生产的可能性，制定销售方针和销售计划草案。然后，生产管理部门根据销售计划草案和生产能力情况，进行产销平衡，提出生产计划草案。

公司的原材料供应部门根据原料、材料、燃料供应情况和生产计划草案，提出供应计划草案；财务部门根据生产和供应计划草案，提出资金和利润计划草案。

然后，公司召开有关部长参加的产销基本方针会议，对上述各有关部门提出的供、产、销和财务计划草案进行综合平衡，共同确定各项计划的基本方针，再分别由有关部门提出供、产、销和财务计划，交公司产销会议讨论，最后由公司常务会批准下达制铁所执行。

上述各项计划是同时交错进行的，而且是上下结合、反复平衡的。

实现上述计划，必须有各方面的配合与保证。因此，还要制定质量保证、能力开发、技术开发等一系列计划。这些计划，以生产计划为中心，进行综合平衡。

四、日本企业间的专业化协作

随着资本主义大生产的发展，日本企业之间的专业化协作关系越来越密切。我们考察的一些大企业，如新日铁公司、丰田汽车公司，都以公司生产为中心，与一大批中小企业紧密联系起来，互相协作，互相依存，共同发展，组成为一个错综复杂而又有条不紊的分工协作的生产体系。

新日铁公司，是专业化协作的一种类型，其特点是生产过程中最主要的工序，由公司自己按专业化原则组织生产，清洁、卫生、设备维修、修理工作以至一些辅助性生产，都外包出去，由协作厂承担。我们去看君津制铁所的铁水车（像鱼雷，两头是尖的）时发现，把铁水运到炼钢车间里去的工人穿的不是新日铁的工作服，而是东海运输会社的。怎么回事？陪同人员说："我们是包给他们的，把铁水运到炼钢车间这一段全归他们管。"到炼钢车间一看，装废钢的工段，挂的是另外一个会社的招牌，一问，原来也是包给他们的。据介绍，这家制铁所在原料作业方面，自己只管配料，而把原料运输、矿石处理、焦炭制造都外包出去；在高炉作业方面，自己只管高炉冶炼，而把高炉修理、铸铁机都外包出去；在转炉作业方面，自己只管转炉冶炼和连续铸锭，而把添加剂的加工处理、铁料的集中压块、脱硫处理、铸型修理都外包出去；在轧钢作业方面，自己只管冷轧、热轧，而把煤气、切头、产品捆运都外包出去；在钢管生产方面，自己只管成型、焊接，而把二次加工、非破坏性检查、管壁涂料都外包出去。同时原料和成品的厂内外运输，也都外包出去。

机械、电气、仪表、水道的维修，自己只管一小部分，大部分也外包出去。这样做，从君津制铁所来说，一方面可以集中力量抓好生产中最主要的环节，另一方面，协作也发挥了专业部门的优势，也可以提高效率，提高质量和降低成本。新日铁公司共有协作厂400多家，协作厂职工4万多人，相当于公司职工的60%。

丰田汽车工业公司，是专业化协作的另一种类型，其特点是零部件由协作厂分别生产后，到丰田公司的下属工厂进行总装，专业化分工更细，协作关系也更为复杂。据介绍，每辆小汽车约2万个零配件，1个月需15万种、20亿个零件。除引擎、车体等主要设备由丰田工厂自己生产外，有70%的零部件由协作厂生产（外协零部件产值约占公司产值的30%），按规定时间和要求送到丰田公司有关工厂装配。丰田公司共有协作厂1240家，其中有240家工厂主要担负生产汽车的各种零部件（除供应丰田公司外，也供应其他汽车公司）；有1000家工厂为丰田公司制作机械设备、卡夹具，负责厂内设施建设等。

丰田公司为了实现均衡生产，保证汽车按时装配出来，对协作厂零部件生产的品种、数量、质量、交货期，都有精确的计算、严格的要求。

他们和协作厂之间订立基本契约，1年修改1次；订货时有订货合同（又称个别契约），零部件以1个月为期订货。生产计划在上一月下旬就到达协作厂。订立契约后，丰田公司对协作厂要检查设计图，进行设计认定；要讨论费用，在一定成本内生产最理想的产品；要讨论用什么工序加工协作产品；还要进行协作厂工作能力和效率检查，看是否能达到要求。由于丰田主要协作厂大都在丰田市，所以普遍推行卡片生产制，按丰田提出的生产计划和卡片，每天分几次把零部件送到丰田工厂，卡片随零部件一起走，上面明确规定零部件名称、规格、数量、送货时间、送货地点，这样就保证了生产能按照作业计划，高效率地均衡地进行。

新日铁公司和丰田公司生产特点不同，但主力厂和协作厂之间的关系，有几个共同特点：

第一，主力厂和协作厂的关系，不是单纯的买卖关系，不是竞争关系，而是互助互利、相互依存的关系。协作厂同主力厂虽然订有严格的合同，但他们更强调信用和名誉，认为违反合同或供应不合格品，是工厂的耻辱，会败坏信誉，因此很少发生合同纠纷或中断合同的事。协作厂关系确定后，一般都长期固定下来，丰田公司有些协作厂已有40年历史，新日铁公司有的协作厂已有50多年历史。

第二，主力厂对协作厂的产品质量，主要不是靠进厂时的严格检验，而是把重点放在检查协作厂的工艺和制度，看能否在生产中保证质量。为了做到这一点，主力厂通过各种形式，在技术交流、经营管理上给协作厂以帮助。如新日铁公司有3000多人到有关协作厂工作，他们既是新日铁的社员，又担任协作厂的职务，起到帮助推广技术、加强管理、提高质量的作用；协作厂在新日铁公司的工厂里，有自己的厂房，挂自己的牌子，参加新日铁公司的生产管理活动。丰田汽车公司对协作厂，经常派去指导员，在管理方面具体指导。如丰田的协作厂之一东海理化电机制作所，主要制品是汽车用电器开关、安全皮带和其他汽车部件，产品53%供应丰田公司。1975年丰田公司派人到该厂帮助推行丰田生产方式，共同研究解决生产效率不高、在库品多等问题，实行了卡片生产制，只用3个月时间，安全皮带生产率提高一倍以上，库存由6天减到0.25天，1978年这个工厂还获得全国中小企业“戴明奖”。

第三，有严密、详细的合同，把主力厂和协作厂之间的义务和责任规定下来，互相严格遵守。以新日铁君津制铁所与协作厂签订的合同为例，在基本合同中规定了调整、改变合同的程序，防止公害问题，防止灾害问题，在作业上发生疑义的处理方法，保守专利秘密的义务问题，不合格作业的处理问题，双方在企业经营上重大事项的相互通知问题，产品的检查和验收，以及对造成损失的经济赔偿办法等等。在作业承包合同中则具体规定：(1) 作业名称；(2) 作业目的；(3) 作业内容（附作业方法的详细的规格标准书）；(4) 作业界限；(5) 作业场所；(6) 产品质量、规格、成品率；(7) 交货期和工作量；(8) 检验方法；(9) 承包费用；(10) 承包费的支付方法；(11) 合同有效时间；(12) 交货地点；(13) 对不合格品的处理方法；(14) 其他合同条件等。

第四，主力厂采用各种方法，把协作厂组织起来，参加公司的各种活动。如丰田公司设有质量管理奖，每年评选时，协作厂一起参加，经公司领导与协作厂负责人共同商谈，评出质量管理奖和降低成本奖，由公司统一颁发。丰田公司还把不同类型的协作厂组织起来，分别参加“精丰会”、“荣丰会”、“协丰会”，定期开会，协调行动，交流经验。这些活动，更使协作厂把自己的利益和主力厂紧紧联在一起，在某种程度上成了大公司的附属者。大公司用各种办法控制着中小企业，中小企业又不同程度地依附于大公司，依靠对方发展自己，成为组织社会化大生产的一条重要纽带。

五、日本企业的质量管理

第二次世界大战后，日本为了提高竞争能力，解决产品质量差的问题，于 1949 年由日本科学技术联盟开始进行质量管理基础课程教育，训练了一批骨干，并确定了日本工业标准（JIS）的标志。1950 年请美国学者戴明博士来日本进行有关质量管理统计学方法的讲学。1951 年设立了戴明奖（日本质量管理的最高奖），举行一年一度的质量管理大会。1960年确定每年11月开展质量月活动。1962年出版了以车间班组长为读者对象的刊物《现场与质量管理》，工人们在学习的基础上，自发地组织起质量管理小组，即QC小组（有的叫产品无缺点运动，有的叫小集体活动，名称不同，内容都是工人组织起来讨论和改进质量）。在日本科技联盟正式注册的工人质量管理小组已有十几万个，100多万职工参加，加上未注册和用其他名称开展质量管理活动的有1000万人以上。这在日本是一个大规模的群众性活动，对推进质量管理起了重大作用，也是日本引为自豪的质量管理的一大特色。这些活动他们一直坚持下来了，使日本质量管理水平不断提高，活动也越来越广泛深入。在日本企业从领导干部、技术人员、管理人员到工人，质量管理已经被普遍运用，以质量为中心，带动了企业各项管理工作。日本产品质量在世界上能有较高的声誉，达到今天这样的水平，正是他们长期努力坚持不懈的结果。

日本一些有代表性的企业，质量管理有以下几个特点：

1. 强调质量第一，从上到下重视质量，真正把质量问题作为企业命运攸关、生死存亡的大事来对待。日本的企业，到处都挂着“质量第一”、“质量是创造未来的关键”、“不断提高产品质量企业才有光明的未来”、“好质量、好思考”等标语。许多公司的“社训”，第一条就是生产用户满意的高质量产品。他们不是停留在口头上、标语上，而是踏踏实实去干。在50年代就致力于提高质量，增加出口。特别是1961年日本实行贸易自由化以后，国际国内竞争更加剧烈，产品质量不好，东西卖不出去，企业就要垮台。因此，企业领导更是挖空心思，全力以赴地抓质量，靠质量来发展企业，靠质量来取得竞争胜利，获得更多的利润。

在这一方面小松公司介绍的事例，给我们留下很深的印象。小松公司是以生产推土机、挖掘机、翻斗车等工程机械为主的大企业，50

年代小松推土机的产量占日本总产量的60%。1961年美国凯特皮勒公司（推土机产量占世界一半）决定与日本三菱搞合作公司，生产推土机。美国公司的技术和产量、质量都比小松强，美国柴油机大修期为5000小时，小松为3000小时。因此人们预料，小松在竞争中不是垮台，就是降为三流企业。在这种情况下，为了赶超美国王牌公司，小松公司总经理河合良一决心从国外引进先进的质量管理方法，请石川馨教授做指导，动员全公司从总经理、部课长到工人一起干，靠提高质量打败对方。他们先后制定了两个作战计划，A作战计划以提高推土机质量为中心，这项工作优先于全公司所有其他工作。为了设计出最新型的先进产品，他们舍得花本钱，用各种不同零部件、不同工艺制造了3种类型推土机共96台，在摄氏70度和零下50度条件下进行各种试验，找出最优的数据，然后再重新设计。经过3年努力，终于使柴油机大修期超过5000小时（现在已超过10000小时），并采取措施，降低成本。接着又进行B作战计划以扩大国际市场为目标，把出口量由10%—20%提高到50%，其中30%向美国出口，取得国际竞争的胜利。据河合良一讲，如果当时不引进先进的质量管理方法，不下决心改进质量，小松公司今天可能已不存在了。改进质量的结果，还使公司增加收入上千亿日元。小松公司瞄准对手，采取科学的管理方法，在质量上下苦工夫攻关，奋斗3年，推土机质量超过美国王牌公司。对此，他们十分自豪，在东京小松制造所的大楼上放了一个很大的推土机招牌。小松公司在最倒霉的时候，周恩来总理帮了它一把，订了它一批货，所以，他们一直感谢中国。我们1978年去考察以后，1979年他们专门派人来帮助我们搞全面质量管理。石川馨1978年就到我们这里来过，跟我谈了1个多小时，对质量管理讲了16条意见。他说只要加强质量管理，中国的机械企业效益可以成倍提高。

2. 强调预防第一，把不合格产品消除在生产过程中。日本企业界有句名言："好产品是生产出来的，不是靠最后检查出来的。"他们强调在生产过程的一切环节加强质量管理，消除产生不合格品的各种隐患。在管理上着重采取"防患于未然"的质量管理制度，规定在产品研究设计过程中，就要考虑如何保证质量，质量管理人员要参与设计质量的审查工作；对外购原材料和零配件的质量管理，重点不是进厂时的严格检验，而是检查供货单位的质量管理系统和工作情况；生产过程中的质量管理，重点不是挑出不合格品，而是要保证形成一个能够稳定生产合格品的生产系统。当然最后进行严格的产品检验把关也是必要的，但他们认为只依靠这个是消极的。

为了在生产过程中保证质量，他们采取了一系列措施：

（1）有一套严密的质量保证体系。公司设有质量保证部，负责有关质量管理的规划、贯彻和检查，是全公司质量活动的中心。工厂有质量管理课，负责生产中的质量和出售产品的质量管理，指导工人质量管理小组开展活动。质量部、课一般由常务董事分工管理，直接对总经理、厂长负责。

（2）有一套科学的管理办法。运用统计学方法进行质量管理，对产品出现缺陷，不是凭大概的经验和印象，而是用数据说话。通过统计，找出产品不良的最主要问题，然后从设备、材料、工艺和工人操作几个方面，发动每个工人找原因，讨论和制定对策，在实施中再对产品质量进行抽查统计，用质量数据图表示，出现问题随时解决。日本许多企业还采取"PDCA"工作方法，叫作"戴明环"。就是把管理工作分作四个阶段，第一阶段（P）是计划，根据对市场和消费者需要的调查，从总经理、厂长到部、课长层层提出工作方针和要达到的目标，使全体职工都明确；第二阶段（D）是实施，按照方针、目标实地去干；第三阶段（C）是检查，哪些对了，哪些错了，把握效果，找出问题；第四阶段（A）是总结，成功的使之标准化，坚持下去，不足的和失败的制定措施加以解决，防止再度发生。根据存在的问题，再提出下一段的方针、计划，如此不断循环，工作质量一步比一步提高。日本企业把这种工作方法系统化、图表化，使干部和工人能普遍掌握，每个循环都有时间要求，实施中有严密组织和检查，实施结果有认真总结。小松公司在北京内燃机总厂帮助试点，使曲轴废品率在短期内大大降低，证明这种方法在我国也是可行的。

（3）有严格的产品检验制度和先进的测试手段。例如，生产控制设备的日立公司大瓮工厂，为了使产品准确可靠，除强调工人精心操作外，在质量上要经过 7 道检查，即协作厂质量水平的检查，购入零配件的检查，部品制作的中间检查，装配检查，完成检查，包装前发送检查，用户使用情况检查。在检查中有整套的测试手段，如自动冷热冲击试验设备，半导体元件高温试验设备，全天候模拟试验设备等。松下电器公司茨木工厂生产的彩色电视机，在新产品试制中，要逐台进行环境试验，5000 小时的使用寿命试验，升高电压 10%试验，高温摄氏 150 度、低温摄氏零下 150 度试验，高低频率振动试验等。正式生产后，在每 500 到 1000 台中，还要再抽样进行类似检验。对不合格品要解体检查，找出原因，提出对策。电视机的包装设计，要模拟各种恶劣运输条件，进行喷水、滚动颠簸及各种撞击、跌落试验，以检查包装质量。并规定包装的设计不过关，新产品不能投产。这些严格的制度和完善设施，对保证产品质量起了重大作用。我国产品生产过程的检查和最后检验都不合格，测试手段也不完备，包装粗糙、马虎，在健全管理制度的同时，也要舍得花点钱逐步完善检验和包装手段。

（4）对生产过程中出现的质量问题，不是掩盖矛盾，而是让它暴露出来，加以解决。最典型的是丰田生产方式，强调按计划均衡生产，零配件要全部合格，供应“恰好及时”，下一道工序按计划进度到上一道工序取零件，没有多余的零件储备，没有库存；如果生产中出现质量问题，每个工人有权按自己面前的电钮，使整个生产自动线停下来，使矛盾表面化，以便迅速解决。另一方面，他们又教育管理人员千方百计防止由于质量不好出现停止自动线的情况，这就逼着人们不断改进质量管理。

此外，他们还有公司、工厂最高领导人亲自对产品质量进行诊断（检查）的制度。总经理每年要深入到所属工厂、营业所诊断一次，厂长每年到车间诊断两次，系统检查质量管理情况，发现问题，一起研究对策。

3. 重视新产品的研究开发。高质量还意味着不断创制新品种。日本企业把不断更新产品、增加新的品种、满足用户多方面的需要，作为提高质量的一个重要方面，下大力气抓新产品研究开发。我们所到的大企业，都设有强有力的研究开发部门，人才集中，设备齐全。他们广泛收集技术情报，研究市场和消费者的要求，进行各种科学试验，设计、试验新产品，所以产品品种多、变化也快。丰田公司仅小汽车就有八种型号，而每种型号又有不同车体、内燃机、变速器、内部装备、轮胎、颜色，他们讲可以生产的品种达 4 万种之多（经常生产的只有几百种）。据介绍，丰田小汽车每两年要改一次型，两年中还有一次局部改型，每个新车种要提前两年做出设计。有些品种还在畅销的时候，就又开始研究更新的产品，目前丰田已在研究 2000 年的“幻想牌”汽车，并做出了模型。第二精工舍手表厂是生产中高级手表的工厂，160 年以来，从带日历自动上弦表、薄型手表、装饰手表、摆轮电池表、日历电池表，一直发展到今天的晶体表、超小型表、液晶显示全电子表，共计 20 多个新品种，每种又有许多不同样式，品种和质量都达到世界先进水平。至于电视机、电冰箱等品种，更是日新月异。现在已研究成微型电视、投影电视、遥控电视、多像电视、储存节目电视等新产品。我们参观日本最大的三越百货商店，商品品种达 50 万种，而我国在香港的百货商店不到 3 万种，国内王府井百货商店只有 2.3 万种。

为了保证新产品的质量，日本企业对开发新产品的工作制度是十分严格的，要经过反复试验，多次评价。例如，小松公司开发一项新的机械产品，从设计到大量生产就要经过四次评价。征求用户意见，收集国际国内市场同类产品情报，做出新产品设计，由公司召集有关部门审查，作第一次评价；试制完成后，进行产品性能试验，考核是否符合质量指标，作第二次评价；由试验部门进行长时间耐久试验，试验后全部解体检查，作第三次评价；组织少量生产，交用户使用，听取用户意见，作第四次评价。以上四次评价都通过，才能投入大量生产。有一道通不过，都要重新做试验。

保证新产品质量的另一个特点，是他们十分重视设计与制造相结合。

拿丰田公司来说，他们有主任设计员一贯负责制，每一种新车型的主任设计员，从估计市场动向，规划新型车辆，研究试制到投产、销售、售后服务，对技术方面问题负责到底。同时还规定了“驻厂员”制度，在新车种设计研究阶段，公司质量保证部和检查部派常驻员到设计部驻 1 年，反映市场和生产上的问题，提供过去不良产品的有关资料，并带回生产新产品的有关技术；当新产品试制时，设计人员又驻到厂里，进一步贯彻设计意图，及时解决设计中预想不到的问题。他们坚持不懈，严格执行，对防止设计与制造脱节、提高新产品质量，效果很显著。

日本企业开发新产品的科研、试制费用，一般约占销售额的 1%。这笔庞大的费用，都分摊到正在生产的产品中，在试销时企业尽量少收利润，国家也免税或减税，所以，有些新产品能做到价格不变或更低。有些高档的新产品（如电视投影机）价格较高，就采取先在美国销售，大量生产、降低成本后再在本国出售。而我们把所有试制费甚至其他费用，都加在新产品成本里面，税收、利润照旧，所以价格高，工厂亏本，用户也买不起。日本新产品的试制和定价办法，很值得参考。

4. 实行综合的质量管理，也就是全体人员参加的包括生产、销售全过程的质量管理。日本企业的质量管理，已不限于生产中的产品质量，而发展到包括研究设计质量、制造质量、销售质量和售后服务质量，从原材料、零配件质量到成本、安全、环境保护的质量，从主力厂产品质量到协作厂产品的质量。他们认为哪一个方面疏忽，不讲质量，都会影响全局，影响整个产品质量和公司信誉。

日本的企业强调人的因素，强调发挥工人的自主性、积极性。他们认为，只靠少数经营者、管理者，管不好企业，搞不好质量，只有促使工人关心质量，参加管理，产品质量才有保证。为此，他们采取各种办法，把工人利益和企业利益结合起来，把工人命运和企业命运拴在一起，使工人拼命干。我们所到的企业，都有工人组织的质量管理小组（QC 小组），或其他各种名称的小集体活动。这些小组不是靠命令组成，不是流于形式，而是强调自己组织，互相启发，讨论问题，研究攻关，发表成果。小组不仅管质量，也管成本、管安全、管原材料消耗，经常开展活动，有的颇有成效。小松大阪工厂的竹笋小组（全组 12 人，平均工龄 12 年）工人组长伊藤，为我们介绍了如何使全组工人提高水平，轮流当带头人的经验；丰田精机公司刈谷工厂田中小组（全组 26 人，一半是女工）介绍了如何把组内女工动员起来，研究改进刹车不灵的经验。他们讲的内容很生动，有图表、有事实、有效果，听了很受启发。

由于组织QC小组，发挥集体智慧，工人合理化建议越来越多。据丰田统计，全公司4.5万人，有4000个QC小组，1977年提了4万条合理化建议，共发建议奖金4.2亿日元（未采用提案也给少量奖励）。新日铁公司实行全员质量管理，在所属9个制铁所6.3万人中，参加“自主管理”的工人占94%，1977年实现合理化建议8400多件，新日铁八幡制铁所，每年要召开4次全所性合理化建议发表大会，工厂、车间每月召开1次，并分别给予奖励。小松公司还给每个工人印发QC手册，包括质量管理基本知识，简单的质量统计方法，各种质量图表运用方法和安全要求等，携带方便，简明易记。

5. 坚持不懈地开展“质量月”活动，进行全国性的质量评选和交流。我们在日本正赶上11月的全国第19次质量月大会，我们参加了全国QC小组经验交流会、企业领导人经验交流会和戴明奖授奖仪式。在全国各地一些企业，也到处看到质量月的旗帜、标语、宣传画，开展各种质量活动，深感他们的质量月活动广泛而深入，其中有几点印象较深：

一是日本的质量月活动，不是一个月的活动，也不是全年来一次孤立的、突出的质量评选活动，而是从年初开始，就扎扎实实抓质量管理工作，在这个基础上，通过自上而下地逐级发表成果，交流经验，进行选拔，到质量月形成全国质量活动的总检阅，达到质量活动的高潮。在日本，质量月活动是在政府的支持下，由民间团体全国科技联盟和规格协会共同组织，吸收消费者、经济界、学术界、政府有关部门组成筹备委员会，从每年1月份开始，就研究确定当年质量月活动的重要内容、标语、发行材料，进行宣传；针对公司董事、厂长、部课长、班组长、QC小组组长等不同人员，设立不同的课程，进行短期的质量管理训练教育；负责在分区选拔的基础上，确定在全国大会上发表讲演的单位，审定、颁发一年一度的戴明奖。这项工作从1月一直搞到11月。从工厂来看，也是全年活动，到11月达到高潮。比如第二精工舍手表厂，是每年12月提出下一年的质量管理方针和计划，从1月开始就具体组织实施，5月到6月进行质量管理中间检查，9月到10月进行总检查，征求质量月的标语、论文，进行发表，在质量大会上表彰优秀小组和作者，11月（质量月）以各部、工厂为单位进行总结，召开全公司质量管理大会，汇报检查结果，并提出第二年的质量管理方针，使工厂每年都有提高质量的新目标。

二是日本的质量月活动，不是靠行政命令，不是少数人的活动，而是有10多万个质量管理小组，几百万名工人广泛参加的群众性活动。他们不是为选拔而选拔，而是使每个小组的成果都有发表的机会，相互学习，交流经验。据日本科技联盟介绍，为了进行全国选拔，在日本按地区分为8个分会，下面再分30个地区（县），每年二三月份，参加选拔的QC小组，由工厂向分会统一报名，每个小组限定发表一项成果，经本厂、地区和分会逐级发表、讨论、选拔。到分会选拔时，一般是1万个小组中选拔1个。选拔标准不只是看经济效果大小，而且着重看小组如何发动每个人动脑筋、想办法，其经验是否有普遍意义。1978年质量月，日本共选拔了14个小组参加全国发表会，每个小组发言半小时，把活动过程、经验绘成漫画、图表，用幻灯机边放边讲，图文并茂，内容生动，讲完后听众可以当场提问，由小组成员当场答复。与此同时，还有企业最高干部质量管理大会，部课长质量管理大会，工长、班长质量管理大会，以及质量管理著作要点发表会等。每年质量月发表和讨论的议题各有侧重，比如1962年的题目是“购买高质量的商品，生产高质量的产品”，1967年的题目是“要在世界市场上获得发展需从质量入手”，1970年讨论题目是“消费者的笑脸来源于质量管理”，1973年发生石油危机，1974年质量月讨论的题目是“在节省资源、节省能源时代质量管理的任务”，随着国际竞争加剧，1978 年讨论的问题是“国际间协作与日本的质量管理”。这样，紧密联系每个时期的实际，从全国、地区到工厂都同时举行各种演讲会、讨论会，形成一个全国性的质量经验交流和总结活动高潮。

三是对质量优秀者给予奖励。全日本由 10 名学者组成审查委员会，对优秀质量管理著作给予戴明奖，对质量管理最好的企业给予戴明实施奖。参加全国发表的 QC 小组，有 3 个金奖，其余银奖。除奖状外，还有金牌、银牌，得奖小组每个成员都有。得金奖小组要向全国企业作报告。同时，地区、公司和工厂，也各自颁发金奖、银奖和铜奖，最优秀小组可以派到国外旅行。到 1977 年，日本得戴明奖的累计共有 41 人,66 个公司(中小公司 16 个),3 个事业部和 7 个事业所。对受奖 5 年还继续积极提高质量的，另发质量管理奖。

负责组织以上活动的民间团体日本科技联盟和规格协会，都是独立核算，自负盈亏，政府不给拨款。他们组织如此庞大的活动，其开支主要靠出版质量管理的杂志、刊物，组织演讲会和教育训练收费，企业（会员）赞助费只占总收入的 3%。日本科技联盟重点负责厂长、部课长教育训练，指导企业和小组的质量活动，组织全国质量大会，对象主要是大企业。规格协会负责制定、修改全国工业标准，也进行质量方面的教育训练，但更多的是面向中小企业。它在全国企业中都享有较高的信誉。

6. 实行用户第一的方针，有完善的技术服务工作。日本许多企业提出的口号是“用户是帝王”，“下一道工序是用户”，并把“制造消费者满意的产品”作为“社训”，对职工进行教育。有的公司还规定，管理人员入厂先到销售部门工作一年，熟悉、了解销售服务和用户需要，然后到其他业务部门工作。他们说，战后一个时期，因为产品供不应求，工厂是生产什么就卖什么，反正能卖出去，那时是生产成本加利润，就等于销售价格；现在质量普遍提高，竞争十分激烈，必须是用户需要什么生产什么，要先定出有竞争能力、用户能接受的价格，扣除利润，来确定成本，为千方百计达到成本目标而努力。对照我国目前某些企业质次价高，不按需要进行生产的情况，这一点是很有启发的。

为了生产用户满意的高质量产品，许多企业不是满足于国家规定的质量标准，而是制定比国家质量标准高得多的工厂标准。在日本是工厂标准比公司高，公司标准比国家高，从而使产品质量精益求精。我们参观的日本钢管厂，除贯彻全国统一标准外，公司内部对生产工艺、产品的化学成分、物理性能都提出更高更严的要求。丰田公司对汽车性能的要求，包括安全、经济、舒适、可靠、耐久，还要便于驾驶、省燃料、低公害、低噪音。日本第二精工舍手表厂，根据长期对用户需要的调查，提出了手表质量的 14 项要求，包括走时准、不停摆、适合冷热环境、指示鲜明、附带机件（如日历）性能好、结实防震、耐久实用、操作方便、防水、防尘、外形美观、携带方便、不伤皮肤和衣服、容易修理等。按这样全面要求生产出来的手表，当然受到国内外用户的欢迎。

为了使用户帮助改进产品质量，他们提出，看到产品质量不好而不提出意见是罪恶，鼓励消费者对产品提出意见，进行监督，参加质量管理。使我们特别感兴趣的，是日本从 1962 年起开始召开的消费者大会。

因为消费者绝大部分是家庭主妇，为了把她们动员来，动了很多脑筋。开始许多妇女不愿提意见，或者讲起来感情用事，他们请石川馨教授和一些学者，帮助家庭主妇学习质量管理内容，使她们了解质量管理的意义，学会如何冷静地提出意见，如何用数据说话，帮助工厂改进质量。

并在各地分别召开有生产者、消费者、学者参加的小型座谈会，每月一次，互相交换意见，加强了解。在每月座谈的基础上，选择一些题目，由消费者代表在11月1日全国消费者大会上发表。

日本企业还设有大量的销售点和服务网，负责产品销售后的技术服务。他们把销售作为生产部门和消费者联系的重要纽带，十分重视这一工作。比如丰田汽车公司，在全国就设有2000个推销点，负责日常修理、零配件供应和技术服务，定期召开有用户参加的演讲会、宣传会，教育用户如何正确使用汽车。丰田汽车出厂后负责供应配件10—15年，淘汰产品的零配件，另外组织流水线专门生产或由协作厂组织生产，以保证用户需要。小松公司的服务网，包括全国10个支社、47个支店、5个维修厂，还有250个指定的服务工厂和14个营业所，共5500多人，平均每30公里半径范围内就有一个服务点。他们用电子计算机把全国服务点联成网络，及时了解用户需要和意见，作为改进产品的依据。用户要求供应备件，一般1天内都得到满意解决；用户需要工厂制造的零件，1个月左右即可交货。

以上是日本质量管理的几个特点。此外我们还看到日本的各行各业都重视质量管理。如服务行业质量（饭店和旅游地的周到服务）、交通运输质量（速度快、车次多、准时，东京小汽车由100万辆增加到400万辆，交通秩序井然，事故大大减少）、环境保护质量（规定工厂绿化面积占总面积的20%，严格控制污染，多处进行监测）以及建筑施工质量等等，都给我们留下深刻的印象。质量问题在资本主义国家是关系企业生死存亡的问题。对我们来说，是关系到能否实现四个现代化的大问题。我们不仅在工业企业中要重视和保证质量，在社会生活的一切方面，各行各业，每个环节，都要严格讲究质量，这样才有真正的高速度。我们在这些方面，应该比资本主义国家做得更好，才能体现社会主义制度的优越性，才能谈得上最终战胜资本主义。

六、日本企业的职工培训

日本企业拥有一批实力雄厚、经验丰富的技术管理人才，他们精通技术业务，熟悉科学管理，办事效率高，给我们留下了深刻的印象。日本就是培养和依靠了这批人才，恢复了战后的经济，用20年左右时间，发展成为世界经济大国之一。日本人把这种培养人才的工作叫作能力开发。

1. 培养人才是日本经济高速发展的重要动力之一，受到国家、社会和企业的普遍重视。

我们接触到的政府官员、经济学家，企业的经营者、中层管理干部，用不同的说法讲了培养人才的极端重要性。

日本把培养人才作为在资本主义经济自由竞争中生存发展的重要手段。他们认为自由经济的竞争，本质上是技术能力和管理水平的竞争，优者胜，劣者败，要么就生存发展，要么就垮台灭亡。日野汽车公司荒川社长说："第二次世界大战后，日本是战败国，国土狭窄，缺少资源，在国际竞争中如何维持国家的生存，除了发展技术之外，是无路可走的。这一认识一直贯彻到全体国民，使国民有危机感，因此日本非常重视教育，培养人才。日本战前只有48所大学，11万学生，近年发展到430多所大学，180万学生。日本企业不仅遇到国际上的竞争，而且国内也有强力的对手，为了发展自己，聚集一批优秀的技术人才，使企业不断现代化，是保持竞争力量的重要基础。"东京大学石井教授说："日本一些好的企业是由优秀的工人、优秀的技术人员、优秀的管理人员所组成的优秀的技术集团。因此他们能完成优秀的工作，制造出优秀的产品，使这些企业在产业界有竞争能力。"

日本人认为，现在是新技术、新工艺、新产品日新月异、频繁更新的时代，技术上的竞争更加激烈，必须不断开发新的技术，不使自己的技术“老化”。开发“头脑资源”是企业的“战略任务”，用于能力开发的投资是“最合算的投资”，没有能力开发的投资，新技术、新设备的投资就不能发挥应有的作用。

第二次世界大战后，日本出于本国经济恢复和发展的需要，大力发掘人才，十分重视技术人员的作用。战前造雷达的改为搞电子工业，造飞机的改为造汽车，造军舰的搞造船。日本依靠这批专门人才，积极消化吸收西方的科学技术，经过20多年的努力，逐渐形成自己的技术经验和管理方法，并且通过大规模的培训工作，把这些经验转移到下一代。这对促进日本科学技术现代化，经济管理现代化起了重大作用。拿培养企业管理人才来说，日本从50年代初就开始学习美国的企业管理方法，分批培训各级管理骨干，其中有培训经理、厂长等企业领导层的“经营者讲座”，培训企业部长、课长(类似处长、科长)的“管理者训练计划”，培训基层管理人员的“监督者训练讲座”。当时是采取美国教材，并由美国人当讲师，学习运用美国的先进管理方式整顿企业。

1955年以来，还先后派出了两万多名企业领导人员到美国去考察学习，大企业专务董事以上的领导人几乎都去过美国。我们接触到的一些重要的管理技术和方法，大部分都来自于美国。

在日本，能力开发普遍受到国家重视、企业重视以及社会团体的提倡支持。国家首先在普及教育上花了大量投资，提高了人民的知识文化水平。日本初中实行义务教育，高中入学率达到93%，大学入学率为40%，日本人称为“高学历化”。产业结构往什么方向变化，每年的毕业生就向那里流动，支持了新兴企业对高质量劳动力的需要。近年来入厂的新工人绝大部分都是高中毕业生，也包括一些大学生。这些工人由于文化水平高，入厂后，经短期培训，不仅能熟练操作，而且会计算、画图，并有一定的自学和理解能力。中层管理干部文化水平也较高，新日铁公司君津制铁所课长以上干部，大学毕业的占 81%。

各个企业都努力培养自己的人才，把拥有优良的人才引以为傲。一些企业规定，领导有培养下级的责任。他们认为，培养不出好的部下，就不是好的领导。领导是否有能力培养下级，是考核领导的一条重要内容。有的企业还规定，各级管理干部晋级条件之一，就是要培养出自己的后继人选，促使各级领导重视培养人才的工作。

在日本我们接触到的几个主要经济团体（日本科技联盟、日本生产性本部、日本能率协会、日本规格协会）都设有教育训练部，从事培养人才的工作。他们有详细的教育训练计划，列出企业各级干部、工人培养训练的课程内容以及收费标准，聘请一些有名学者、教授讲课。日本规格协会出版的《管理技术进修培训内容介绍》，其中分 4 个类型、25 项专题（如质量管理讲座、统计手法讲座、日本标准知识、计量技术、产品性能检验技术、实验计划法入门、管理方式研究等），培训对象包括从厂长、部长、课长到作业长及各类管理人员。各企业可以根据需要选送人员去学习有关课程。这些协会还接受企业的聘请，派人到工厂去讲课或进行指导，并出版有关技术和经营管理方面的著作、刊物、基础教材和手册。这类社会团体在介绍和推广国内外先进管理经验方面起了较好的作用。

2. 日本企业对各级各类人员都有十分明确的培训要求，有一套具体的培训制度和培训方法。

日本企业的经营管理者，考虑到现代化的生产必须做到高效率、优质、安全、低成本，对在生产第一线的工人和各级干部，都规定必须进行严格的训练，熟练掌握必要的技能，并经考试合格后才能上岗。工人改变工种要先送到培训中心进行专门训练，技能达到要求后才能担任新的工作。

日本企业实行全员培训的方针，采用现场培训、业余教育、脱产轮训以及个别深造（送大学进修或到国外学习）等培训方法，并强调以现场培训为主。各企业都根据自己的特点制定出能力开发的规划，规定了各级各类人员的学习要求、学习内容和培训方法，一级一级提高，循序渐进，使职工逐步成为精通业务技术的工作人员。

（1）对工人的培训。首先新工人入厂要经过严格的挑选。一般是工厂和学校建立联系，在每年 4 月入厂以前对学生进行挑选，并个别面试，合格的才予录取。日本企业是“终身雇佣”，所以录取条件是很严格的。

新工人入厂后，一般都要经过半年训练，专业性强的要经过 9 个月到 1 年的教育培训。训练内容从安全教育、礼貌教育、纪律教育、基础知识教育到专门技能教育，不同工种都有不同的规定内容。如新日铁公司搞电气维修的新工人，教学计划安排 643 节课，需 9 个月，有“通用知识”、“专业知识”、“基础实习”、“应用实习”。不仅学理论知识，而且进行实际操作的技能训练。我们在一些工厂的培训中心看到参加培训的工人在分别进行钳工、焊工、电工的基本功训练，还用模拟装置进行操作训练。新工人经过训练合格，到工作现场还要固定一名老工人继续培训 1 年，他们叫指导员，进一步帮助新工人熟练掌握操作技能。

新日铁公司把入厂 2 年以内的工人叫“新入层”，把 3—5 年的工人叫“一般层”（技能一般的），6—9 年的叫“中坚层”（生产骨干的意思），10—14 年的叫“棒心层”（核心的意思，相当于预备工长），15 年以上的叫“监督层”（相当于工长），对他们分别规定了自修和轮训的内容。对自修的要发教材，进行业余辅导，并按期考试。在日本企业中，职工除了工作职务外还有个资格制度，资格是一个人学历、工龄、经验、能力的综合反映，一定的资格相应于一定的职称。例如，新日铁公司新工人的资格叫担当补（类似我国学徒工）；一般工人的资格叫担当（正式工人）；中坚层工人的资格叫主担当（有一定经验了）等。一些企业都有“取得资格的促进制度”，其中完成各项培训要求，是评定资格的重要条件之一，直接影响到个人的经济利益和前途，所以工人学习都比较努力。在新建企业或大规模进行设备更新和技术改造的企业中，还要进行设备更新的教育培训，使工人适应新的技术条件和工艺过程。这种教育采取脱产训练和现场培训交叉进行，时间一般在 3 个月以上，规模大，参加人数多，有时是全厂性的，内容多种多样。例如新日铁公司规定，新厂建设，作业长要提前 9 个月到任，工长提前 7 个月到任，其他提前 3 个月到任，进行投产前的系统培训，因此新厂开工后都能做到稳产高产，优质安全。

随着日本企业产品结构的不断变化，工人的工种也要相应有所变化，因此鼓励工人一专多能，有的企业对工人多学会一门技术的还有工资补贴。

（2）对基层干部的培训。日本企业对基层干部的挑选、培养十分严格，因为生产第一线的工作掌握在这部分人手中。我着重介绍一下作业长（相当于我们的工段长）的培训。50 年代后期，日本产业逐步现代化，企业中实行了作业长制度（领导几个工长和 32 个工人）。新日铁对作业长的作用有如下一些要求：“作业长是第一线的管理者，工人能力的开发者，集体的领导者，上级的助手。”“作业长是工人的前辈，具有高超的技能，和强有力的管理能力。”“作业长不仅将上级领导的命令向部下传达，而且在自己判断的基础上，决定自己负责范围的目标；并以自己的创造精神，来计划、组织活动，实现这一目标。”担任这个职务，要求有一定年限的实际工作经验，新日铁规定大学毕业的要有8—9年的工龄，高中毕业的要有18—20年的工龄，并且要有担任过工长的经历，基本上是一级一级锻炼，从优秀的工长中选拔、培养上来的。在准备提作业长之前，还有一个预备作业长进修制度，脱产训练6个月，其中1个月学管理方法，4个月学作业长基础知识，1个月在现场跟着老的作业长实习。

经过半年培训考核合格，才能担任作业长。这些作业长都具有丰富的实践经验，掌握本工段的技能，有一定的管理能力，能独立解决本工段通常发生的问题。工场长（在新日铁公司类似车间主任）不在场的时候，作业长可以代替处理问题。我们到日本工厂看到生产组织得井井有条，现场环境安全、卫生，设备、材料、成品布局整齐合理，除了厂长、部长、课长强有力的领导外，一批从工人提升起来的有丰富实践经验、精通技术、善于管理的作业长也起了重要作用。

（3）对从事技术工作人员的培训。日本大学的工科学生在校主要学基础理论知识，专门技术的训练要在企业中进行。一般情况下，日本大学生毕业经企业录用后，首先要到生产第一线去当工人，有的还要到销售店去服务，取得生产和销售的实际知识。在此基础上，由有经验的技术人员或基层干部指导，从始至终去完成一项技术工作，取得从事技术工作的实际经验。同时指定他们学习本专业的基础技术知识和专门技术知识，并给以指导和讲解。然后根据实际工作能力和理论知识给以定期考核。如新日铁公司规定大学生入厂3年内要学完《钢铁制造基础》（共4册），结合实际能力进行考试，合格者取得“主事”资格（相当于科员）；3—8年内要学完《应用工程学》，掌握更深的专业知识，具有独立解决技术问题的能力，经过考试合格者取得“副参事”资格（相当于“挂长”级——股长）；8—15年内，要求精通本专业的技术，扩大边缘科学技术知识的学习，培养组织管理能力，进行较深的专题研究，有条件的还派到海外参加科学技术交流，经过考核合格者取得“参事”资格（相当于“课长”级）。

技术部门、生产部门、科研设计部门中行政领导和技术领导是统一的。行政领导本身就是精通技术的技术人员。他们都有职、有权、有责，更重要的是他们有领导技术的能力，经理、厂长放心让他们工作，下级也听他们的指挥。

(4) 对经营管理人员的培训。在日本凡是从事这方面工作的，不强调向专门方向发展，而是强调全面管理的技能。一般情况下，股长以下职员岗位较固定，使其积累经验和增长能力，对股长以上管理干部实行定期调动的制度。比如当课长的，今年在这个课，一两年后就换到另一个课，经过各类岗位锻炼，成绩优良的，才有可能提升当副部长或部长。

日本人说，这种办法有三个好处：一是可以调动干部的积极性，不断调动工作，不断接触新的领域，使干部对工作有新鲜感，不至于满足现状，必须不断学习；二是开阔干部的视野，培养干部的全面综合能力；三是可以从中考察挑选干部。此外，在培训中心或研修中心，对各级管理人员进行定期轮训或开办专题讲座。松下电器公司枚方培训中心，企业管理技术一门就设有 25 个专题讲座。

(5) 对社长、董事一级领导人员的提高有如下一些办法：一是出国考察；二是请学者、专家、教授讲课或当顾问；三是参加社会经济团体组织的企业之间的经验交流；四是在本企业的研修中心进行专题研究总结。一些企业的经理、董事还要给课长以上干部上课，这本身也要求他们必须努力学习。

日本企业的经理、厂长对经营管理业务都很熟悉，工作干练。他们对这类人才素质的要求，概括有如下几点：第一，必须身体强健，精力充沛，能应付不断扩大的业务负担和变化莫测的经济形势；第二，富有理想，有独创精神，能在竞争时代不掉队；第三，擅长处理人与人的关系，具有全面调动职工的个性和能力的素质；第四，通晓企业全部实际业务，是善于综合管理的多面手，既不要做“事务佬”，也不要做单纯的“手艺人”；第五，要有广阔的眼界和出众的才智，深刻体察世界市场的形势，具有开发高、精、尖技术的知识，能走在时代的前头，不做“土包子”。

日本许多企业对干部、工人实行一年一次定期考核。新日铁公司人事调查表中对干部业务能力评价有 7 项（职务知识；见解、计划能力；理解判断力；联络处理问题能力；折中调和能力；领导组织能力；工作态度——纪律性、严格性、准确性），性格气质调查有 12 项（社交性、涵养性、协调性、利己性、自觉性、感情的稳定性、理智性、积极性、责任感、忍耐性、信赖性、明确性）。每年考核结果，通过电子计算机储存起来，教育培训部门还有职工学习成绩考核档案，这些都作为使用和提升职工的依据。

3. 日本的大企业普遍设有设备先进、师资整齐、教材成套的培训中心。

这类培训中心负责职工的轮训、业余自修的辅导和函授教育。新日铁公司八幡制铁所，1.89 名职工，就设有培训中心一所，建筑面积 1.2 万平方米，可同时接收学员 2000 人。此外还有一所培训中层领导干部的研修中心，建筑面积 2835 平方米，同时可以培训 300 多人。松下电器公司的枚方培训中心，建筑面积 1.9 万平方米，每年培训职工 13.5 万人次。

八幡制铁所培训中心有备有录像机的电视教室，自动化的电影、幻灯教室，配有电子装备的外国语教室。三班倒的职工，下班后都可以随时去接受各种内容的知识培训。打开教室的录像机可以从自己座位上的电视机中看老师讲课；打开戴有耳罩的录音机可以自学外文。还有三个实习工厂，供新工人或调换工种的工人操作学习。

培训中心除培养基础知识和专门技能外，还有一些培训技术人员和企业管理人员的较深较广的内容，如各种科学管理手法以及电子计算机技术。

八幡制铁所培训中心教材比较齐全。按照13个专业内容有13门通用教材和52门专用教材。丰田汽车公司、东芝电气公司也都有类似的培训中心，条件都很好，对提高职工技术水平起了重要作用。

七、日本的技术引进

日本从明治维新开始就采取引进国外技术发展本国工业的做法。1869年明治政府就提出“殖产兴业”的国策。

明治初年，日本的工厂小，设备工艺简单，采用派人留学或请专家讲学的办法来引进技术，兴办工厂。明治期间，日本引进技术的另一种方式是引进成套设备。这种做法对于建立早期的纺织、军火和矿冶等工业，起了很大作用。到大正年间（1912—1926），又用这种方法建成了最早的大发电厂和化工厂。当时，在引进成套设备的时候，先请外国技师安装机器并操作管理两三年，然后再由培养出来的日本人接管。当时比日本工业还发达的印度没有这么干，而是交给外国人管理，其后果使印度人失去了掌握技术与管理企业的能力。

到本世纪30年代，日本已开始采用进口主机、自造辅助设备的办法。譬如当时的人造丝工业和电器工业就是这样引进技术的，这为20年后日本人造丝与电器工业产品称雄国际市场准备好了条件。只进口主机与进口成套设备相比，一是在经济上合算，二是更有利于早日独立担负起生产管理与设备更新的任务。因为这种做法更便于加速建立自己的技术队伍。

第二次世界大战后，日本采取了购买专利与设计图纸为主的方式来引进外国技术。到60年代初，以这种方式引进的技术已达80%以上，而买设备的方式所占比例则不超过10%。采用这种方式，除引进图纸或专利之外，设备的制造安装、运转、管理都需自行解决，更有利于节省外汇与培养人才，而且产品质量比较有保证，是一种比较好的方式。日本的原料工业、新兴工业，其中尤其电子与石油化工方面，主体技术几乎都是通过这种方式引进的。如电子工业的晶体管、钢铁工业的“六大技术”及纺织工业的尼龙等合成纤维生产技术等等，都是这样引进来的。因此，日本这些部门的技术有“各国专利橱窗”之称。

1965年以后，日本越来越多地采取买实验室技术，抢先投产的做法，把别人搞成的颇有经济价值的实验室技术买进来，然后自己完成研制，迅速投产，日本把这样的产品技术返销国外称为“返销战”。如日本三井石油化学公司获知联邦德国有个叫齐格勒的人在实验室中搞成低压合成聚乙烯技术后，立即把这项技术抢先购进，在解决生产工艺技术之后，很快建厂投产。岩国石油化工厂就是这样建成的。又如古河化学公司从美国的标准印第安纳公司买下了尚未搞成的中压聚乙烯技术，经过不惜工本的继续研制终于取得了成功。后来，美国公司又反过来向日本购买这项技术。这种做法具有杂交优势。1962年，这种未成熟技术的引进不到5%，70年代初，已达到30%，其中近一半已实现商品化。

从六七十年代开始采用的另一种做法是对等的技术交换。就是用自己的独创技术，以互换方式引进国外技术。这种做法的好处是可以不用外汇，也不附带任何限制性的条件。这是近年来逐步流行的一种做法。

主要方式是：(1) 对等交换专利和技术专有。即以一种专利或技术专有经过协议对等交换另一种或若干种技术。如日本曾用磁流量计专利换来纸浆浓度计、气压调节计等专利，又曾用自己的丙烯腈技术换回美国标准石油公司的索赫欧法丙烯腈技术等。(2) 对等交换技术情报资料。即对进展中的科研情报进行互换。如日本曾与美国杜邦公司在维尼纶原料技术问题上建立互换情报合同。美国也曾以其聚乙烯醇的聚合碱化法的情报资料交换日本的流动催化法和干燥法的资料。(3) 以引进后的革新成果作代价偿付引进费用。这是更为划算的引进方法。如日本造船厂先从美国霍斯坦维拉公司引进锅炉制造新技术，而后以自己做出的革新成果作为代价偿付该公司。

日本引进国外技术，取得了较好的效果。从以上介绍，可以看出有以下特点：

1. 注重提高工业投资效率。多年来，日本走了一条在引进技术基础上搞革新，以提高“投资效率”的道路。日本人认为，如果全靠自己的技术来更新设备，不仅时间长，而且花钱多。在技术引进上他们只用了技术投资的25%，却完成了工业主体技术的70%。战后15年，日本工业产值的增长中32%是从引进技术而来的，这一部分增长的产值相当于技术引进费用的10倍。同时用引进技术生产了新产品，减少了进口，从而节约了大量外汇。

2. 兼采各国之长。日本主要工业部门的技术装备几乎全是靠广泛吸收各国新技术组配而成的。日本钢铁工业在1955年至1970年的15年间，每年平均增产钢500多万吨，其技术基础就是国外引进的所谓“六大技术”，即美国和苏联的高炉高温高压技术、法国的高炉吹重油炼铁技术、奥地利的氧气顶吹转炉炼钢技术、联邦德国的熔钢脱氧技术、瑞士的连续铸钢技术，以及美国的带钢轧机技术。石油化学工业，主要是靠引进的300多项技术装备起来的，主要有：美国孟山都公司的聚苯乙烯技术、英国帝国化学工业公司的高压聚乙烯技术、联邦德国齐格勒公司的低压聚乙烯技术、意大利的聚丙烯纤维技术等。石油化学工业用在技术引进上的费用占技术总投资的80%，而引进技术所获得的产值在总产值中却占93%。合成纤维工业是日本纺织工业的中心，产量居世界第一位，其技术来源也十分广泛。聚丙烯腈是联邦德国拜耳公司的，聚丙烯纤维是意大利蒙特卡提尼公司的。号称日本合成纤维“双壁”的尼龙（聚酰胺）与底特纶（聚酯纤维），一个来自美国杜邦公司，一个来自英国帝国化学工业公司。日本纤维工业集中了各国的技术搞出了自己的一套，于是在国际市场的争夺中压倒了美国，取得了领先地位。由小厂一跃而为日本第六大企业的松下电器公司，大量采用了国外技术。电视机的基本零件全是靠从世界各国引进的400多项技术生产的，以至每出售一台电视机需付专利费用1000多日元，即使如此，它所获的利润仍超过专利费用好多倍。

3. 连续引进。1955年，以水电为主的日本，面临着亟须大幅度发展电力，而水电经济开发潜力枯竭的局面，当时中东石油可以低价大量供应，但日本缺乏火电技术，经过调查后，决定从美国的通用电气公司、维司汀豪斯公司和联邦德国的西门子公司引进全套大电机机组设备，进行了仿制。随后又从美国购进当时最新最大的22万千瓦的大电机机组设计图纸。仅用5年时间，1961年就追上了美国，生产出32.5万千瓦的大电机机组。到1970年，日本一面继续引进大型发电机样机，一面实现了20万至100万千瓦大电机机组的自行设计与制造，在技术迅速发展的同时也并未中断引进。一直连续引进多次，每次引进的技术都在2—3年内全部推广使用，这才保住与美国技术水平相当的地位。

其他行业的做法大致相同，如1962年引进的丙烯腈生产技术，同年就建成与当时美国水平不相上下的工厂，之后又连续7次引进美国此项技术，到1967年终于取得能与美国相抗衡的稳固地位。

4. 在引进技术基础上消化创新。战后的日本，一贯把技术研究力量的大部分用在对进口技术的研究、吸收、创新上面，务求加速“日本化”。如对奥地利 1953 年发明的氧气顶吹炼钢技术，日本几个大垄断企业在 1956 年年初组成了专门的研究组织，两年后运用这项引进技术完成了工业化生产的技术革新；又两年之后，1962 年日本钢铁工业进入了世界先进行列，比平炉时期生产效率提高八九倍，成本降低 40%以上。同时，日本还研制成功使此项技术进一步完善的转炉未燃废气回收方法，并作为专利向美、澳、意等很多国家出口。

5. 在引进技术中重视培养技术队伍。每引进一项新技术，都组织、培训一支迅速掌握、消化这项技术并使之工业化的队伍。看来，这是日本实现引进技术目标的一个关键。

6. 加强情报工作，为引进技术开路。日本非常重视情报工作，要求做到经常、迅速、准确。每项技术的引进，或做资料调查，派内行人员出国考察，或请外国人来讲学、座谈，或采取书信探问等多种方式，摸清底细，加以研究，力求抓得快，选得准。如以石脑油为原料的石油化工技术，数控机床等等，都在国外原发明厂家还未大量工业化时就抓紧引进来，做到实现工业化的时间差不多与国外同时，甚至还快一些。

八、日本企业调动职工积极性的制度和方法

日本有计划管理、质量管理等一套制度、措施和方法，但是如果没有职工的积极性，这些也很难顺利实施。

日本企业职工的积极性、主动性较高，这是世界上公认的。我们在考察中，对此也有深刻的印象。

日本企业在介绍情况时，多次谈到日本企业中普遍推行的“自由管理运动”、各种“小集体”活动以及职工的合理化建议等，并强调

职工的“自发性”和“主动性”，强调尊重和重视人的因素。许多企业甚至把重视人的因素作为办企业的基本指导思想。

实际上，日本企业有一整套调动职工积极性的制度和办法。主要有：

1.“终身雇佣”制度。这种制度在资本主义世界中，是日本特有的。日本企业雇佣的职员和工人，一般要在该企业中工作到退休。实行这种制度，一方面使职工解除对失业的担心，产生一种对职业的“安定感”，从而使职工从就业那一天起，就把自己的命运同企业的命运联系起来；另一方面，也约束资方一般不能随意解雇职工，即使在不景气的时候，企业开工不足，也尽量不解雇或少解雇职工。如新日铁公司 1978 年的开工率为 70%，他们除了保持少量的超员，还把某些停产、减产车间的部分职工调到子公司或推荐给协作企业。同时，又大力提倡群策群力，通过降低成本，增加利润，来“保证大家的收入”。只有企业倒闭或职工严重违法时，才解雇职工。实行“终身雇佣”制度，使职工产生个人与企业长期“相互依存”、“利害一致”的感觉。

实行“终身雇佣”制度和提倡“家族主义”，把日本民族的传统和习惯，同现代化企业管理相结合，形成日本企业管理的一些特点。资本主义企业采取这种办法，在相当程度上刺激了职工的积极性和主动性，保证了企业人员的稳定，职工“跳厂”的现象是极其罕见的。社会舆论对“跳厂”职工是鄙视的，像对待一个“背叛家庭”的人那样，对他的“道德品质”持怀疑态度。再加上工资待遇和退休金都与在本企业连续工作年限有直接联系，连续工龄越长，越受优待。在一个企业连续工作 30 年，就可以拿相当于 30 个月工资的退休金。所以一般情况下职工都不愿离开本企业。这些都促使职工在一个公司中长期工作下去，并尽力取得公司领导的好感。各公司干部、技术人员和技术工人的长期稳定，对企业经营管理水平的提高是很有利的。

2.“年功序列”工资制度。这是指工资的一部分按工龄长短计算，而这种工龄仅仅是指在本企业的工龄，如果跳厂，工龄要从头另算。这样做也是因为把一个企业看成是一个家族，按每个人对本家族贡献时间的长短来计算工资。这就是说，实行“年功序列工资制”时，工资的一部分是死的，另一部分是活的，活的部分是按职务、成绩以及特殊作业而定的。活的部分也不是由群众评定，而是由各级主管人员决定后报告上级批准的，他们把这个叫作“第一次人事权”。

日本各公司的工资是千差万别的，但从制度上看，基本上都实行“年功序列”工资制度，有些企业如松下电器公司从1966年开始，对新职工实行欧美式的所谓“能力工资”制度。“年功序列”工资制度并不是职工全部工资都取决于工龄，也同时考核能力和贡献。

假设标准工资为100，按资历给予的部分只占49%。因此，在“年功序列”工资制度下，工人工资收入的一半以上是活的，它取决于“能力”、“效率”和“成绩”。日本职工每年涨一次工资，既照顾资历，又照顾能力和实际贡献，对职工的积极性是一种经常性的刺激。最近，日本企业已经提出不按小时付给工资，而把1个小时分成6个10分钟，按分钟来开钱。

3. 以企业为单位组织工会，不是按产业组织工会。各企业有自己的工会，但各企业工会之间没有联系。劳资双方的冲突和交涉限制在企业内部，实际上是利用家族主义来把劳资关系比喻为家族内部的关系，宣传“家里的事情在家里解决”。

在日本，一个企业的职工，不论什么工种，都参加本企业的工会。他们说，这种办法便于劳资双方沟通情况，易于达成协议。日本罢工事件较少，解决劳资争执，一般不采取停止工作的办法。有些工人认为罢工对企业不利，企业倒闭，大家失业，对自己也不利。有些企业以历来未发生过工人罢工来夸耀。日本人说，欧美工人是按工种参加各产业工会，一个公司的职工分别参加许多产业工会，使企业中劳资关系复杂化，资方要同许多产业工会达成协议，才能解决问题，对企业的经营和发展不利。

4. 几种奖励制度。日本企业每年 6 月和 12 月对全体职工发两次奖金，奖金额取决于经营情况。以丰田汽车公司为例，1978 年的标准月平均工资为 15.6 万日元，1977 年冬季奖金平均每人 44.7 万日元，1978 年夏季奖金平均每人 47 万日元，全年奖金大体上相当于 6 个月的标准工资。

公司领导人（总经理、董事、部长等）得的奖金更多。如松下电器公司部长的奖金相当于一般工人的 3 倍。经营较差的企业，奖金要少得多，有的只相当于一两个月的工资。这种奖金制，把职工的个人物质利益同企业经营成果直接联系起来。

此外，各企业根据职工一定时期的工作表现，还有领导人亲自发的一种特殊奖赏（公司的总经理对部长和厂长，部长对课长和职员，厂长对车间主任和工人），一般 1 年 1 次。奖赏金额较多，有突出贡献的可以得 1 辆汽车（100 万日元），发奖是个别地进行，得奖人彼此不能询问，要相互保密，这是为了避免因有无奖赏和奖赏差别，使一部分人情绪波动；同时给得奖人普遍造成一种上级很重视自己的感觉，使他们更为企业卖力。据说，个别发奖时，领导人以非常亲切和关心的态度，讲一番话，并针对不同人的具体情况，奖赏封袋也有不同的安排。例如，有的职工在封袋里装上新汽车的领取凭证；有的代他入了股，封袋里装上股票；有的则发现金支票等等。

日本企业还普遍设有合理化建议奖，以鼓励职工关心企业、提各种改进工作的建议。他们在工艺、技术、质量、安全等方面不断改进，精益求精，与采纳有实践经验的职工提出的各种合理化建议大有关系。我们所访问的企业，都有一套接纳、审查、实施和奖励合理化建议的制度。

如第二精工舍手表厂，按合理化建议的效果分等打分，共分 8 个等级，最高的 100 分，奖金由 500 日元到 5 万日元。还按照每个职工历年提出的合理化建议的累计数给予奖赏，分 4 等，一等是“钻石奖”，奖金 5 万日元，奖品价值 1.5 万日元，发奖状，推荐到海外旅行研修；二等是“金奖”，有奖金、奖品、奖状，到国内其他公司的工厂参观；三等是“银奖”，有奖金和奖品，到协作厂参观，但没有奖状；四等是“铜奖”，只有奖金和奖品。这种办法不仅刺激职工钻研技术和业务，经常提出合理化建议，而且使企业经营和生产的各个环节都能不断改善。

5. 企业举办各种福利事业。日本的大公司都支付较大数额的福利费用，如新日铁公司的福利费，占整个劳务费（包括工资、奖金和福利费）的 20%左右。我们所访问的各大公司，都有设备完善的医院，医疗保险费的一半由职工出，另一半由公司出，职工看病不另花钱，家属交半费（日本医药费较高，在一般医院，看一次感冒，拿些普通药品，就要花两三千日元）。上下班不开个人汽车的，企业有免费交通车，买月票的，全部报销。有的企业，如新日铁公司八幡制铁所，还采取给商业提供营业用房的办法，使零售商品价格低于城市商店，有些商品低 20%；职工个人买地盖房时，企业发低息贷款（一般贷款利息为 5%—7%，企业给职工贷款为 3%）；还为职工提供房租较低的住宅，三间一套，设备很好的公寓住宅(实用面积为 68 平方米)，月租金 7000 日元，而同样房屋如租市营的，就要花 2.5 万日元到 3 万日元。此外，各大公司都有很好的俱乐部和体育设备，供职工使用。但是，日本大公司（资本 10 亿日元以上）和中小企业不仅在工资水平、奖金数额上有很大差别，而且在职工福利上也有很大差别。

6. 企业的主要领导人花费大量精力做人的工作，千方百计调整职工内部关系。他们强调有了“人和”，企业才能很好发展。我们所到的很多车间，都挂着“团结一致”、“以和为贵”的标语。厂长经常宣传“劳资利益一致”。各公司还用自己的“社训”和发展的历史，“教育”职工。

他们提倡职工自由结社，除“自主管理”方面的各种小组外，还组织同年会、同学会、同乡会和各种体育俱乐部，并且通过忘年会、迎新会、恳亲会等形式，使职工之间、劳资之间有更多的对话机会，以消除隔阂和误会，促进“人和”。

企业的领导人亲自对职工进行家访，祝贺生日，联络感情。还在工厂组织花展和美术作品展览，既美化工厂，又给热爱这方面活动的职工以展出的机会。工厂号召职工人人提标语口号，采用者给予张贴。

各企业的领导人，对容易引起职工内部矛盾的事非常敏感，总是采取各种办法加以杜绝。例如，他们一年定期发两次奖金，而不搞职工相互间的评奖活动。他们认为，评奖势必引起职工间的不和。凡涉及职工利益的事，领导人总是及时地、耐心地、反复地加以解释。例如，因不景气要缩减生产，就要把情况告诉职工，并让大家出主意，怎样渡过难关。

从上述情况可以看出，日本企业通过一整套制度和复杂的渠道，把职工个人物质利益同企业经营情况交错而又紧密地联系起来，使职工进厂就无法摆脱这种联系的纽带。由于资本主义各公司之间的竞争非常激烈（我们访日期间，就发生一起因企业倒闭，资本家一家 9 口人举家自杀的事件），各企业的职工都为争取本企业的存在和发展，同时也是争取自己物质生活水平的提高而拼命干，并且严格保守本企业经营和技术方面的秘密。

日本企业通过上述制度和办法刺激职工的积极性和主动性，是企业经营管理不断改善、国民经济获得迅速发展的重要因素之一。在经济发展的同时，职工的生活水平也有很大提高。

九、日本的行业管理

1980 年，邱纯甫同志曾带领一个代表团访日，专门考察了日本的行业管理，回国后写了个报告，党中央、国务院比较重视。根据纯甫同志的考察，日本行业管理的组织形式是同行业企业联合组成的民间组织。在日本的企业结构中，按照产品和技术特点的不同，可以区分为许许多多行业。同行企业组织的具体形式，是建立各种各样的技术协会、工业会、工业联盟以及事业协同组合、企业组合、协业组合等等。这些民间组织，实际上起到了行业管理的作用。

据统计，日本中小企业建立的各种行业组织和组合达到 5.5 万多个。这些组织推动着同行业事业的发展，企业可以自由参加或退出，组织成员仍然是独立经营的企业。拿日本合成革制鞋工业组合来说，这是一个全国性的行业组织，拥有会员企业 278 个，平均每个企业的职工人数只有 24 人。全国合成革制鞋企业中 77%的企业参加了这个组合。组合的生产规模，按照 1979 年的实绩，共生产各种合成革靴鞋 4300 万双，为日本全国同类产品产量的 80%。组合本身虽然不直接从事产品的生产和销售，对会员企业的经营状况也不承担任何责任，但是对于合成革制鞋行业的发展却起了重要作用。组合的主要任务是：在政府的指导、帮助下，组织会员企业研究开发新产品、新材料、新技术（包括实现设备、技术的现代化）；制定产品的统一规格和技术标准并组织实施；搜集国外产品样本，聘请国外专家传授技术，举办新产品、新设计的讲座或展览；开展市场调查，向会员企业提供技术经济情报；对会员企业改善经营管理进行诊断、指导；举办制鞋专业学校，组织技术培训等等。这些都是行业管理的重要内容。

在日本，“三百六十行”几乎行行都有全国性的民间经济团体，代表和维护本行业资本的利益。各种工业的联盟、工业会和协会，纵横交错，名目繁多，分工很细。各种行业组织，对日本行业管理水平的提高和各行各业的充分发展，起了积极的作用。

从包装装潢、家用电器和塑料制品三个行业来看，包装行业除了日本包装技术协会这个全国性的组织以外，从包装材料、包装机械到包装印刷还有各种不同的民间团体，甚至连制造瓦楞纸的企业也有专门的同业协会。家用电器行业，全国有日本电机工业会的组织，还有冷冻空调工业会、电视机收音机组合联合会、电气计测器工业会、电磁器工业会、干电池工业会等等。塑料行业，全国有日本塑料工业联盟，这个联盟包括 36 个协会。这些协会分成三类：一是塑料原料方面，有石油化学工业协会、氯乙烯工业协会等；二是塑料制品加工方面，有日本塑料工业会、全日本塑料成型工业会等；三是同塑料行业有关联的组织，如塑料机械工业会、可塑剂工业会、塑料模具工业会等等。这些全国性的行业组织，都是根据日本政府的有关法律，由同行业的企业按照自愿的原则，自下而上组织起来的，有的设在东京，有的依据企业的分布状况设在同行业企业比较集中的城市。行业组织的经费来源，主要靠会员企业缴纳的会费。

日本的行业组织情况不一，有的作用大些，也有的作用小些。但就一般情况来看，它们是在企业独立自主经营的条件下，执行联络、指导、服务、咨询的职能。主要从事以下工作：

1. 搜集、整理并向企业提供各种情报。日本的企业十分重视搜集经济技术情报，视同生产所需要的原材料一样，作为从事经营活动的重要依据。各行业组织都把向企业提供以国内外经济形势为中心的各种情报，作为自己最重要的任务之一。以日本电机工业会为例，工业会家电部的家电调查课就是家用电器行业的一个情报中心。它通过多种途径，组织有关工厂、团体或委托国外有关单位，搜集、整理并向企业提供以下情报：(1）家电产品需要的预测；(2）家电产品生产的预测；(3）国内市场情况的调查；(4）家电产品的生产、销售和库存情况的统计；(5）家电产品的输出、输入情况的统计和国际市场的调查；(6）废弃家电产品回收复用（“再资源化”）情况的调查，等等。许多行业组织都把情报资料编写成报告书或出版专门刊物，提供给企业。有的还利用电子计算机分类储存，以备企业随时索取查用。

2. 帮助企业培训人才。日本人把人才培养、能力开发，作为发展经济事业的第一要素，各个方面都非常重视提高人们的“教育素养”。这件工作，不仅政府、学校、企业在做，各行业组织也根据各自的特点积极进行。日本包装技术协会通过举办讲座，培养出的包装管理人士成为包装行业的骨干力量。日本包装机械工业会办有包装学校，开设机械设计和销售技术两门课程，并经常举办讲习会、专利研究会和发行各种专门技术书籍，帮助企业培养包装机械的研究、制造和维护、操作人员。

3. 对企业的经营管理进行诊断、指导。诊断、指导是日本企业管理的专用术语。如同医生看病一样，“诊断”是找出企业经营管理不善的“病因”，“指导”是开列“处方”，提出改进工作的建议。一般情况下，民间经济团体接受企业的委托，派出诊断人员到企业进行实地调查，针对存在的问题提出具体改进方案。在日本，对企业进行诊断、指导几乎也成了一个专门行业，政府、银行、民间团体以至某些大学和研究单位都有从事这方面工作的组织或人员，中小企业还有经通商产业省专门批准成立的“诊断协会”。所有这些组织除政府系统的以外，对企业进行诊断指导时都收取一定费用，并负责为企业保守营业秘密。

4. 研究制定本行业产品的统一规格和技术标准。这是各行业组织的专责业务。比如日本电机工业会的家电部就设有家电技术课，专门负责这方面的工作。它的业务范围包括：(1) 组织制定家电产品的统一规格和技术标准；(2) 研究制定家电产品的质量显示方法；(3) 研究防止产生杂音和其他事故的对策，等等。包装技术协会负责研究制定全国统一的包装制品的规格型号，并且从运输工具、装卸机械、集装箱到各种包装材料都要研究制定统一技术标准，搞好商品生产、流通、消费各个环节的衔接。

5. 根据日本政府制定的中长期国民经济发展计划，提出本行业发展前景的展望和设想，供企业制定发展规划作参考。其内容主要包括：行业发展趋势、生产规模和国内外市场变化情况的预测，设备投资和新产品、新技术的开发，提高职工福利和消费者利益的意见，以及加强环境保护、开展正当竞争的建议等等。

6. 加强政府和企业之间的联系，密切同行业企业之间的交往。行业组织是企业利益的代表者，当企业对日本政府制定的某些政策、法令有异议时，负责同政府有关部门进行磋商。许多行业组织还设有俱乐部、恳谈会等，在不涉及技术专利和经营秘密的原则下，组织同行企业就某些共同关心的问题进行座谈和交流经验。

此外，各行业组织还通过向国外派出考察团、调查团，开展国际经济技术交流活动，向企业提供国外经济情报，以扩大商品输出和资本输出。应当指出，日本的行业组织所从事的行业管理，不可能是我们通常所说的那种对企业的人财物和产供销实行自上而下的调度指挥，而是以企业自主经营为前提，通过为企业服务，从而推动整个行业向前发展的行业管理；这种行业管理不是强制性的管理，而是以企业自我奋斗为前提，对企业的生产和经营加以扶植、引导的行业管理。从某种意义来说，日本的行业组织也是同行业企业之间的一种资本主义的民间联合形式。这种松散的联合，同我国解放前的同业公会性质差不多，不过其工作内容更加丰富，更能适应国内外竞争的需要，更具有行业管理的性质。不能把这种联合和我们通常说的社会主义企业的联合相混淆，因为这种联合不是资本的联合，不能代替企业之间的竞争。行业组织各项活动的基本着眼点，是解决单个企业不能解决的问题，协调行业内部的矛盾，推动企业开展正当的竞争，激发企业自身的创造精神，改善自己在竞争中的地位。

日本政府不直接管理各行业的经济活动，但是它通过制定中长期经济计划和各种经济政策，运用贷款、税收、价格、外汇管理等经济手段，以及通过对民间经济团体的扶植和指导，对各个行业的发展进行诱导和干预。

日本政府在行业管理中的作用，大致有以下几个方面：

1. 确定各个时期产业政策的重点，对各行业的发展积极进行引导。日本政府根据经济形势的发展变化，每个时期都有不同的产业政策的重点，比如，50 年代的重点是扶植电力、钢铁、煤炭、海运四大基础产业，60 年代是大力发展重化工业，70 年代又转向知识密集型的产业，大力发展电子计算机等需要高精技术的加工、装配工业。根据不同时期产业政策的重点，政府积极扶植那些同政府计划目标相一致的企业。

2. 协调中小企业与大企业之间的矛盾，实行扶植和保护中小企业的政策。日本政府关于中小企业的基本政策，在 1963 年颁布的《中小企业基本法》中作了原则规定，其中心内容是：实现中小企业设备的现代化、技术能力的高度化、经营管理的合理化、经营规模的适当化，依靠中小企业者的自主性努力，改善中小企业的社会经济地位。

3. 建立各种产业的金融政策。日本政府建立了为产业服务的各种金融机构，如日本输出入银行、日本开发银行、中小企业金融金库等。这些金融机构，根据政府的产业政策和政府有关部门的推荐，向企业提供长期低息贷款，从而推动有关行业的发展。

4. 扶植和指导民间经济团体的活动。日本的行业组织，许多是官助民办的经济团体。这些组织实际上是政府与企业之间的桥梁和纽带。政府的有关计划、政策、法令，经由各个行业的组织贯彻至企业；企业的意见和要求，也是经由行业组织向政府转达。日本政府每年从财政预算中拨出专门补助金，作为民间组织活动经费的补贴。在政府的扶植和指导下，行业组织对该行业的各企业来说，实际上是经验交流中心、经济技术情报中心、经营指导中心和技术培训中心。日本的行业管理组织是资本家和经营者在激烈竞争的情况下自然形成的，行业组织形成以后，它又指导竞争，促进行业的不断发展。日本的所谓各式各样行业组织、事业协同组合等等，都是各行业资本家的联合组织，它是为保护资本家利益和发展资本家利益服务的。没有一个行业没有全国性的组织，没有一个行业不进行国内外生产、销售、技术情况的研究。在日本，技术是被当作资本使用的，技术是可以被当作资本进行投资的。因此资本家和经营者对行业的技术是极其重视的，其特殊成果也是保密的。

在旧中国有建同业公会的传统做法，但它有个缺点，就是封建的味道比较浓（比如，帮会组织就是这样）。1980 年后我们建立起来的行业组织与日本的有所不同，日本的行业组织对政府的依附性较小，我们的行业组织对政府机构的依附性大，离开政府可以说寸步难行。当然，日本的行业组织并不是不依靠政府，他们企业的好多事情也要通产省批准，接受通产省的指导。我们的各个部门太多，日本就一个通产省（交通除外，在这方面没有运输省和递信省），工业、外贸、商业都管，通产省是通商产业省的简称。真正进行行业管理，不依靠行业协会是不行的。因为同行业资本家之间的竞争比较厉害，又不能大小事情都到通产省去，因此，需要行业协会起协调作用，事实上行业协会也确实起了作用。所以，日本企业也很重视它。我们的行业系统必须依靠某个政府部门。比如，包装技术协会就和好几个部门发生矛盾：包装材料和轻工部发生矛盾；商品的包装，国内和商业部发生矛盾，国外和经贸部发生矛盾。当时，邱纯甫同志是国家经委副主任，把这三个方面组织在一起成立了协会，三方面都让他当副会长，这才算解决了问题。一方面，不依靠政府机构，事情就办不成；另一方面，我们的办法和外国不一样，外国主要靠企业资助行业协会，靠协会来为企业服务，企业从协会取得信息，要协会来打通官民之间的关系。我国的企业不同，可以到主管部门去获得信息（虽然不一定像行业协会那么全面），直接到主管部门去打通关系，可以不去找行业协会。所以，我们行业协会的发展，资金都是问题。邱纯甫同志每年找计委要点投资，过去一年给他 4000 万，就这样都不行，最后没办法，只好搞公司。其实，协会是不应该搞公司的，协会搞公司就不超脱，会影响它的公正性，信誉也就差了。可是协会又不能不这样做，因为不这样，就没有收入。食品工业协会最后就走了这一步。吕东同志有一次跟我讲，他想把工业经济协会变成一个行业协会的总管，就是说把工业经济等各行各业的行业协会都管起来。事实上不行，管不了。各行业都有自己的工业部，到各部里去比到你这来要好。

日本政府对经济的“高度成长”和渡过“石油危机”的难关，都起了十分重要的作用。政府对于经济的指导和管理，除了实行经济立法外，还通过国家银行和政府掌握的资本，运用投资、利率、税率、价格等经济手段来干预和调节国民经济。

通过计划指导和经济立法，引导经济有重点地发展。日本政府为了缓和企业生产有计划和社会生产无政府状态之间的矛盾，也在一定程度上实行有计划的指导。他们的计划是以立法的形式出现的，包括主要发展目标，达成目标的基本政策和方针，经济增长速度，国民所得的增长速度等，多数为期 5 年，个别为期 10 年。从 1955 年到 1976 年，他们一共提出过 8 次计划立法，其中除与 1973 年“石油危机”时期相联系的两次计划没有完成外，其余的各次计划，都提前实现了，因而又多次提出新的计划。在这些计划中，最引人注目的是 1960 年 12 月池田内阁采纳著名经济学家下村治的建议，提出的“国民所得”（即国民收入）提高 1 倍，国民生活水平显著提高，充分就业，实现经济的高度增长。具体要求是：增加社会资本；改进产业部门结构；使基础工业和关键性工业得到优先发展；发展贸易和国际经济合作；提高人的“能力”和发展科学技术；大型企业要同中小型企业建立协作关系，共同发展，确保社会安定。这些目标，在不同程度上都实现了。经济增长率计划为 7.2%，实际达到 10.9%，其中基础工业计划为 10.5%，实际达到 13.8%，“国民所得”4 年就增长了 1 倍，职工实际生活水平有显著提高。池田内阁的这个计划，是吸取了战后英国工党政府实现“勒紧裤带、恢复经济”的办法遭到失败的教训而提出来的，对群众很有吸引力，使大家从切身的物质利益上，对实现计划发生兴趣，所以取得了很大的成功。至今日本经济界人士和职工对这个计划还津津乐道。日本经济的高速度发展和职工生活水平的大幅度提高，主要是在这个时期实现的。但是，由于政府在制定计划时，要邀请大企业的代表参加协商，计划在相当程度上反映了资本家的利益，所以政府计划能够在一定程度上起指导发展方向的作用。政府为了保证计划目标的实现，还制定相应的经济法令和经济政策。

就日本经济法令来说，比较重要的是：1956 年的《工业振兴临时措施法》，1960 年的《贸易汇兑自由化计划大纲》，1963 年的《特定工业临时措施法》和《中小型企业现代化促进法》，1967 年的《公害对策基本法》，1971年的《特定电子工业和特定机械工业临时措施法》等等。这些经济立法，促进了基础工业的改造和石油化工、电机、电子、汽车等新兴工业的发展，对于建立一个以重工业和石油化学工业为基础的现代工业体系起了重要的推动作用。

就经济政策来说，主要是根据不同时期经济发展的目标和需要解决的课题，制定相应的产业投资政策、利率政策、税收政策、进出口政策、劳动工资政策、消费政策和价格政策等等。

1. 通过国家投资，诱导民间投资，来保证计划目标的实现。日本政府通过财政支出，每年的固定资产投资约占财政总支出的30%。政府资本支出除了一部分投入国家金融机关，为私人和国有企业提供贷款以外，另一部分直接投入国有和半国有企业。政府的大部分投资用于修建公路、铁路、港湾、码头、供电和供水等公用事业，来促进工业的合理布局。最突出的是填海造地，开辟新的工业基地，随着工业的迅速发展，工厂用地不断增加，要求从填海造地上找出路。如鹿岛工业区的建设，日本中央政府和地方政府直接投资4000亿日元，引导民间投资1.5兆日元，从1968年开始建设，短短10年时间，就建设成为一个包括钢铁、炼油、石油化工、发电的综合的现代化工业基地。政府不但向私人企业提供廉价的工厂用地，更重要的是通过填海造地有计划地全面规划工业区，符合国家计划的项目就允许购地建设，否则就得不到建设用地。

2. 通过银行贷款控制投资方向。日本私人企业的投资依靠自有资金的比重是逐年减少的，而依靠借入资金的比重越来越大。日本私人企业的自有资金只占总资金的15%左右。日本政府通过国家银行对各个财团所属的商业银行规定贷款总额，以鼓励或限制对某种行业的投资。国家要求发展的行业，就可以得到大量贷款，而不符合国家需要的行业就得不到贷款。这样，既可以限制某些行业的盲目发展，又利于集中使用投资。石油危机以来，经济不景气，工业投资不振，银行又把贷款的对象由企业转向群众。如对个人购买家用电器、钢琴、住宅等，实行分期付款，还有资助上大学的教育贷款等等，以促进个人消费来扩大生产。

日本银行贷款的利率，是由国家统一规定的。对产业投资，一般实行低利率政策。对要求迅速发展的产业部门，采取特别利率，如对电力工业、电子工业、石油化学工业、特定机械工业，贷款利率多年来一直压低为6.5%，而一般的放款利率，则为8.2%—8.7%。为了推动工业的专业化和协作，给中小型企业大量低利率贷款，帮助这些企业更新设备，改革技术，提高管理水平，加速实现现代化。在发展时期，他们把利率降低，大量放款，鼓励投资；在石油危机时期，则把利率提高，收缩信贷，进行调节。

3. 为了促进工业的发展，多年来采取比一般资本主义国家税率低的政策。根据1972年的资料，日本企业所交的税款，只占国民生产总值的21.2%，而美、英、法、联邦德国等国则占28%—36%。这一方面是由于日本宪法限制了军事开支，另一方面则是为了刺激企业发展生产而采取了许多减免税的措施。如准许把企业借入资本的利息，在计算企业的税收时作特别的扣除，企业就少交一大笔所得税；还规定，重要工业部门购买特定的机器设备时，所用资金可从利润中扣除，不要纳税，以促进企业的设备更新和技术改造；出口收入在计税时也作特别的扣除，出口贸易中所受损失的准备金也不计税等等，以鼓励出口。据日本大藏省的统计，1974年日本大企业的纳税减轻率为42.9%，小企业的纳税减轻率为4.5%。这些情况表明，日本政府在税收政策上是尽一切努力为大企业服务的，而得益最大的是日本政府要求发展的“关键”的工业部门。

4. 在税收的分配上，注意兼顾国家和地方的利益，发挥地方的积极性，使地方政府关心企业的发展。如丰田汽车公司每年拿出利润的45%交税，其中60%归中央政府，20%归丰田公司所在的爱知县，20%归爱知县所属的丰田市。因而丰田市对丰田公司的发展十分关心，在社会服务方面做了大量工作。

通过对物价的控制保证经济增长。日本的物价1972年以前是比较平稳的，但从1973年开始，通货膨胀加剧了，物价不断上涨。为此，日本政府曾通过《稳定人民生活的紧急措施法》，企图控制物价，实际上这个紧急措施法没有也不可能严格实施。在这种情况下，为了使企业保持一定利润，人民生活又有所提高，日本政府采取有控制地提高物价的措施，使物价上涨不超过工资的增长，以利经济的发展。

5. 为了推动工业的现代化，还采用一种所谓"行政指导"(或称"行政指引")的方法，作为补充手段。这个方法，被有的经济学家称作是"温情主义的"。因为这种指导是采取从旁劝告、说服的方法，而不是从上而下的发号施令。"行政指导"所起的最重要的作用，是调整重要工业部门的投资比例，当发现某个工业部门投资过多，就"劝说"这个部门的企业减少和停止投资，降低开工率，防止生产过剩。还通过"劝说"调节过分激烈的竞争，例如，1966年到1970年日本六大钢铁公司竞相扩大投资，竞争激烈，通产省就出面建议八幡、富士两家最大的公司合并，终于成立了新日铁公司。当发现有些工业部门可以扩大投资时，则及时给以各种便利，例如，为了发展电子计算机，同美国竞争，从1971年到1976年间，政府给了3个最大的电子工业集团2亿多美元的"补助金"使日本生产的电子计算机的某些产品，很快地赶上了美国。

十、1978 年底考察日本受到的启迪

党的十一届三中全会前后，全党全国人民的思想开始活跃起来。这一时期，我曾率领国家经委代表团访问日本，那次考察，是在《中日和平友好条约》生效后动身的。时间是 1978 年 10 月，12 月初访问结束，回国时正赶上党的十一届三中全会闭幕。那个时候，大家的思想活跃起来，但仍有点禁锢。在一个记者招待会上，有日本记者问，是否允许外国资本家在中国办企业？这是当时还难以回答的问题，同在座的邓立群、马洪同志商量后，我回答可以考虑。不料第二天，日本一家报纸头版头条报道袁某人讲，外国资本家去中国办企业可以考虑。回国后得知中央已经批准石油部提出的欢迎与外资合作开采石油的意见。

1978 年我们在日本，重点考察了新日铁君津和八幡钢铁厂、鹿岛钢厂、三菱电气公司、小松工程机械公司、丰田汽车工业公司、松下电器公司、东芝电气公司。考察给我们代表团一个强烈的感觉是，我国加速实现四个现代化大有希望，但是，要花大力气，尤其是要在管理上下大工夫。

日本地少人多，发展工业的基本资源除了有少量的煤炭外，其他几乎什么都没有。但是，他们从 1955 年到 1976 年，国民生产总值增长 4.8 倍，平均每年增长 8.7%；工业生产总值增长 8.4 倍，平均每年增长 11.3%；国民收入增长 6.4 倍，平均每年增长 10%左右；职工实际收入增长 2.1 倍，平均每年增长 5.6%。工业生产 60 年代初占世界第 5 位，1973 年跃居世界第 3 位。按人口平均的国民生产总值 1978 年已经接近美国。我国与日本相比，土地面积比日本大 26 倍，人口比日本多 8 倍，发展工业的基本资源十分丰富。我们有勤劳的人民，

有优越的社会主义制度。在第一个五年计划时期，我国经济发展速度也是很快的，同时，经济水平同日本差距并不很大。只是后来，由于我们工作上的失误，经济发展速度慢了，经济效益下降了。只要我们坚定不移地按照党的十一届三中全会确定的方针、政策办事，实现四化是完全可能的。

当然，把可能变成现实，必须下决心从思想上来个大解放，彻底摆脱小生产习惯势力的束缚，打掉框框，冲破禁区；在政治上，要长期保持安定团结、生动活泼的局面；在经济上，要坚决改革那些束缚生产力发展的管理体制，要把以行政手段为主的管理体制改变为经济的、法律的和必要的行政手段相结合的管理体制，提高管理水平；在工作上要兢兢业业，扎扎实实做好加快实现社会主义现代化的各项基础工作，包括普及和提高教育，加强职工培训，提高全民族的文化科学水平。否则，条件再好还是很难成功的。

日本工业发展速度快，有很多原因，如美国侵朝侵越战争期间对日本经济的扶植和刺激；日本政府采取每个时期有重点地发展经济的指导方针；还有一个极为重要的原因，就是引进技术装备和先进管理方法。据介绍，日本从 50 年代起，就不断从美国引进先进技术装备，也从美国引进一些科学的管理方法。开始，管理问题在日本也没有引起整个工业界的普遍重视，没有像重视先进技术那样来重视科学管理方法，多数企业仍然采用战前的老办法，靠公司行政命令，层层照搬照转，他们称之为“鞭策管理”，从上到下缺乏一套适应现代化技术的科学管理方法。结果，虽然从美国引进了先进的设备，但产品质量、劳动生产率和成本都大大落后于美国。这种状况，同今天我们的情形极其相似。50 年代后期，他们注意到了这个问题，开始引进学习外国先进的管理方法，进而结合本国的传统加以消化，创造了一套以提高产品质量和服务质量为中心的，使管理工作全面现代化的，适合日本情况的管理方法。日本的一些企业不惜花巨额外汇引进外国先进技术，但他们在引进后，注意组织科研、设计、制造方面的力量，做深入研究，边使用，边消化，进行仿制和改进，变成自己的东西，在国内迅速推广，提高本国的机械制造能力和科学水平，并组织出口。他们就是这样赢得了60年代和70年代初期的高速度。过去名声不好的“东洋货”已成为世界一流产品，有很强的国际竞争能力。

日本人把先进生产技术和科学管理方法，称为经济“高速成长”的两个轮子。他们把管理比作“软件”，强调管理是一门科学，没有先进的管理方法就没有经济的高速度发展。他们把管理、科学、技术称为现代文明的三鼎足，把人的能力的开发，管理技能的发展，看作是当代最迫切的问题。

我们正在为实现四个现代化进行新的长征，从一开始，就应当实行引进先进技术装备与引进科学管理方法同时并举的方针，并应逐步地创造出一套适合我国情况的科学的管理方法。我们看了日本的一些工厂以后，作过比较，我国一些工厂的厂房和设备并不比日本差，而生产效率却比日本低得多；我们引进的一些先进技术装备的生产能力，也远远没有充分发挥出来，其主要原因是管理落后。我国同发达的资本主义国家相比，科学技术方面的差距固然很大，管理方面的差距更大。就是说，我们在科学技术方面落后，而在管理方面更落后，靠消耗大量资源来发展经济，是没有出路的。因此，今后我们在引进先进技术装备的同时，必须注意引进先进的科学管理方法。引进管理方法并不要花很多钱，却可以在经济上得到很大的效益。

通过考察，我们深深感到，要加快社会主义现代化建设，在指导经济工作的理论上，必须打掉一些框框，突破一些禁区；在管理体制上，必须作重大的改革。

1. 要学习资本主义国家企业管理的科学方法。

长期以来，我们不敢接触资本主义国家的企业管理问题，因为这个问题被片面地认为只是资本主义生产关系问题，不能借鉴，不能学习，只能批判。这种认识，妨碍我们去学习资本主义企业管理中合乎科学的东西。因此，我们虽然引进了不少先进的技术装备，但是不能进行科学的管理，使许多先进设备不能充分发挥作用。不打破这个框框，不老老实实地向资本家学习企业管理的科学方法，实现四个现代化是很困难的。

多年来，我们片面强调企业管理是生产关系问题，企业管理的任务是调整人与人之间的关系，而忽视了合理组织生产力这个极其重要的方面。马克思在《资本论》中说过，企业管理是社会化大生产“引起”的，它的基本任务之一，就是把劳动者、劳动手段、劳动对象科学地组织起来，使它们充分发挥作用，提高效率。在这方面资本主义企业有很多先进的方法，完全有必要认真地去学习。

资本家在企业管理中，用了许多办法来刺激职工的积极性，目的是为了获得更多的利润，这当然是生产关系问题。我们社会主义企业搞好管理发展生产的目的，是为了满足劳动者物质和文化生活的需要，这和资本主义企业是不同的。但是，资本主义企业中调控人们之间的关系的一些办法，例如把职工利益同企业利益直接联系起来的办法，我们是可以借鉴的。

我们的企业是社会主义企业，职工是企业的主人，没有剥削和压迫，企业中领导和被领导，管理人员、技术人员和工人之间的关系是同志式的互相合作关系，在这样优越的条件下，我们的企业管理可以比资本主义搞得更好。1949 年以来，我们把党的优良传统同管理社会化大生产相结合，创造了不少好的做法，积累了不少好的经验。同时，我们也确有不少教训，其中之一，便是脱离职工的物质利益，空谈调整人与人的生产关系。在这方面，用了很多心思，花了很大力气，但并未取得令人满意的效果。我们在日本看到，他们在企业管理中，有一些和我们相似的提法和口号，在他们的某些企业管理著作中，也很重视我们过去的一些经验，只要我们善于总结自己的经验，同时认真学习外国企业管理方面的科学成果，把两者很好地结合起来，就一定能够创造出适合我国情况的科学的企业管理制度和方法，把我们的企业管得更好。

2. 要重视开发国内市场。

像日本这样的资本主义社会，他们自己叫作“消费社会”，其实，它首先是个生产社会。战后日本经济破坏严重，生产萧条，人民生活很苦。60 年代初期，池田内阁采纳著名经济学家下村治的建议，提出“国民所得倍增计划”。这个计划，吸取了英国工党政府实行“勒紧裤带，恢复经济”政策失败的教训，使群众从切身的物质利益上对实现计划发生兴趣，因此，“倍增计划”对群众有很大的吸引力，取得了很大的成功。在国民生产总值、国民收入、职工实际收入都大幅度增长的同时，积累率（积累与国民生产总值之比）大幅度提高，1955—1975 年平均为 35%，其中 1955—1960 年平均为 29.8%，1970 年上升到 40%，经过“石化危机”，到 1978 年还达到 32%，大大高于美（18.2%）、法（25.4%）、联邦德国（25%）同期的积累水平。设备投资占国民收入的比例，1960 年是 12%，1970 年上升到 33%。日本国土狭小，资源贫乏，但是，70%的产品，还是依靠国内市场的，如果没有国内高度的消费水平，这样大规模的生产和这样高的发展速度是根本不可能的。我们是个有 10 亿多人口的大国，要真正把经济发展起来，也必须开辟国内市场，特别是农村市场。我国的改革从农村开始，首先解放了农村生产力，发展了农村经济，农民收入增加了，购买力也提高了，这对工业生产和流通领域的发展都是很大的刺激。

3. 计划经济和市场调节相结合。

日本的经济是资本主义的市场经济，经常受社会生产的无政府状态的困扰，日本政府作为资产阶级利益的代表者，力图通过对国民经济的“计划指导”，来缓和企业生产有计划同社会生产无政府状态之间的矛盾，求得经济的发展。他们从 1955 年至 1976 年，先后提出过 8 次计划立法，其中除两次计划因“石油危机”没有完成外，其余的各次计划都提前实现了。日本政府的“计划指导”，充分利用经济手段和法律手段，运用价值规律调节市场，虽然不能解决资本主义固有的矛盾，但还是收到了一定效果。

长期以来，我们受社会主义制度下生产资料不是商品，价值规律对生产不起调节作用的理论的影响，把计划经济同市场经济对立起来，怕一沾市场经济的边，就会使社会主义公有制变质，总是想方设法划清二者的界限。其实，在社会主义现阶段，既然存在着商品生产和商品交换，价值规律就起作用，不仅在流通领域起调节作用，而且在生产领域也起调节作用。我们应把计划经济和市场调节相结合，建立“国家调节市场，市场引导企业”的新的运行机制，国家运用计划经济手段、法律手段和必要的行政手段，调节市场供求关系。这样做，有利于发展我们的社会主义经济，有利于解决产销脱节的问题。依据价值规律和法律、法规来制定计划，指导经济活动，才能加强我们的经济核算制，克服浪费，提高经济效益，繁荣社会主义市场。

4. 要鼓励竞争。

日本资本主义财团、公司之间的竞争，是非常激烈的，同时也有不同形式的协调。这种协调虽然没有消灭竞争，但是对于经济的发展确实起了不可忽视的作用。资本主义竞争，一方面出现大鱼吃小鱼、中小企业倒闭的现象，日本每年都有 1 万多个中小企业倒闭，占全部中小企业的3%以上；另一方面，也促使企业在竞争中不断革新技术，提高质量，降低成本，改善服务。在这里，竞争是发展的强大动力。

社会主义经济发展的历史经验证明，我们的公有制经济只有鼓励竞争，才能避免缺少活力的现象。在社会主义全民所有制企业之间展开竞争，优胜劣汰，看谁生产上得快，产品质量高，生产成本低，利润增加多，看谁对现代化贡献大，使办得好的企业职工得到较多的利益，办得差的，少得一些，这是完全必要的。开展竞争，就必须解决企业有无自主权、职工物质利益是不是同贡献挂钩、权是大是小、企业和职工的物质利益是多还是少的问题。要竞争，就必须赋予企业以较大的权限，不能什么事都管得死死的，否则，要竞争也竞争不起来。

5. 要以改革推动管理。

日本只用20年左右的时间就实现了国民经济的现代化，成为世界第一流的大国，他们有许多重要的经验是值得我们借鉴的。但是，想来想去，如果我们在管理体制上不作重大的改革，是很难汲取他们的经验的。

首先应当彻底改革我国全民所有制工业的组织管理形式，把权力下放给企业。近几年已做了大量的工作，原来的那一套行政为主的组织管理形式，基本上改变为经济为主的组织管理形式，目前这种改革还在深化。权力下放后的企业是产供销统一的，人财物统一的，权力与责任也是统一的。企业作为经济组织，其领导人要对使用国家的生产资料和资金负经济责任和法律责任。这些改革，使计划体制、财政体制、物资体制等等经济管理体制的改革和国家经济行政机构的精简，有共同的语言和共同的路子，有利于克服各说各的、互相扯皮、互踢皮球，或者你等我、我等你等不良现象。

6. 加强立法和经济调节手段。

日本政府对经济的指导和管理，一方面实行经济立法，另一方面又通过国家银行和政府掌握的资本，运用投资、利息、税率、价格等各种经济手段，来干预和调节国民经济的许多具体做法，是值得我们借鉴的，也正是当前我们所缺乏的。

日本的企业向银行借款时，都是精打细算，充分考虑投资效果和还本付息问题。同时，银行对借款人所经营的企业状况、新投资的用项、偿还能力，也进行详细的调查。因此，投资的使用是相当经济合理的。

长期以来我们的建设资金基本上都掌握在国家手里，由于建设拨款是无偿的，既不收利息，更不考虑偿还问题，于是一些部门和企业竞相争投资、争设备，而在资金使用上则很少考虑经济效果，造成巨大的浪费。这种情况，尤其不能适应我们在建设中大量利用外资的新形势。因此，在投资形式上，应该改拨款为贷款，规定付息和偿还的期限，规定使用资金的负责人应承担的经济责任和法律责任，同时赋予他们相应的权限，以调动企业的主动性和积极性，提高资金利用效果。

以今天的眼光来看，我讲到的上面这六条，确实不是什么了不起的突破，但是可以知道今天的路正是从那个时候开始探索的，我们的考察报告当时受到了党中央和国务院领导同志的重视。根据代表团的建议，有关部门在国务院的同意下，采取了如下措施。

(1) 先在京津沪三市选少数基础较好的工厂，进行改革企业管理的试点。试点厂分别与日本厂对口挂钩，定期互访，交流管理技术和经验。

(2) 训练厂长，培训骨干，提高企业的管理能力。企业要有计划地培训工人。编印了日本和其他国家有关企业管理、质量管理的教材、手册，作为对干部、工人进行培训的参考资料。

(3) 开展“质量月”活动，颁发质量奖。参考日本的经验，把“质量月”的活动建立在加强日常质量管理工作的基础上，使“质量月”成为全年质量活动的高潮，进行总检查、总检阅。

(4) 开展企业管理经验的国际交流。根据我们在访日期间，同日方达成的关于中日企业管理、质量管理经验交流协议，规定中日双方互派以厂长为主的考察团，互派有关人员参加对方“质量月”活动。同时，为了对不同类型管理方法进行比较、鉴别，还组织了一些同志到美国、西欧和部分社会主义国家进行企业管理考察。

(5) 成立了中国企业管理协会。仿照日本的经验由协会在政府和企业之间发挥纽带作用，为企业服务。

中国企业管理协会成立 10 年来，在干部培训、咨询诊断、理论研究、信息服务、国际交流、书刊出版等方面做了许多工作，受到企业的欢迎，也有助于政府在管理企业方面职能的转换。

欧洲一些国家的企业管理

一、联邦德国、瑞士、奥地利企业管理特点

第二次世界大战对西欧经济破坏极大。西欧在经济复兴过程中，美国对其产生过相当大的影响。美国企业管理的经验，对西欧也曾产生过很大影响。但是，西欧各国人民在重建并且大大地发展自己民族经济的过程中，并没有美国化，而是保持了自己仍然起积极作用的好传统。奥地利的安德利兹机械公司总经理舍里奥在谈到他们经营企业成功的经验时曾说："我们的秘诀是传统加进步。"

世界经济论坛主席施瓦布教授曾向我们介绍了联邦德国、瑞士、奥地利等国家流行的管理哲学。他说：在欧洲，企业被看作社会的一个小系统，同社会的其他小系统保持着经常的联系。企业领导的任务就是用尽可能好的方式为整个社会服务，具体来说就是为他的顾客、股东、雇员、政府、债权人和供应厂商服务。首先，企业必须为顾客服务，必须满足顾客的需要并给他们最好的产品或劳务。其次，企业必须为投资者服务，使投资者的投资回收率高于向政府放款的利率。再次，企业必须为雇员服务，必须提供雇用的连续性、实际收入的增长以及合理待遇。最后，企业必须为社会服务，它必须对后代的物质

利益负责，必须最好地使用知识与资源，必须不断把管理与技术方面的知识推向前进，必须向社会缴纳适当的税款。企业为了完成这些任务，保证自己能够长期存在下去是必要的。社会的成员对企业有一个共同的基本愿望，就是企业的不断繁荣。这一总的目标可以用四个具体目标来衡量：(1) 利润。它表明资源是否有效地得到了利用。(2) 发展。它表明用以主宰当前和未来的活力。(3) 安全保障。它表明企业处理预见不到的问题和应对威胁的能力。(4) 社会责任。它表明企业对社会承担的义务，如防止污染等等。企业的顾客、股东、雇员以及政府、工会等，对这些目标的优先考虑方面存在着矛盾，企业领导人必须找出办法来妥善地解决这些矛盾。

这三国的经济发展水平较高，按人口平均的国民生产总值，瑞士和联邦德国都达到 1 万美元以上，超过了美国。奥地利差些，但也超过 6000 美元。三国都是联邦制，在经济管理上也有许多共同之处，特别是德、奥两国尤其相似，瑞士在企业组织上受英美影响多些。

联邦德国、瑞士、奥地利和其他发达的资本主义国家一样，许多公司、企业、银行之间都存在资本主义和各种形式的联合。这是在自由竞争推动下，顺应社会化大生产的要求，必然出现的现象；也是为了适应瞬息万变的国内外市场的情况，发展企业经营多样化的需要。他们有的实行企业合并性的联合，有的只有资本的交叉，企业各自保持原来的独立性。任何形式的联合，都实行公司内部的权力分散化，各生产单位和经营单位独立核算，自负盈亏。有的按产品进行核算，类似美、日的事业部制；有的按生产厂核算。核算单位如连续三年赔本，就要撤换经理或关闭。

人们都说联邦德国的城乡差别较小，我们看了以后也有同感。联邦德国 100 万人口以上的城市只有汉堡、慕尼黑和西柏林，绝大多数工业企业分散在中小城镇，工业较集中的鲁尔地区，也是分散在该地区的中小城镇，而中小城镇又是较现代化的，城乡差别主要在精神文明生活方面。这种状况是长期形成的，从根本上说是生产力高度发展的结果。我们过去把城乡差别问题通常当作是社会制度问题和生产关系问题，这种认识有很大片面性。在联邦德国，随着生产力的不断发展，交通运输业，特别是公路非常发达，又大兴莱茵河、易北河等大水系的舟楫之利，再加上二战后在重建和发展工业的过程中，为避免大城市的迅速扩大所带来的住房、交通、污染、服务等方面的困难，他们逐步在广大中小城镇创造了发展工业的各种有利条件，如交通、输电、公用事业、服务事业、教育、卫生等。联邦德国实行联邦制，各州竞相吸引投资，以便有更多的税收，求得本州的繁荣，这无疑也促进了工业的分散化。

同美、日相比，联邦德国企业经营管理的主要特点是：

1. 企业的所有制形式比较复杂。虽然都是资本主义企业，但具体形式却有：(1) 由一个或几个家族所有，对外不出售股票。(2) 由一个或几个资本家和银行家掌握主要股份，其余的股份分散在较多的股票持有者手中。这类企业大型的较多，其股票进交易所。(3) 政府和私人合资经营，有的政府占有主要股份，有的私人占有主要股份，出售股票。(4) 联邦政府和州政府合营，不出售股票。(5) 完全国营，不出售股票。

2. 管理机构的设置灵活多样。联邦德国企业在经营多样化、生产专业化和协作社会化方面，同美、日没有多大差别。但是，在管理机构的设置上，美国和日本都大体有一个格式，大中小企业的管理机构基本相同。而联邦德国各企业的管理机构却差别很大，企业都根据自己的需要，设置相应的机构，而不彼此模仿。如奔吉色化学公司，在管理委员会下设 4 个管理部门：营业部，负责国内外市场调查、产品推销和原材料采购；技术部，负责研究发展、组织生产、质量控制；

财会部，负责经济核算；人事福利部，负责劳动工资、职工福利、职工培训。而普发夫缝纫机公司，由于他们的产品销往130个国家和地区，因而单独设立了由350人（其中包括80名工程师）组成的庞大的技术服务部门。克虏伯电子公司则根据自己的情况，把环境保护、财务管理、成本控制、原材料采购，都划归商务部门管理。奔驰汽车公司认为，搞好现代化管理可以归结为5个“M”，即管理、人、钱、设备、原材料（这5个词的英文字头都是M）。他们认为，好的管理会带来好的技术和好的经济效果，不好的管理可以破坏企业的一切。因此，15个副总经理中有10人分别负责抓这5个“M”，另外5人分别管计划、销售、发展和产品质量，他们的管理机构又有自己的特点。他们按照企业的特点设置相应的管理机构的做法，使管理部门的效率更高，又可避免机构臃肿的毛病。

3. 实行自由雇佣制度和能力工资制。瑞士、奥地利、联邦德国三国实行自由雇佣制度，企业招工时，劳资双方在工会介入下签订合同。他们对日本的终身雇佣制度不以为然，也不赞成美国那种不稳定的雇佣关系，职工流动性太大。

三国的工资制度基本上是一样的，工人实行小时工资制和集体计件或超额计件工资制，职员、工程技术人员和管理人员实行月工资制。美国工人的工资形式与西欧相同，但职员、工程技术人员和管理人员则实行年薪制。日本工人和职员一般都实行月工资制，政府官员才实行年薪制。西欧和美国都实行能力工资制度，即按技术和实际工作成果拿工资，日本则实行年功序列工资制，只有少数大的电子公司才实行能力工资制。联邦德国人认为，能力工资制度更能调动人们的积极性，便于发现人才，使能干的年轻人有充分的用武之地。而日本人认为年功序列工资符合他们的国情，又能稳定职工在一个企业里长期安心工作。

联邦德国职工平均月工资 1979 年是 2500 马克，最近达到 5000 马克，实际工资水平高于日本，与美国相仿。联邦德国按人口平均的居住面积每人在 30 平方米以上，美国不到 30 平方米，日本只有 14 平方米。福利和各种社会保险，美国和日本都相当于工资总额的 30%左右，而联邦德国则达到 50%左右。

联邦德国在福利方面还有以下特点：第一，养老金一律由政府发放，这样，在各个企业工作的工龄都被承认，而不像日本养老金由企业发放，只承认在本企业的工龄。美国也由企业发放，却承认在其他企业的工龄。联邦德国养老金一般占正常交税后工资的 80%。第二，每年除 115 天法定假日外，还有 6 周的假期，这 6 周假期工资照发，还要加发 66%（有的企业说是 35%）的工资，用以补贴职工的旅游，这在美、日都是没有的。第三，联邦德国 40%的家庭有私人住宅，企业修建的职工宿舍尽管房租比市价低 50%，本国工人仍很少租用，多半是外籍工人居住。联邦德国职工 2300 万人，外籍工人 200 多万，有些企业的外籍工人超过一半，外籍职工也享受同样福利。企业职工食堂供应的午饭相当于市价的 30%—40%。第四，根据企业经营情况，除每年给职工多发 1—2 个月工资作为奖励外，一般没有奖金。但对企业有重大贡献的职工，公司以赠送礼物的形式发给奖金，有的可以得到 1 辆汽车。还有些公司用打折扣的价格每年向职工出售 1 次股票，这实际上也是一种奖励。

二、联邦德国、瑞士、奥地利的国营企业

联邦德国的国营经济，在 11 个主要工交行业中，邮政、电信、铁路、航空全为国营；电力国营部分约占 3／4；煤气和煤炭约占 1／2；石油产品、汽车和造船约占 1／4；钢全部私营。国营部分的比重，

联邦德国和瑞士差不多，奥地利多些。

国营企业，都按私人资本主义经营原则进行管理。国营企业在组织上、经营管理的原则和方法上都和私人资本主义企业一样，除了铁路、高速公路等由政府垄断外，其余的都和私人企业在市场上竞争。我们访问私人公司时，他们也认为自己是同国营企业处于平等地位。

虽然如此，国营企业的经营管理水平一般的还是低于私人企业，原因是有些国营企业如铁路，历来就是赔钱的，在公众反对提高运价的条件下，很难转亏为盈；管理人员的个人积极性和责任心也差些。

现在有一种流行的说法，就是认为国营企业不行是它本身就有问题，无论到英国、法国，还是到联邦德国、日本，他们都这么讲。我们从联邦德国的杜色尔托夫旅馆出来散步，走到街心公园，碰见一个工人推着一辆清扫车打扫公园中间的走道，这辆车使劲响，声音十分刺耳。陪同我们的联邦德国人说，这是市政企业的清扫车，因为是公家的东西，没人爱护，没人修理。外国人说国营企业不行，我们的同志也跟着说。这个问题怎么看，国营企业搞不好，关键还是“大锅饭”和平均主义，不是国营本身的问题。为什么首钢可以经营得好，那无非是解决了体制问题，国家包干以后，任务层层分解，千斤重担大家挑，人人头上有指标，把工人积极性都调动起来了；加上职工收入高，工作努力去干，不存在第二职业问题。一方面他没有精力再另外去干什么活，另一方面他收入高了，也没有必要再去搞第二职业来增加收入。国营企业是国家所有，但是国家可以委托经营者去经营。现在我们政企分开，最核心的问题就是把所有权和经营权分开。

资本主义国有企业是国家机器为私人资本主义企业服务。这一部分企业投入多、产出少，一次性投入多，回收投资慢。因为它要为企业服务，为公众服务，所以就不能高价。这样在资本主义市场竞争中，国营企业就处于一种不平等的地位。例如铁路，燃料涨价、维修费用涨价，铁路车票不让涨价，它当然非赔不可。美国的铁路就是这样，它的火车，咣咣咣，坐在上边跟跳舞一样。我问过，他们说，我们铁路赔钱，没有资金。我又问，为什么不放给私人经营？他们说，私人不干，原来是私营，因为私营干不下去了，国家才收购，背上了这个包袱。有一次我们坐欧洲国际列车，从希腊经过南斯拉夫，一直到丹麦，车上没有几个人，而且也不开空调，他们说，空调坏了。后来联邦德国人告诉我们，因为赔钱，不愿意开空调。如果把铁路卖给私人，资本家肯定会涨价、会裁人。

三、联邦德国、瑞士、奥地利企业职工在企业经营管理方面的作用

联邦德国等三国职工在企业经营管理方面起较大的作用。联邦德国法律对企业的监督委员会、管理委员会和工人委员会的组织和职责，都有明确的规定。

监督委员会类似美、日的董事会，但它的成员一半是股东代表，另一半是职工代表。监委会的主席一般由股东代表担任，副主席由职工代表担任，但必须取得 2／3 以上委员的同意。监委会表决问题时，如双方票数相等，主席有最后决定权。监委会讨论并决定企业经营管理的重大方针政策，控制预算，决定管理委员会的人选。凡 2000 人以上的企业，必须成立监督委员会。

管理委员会，负责企业的日常经营管理工作，管理委员会的主席就是总经理。管委会成员一般都是管理和技术方面的专家，有的是有专长的股东，有的是雇用的专家。

工人委员会，由全厂职工选举产生，凡雇用 5 人以上的企业都必须成立。它的主要任务是维护工人的工资、福利、安全等权益，每两

年改选一次。工人委员会和企业中的工会是两回事，非会员也有选举权和被选举权。工人委员会的委员数取决于职工人数。法律规定，300人以上的企业，委员和脱产委员的人数都相应增多。工人委员会对管理委员会涉及工人权利的某些决定，如解雇工人、调整工资等，有否决权，但不能干预企业的生产经营活动，在这方面只有了解情况和提意见的权利。一般企业，管理委员会为了处理好同职工的关系，在生产经营方面，如购置新设备，增加新品种，改变经营方式等问题，通常都与工人委员会商量。我们在访问奔驰汽车公司等企业时，都有工人委员会代表同管理委员会负责人一起参加接待。

联邦德国工人在企业中有一定的管理权。这除了社会民主党的影响较深外，还与德国的特殊历史条件有关。战后，原国营企业被占领军控制，它们要依靠职工恢复生产，给职工代表以较大的管理权。私人企业的资本家因与战争有牵连，许多人逃往国外，职工为了生活，组织起来护厂，恢复生产，进行经营活动。后来这些资本家陆续返回，也不得不接受已经形成的现实。

我们同奥地利工会联合会主席谈话时，他问我们到联邦德国、瑞士考察后有什么印象。我们讲了几条，其中一条是说那里的工人权利比较大。他马上说，你可不要听资本家的宣传，这可不是资本家发善心，而是我们长期斗争的结果。社会民主党政府总是想维护资本主义制度，资本家当然也极力宣传，调和劳资关系。开始资本家并不支持社会民主党，总以为他们跟自己过不去，偏向工人，后来资本家明白了。石油危机时，就是靠劳资双方同心协力才渡过难关的，这和企业职工积极性的发挥有很大关系。日本也尝到了这个甜头，这次日元升值，他们采取动员工人积极性的办法，第一季度生产增长率达11%，就是说经过两年的艰苦努力，已经走过了困难时期。1986年、1987年我们访日，都赶上他们很紧张的时候，大资本家还有抹脖子的，有的大资本家破产，全家自杀，日本报纸登的很多。他们对付日元升值面临的危机所采取的带有战略性的措施，是千方百计地发掘人的潜在力量。不过有的科学家通过实验发现，平均起来，人的大脑功能一生只能发挥 19%，这也是天晓得的事。

四、联邦德国、瑞士、奥地利重视利用旧设备

联邦德国、奥地利、瑞士三国在对老企业进行技术改造的过程中，比美国更加重视旧厂房、旧设备的利用，还特别注意发挥传统手工技巧的优势。例如，联邦德国奥尔德分离器公司是 1892 年建立的老厂，战后陆续购置了一批现代化的数控机床和电子检验设备，但同时保留着战前使用过的一些旧式机床，还专门保留一个手工车间，有一批技术熟练的 50 岁左右的老工人，专门用不锈钢片镶包分离器的生铁铸件，这种技术可以使分离器的铸铁缸体同全部用不锈钢制造的缸体发挥同样的效用，而成本却大为降低了。在工厂培训的青年工人中还有一批专门学习这种手工技术的。从这一点看，他们的很多做法值得我们借鉴，不少东西跟我们的实际相符合。又如奥地利安德利兹机械公司，是 1852 年建立的，在现代化生产线的旁边配置有战前使用过的皮带车床，他们的口号是："传统加进步"。旧的 16 米立式车床采用三班生产，产量并不比新式自动车床两班生产低，质量也不差，如果用新式设备取代，需投资 200 万美元。由于他们采用这种方法，产品成本比 10 年前降低了 30%，因而使竞争力增强了。

我们在西欧三国看到，他们在实现工业现代化的过程中，在发展某些尖端技术和新兴工业部门的同时，主要依靠原有工业企业的技术改造，从而大大加快了整个国家工业现代化的进程，他们强调，这样做资金省，见效快，工人易于掌握，管理人员易于管理，并且可以保

持就业的规模，避免引起社会动荡。曾到中国访问过的奥地利安德利兹机械公司总经理舍里奥说，你们来考察要从实际出发，想解决什么问题，就考察什么，你不要求新，不要猎奇。要为你所用，要根据你的需要来考察。大型现代化的成套设备，花费如果不能发挥作用，那就要积压很多资金，因此在引进大型先进技术设备的同时，也应引进适用的“中等程度技术”。中国劳动力多，技术基础还不强大，用中等技术改造原有的工厂，容易消化吸收，会取得较好的经济效果。

另外，要注意利用旧设备，不要一下子把旧设备都扔了。根据他们的思想脉络，还专门带我们看了一个工厂。这个厂有1900年修建的木结构厂房，有50年代扩建的钢筋混凝土厂房，有70年代新建的钢结构大玻璃窗厂房。钢结构厂房虽好，可它的噪音比木房大，木结构的吸音，就像咱们电报局的电话会议室一样，木板墙上有好多小孔，那些小孔就吸音。木头本身是疏松的、多孔性的物质，而钢结构的会把声音反射过来，噪音就大。他们讲，传统的旧的老的东西只要能使用，就要保存它；它仍然有自己的好处，有新的东西不能代替的好处。水轮机叶片他们用手工打磨，让咱们看起来，觉得落后，但是，他们说，手工操作往往是机械所不及的。卫星、火箭上天，多少年才发射一次，不能都靠机械操作。我们常常讥笑50年代的设备生产80年代的产品，老实说，这是外行人说的话。真正内行就是把50年代设备经过改造使它完全可以适应80年代产品生产的需要。这是两种思想，一种是我们落后，但能生产先进产品，这句话听起来是有一点毛病，但是落后的设备进行改造可以生产80年代的产品，这是对的。如果说50年代的设备改造了也不能生产80年代的产品，那是错误的。实际上，讥笑用50年代设备生产80年代产品的人，没有进行过科学的调查研究，是想当然的。实际上在国外企业里，有大量的旧设备在那里运转。在美国考察，也可以强烈地感觉到他们的“传统加进步”。在工厂里，大量地使用旧设备。

其实，任何时候，任何国家，技术的先进、中等和落后都是相对的，在工业发达国家，最先进的技术也是少量的，中等技术则是大量的。我国搞工业现代化，资金不足，技术水平起点低，但已建设起来的工业基础却相当庞大。在这种情况下，用先进技术和中等技术改造老企业，对加速工业现代化具有特别重要的意义。过多地引进先进的成套设备，建设大规模的现代化企业，不仅财力负担不起，在组织生产和经营管理方面也会出现许多困难，不易迅速取得经济实效，这方面我们是有深刻教训的。在今后一段相当长的时间内，应下决心砍掉一些新摊子，把引进的技术和设备主要用在原有企业的技术改造上。如果能从 2000 多亿的预算外资金中挤出一些油水，也应考虑主要用于老企业的技术改造，而不应都用于基本建设。

五、联邦德国、瑞士、奥地利的职业教育和培训

联邦德国的职业教育有较长的历史传统。19 世纪末，为适应工业发展的需要，工业界开始对青年工人进行大规模培训。到本世纪 20 年代，学徒工在企业和学校同时培训的双轨制，以及各种职业学校已经很普遍了。战后，职工教育作为重建经济的一部分，受到极大重视。国家规定了受训的专业，联邦各部也制定了各类工作的培训标准，建立了联邦职业教育研究所，负责研究和制定有关政策，全国从联邦科教部、各州政府一直到企业，都有专管职业教育的机构和人员。近几年，各州政府一年用于职业教育的经费达 40 亿马克，企业用于学徒工培训和职工再教育的费用一年近 200 亿马克，职业教育与正规教育平行地迅速发展起来。

1979 年，联邦德国已有各类学校 3.5 万所，其中普通中小学和正

规大学 2.6 万所，有大学生 100 万人，中小学生 1200 万人；各类职业学校 9000 所，有学生 240 万人。在 15 岁到 18 岁的青年中，每两人就有一人在职业学校学习。全国从学徒工培训到中等、高等职业教育，形成一个完整的体系，各州、各市已形成职业教育网。可以说，不仅普及了普通中学的义务教育，在某种程度上也普及了职业教育。这对联邦德国经济的发展、技术水平的提高和提高青年就业率、稳定社会秩序，都起了重大的作用。联邦德国朋友一再讲，战后联邦德国经济受到巨大破坏，但是技术人才大部分保留下来了，正是依靠这批技术力量，加上不断培养出大批的熟练技术人才，才能有战后的“经济奇迹”，使联邦德国成为西方生产效率和工资水平最高的国家之一。他们说，“职业教育是联邦德国经济发展的柱石”，“是一个民族能否存在的基础”，这些话是很有道理的。

联邦德国的职业教育和职工培训，在西方国家中是比较突出的，与我们在美国和日本看到的情况相比，有很大不同，其主要特点是：

1. 国家对职业教育有专门的立法。美国和日本企业也都很重视职业培训，有设备完善的培训中心，花费大量的人力和资金，但是，国家对此并没有专门的立法。联邦德国联邦政府于 1969 年综合以往有关的立法内容，制定了统一的联邦职业培训法，它详尽地规定了学徒工与企业签订合同的内容，培训师傅的资格，培训车间的性质，国家承认的 13 类 450 项培训专业的课程内容和教学时间，对徒工的考试和对培训的监督检查，对职工进行再教育的培训，等等。各有关方面必须严格执行，违法者要加以追究。

2. 学校、企业对徒工培训，各自负有明确的责任。美国和日本的徒工培训，都是只限于企业内，招收徒工后就作为企业的一员，至于培训内容和怎样培训，完全由企业自定，国家和社会并不干预。在联邦德国，学徒工培训统一实行双轨制教育，即在企业里学实际操作，在职业学校里学理论知识，平行进行，在三年学徒期间，每周三天半到四天在企业学习，一天到一天半在学校学习，双方共同负责培训。学徒工生活费由企业开支，但并不算企业正式人员，毕业后，既可留在本企业，也可到其他企业工作。因此，企业把培训学徒看作是对社会承担的义务之一。

双轨制教育要求各个方面密切配合，互相支持。州政府要根据本州企业有多少徒工、企业的性质、专业的内容，来确定建立多少和包括哪些专业的职业学校。企业凡是有条件的都要建立徒工培训车间，每 15—20 名学徒工，要配备 1 名专职的培训师傅。有 14 万名职工的奔驰汽车公司，就有 6000 名学徒工学习 33 个专业，由 400 名专职培训师傅和 2500 名兼职师傅分别指导。据介绍，联邦德国共有学徒工 150 多万人，约占就业人员总数的 6%。企业在 3 年内培训 1 名学徒工，包括工资和教学经费，约需 5 万马克，培训费约占一些大公司销售额的 2%。另外，全国还有 400 所超企业培训中心，专为缺乏培训能力的中小企业培训徒工。

3. 对徒工培训的检查和考核十分严格。在美国和日本，徒工是否达到技术标准，由企业负责考核，而在联邦德国，却实行严格的社会监督，由联邦德国工商联合会及其在各地的 69 个基层组织具体负责。所有学徒工与资方签订的培训合同，都要经当地工商联合会审查批准。他们有权到企业检查学徒工培训情况，包括教材内容和教学计划是否适当，徒工的学习时间、待遇和休假是否得到保证，企业是否有能力培训徒工等。学徒 3 年学习期满，由工商联合会组织学校、企业共同考试，合格者发给毕业证书。这个证书不仅在联邦德国，在西欧也都是承认的，是合格技术工人的文凭。如果由于企业未尽到责任而徒工不及格，企业要依法赔偿徒工不能按期成为技术工人的工资差额，并取消企业承担培训的资格。这种严格的统一的检查考核制度，保证了学徒工培训的质量，使各个行业培训出来的徒工有大体一致的水平，从而满足了工业部门对技术工人的需要。

4. 对企业在职职工的进修和深造，已形成一个庞大的职业教育网。联邦德国全国共有徒工职业学校2321所，职业补习学校2862所，中等专科学校956所，高等专科学校165所，这些学校为企业职工进修深造，提供了广泛的机会。学徒工毕业工作两三年后，可以考中等专科学校，学习两年，毕业后为技术员；还可以再进入高等专科学校，学习三年，毕业后为助理工程师。在联邦德国有相当一部分技术人员，是通过各级职业学校培训的。这部分学员由于理论与实践结合紧密，专业知识比较扎实，深受企业欢迎。许多大企业的中级领导人员，是高等职业学校毕业生。此外，还有各种业余大学，有一定学历和实践经验而又立志深造的职工，可以利用业余时间进修，学习3年到4年毕业，通过考试可得学士学位。许多州的雇主协会，为培养企业领导人员和管理人员，还开设了设施先进的培训中心，会员企业都可派人去学习。他们对职员进行再教育的形式是多种多样的，有为适应工作要求、形势变化而进行的进修教育，有为调整行业、工作而进行的改行教育，也有为交流同行业经验、提高水平而举办的各种短期培训。时间可长可短，形式灵活多样，既可为许多企业组织同一专业的学习班，也可为某个企业解决某个问题在企业里举办专题学习班。

5. 对职工中的残疾人员进行改行教育，是联邦德国职业教育的一大特色。我们在联邦德国参观了两所残疾人员再就业的职业学校，留下了很深的印象，凡企业在职职工由于各种事故、职业病或其他原因，造成某种残疾，不能从事原来职业的，都可以申请接受改行教育。通过18个月的训练，掌握一门新的力所能及的专业。这两所学校都有第一流的教学设施，所设的专业又是社会上急需的，因而学员毕业后能很快找到新的工作。据介绍，全国有21所这类学校，1.5万个学习岗位，基本上能满足需要。平均一个残疾者，在一年半学习期间，需要花8万马克（包括赡养家属费用），这笔钱在州的社会保险费内开支。在美国和日本，虽然也有社会保险，但残疾后一般是靠养老金过活，还没有像联邦德国这样，把社会福利和职业教育结合起来，使残疾者尽可能重新恢复工作。

在联邦德国，小学4年毕业后（即10岁），就考虑选择发展方向，成绩优异的上9年制中学，准备将来升大学；大多数上五六年制普通中学，再通过各种职业学校，学习专业，准备就业。这种教育与就业相结合的体制，有很大优越性。我们今后在城市中也应只普及初中教育，少数成绩好的学生上重点高中，升入大学；同时把相当一部分普通高中改为各种专科学校、技工学校，加上企业办的，以及企业与地方合办的各种职业学校，招收初中毕业生，进行职业教育。这样就可为企业需要的技术工人开辟广阔的来源。实行这种改革，必须先从思想上打破那种正规教育高于职业教育并将两者截然分开的传统观念，把职业教育纳入正规教育，并从计划上、经费上加以支持。这将有力地促进我国职工队伍文化技术素质的迅速提高，也有利于安排青年就业。

我国工业企业现有学徒工一二百万人，占全民所有制工业职工的5%左右。现行的学徒制度有不少弊病，一是学徒进厂就成了"铁饭碗"，不论学习好坏，三年期满，按期转正，不利于学徒工钻研技术；二是缺乏明确的技术标准和严格的考核，出徒水平悬殊，不能保证质量；三是企业没有明确的责任，有的企业把学徒工单纯当劳动力使用。今后可否逐步将企业招工改为招生，学徒与企业订立培训合同，学徒期间不算就业，学业期满，考试合格，才能成为企业一员，不合格的要延长学习时间或加以淘汰。同时，主管部门应制定本行业学徒工的培训内容和标准，毕业考试要由主管部门和工会、共青团联合主持。大企业要建立徒工培训车间，中小企业可联合举办培训中心。

六、联邦德国、瑞士、奥地利的税收制度

联邦德国、瑞士、奥地利的财政收入同美、日一样，主要是靠税收。1980年联邦德国政府财政预算收入2144.8亿马克，其中税收为1780亿马克，占83%，其余的17%是向银行贷款、发行公债和其他收入。税收是政府干预经济的重要杠杆，又是政府活动的重要经济来源。因此，他们对税收非常重视。

实行多税种、多次征收的复税制。这种复税制是资本主义国家税收制度的一个共同特点，税种大同小异，所不同的主要是税率的高低和税收的管理与分配。联邦德国共有50多种税，其中占收入比重较大的，只有四五种。

（1）个人收入所得税，占全国税收总数的43%，按累进税率征收，起征点为年收入3029马克，最低税率为22.5%，年收入在13万马克以上者，按最高税率56%征收。个人收入的计算范围，包括工资和分得的股息、红利、个人经营收入、各种佣金、稿酬等。

（2）公司所得税，约占全国税收总数的6%，按比例税率（即一个税率）征收，税率为56%，由公司按其实现的利润在规定的期限内缴纳。不论国营企业、私营企业，或国家同私人合营企业，都征这种税。

（3）增值税即销售税，占全国税收总数的21%以上。凡属工商企业活动的业务收入，不管经营目的和经营效果怎样，都要按产品销售或经营业务收入征收。除生活、新闻等行业按6.5%的税率征税外，其余行业都按13%的税率征税。在按产品具体计算税额时，还要扣除该项产品在生产过程中已交的税款。例如1辆小汽车出厂价为1万

马克，按13%的税率征收增值税，税款应为1300马克，可是汽车厂生产这辆汽车时外购零部件5000马克，这部分已按13%的税率交过增值税650马克了，因此，汽车厂就在应交的1300马克中扣除已交的部分，再交650马克就行了。企业外购的零部件，在发货票上都明确记载货款多少，税款多少。

附录：

没有管理现代化　就没有四个现代化*

——访国家经委副主任袁宝华

在全国第五次企业管理现代化座谈会上，记者带着企业管理现代化和四化建设的关系，企业管理现代化与深化企业改革、双增双节[1]的关系等问题，访问了国家经委副主任、中国企业管理协会会长袁宝华同志。

袁副主任意味深长地说：今天新闻单位的同志访问我，是对这次会议的支持和促进，我很高兴，希望新闻界的朋友能为推进企业管理现代化助一臂之力。

在轻松、欢快的气氛中，**记者问道：**当前强调大力推进企业管理现代化的重要性和迫切性在哪里？

袁副主任思索片刻说：企业管理工作是一项十分重要的工作，“三分技术七分管理”，管理工作上不去，很难提高产品质量、降低物质消耗、提高经济效益。“四人帮”横行之时，迫使企业放弃了管理工作，不讲经济效益，使国民经济到了崩溃的边缘。党的十一届三中全会以

* 原载《陕西日报》，1987年5月11日，记者：沈云骏。

[1] 双增双节是增产节约、增收节支的简称。双增双节的目的在于全面提高社会经济效益。

来，我们又重新加强了企业管理工作，在管理上由生产型向生产经营型，由传统管理向科学管理、现代管理转变。可以说，没有管理现代化，就没有四个现代化。我国在推行企业管理现代化过程中，大致经历了三个阶段：

第一阶段是恢复起步阶段，为管理现代化打下了比较扎实的基础；第二阶段是深入试点、总结经验、制定《全国企业管理现代化纲要》阶段，从大的方面勾画出企业管理现代化的轮廓；第三阶段是结合深化企业改革，开展企业升级，全面实施《纲要》阶段，开始出现了一些初具规模的具有中国特色的管理现代化的企业，为保证国民经济持续稳步发展作出了重大贡献。但我们还应该看到，这项具有重大现实意义和深远历史意义的工作，目前在广度和深度上还是远远不够的，使企业的潜力得不到充分挖掘，不能取得明显的经济效益。甚至有些单位，虽有现代化的工艺、装备，但没有现代化的管理，结果将自动化设备改为半自动和手工操作，正如用驾驭马车的办法去驾驶飞机。因此，当前推进企业管理现代化是一项十分迫切的任务。

记者问：在推进企业管理现代化中，还存在哪些亟待解决的问题？

袁副主任说：企业管理现代化这项工作，对我国来讲是近几年来才提出的，是一个新的问题。我国的工业是从半殖民地半封建的废墟上建立起来的，基础很差。虽然，过去从苏联引进了一些管理方法，但与目前西方发达的资本主义国家相比，有明显的差距，现在，我国仍有相当数量的企业采用落后的传统管理方法。这当然有不少客观的原因，但是也存在着一定的主观原因。主要表现为：一种是对实现企业管理现代化有神秘感，认为要人才没人才，要技术没技术，要先进设备没先进设备，无法开展这项工作；另一种是没有摆正软件和硬件的关系，不懂得如果不能提高属于软件的管理现代化水平，就不能，也不可能充分发挥机器、设备等硬件的作用。因此，对这项工作不能自觉地摆到重要的议事日程上来。再有一种，一提出发展生产，就从头脑中产生争投资、争设备的老观念，注重投入，而忽视向管理要产量、要质量、要效益。存有这些问题的同志，据我们调查了解，并非是对企业管理现代化有抵触情绪，而主要是没有认真地学习研究和经过实践，没有尝到甜头。从现在起，这些同志应该要自觉地转变自己的思想观念，共同推进企业管理现代化的工作。

记者问：如何推进企业管理现代化这项工作？

袁副主任说：一是要满腔热情地去大力宣传好这项工作，提高人们对这项工作的认识，只有思想上来一个飞跃，才能在行动上有一个突破。二是要把企业管理现代化工作和开展“双增双节”运动和深化改革紧密结合。所有企业只有充分运用现代化管理的思想、组织、方法和手段，才能有效地挖掘企业内部潜力，有利于促进“双增双节”运动的开展。实行企业管理现代化的过程，也是深化改革的客观需要和必然结果。同时，通过深化改革，全面提高企业素质，增强企业活力，有力地推进企业管理现代化。三是要抓好一批试点企业，抓好典型，及时总结经验，以点带面，全面推开，另外，要培养一批干部和积极分子，用他们的自身实践来教育、带动大家。四是要认真贯彻《企业管理现代化纲要》精神。《纲要》为我们画出了如何推进企业管理现代化工作的一幅蓝图，是我们多年来的实践总结，全国各地都应该认真研究、贯彻《纲要》。最后一点是，在推进企业管理现代化工作中，一定要根据各地的具体情况，要从实际出发，不搞“一刀切”、不搞“形式主义”。

在市场八卦炉中练内功 *

—— 袁宝华同志在1990年接见著名经济学家林凌、本刊副主编王青时的谈话

编者[1]按：这是1990年袁宝华同志在治理整顿时期一次谈话的内容，当时由于种种原因未及时发表，今天在国家宏观调控期间，发表这次谈话的内容，依然很有现实针对性，标题是编者所加。

1990年10月24日上午，我们到国家计委去拜访袁宝华同志。在门口与蒋民宽同志相遇（原四川省省长，后调任国家科委副主任，现在刚被任命为中央统战部常务副部长），他从袁宝华同志那里出来。

见到宝华同志时，我们首先将《国内外经济管理》杂志最近一期送给他，感谢他为杂志刊头题词。接着，袁老谈到市场问题，他说，《国内外经济管理》1990年第9期刊登的《对计划经济与市场调节相结合的几点认识》一文，他看了，市场问题很重要，现在对市场强调不够，认识不足。袁老说：我1978年到日本考察，日本产品的质量十分精良、精致，回来看到我们的产品，却是低标准、低质量。这说明没有市场压力，没有买方市场，就必然粗制滥造、瓜菜代，正如人们说的：皇帝女儿不愁嫁，萝卜快了不洗泥。没有市场压力，就不可

* 原载四川省社会科学院《国内外经济管理》，1991年第1期，记者：林凌、王青、曹秋生。

[1] 为发表本文的《国内经济管理》杂志。

能由粗放经营向集约化经营转变。

从日本回来后，为了提高产品质量，我们首先搞了金牌子、银牌子，也就是搞产品质量评比，评部优产品，但没保持多久，效果不理想，一是市场压力不够，二是当时名优产品的评比也不过硬，有些是行政部门包办代替，没有让市场、让消费者选择、评比；这一招不太灵，后来又搞物质鼓励，国家经委当时规定金奖产品价格可以提高20%，但这一招也不灵，因为在卖方市场的情况下，不合格的产品照样能卖出去；后来，我们又采取行政的手段，行政的力量，当时上海每月组织力量抽查产品质量合格率，公布劣质产品名单，进行黄牌警告，也没坚持多久；但现在治理整顿一搞，市场作用一发挥，产品质量好坏就暴露出来了。产品质量好，品种对路，就卖得出去，否则就滞销。当然，市场机制对生活资料的质量起的作用要明显一些，快一些，大一些，对生产资料的作用要慢一些。

不久前北京百货大楼经理邀请我参观了一次佳丽丝[1]展销会，这种人造丝色感、手感、质感都是第一流的，简直可以以假乱真，一下子成了抢手货，争着买。这说明在棉纺织品市场疲软以后，由于市场的作用，逼着大棉纺厂开发新产品，转产，生产适销对路的新产品。正如毛泽东所说的，革命是逼出来的。企业新产品的开发，质量的提高，也是市场逼出来的。在展销会上发奖时，百货公司经理对我说，产品这个疲软，那个疲软，只有适应市场的新品种、新产品不疲软。在百货大楼地下室，同时还有一个电冰箱展销会，青岛电冰箱花色品种翻新，一点也不滞销，但有的厂家电冰箱只展销了半天，公司经理就把冰箱拿回去了，因为是老产品、老面孔，与青岛、广州的一比，差别就看出来了，他们下决心拿回去上品种、上质量，免得摆在那里

[1] 由福建佳丽斯家纺有限公司生产的一种纺织品。

丢人现眼。青岛电冰箱厂厂长说，他们的冰箱之所以畅销不衰，就是在市场竞争的情况下，不断开发新产品代替老产品，一个新产品上市后，就从零开始搞另一个新产品，像这种经营哲学、经营战略思想，才能从根本上提高商品质量，提高竞争能力。

提高竞争能力，还要敢于走上国际市场，不能关起门来搞竞争，就是老百姓讲的不能要“门头虎”，关起门来逞威风。今年我在广州参加思想政治工作会议后，到中山、佛山、顺德等地跑厂一圈，那里的乡镇企业生产很红火，到处都是蒸蒸日上，看不到疲软，原因就在于有两个市场，一个是国内市场，一个是海外市场，企业是外向型企业。当然，企业一开始打入国际市场是困难一些，开始要吃一些亏，摸索经验，利用外商的销售渠道，或者干脆用外商的牌子。开始就是要为他人作嫁衣裳，没有这点精神，就不可能打入国际市场，只有功夫到家了，翅膀硬了，再开辟自己的销售渠道，创自己的牌子。锻炼自己的队伍，提高职工的素质很重要。总之，企业与企业之间的差距，不仅要在经济飞速发展时期、上升时期、高涨时期善于把握住机遇，抓住机遇，驾驭机遇，而且要在经济降温时、治理整顿时、市场疲软时，抓住机遇，练好内功，企业领导班子齐心合力带领职工渡难关，转换企业机制，抓好企业经营管理、技改，善于借东风。

1978 年我到日本考察时，一个工厂的厂长说，他们的彩电第三条生产线要淘汰了，因为他们工资成本太高，成本上升，愿意和中国合资，中国劳动力成本低。现在看，我们虽然工资低，但劳动力素质差，效率低，成本照样高。为什么外商对开发上海浦东感兴趣？对广东省投资感兴趣？就是因为那里职工素质高，起点高，能够很快适应现代化大生产。而我们的内地，关键是职工素质低，劳动生产率低，现在还有个生产的积极性问题，刚才蒋民宽同志问我新时期的统战工作怎么做？现在的统战工作很复杂，说到底，都是个调动人的积极性的问题。新时期存在多种经济成分，因此对个体户、私营企业也要做好统一战线工作。前一段时间我们的问题是把宏观管理放松了，管理跟不上，现在除了加强管理外，还有一个加强教育的问题，统战也要做个体经济、私营经济的工作。总之，最重要的是发挥人的积极性因素。

这时，已是12点，起身告辞时，我们提议在他的办公桌前合个影，袁老转过身来，指着墙上的世界地图说："在世界地图前合影，开放、走向世界嘛。"

春色唤醒“冬眠”东风作伴扬帆*

——袁宝华谈质量、品种、效益

1月中旬一个颇为温暖的上午，笔者坐在计委大楼一间向阳的宽大办公室里，听房间的主人、中国企业管理协会会长袁老侃侃道出：“质量、品种、效益乃当务之急，这个问题看来是个重要课题，非常必要、适时，确实抓住了关键。”袁老一下子切入主题。他谈到，今年是执行“八五”计划的第一年，治理整顿工作进入攻坚阶段，“质量、品种、效益”口号的提出可谓正逢其时。

袁老提出，在质量、品种、效益问题上，提高经济效益是核心。因为质量、品种工作的好坏最终反映在效益上，由效益高低来鉴定，治理整顿的目标归根结底也是提高经济效益。因此，今年要想在经济工作中有所作为，必须将保证质量、增加品种、提高经济效益放在首位。“但是，提高经济效益的问题极复杂，有相当难度，非一朝一夕之功。”袁老话锋一转谈到目前的经济形势。他认为，若不刹住可比产品成本上升、实现利税下降的势头，必然出现增支减收，加剧财政困难，反过来在宏观及微观层次上抑制经济增长，这一点已经引起各方面高度重视，特别是国营大中企业的效益问题，更是众目所及。

* 原载《中国技术监督报》，1991年1月23日，记者：余方。

由此，谈话中心转入如何搞活国营大中型企业上。仔细分析起来，企业经济效益下滑原因有四：结构不合理、抓科技进步不够、企业内部管理不善、政策贯彻不力。看来，提高经济效益理应双管齐下：企业内部深化改革，建立自我保障体系和改善外部环境。所以，袁老建议说：企业，请你眼睛向内：自我挖潜。当袁老谈到“冬眠”时，笔者不由心中一动。袁老用“冬眠假死，蒙混过关”来形容那些在困境面前靠“维持”过活，不思改进产品质量、提高效益，却消极等待经济热度回升、重以老面孔出现的企业是再贴切不过了。在袁老看来，这种指导思想上的惰性是阻碍实现“质量、品种、效益”目标的大敌。

袁老认为，企业不要坐等外部条件的改善，要主动出击。应该看到，企业自身蕴含着巨大的潜力。据有关资料统计，同行业中最佳企业与最差企业的效益水平相差悬殊。以资金利税率为例，石油、纺织、皮革、化纤、仪器仪表等行业最佳企业的效益指标比全行业平均水平高11—56个百分点；而烟草、食品、医药、建材、机械等行业最佳企业的效益指标比该行业全国平均水平竟高出155—374个百分点，比最差企业高出207—536个百分点。又如，全国县以上单位钢材储备连年上升，到去年11月底，可供全国周转275天，而日本只有51天，香港是75天。有人做过计算，只要压缩20%的钢材储备，就可节约100亿元。真是“不比不知道，一比吓一跳”。确如袁老所说，“一比潜力就出来了”。

在分析了企业自我挖潜的可能性后，袁老为企业提出三条对策。第一，抓紧当前时机调整产品结构，开发新产品，着眼于质量保证体系，提高产品实用性，开展优质服务。第二，有重点地进行技术改革，尤其是重大的技术改造，以便在国内市场的技术质量竞争中掌握主动。第三，强化企业管理，向管理要质量、要效益。“两只眼(手)，一只看（抓）市场，一只看（抓）现场。”

万事俱备，但若“东风不与周郎便”又将如何？因此，让企业结束“冬眠”，重作百舸争流状，便有：东风作伴好扬帆，这“东风”便是企业外部环境的改善。对此，深思熟虑的袁老提出三点看法：

其一，稳定政策，进一步贯彻《企业法》。坚持和完善企业承包制和厂长负责制，真正落实企业自主权是增强企业活力的核心。建议在全国选择一批企业进行所有权与经营权分离、政企分开的试点，以彻底改变企业作为政府附属物的地位。

其二，轻赋薄敛，减轻企业负担，培养国家财源。建议实行三项措施：(1）重新评估国营企业固定资产，提高折旧率，使企业提高自我更新能力；(2）提高企业留利水平，增加发展基金；(3）凡用于重点技术改造的款项应降低利率或免息、免税。

其三，建立宏观调控体系。整顿流通秩序，堵住效益流失漏洞；打破地区封锁，保持全国大市场优势；加强管理，治理“三乱”。

袁老在交谈中一再强调，现在正是搞活企业的大好时机，“冬眠者”切不可再次错过机遇。若迟一步醒来，见他人已扬帆远去，岂不追悔莫及？

沉着应战　主动出击*

——中顾委委员、中国企协会长袁宝华访谈录

在新中国的经济发展轨迹上，1991 年将是一个醒目的亮点。因为，“质量、品种、效益年”活动的开展，将刷新企业的生产气象，强化人们的质量意识和效益观念，接触到经济工作的深层次问题，给社会经济生活注入新的活力。

如何使企业经济效益在新的一年里达到合理水平，让产品在风云变幻的市场中经受住“上帝”的检验，就这一问题，本报于 1 月 15 日与首都其他四家新闻单位[1]联合采访了中顾委委员、中国企业管理协会会长袁宝华。

记者: 国务院决定，1991 年在全国范围内开展“质量、品种、效益年”活动，您对此有何看法?

答: 这一活动，非常及时，抓住了问题的要害。从 1988 年下半年起，两年多的治理整顿取得了很大成就，但党的十三届五中全会确定的治理整顿六项目标尚未完全达到。提高经济效益，是决定治理整

* 原载《中国有色金属报》,1991 年 1 月 24 日，记者:邵建君。

[1] 即《中国经营报》、《中国机电报》、《中国企业报》、《中国技术监督报》。

顿能否取得最后胜利的关键一战。各企业应抓住这一大好时机，迎接挑战。

记者：提高经济效益，作为经济工作的中心，应该成为我党工作的一贯方针。

答：的确如此。其实，我们党历来是重视这一问题的，由于种种因素的干扰，出现过好几次偏离。早在大炼钢铁时期，党就提出“钢要好钢，铁要好铁，钢要成材，材要多种”，实际上包含“质量第一，品种第一”的意思。1978 年以来，邓小平同志在多次讲话中也强调了这个问题。1982 年，中央决定把提高经济效益作为主要工作来抓，这就是后来说的“转轨变型”。最近召开的党的十三届七中全会制定了今后 10 年发展规划，把提高经济效益摆在突出地位。今后，我们的路会越走越宽广。

记者：提高经济效益，会遇到种种意想不到的困难。关键在于深化企业改革，改善企业外部环境。

答：我赞同这一观点。在前不久首都企业家俱乐部的一次座谈会上，关于企业的内部环境和外部环境，我分别讲了 8 条。要提高经济效益，必须首先改善这两个环境。诚如李鹏同志在党的十三届七中全会开幕词中说的：“要从外部环境和内部管理两方面，增加企业自我发展、自我改造、自我约束的能力，这是改革必须解决的重大课题。”

记者：按照辩证法原理，改善企业内部环境是第一位的。

答：内因才是变化的根据。改善内部环境，包括调整产品结构，依靠技术进步，强化现场管理，大搞职工培训，等等。以前，我们的生产与市场脱节，现在，形势逼着我们分析市场动向，早调早主动，不调就被动。有的企业不进行调整，搞什么“高筑墙，晒太阳，不改行”，是过不了关的。在技术改造上，切忌某些企业借此之名，搞低水平的重复。企业管理要突出基础管理、现场管理。有的企业家提出：一只眼盯着市场，一只眼盯着现场。北京松下彩色显像管厂之所以成功，有三句话：严格认真的计划管理体制，集中、统一、高效的生产管理体制，全员、全面、全过程的质量管理体制。可见管理工作之重要。严格的管理，应以民主的方式进行。职工的积极性起来了，威力是非常大的。职工培训工作也很重要。质量、品种、效益，决定于企业素质，而后者又决定于职工素质。人的因素切切不能忽视。

记者：当前，企业面临的外部环境如何？

答：经过一段治理，大有好转，但也不容乐观。突出表现在市场疲软、产品积压、资金紧张；税负重，利率高，摊派多。当务之急是启动市场、搞活流通，根治"三乱"。搞活流通是个大课题，主要指整顿流通秩序，打破地区封锁。要严格管住流通领域的"游击队"，既要管严，又要管活，尽量避免"一乱就管，一管就死，一死就放，一放又乱"的恶性循环。地区封锁现在很严重。我们的优势是全国统一的社会主义商品大市场，应该珍惜这一点，决不能变成保护地区利益的小市场。"三乱"是压在企业头上的沉重包袱。有的企业家说："三乱"不治，滑坡不止。企业的那点利润，被几张大口吃得所剩无几。利转税（各种税收）、利转息（贷款利率）、利转价（原料价格猛涨，得益的是中间环节）、利转费（各种费用）。因此，要轻徭薄赋，减少企业负担，增加财源。江总书记说"把蛋糕做得更大一些"，就是这个道理。

记者：您刚才说起"游击队"，与之相对应的则是"国家队"，即国营大中型企业，这一部分情况如何？

答：搞活国营大中型企业，是提高经济效益，增加财政收入的重要手段。要实现这一目标，必须真正落实企业自主权，改变企业地位，实行政企分开，两权分离。鲁冠球的万向节厂搞得很红火，去年利润达 1.1 亿，关键在于他手中有权，是独立的社会主义商品生产者和经营者。许多国营大中型企业恐怕达不到这个水平。我建议在全国选择一批国营企业进行试点。在这里，还有三个问题值得注意。其一，大部分企业的固定资产折旧率太低，折旧周期太长，企业自然缺乏应变能力；其二，企业的留利水平应提高；其三，凡用于重点技术改造的贷款，应大大降低利率。日本人在这方面做得很好，有远见，值得我们学习。

记者：提高经济效益，不是一蹴而就的事情，我们要有这方面的心理准备。

答：企业要搞好这一活动，首先要求领导有良好的精神状态，带领职工沉着应战，主动出击。有句话说得好：困难，困难，困在家里更难；出路，出路，出去才有销路。其次，要有正确的指导思想，眼睛向内，挖掘潜力。企业的潜力是很大的。不能坐等外部环境的改变。再次，要有明确的目标和切实可行的措施。另外，要大力推广先进企业的经验。最近，北京市把首钢立为榜样。在严峻的形势面前，为什么有的企业垮掉了，而首钢却发展了。我们应该认真思索，从中吸取可资借鉴的东西。

抓住机会　迎接挑战 *

——中国企业管理协会会长袁宝华谈

"开展'质量、品种、效益年'活动，提高经济效益是核心和目的。质量与品种的优劣，最终要由效益的高低来检验。"这是1月15日，袁宝华在接受记者采访时说的一番话。

袁宝华同志说，开展"质量、品种、效益年"活动，企业家要带领职工振奋精神，克服困难，迎接挑战，他引用了人们常说的话："只要精神不滑坡，办法总比困难多。"他认为"增收节支，增产节约"虽是老生常谈，但仍是目前我国企业增加效益的有效途径。他举例说：1990年1月至11月，我国行业中最佳企业效益远高于一般企业水准。如烟草行业中，最佳企业的利润水平高于一般企业155%—374%。再如，1990年，全国县以上企业钢材总库存周转275天，比1989年增加了51天，比1988年增加了89天，而日本全国钢材库存周转天数仅为51天。如果将我国物资部系统钢材周转天数压缩20%，则可缩短55天，节约资金上百亿元。由此可见，企业内部的挖潜大有可为。

袁宝华指出：应向管理要质量、要资金、要原材料、要动力、要

* 原载《中国水利报》，1991年2月1日，记者：邵力、宋铁英。

效益。要加强企业基础工作，重视现场管理。要“一只眼睛盯着市场，一只眼睛盯着现场”。只有管好现场，才能开拓市场。北京松下显像管厂严格、认真的计划管理体制，集中、统一、高效的生产管理体制，全员、全面、全过程的质量管理体制就颇值得借鉴。

管理中最应重视的是人。质量、品种、效益决定于企业素质，而企业素质又最终决定于人的素质。企业应造就一批能熟练操作管理先进设备的素质优良的职工。袁宝华认为，要搞企业内部的改革，改善企业的外部环境是当务之急。他说，目前企业的利润，因税收、利息增加，原材料价格上涨、费用过多等，造成效益“流失”。

他说，搞活大中型企业，是开展“质量、品种、效益年”的前提。要有稳定的政策，继续落实承包制、厂长负责制，进一步贯彻执行企业法。要真正落实企业自主权，真正实行政企分开，使企业摆脱政府附属物的地位，成为真正意义上的“自我发展、自我积累、自我改造、自我约束”的企业。他建议在全国选一批企业，搞政企分开和两权分离的试点。

袁宝华最后说，搞活流通，要制定相应措施，打破地区封锁，因为全国统一的社会主义市场是我们的优势，要珍惜这个优势。不要把这个大市场分割成为保护地区或部门利益的小市场。

创新，永恒的市场主题 *

——访中国企业管理协会会长袁宝华

从4月9日开始，本报在一版刊出《“康巴丝”能否再“摆”起来》的连续报道。文章见报后，引起了各方面，尤其是企业界的强烈反响。日前，记者走访了中国企业管理协会会长袁宝华同志。

记者：袁老，“康巴丝”一组报道见报后，各方面反响强烈，您是一直从事企业管理工作研究的专家，您能否谈一谈您对这组报道的看法？

袁宝华：《经济日报》这组报道很不错，我几乎每篇都细读过。“康巴丝”由盛而衰的过程，再一次证明了一个真理：市场竞争中没有常胜将军。那么，一个企业，要在市场的大风大浪中保持优势，保持持续、健康的发展势头，唯一的选择是要不断进取、不断创新，任何的自满和停滞都意味着倒退，意味着衰败的开始。我个人认为，企业在产品开发上有三种方式，第一种是比市场需求快半拍，主动引导消费，始终领风气之先；第二种是仅仅被动地跟上市场的需求，使产品适应市场需求；第三种是让需求适应自己的产品，以不变应万变。过去计划经济体制下的企业基本上是第三种开发方式，而现在的大部分

* 原载《经济日报》，1995年4月20日，记者：郑光兴。

企业也只能做到第二种开发方式，只有少数的企业能够达到第一个层次。我们现在经常讲企业要走向市场，实质上是产品走向市场，也就是说要抛弃过去计划经济时代的第三种产品开发方式，尽快跃过第二种开发方式，上升到第一个层次，这样，才能在不断变化的市场之中保持主动，占据优势。

记者：那么，产品的不断创新与保持品牌和质量优势之间又是什么关系呢？

袁宝华：产品的不断创新与品牌、质量之间并不矛盾。如果仅有稳定的内在质量，可能会成为一时的名品，但成不了始终得到消费者青睐的长盛不衰的名品。讲一个产品的质量，应该有广狭义之分，狭义的仅是产品的内在质量，或称之为使用的耐久性，而广义的应当既包含内在的质量，也包含外观款式和品种，甚至还包括成本。质量再好，成本太高也不行。所以，一个企业的产品如果要成为市场永久的“宠儿”，成为一个长盛不衰的名品，一定要把握内在质量、款式品种和成本价格，在“稳”字上下功夫，在“新”字上出花样，在“低”字上做文章。

记者：企业要在市场中争得主动，创出名品，需要什么样的机制呢？

袁宝华：这是一个比较复杂的问题。首先，从宏观上或企业的外部环境来说，整个社会要有一整套比较完善的优胜劣汰的市场竞争机制和比较健全的监督机制，从外部迫使企业只能生产消费者喜爱的优质产品，否则就会破产，就会被淘汰出局。其次，就微观来说，或者说就企业本身而言，需要有一种使其不断进取、不断创新的激励机制，要有一种内在动力，激励企业的经营者不断向前，不能停滞，要使经营者的利益与企业的需要紧密相连，荣辱与共。这也有待我们企业机制改革的进一步深化。

记者：谢谢您，袁老，谢谢接受我们的采访，您给我们上了非常重要的一课。

追求品质之路任重而道远*

——袁宝华同志访谈录

曾长期担任我国工业部门和国民经济综合部门领导工作的袁宝华同志，堪称将国际标准的质量体系引入中国的先驱。在《品质》创刊之际，我们专程采访了已经87岁高龄但仍精神矍铄的袁老。

《品质》：质量问题的重要性，今天已经成为全社会的共识。但是作为舶来物的质量管理体系是如何走入中国的经济领域的？

袁老：其实自古以来，我们就很重视产品质量问题。比如一个常用的成语叫“物美价廉”，“物美”就是对质量的要求，“价廉”则是价格问题了。新中国成立以后，在第一个五年计划期间，我们集中力量打歼灭战，建设一批重点项目，工程质量还是好的。在国防建设方面，如“两弹一星”，精益求精，不计工本，质量也是好的。但是由于学习苏联搞计划经济，在民用工业方面，质量问题被忽略了。因为计划经济是一种短缺经济下的体制，市场封闭，物品短缺，是凭计划生产和分配的，所有的物品都是“皇帝的女儿不愁嫁”，人们更关注的是有无的问题，而不是（其实是无暇顾及）质量优劣问题。

客观地说，计划经济的优点是集中力量发展经济领域中的重点，缺点是不利于调动各方面的积极性，不能有效发展生产力。

《品质》：这种状况是如何得到改观的呢？

* 原载《品质》，2002年12月试刊号，记者：段永刚、周日丰。

袁老：“文革”以后，国家经委从国家计委分离出来，我到经委工作。当时很多人说日本的产品质量提高很快。而从前，我们都把日货叫作“东洋货”，实质上是说他们的产品是样子货，是质量不好的意思。当时听说他们的质量上去了，我们感到很惊讶。紧接着，当时科委的岳志坚同志和日本的质量专家石川馨的互访，让我更加明白了日本的产品质量早已经今非昔比了。因此我们在1978年10月底组织了一个为期一个月的、由各有关部门和人员参加的赴日本经济考察团。我们考察了他们的质量管理体系，观摩了他们的质量管理活动，充分感到了自己的落伍，当时我们考察团的同志一致认为，质量工作已经刻不容缓！从日本回来的时候，正赶上十一届三中全会召开前的中央工作会议，我也参加了。这次会议明确了把党的工作中心转移到经济建设上来，这也为我国的质量管理工作提供了良好的环境。

《品质》：中国质量协会也就是当时的中国质量管理协会，也因此诞生了。

袁老：是的，1979年晚些时候在国家经委的支持下，成立了中国质量管理协会，主抓全国的质量管理工作，负责组织各种形式的质量活动。

1984年十二届三中全会，决定进行经济体制改革，增强大中型特别是全民所有制企业的活力。中国的产品质量管理开始有了更加具体的工作内容和形式了。至90年代初期，我国的经济已经基本摆脱了计划经济时期的短缺状况，产品已经比较充足，富余的产品到市场上去销售，自然就有了竞争；有了竞争，质量问题自然就被重视了。生产者和消费者都会重视产品质量了，因此，新的质量现象和问题又在新的形势下出现了，这就要求我们质量管理工作者要不断提高我们自身的水平，不断学习国外先进的、成熟的经验。当然，西方发达国家有很多好的东西值得我们学习，同时也有很多腐朽的东西我们也应该坚决抵制。我们的方针就是“以我为主，博采众长，融合提炼，自成一家”。

《品质》:“品质”与“质量”这两个词，可以互用，而且日本及我国的台湾省和香港都叫“品质”，您认为哪个词更准确?

袁老: 我支持你们用“品质”这个词作为杂志名称。

当时我们确实也准备将质量管理称为品质管理。为什么我们却提出“质量”呢?这是因为我们传统用语习惯的问题。一方面，我们常用“数量”和“质量”来表述一些事情；另一方面，在我们国家,“品质”在人们的思维习惯里是指人的行为、思想、道德等范畴的概念，所以我们那时为了避免这种混淆，就采用了“质量”一词。现在用“品质”的时机已经成熟，即便是思想政治工作也可以量化，道德标准也可以量化，“品质”的涵盖范围更广，符合大质量的概念要求。

《品质》: 关于《品质》杂志，是一本质量文化、消费文化杂志,《品质》由原《现场管理》改刊而来，对于这本全新的期刊，请您谈一谈希望与要求。

袁老: 中国质量协会主办的《中国质量》和《现场管理》杂志为我国的质量宣传工作作出了很大的贡献。《品质》作为新的质量期刊，一定要认真办好。希望你们做到:(1)继续宣传党和政府有关质量方面的方针政策。转变观念、解放思想是一项长期工作，新的事物层出不穷，我们应与时俱进。(2)要十分注意反映群众的呼声。党和政府的方针政策反映了群众的呼声，我们的任务是作为他们之间的桥梁，了解人民的思想，传递政府的意志，切实起到纽带作用。(3)要不断总结经验，开拓创新。我们应该及时总结在质量管理工作方面取得的成绩，总结成功的经验，重视典型的作用，包括企业、个人，这样才能使我们的工作更具有说服力，才能做得更好。(4)要对质量工作方面的缺点和问题毫不留情地揭露和曝光。这样才能让那些想在质量上蒙混过关的企业和个人受到舆论的谴责，甚至得到应有的惩罚，决不能姑息迁就，否则他们会一意孤行，影响我们的工作。当然我们更应该注意正面报道，全面反映。(5) 要注意联系广大的积极分子。协会成立以来，我们对此感受颇深，一个组织如果缺少积极分子，就会失去生机和活力，就会使发展受到抑制。所以我们要密切联系和大力发展广大有志于质量工作的积极分子，充分发挥他们的作用，使我们的工作做得更好。

质量工作是全社会的工作，在今天，物品已经不再匮乏，消费者对生活品质的要求就更高了，我们就应该充分考虑到消费者的这种需求，无论是什么所有制的企业都要重视这一点，要把消费者当作我们的"衣食父母"，就质量而言要做到"童叟无欺"。我们应该着重宣传诚信，所有问题都应该建立在诚信的基础上。随着企业改革的不断深化，新的问题会不断涌现，我们的质量工作就更应该加强，要靠全社会的支持和参与，一句话：我们的工作任重而道远。

后　记

袁宝华同志作为我国宏观经济管理部门的卓越领导人，杰出的经济学家、宏观经济管理专家和教育家，经历了共和国质量管理事业从无到有、从萌芽状态到成熟的各个历史时期，是中国质量事业发展的重要见证者和主要推动者之一。在近60年的经济工作管理实践中，袁宝华同志积累了丰富的实践经验和理论成果，尤其是在生产、服务质量管理提升等领域形成了自己的工作思路与工作方法，为中国质量事业的成长、壮大和发展做出了重要贡献。

为方便一线质量管理工作者、企业组织领导者以及业内专家学者研究学习袁宝华同志在质量管理领域的工作思路与方法，中国质量协会决定将袁宝华同志在质量与管理方面的重要讲话、文章和报告汇集成书，系统呈现袁宝华同志的质量管理思想。中国质量协会会长贾福兴高度重视和关心这项工作，亲任编委会主任，编撰期间多次询问进度安排，强调编撰质量，对选编篇目和主要文稿做了认真审核，并登门与袁老商榷编撰工作中遇到的问题。

经过精心准备，2015年中国质量协会全面启动《袁宝华论质量与管理》的编撰工作，段永刚秘书长担任编委会副主任，选调协会各有关业务部门骨干力量组成编写组。历时一年，将袁宝华同志在质量领域的工作文稿、讲话等进行了系统、全面的收集，并加以整理和审核，精心编选。编写组深深感到，编撰过程不仅是一个收集整理的过程，更是一个全面系统学习的过程。

2016 年，恰逢袁老的期颐之年，《袁宝华论质量与管理》由人民出版社正式出版发行。这本著作的出版，为我们展现了一位百岁老人的质量管理思想的发展之路，更为我们呈现了一部共和国质量事业的成长史。《袁宝华论质量与管理》第一次较全面、系统地收集和整理了袁宝华同志质量管理方面的主要文稿，这些文稿的集中整理收录对于当代质量工作者深入了解袁宝华同志的思想、观点、理念，把握中国质量事业发展演进的脉络，认识质量提升与改进的科学规律，进一步推动我国质量管理事业适应新形势、迎接新挑战都有重要的借鉴和指导作用，是我们总结历史、不断开拓前行的重要参考文献。

《袁宝华论质量与管理》编委会

2016 年 12 月

责任编辑：鲁　静

图书在版编目（CIP）数据

袁宝华论质量与管理／袁宝华 著．—北京：人民出版社，2017.1
ISBN 978－7－01－017023－7

I. ①袁…　II. ①袁…　III. ①企业管理－质量管理　IV. ① F273.2

中国版本图书馆 CIP 数据核字（2016）第 296548 号

袁宝华论质量与管理

YUANBAOHUA LUN ZHILIANG YU GUANLI

袁宝华 著

人民出版社 出版发行
（100706　北京市东城区隆福寺街 99 号）

北京新华印刷有限公司印刷　新华书店经销

2017 年 1 月第 1 版　2017 年 1 月北京第 1 次印刷
开本：710 毫米 ×1000 毫米 1/16　印张：34
字数：436 千字

ISBN 978－7－01－017023－7　定价：99.00 元

邮购地址 100706　北京市东城区隆福寺街 99 号
人民东方图书销售中心　电话：（010）65250042　65289539